Marx heute
Pro und contra

Herausgegeben von
Ossip K. Flechtheim

Hoffmann und Campe

CIP-Kurztitelaufnahme der Deutschen Bibliothek

Marx heute: pro und contra/hrsg. von Ossip
K. Flechtheim. – 1. Aufl. – Hamburg: Hoffmann und
Campe, 1983.
(Bücher zur Sache)
ISBN 3-455-08728-0

NE: Flechtheim, Ossip K. [Hrsg.]

Copyright © 1983 by Hoffmann und Campe Verlag, Hamburg
Einbandgestaltung Jan Buchholz und Reni Hinsch
Gesetzt aus der Garamond-Antiqua
Satzherstellung Süddeutsche Verlagsanstalt, Ludwigsburg
Druck- und Bindearbeiten Clausen & Bosse, Leck
Printed in Germany

Inhalt

Der Untergang des Kapitalismus ist unvermeidlich
oder
Der Weg in eine konfliktfreie Gesellschaft

Ossip K. Flechtheim

Zur Einführung

Auch ein Genie ist der Gefangene seiner Zeit

Es ist eigenartig um die Lebensdaten von Karl Marx bestellt. Bereits 1819, ein Jahr nach seiner Geburt, ergingen die Karlsbader Beschlüsse, die im Zeichen der Metternichschen Restauration die Demagogenjagd einleiteten. In die Mitte von Marxens Leben fällt die Februarrevolution von 1848, die dem Metternich-Regime ein Ende bereitete, der aber schon im Juni die Niederlage des Pariser Proletariats folgte und die sogar den unbehinderten Aufstieg der Bourgeoisie nicht zu sichern vermochte. Der Sieg Napoleons III. war der denkbar schwerste Schlag für alle, die an den Triumph der Demokratie oder gar des Sozialismus glaubten. Aber 1864 hatte sich die Arbeiterbewegung immerhin soweit erholt, daß Marx die Inauguraladresse für die Erste Internationale abfassen konnte. 1871 schien die Pariser Kommune das sozialistische Zeitalter einzuläuten. Im selben Jahr obsiegte jedoch die blutige Reaktion in Frankreich. In Versailles feierte Bismarck seinen Triumph als die Inkarnation des deutschen Bonapartismus, und ein halbes Jahrzehnt vor dem Tode von Marx – 1878 – sollte dieser noch das fatale Sozialistengesetz erleben, dessen Ende 1890 erst nach dem Tode von Marx kam.

Sein 100. Geburtstag fiel wiederum in eine Zeit sozialistischer Erwartung: Am 5. Mai 1918 konnte man auf den Sieg der russischen Oktoberrevolution zurückblicken und die deutsche Revolution antizipieren. Auch der 150. Geburtstag 1968 stand im Zeichen der Studentenbewegung, des Pariser Mai und des Prager Frühlings. Hingegen fiel Marxens 50. Todestag am 14. März 1933 mit dem Beginn der Hitlerschen Schreckensherrschaft und der Angleichung Stalins an diese zusammen. Wenn

9

wir heute des 100. Todestages gedenken, so inmitten einer Epoche, von der niemand sicher voraussagen kann, wie sie ausgehen wird. Keiner der Mitverfasser dieses Buches erwartet, daß wir noch in diesem Jahrhundert den Anbruch jener klassenlosen Gesellschaft erleben werden, wo in den Worten der »Internationale« »die Sonn' ohn' Unterlaß« scheinen wird. Mancher denkt vor allem an die Katastrophen, wie sie die Menschheit heute erstmals bedrohen, während andere zuversichtlicher meinen, daß diese vermieden werden und der Menschheit so doch noch eine lebenswerte Zukunft beschieden sein wird, die manchen Vorstellungen von Marx und Engels schließlich sogar näherkommen dürfte.

Manche Mitautoren betonen, wir sollten nach wie vor an der Marxschen Methode bzw. seinem »approach« festhalten. Andere unterstreichen bei allem Respekt vor der Leistung des Genies die Zeitbedingtheit seiner Praxis und Theorie. Wir selber haben nicht gezögert, Karl Marx für die Krise des Marxismus, die wir konstatieren zu müssen glauben, mitverantwortlich zu machen.

Zum Beweis für diese Behauptung seien die sich übersteigernden Angriffe der beiden »marxistischen« Weltmächte gegeneinander wie auch die Intoleranz fast jeder sich marxistisch dünkenden Gruppe gegenüber allen anderen (die bedenkenlos als »Revisionisten« disqualifiziert werden) erinnert. Aber selbst das marxistische Schrifttum ist zu einem erheblichen Teil »museal«, um einen Ausdruck von Arnold Künzli zu gebrauchen: Es erschöpft sich in antiquarischer Rezitation und Interpretation der »Klassiker«, diskutiert die Probleme der Welt von heute und morgen aus der Perspektive von 1914 oder 1933 oder dient zur ideologischen Rechtfertigung des jeweiligen Herrschaftssystems. Dieser »Spätmarxismus« dürfte kaum in der Lage sein, uns vor dem Niedergang zu retten und die Welt von morgen entscheidend zu verändern.

Insofern stellt der »Sieg« des Marxismus eher seine Niederlage dar. Das, was Marx ursprünglich gewollt und gewünscht, was er erstrebt, erhofft und erwartet hatte, ist jedenfalls nicht eingetroffen. Ausgeblieben ist die sozialistische Revolution in den hochkapitalistischen Industriestaaten. In West- und Mitteleuropa, in den Vereinigten Staaten oder Australien stagniert die marxistische Arbeiterbewegung, wenn sie nicht gar zurückgeht. Kaum weniger tragisch dürfte der Umstand sein, daß gerade auch dort, wo der Marxismus zunächst seine Triumphe feiern zu können schien, sich sein Erfolg allzubald als Schein enthüllte. Sein angeblicher Siegeszug in Osteuropa und China wie das Aufflakkern marxistischer Ideologien in Westeuropa oder der Dritten Welt widerlegen Marx eher, als daß sie ihn bestätigen. Um es auf einen sicherlich etwas vereinfachenden Nenner zu bringen: Gerade das, was Marx im Gegensatz zu anderen versprochen und verheißen hatte – die Humanisierung der Gesellschaft, die Emanzipation der Massen, das Absterben des Staates, das Ende der Ausbeutung, Unterdrückung und Entfremdung, der Anbruch der klassenlosen Gesellschaft, die Einheit von Theorie und Praxis –, ist in immer weitere Ferne gerückt. Statt dessen haben gerade in der kommunistischen Welt immer wieder Unduldsamkeit und Verfolgung, Zwist und Haß, Terror und Täuschung, Not und Tod ungeahnte Siege gefeiert – und zwar unter Berufung auf Marx. Auch derjenige, der die positiven Leistungen des Kommunismus anzuerkennen bereit ist, kann nicht bestreiten, daß gerade so manche von diesem mit Recht in Anspruch genommene Errungenschaft auch außerhalb des kommunistischen Lagers realisiert ist. Modernisierung und Industrialisierung, Verbesserung des Lebensstandards und Eliminierung des Analphabetentums oder – konkreter gesprochen – Kino und Kühlschrank, Auto und Automation, Elektrizität und Impfung oder gar Raumfahrt und Rüstung sind alles andere als ein Monopol der »marxistischen« Gesellschaften.

Aber was hat das alles mit Marx zu tun, wird man fragen. Nun, wir glauben, daß Marx gerade deshalb heute so aktuell ist, weil schon die von ihm begründete Bewegung, die von ihm formulierte Theorie im Kern Wesentliches von dem enthielten, was dann ein oder zwei Menschenalter nach dem Tode des »Klassikers« im Reformismus und Linksradikalismus, im Leninismus und Stalinismus, im Trotzkismus und Maoismus zu voller Entfaltung gelangen sollte. Und das war kein Zufall – man mißverstehe uns nicht: Wir sagen nicht, daß Marx für einen Stalin oder Breschnew, Ebert oder Scheidemann und die vielen anderen, die sich auf ihn berufen haben, allein verantwortlich ist. Wir geben aber zu bedenken, daß zumindest ein Kautsky oder Bernstein, ein August Bebel oder Otto Bauer, aber auch ein Trotzki oder Lenin alles andere als illegitime Söhne des Alten gewesen sind.

11

Die »Heiligsprechung« von Marx – und damit ein wesentliches Element der Begründung eines orthodoxen und dogmatischen Marxismus-Leninismus – datiert natürlich nicht erst von Breschnew und Chruschtschow, Mao und Stalin, Lenin und Trotzki. Schon Engels hatte begonnen, in zahlreichen Äußerungen Marx zum Heroen zu stilisieren. Zitieren wir hier nur aus seiner Rede am Grabe seines Freundes, »des größten lebenden Denkers«: »Was das streitbare europäische und amerikanische Proletariat, was die historische Wissenschaft an diesem Mann verloren haben, das ist gar nicht zu ermessen.« Marx habe sowohl »das Entwicklungsgesetz der menschlichen Geschichte« wie aber auch »das spezielle Bewegungsgesetz der heutigen kapitalistischen Produktionsweise und der von ihr erzeugten bürgerlichen Gesellschaft« entdeckt. »Zwei solcher Entdeckungen sollten für ein Leben genügen. Glücklich schon der, dem es vergönnt ist, nur eine solche zu machen. Aber auf jedem einzelnen Gebiet, das Marx der Untersuchung unterwarf, und dieser Gebiete waren sehr viele, und keines hat er bloß flüchtig berührt – auf jedem, selbst auf dem der Mathematik, hat er selbständige Entdeckungen gemacht. So war der Mann der Wissenschaft. Aber das war noch lange nicht der halbe Mann.« »Denn Marx war vor allem Revolutionär... Der Kampf war sein Element. Und er hat gekämpft mit einer Leidenschaft, einer Zähigkeit, einem Erfolg, wie wenige.« Daß Marx schon 1883 als Revolutionär weltweiten Erfolg gehabt hätte, konnte sicherlich bezweifelt werden. Engels störte das nicht – er endet mit einer Apotheose: Marx »ist gestorben, verehrt, geliebt, betrauert von Millionen revolutionärer Mitarbeiter, die von den sibirischen Bergwerken an über ganz Europa und Amerika bis Kalifornien hin wohnen, und ich kann es kühn sagen: er mochte noch manchen Gegner haben, aber kaum noch einen persönlichen Feind. Sein Name wird durch die Jahrhunderte fortleben und so auch sein Werk.«

Läßt sich eine so grenzenlose Bewunderung und absolute Identifikation mit dem Stifter der Lehre übertreffen? Der Revolutionär Engels akzeptiert nicht nur ohne Bedenken die alte Konvention: de mortuis nil nisi bene – seine Glorifizierung von Marx soll sehr massive politische Ansprüche begründen. Nach dem Tode von Engels folgte man dessen eigenem Beispiel und kanonisierte bald auch ihn. Inzwischen hat der Persönlichkeitskult Orwellsche Dimensionen angenommen – Hunderte von Millionen suchen ihr Heil in der neuen Heiligenverehrung. Ist über die dabei mit unterlaufenen Fälschungen jedes Wort überflüssig, so lohnt es sich doch, an jene kritischen Marxisten zu erinnern, die Marx dadurch zu retten suchen, daß sie sich in die reine Theorie zurückziehen. Da es nur um die Marxsche Theorie gehe, habe man kein Recht, auf sein Leben zurückzugreifen. Sein theoretisches Lebenswerk wird vor allem in esoterischen Ideen gesehen, die eigentlich noch kaum entdeckt seien. Man argumentiert, bisher habe noch so gut wie niemand Marx wirklich verstanden: Weder die Bolschewiki noch die Menschewiki, weder die Revisionisten noch die Orthodoxen hätten Marx richtig zu lesen und zu interpretieren vermocht. Die wichtigsten Schriften seien ja überhaupt erst in den letzten Jahren publiziert worden. Gerade hier wie auch in sonstigen gelegentlichen Wendungen und Aperçus fände man aber erst den wahren Marx. All das, was Marxisten verschiedenster Observanz jahrzehntelang für das Wesen des Marxismus gehalten hätten, den ökonomischen Determinismus, den historischen und dialektischen Materialismus, das von Hegel übernommene dialektische Gesetz vom Umschlag der These in die Antithese und in die Synthese, die Verelendungstheorie wie das Absterben des Staates, den Übergang der Zweiklassengesellschaft in die klassenlose Gesellschaft – all das seien bestenfalls grobe Vereinfachungen, mit denen Marx kaum etwas zu tun gehabt habe. Was Marx aber wirklich gemeint hätte, sei unvergleichlich differenzierter und komplexer, vielschichtiger und beziehungsreicher, als man jahrzehntelang angenommen habe. Nur ganz wenige erleuchtete Geister, wie vielleicht ein Lukács oder Korsch, hätten hiervon gelegentlich etwas geahnt. Diese haben ihrerseits angedeutet, daß die Vulgarisierung des Marxismus schon mit dem etwas einfältigeren Engels begonnen habe, der eigentlich nie in das große Geheimnis von Marx so richtig eingedrungen sei. Marx jedenfalls steht nun da frei von Schuld und Fehle.

Nun sei gar nicht geleugnet, daß sich so wie etwa in der Bibel in dem kolossalen, zum großen Teil Fragment gebliebenen Schrifttum von Marx, in jenem Torso, der wie ein kaum behauener Felsblock in die geistige Landschaft hineinragt, recht unterschiedliche Thesen und Hypothesen aufspüren lassen. Irgendwo unter der Oberfläche, im Untergrund, apokryph, hat es jenen Marx wirklich auch gegeben. Dennoch ist nicht zu übersehen,

13

daß Marx selber ganz bewußt diese Ansätze, Gedankensplitter und Häresien als Fremdkörper behandelt und fast stets verdrängt hat. Hätte er sonst zahllose, zum Teil wirklich wenig bedeutsame Polemiken und Streitschriften gegen ganz sekundäre Gegner unter großen Opfern auf eigene Kosten publiziert, dagegen die heute so groß herausgestellten »unorthodoxen« Schriften wie etwa die »Grundrisse der Kritik der politischen Ökonomie«, die »Ökonomisch-Philosophischen Manuskripte« oder auch die »Deutsche Ideologie« getrost der Kritik der Mäuse überantwortet?

Gerade dieser Umstand spricht doch wohl dafür, daß Marx selber den Stellenwert seiner Aussagen anders gesehen hat als manche heutigen Marxologen. Indem Marx alles in seinen Kräften Stehende tat, sich selber der Mit- und Nachwelt gegenüber so darzustellen, wie diese ihn dann auch jahrzehntelang gesehen hat, trug er gar nicht so wenig und durchaus nicht zufällig dazu bei, die Entwicklung just in jene Bahnen zu lenken, in denen sie dann historisch abgelaufen ist. Wir behaupten also, daß damit schon Marx selber für die Erfolge und Mißerfolge des Marxismus sein gerüttelt Maß an Mitverantwortung trägt – in seinem Tun und Treiben, in seinem Leben und Wirken, in seiner Theorie und Praxis, die eine widerspruchsvolle Einheit bilden und die keinesfalls einfach auseinandergerissen werden können. Die Theorien eines Newton oder Einstein mögen ohne Rückgriff auf das Lebensschicksal ihrer Begründer erklärt und verstanden werden – es ist das bleibende Verdienst von Marx selber, mit seinem historischen Materialismus und seiner Ideologiekritik nachgewiesen zu haben, wie alle geschichtlich-gesellschaftlichen Aussagen nur aus einem gesellschaftlichen Sein heraus zu begreifen sind. Und seit Freud wissen wir auch etwas über das Gewicht der rein subjektiven Komponenten in der Charakterstruktur des Individuums. Auch derjenige, der keinem totalen Ideologieverdacht Raum geben will, kann somit nach Marx und Freud nicht mehr die Augen davor verschließen, daß jede philosophisch-sozialwissenschaftliche Theorie von den mitmenschlichen Situationen und Konstellationen wie von der individuellen Lebensgeschichte des Begründers entscheidend mitgeprägt wird. In die Fragestellungen und Begriffsbildungen, Hypothesen und Prognosen gehen stets auch die – wiederum zum Teil sozial bedingten – Charakterstrukturen und Persönlichkeitsmerkmale des

Theoretikers ein. Das deutete schon Max Weber an, als er einmal erklärte: »... die materialistische Geschichtsauffassung ist auch kein beliebig zu besteigender Fiaker und macht vor den Trägern von Revolutionen nicht halt«. Heute können wir hinzufügen, daß ebensowenig die tiefenpsychologische Aufhellung der Stifter von Schulen und Religionen vor diesen stoppen kann und soll.

Von der »Reform des Bewußtseins«

Obwohl seit dem Tode von Marx in London im Jahre 1883 ein Jahrhundert verflossen ist, fällt es auch heute noch nicht leicht, Größe und Grenze jenes Propheten (R. Löwenthal) zu ermessen, der zu seinen Lebzeiten nicht einmal sich und seine Familie ernähren konnte, aber nun schon seit Jahrzehnten als Begründer des Marxismus der Weltgeschichte angehört und dessen Ausstrahlungskraft an die der großen Religionsstifter, eines Moses oder Buddha, Mohammed oder Luther, erinnert. Bekennen sich doch heute von den drei Weltmächten, deren Mit- und Gegeneinander das Geschick der Menschheit in den nächsten Jahrzehnten weitgehend bestimmen wird, zwei zu Marx als dem Begründer ihrer Weltanschauung, während die dritte nichts Besseres weiß, als immer wieder Marx zum Antichristen zu stempeln, vor dessen Zugriff die Menschheit bewahrt werden muß. Eine solche Vergottung oder Verteufelung ist sicherlich auch eine Folge der Vielschichtigkeit und Widersprüchlichkeit der Person und des Wirkens dieses Mannes, die es so schwer machen, ihn auf einen einfachen Nenner zu bringen. Versuchen wir dies dennoch, so mögen wir von seinem »Traum vom ganzen Menschen«, um Ernst Fischer zu zitieren, ausgehen. Diese Vision hat sowohl in der Erwartung der totalen Revolution und der klassen- und herrschaftslosen Gesellschaft des Kommunismus ihren Ausdruck gefunden wie auch in der Kritik und Verdammung des Kapitalismus, die bis auf den heutigen Tag im Marxismus nachwirkten. Die leuchtende Zukunft erhellt Vergangenheit und Gegenwart des sich verdüsternden Kapitalismus.

Hegel war es darum gegangen, mittels seiner Dialektik die bestehenden Herrschafts- und Besitzverhältnisse als letztlich rational zu deduzieren und so zu perpetuieren – Marx wollte mittels derselben Dialektik die Vergänglichkeit und Brüchigkeit des Status quo, vor allem aber die Notwendigkeit und Unvermeidlichkeit einer vollkommeneren Zukunft beweisen. Er ist also unvergleichlich viel zukunftsoffener als Hegel; ja, erwartete er nicht alles von der Zukunft?

Für den kommunistischen Dialektiker Marx ist der Geschichtsprozeß alles andere als ein schlichter Kausalablauf, der aus einer toten Vergangenheit in eine dunkle Zukunft führt – die Geschichte der Menschheit erscheint ihm vielmehr als eine zielstrebige, Vergangenheit und Zukunft zur lebendigen Einheit zusammenschließende Totalität, innerhalb derer jedes frühere Entwicklungsstadium bereits »organisch« das zukünftige in sich enthält.

Wollten, um Franz Borkenau zu zitieren, die Jung-Hegelianer »die Hegelsche dialektische Entwicklung in die Zukunft projizieren«, so erklärt zwar Marx, »die Konstruktion der Zukunft und das Fertigwerden für alle Zeiten [sei] nicht unsere Sache«, aber nur um fortzufahren: »So ist desto gewisser, was wir gegenwärtig zu vollbringen haben, ich meine die rücksichtslose Kritik alles Bestehenden, rücksichtslos sowohl in dem Sinne, daß die Kritik sich nicht vor ihren Resultaten fürchtet und ebensowenig vor dem Konflikt mit den vorhandenen Mächten.« Und noch deutlicher an anderer Stelle: »Von unserer Seite muß die alte Welt vollkommen ans Tageslicht gezogen und die neue positiv ausgebildet werden. Je länger die Ereignisse der denkenden Menschheit Zeit lassen, sich zu besinnen, und der leidenden, sich zu sammeln, um so vollendeter wird das Produkt in die Welt treten, welche die Gegenwart in ihrem Schoße trägt.«

So ist auch für Marx »Zeit der Raum zu menschlicher Entwicklung«. In diesem Zeitraum wirkt der Mensch vor allem als ein vorwärtsgerichtetes, tätig-sinnliches, praktisches Wesen, das erst in der produktiven Arbeit wie aber auch in der revolutionären Aktion zum Menschen wird. Dient dabei jene vor allem als der Schlüssel, der die deterministisch bestimmte Vergangenheit dem Verständnis öffnet, so gestaltet diese – die revolutionäre Aktion – die Gegenwart, die aber nur als Tor zur Zukunft gesehen wird. Die Zukunft ist so die Erfüllung und Vollendung aller Vergangenheit im Zeichen jener freien »Assoziation, worin die freie Entwicklung eines jeden die Bedingung für die freie Entwicklung aller ist«.

Die Grundthesen von Marx waren im wesentlichen schon in den

vierziger Jahren des vorigen Jahrhunderts entstanden – unter dem atmosphärischen Druck der sich ankündigenden Revolution, als die junge bürgerliche Gesellschaft durch eine ihrer ersten Totalkrisen hindurchging. Damals formte sich das Denken von Marx und Engels nicht so sehr im Kampf mit den besonderen Beschränktheiten und Widrigkeiten des deutschen Vormärz; beide sahen von vornherein in den Zuständen in Deutschland nur die aufs äußerste zugespitzte Form der für die bürgerlich-kapitalistische Gesellschaft und Kultur überhaupt typischen allgemeinen Entmenschung und Entfremdung.

Paradoxerweise hatte der Mann, der nach 1849 nie mehr in seiner Heimat wirken sollte, zeit seines Lebens die größte Hoffnung gerade auf Deutschland gesetzt. So resümierte bereits 1844 der 25jährige Doktor der Philosophie seine Kritik der Hegelschen Rechtsphilosophie mit einer Apotheose der Philosophie, des Proletariats – und Deutschlands: »Die einzig praktisch mögliche Befreiung Deutschlands ist die Befreiung auf dem Standpunkt der Theorie, welche den Menschen für das höchste Wesen des Menschen erklärt... In Deutschland kann keine Art der Knechtschaft gebrochen werden, ohne jede Art der Knechtschaft zu brechen. Das gründliche Deutschland kann nicht revolutionieren, ohne von Grund aus zu revolutionieren. Die Emanzipation des Deutschen ist die Emanzipation des Menschen. Der Kopf dieser Emanzipation ist die Philosophie, ihr Herz das Proletariat. Die Philosophie kann sich nicht verwirklichen ohne die Aufhebung des Proletariats, das Proletariat kann sich nicht aufheben ohne die Verwirklichung der Philosophie. Wenn alle inneren Bedingungen erfüllt sind, wird der deutsche Auferstehungstag verkündet werden durch das Schmettern des gallischen Hahnes.«

Deutschland sei zwar zur politischen Revolution unfähig, dafür besitze es aber »einen ebenso klassischen Beruf zur sozialen Revolution«, heißt es um dieselbe Zeit an anderer Stelle. »Denn wie die Ohnmacht der deutschen Bourgeoisie die politische Ohnmacht Deutschlands, so ist die Anlage des deutschen Proletariats – selbst von der deutschen Theorie abgesehen – die soziale Anlage Deutschlands... Erst in dem Sozialismus kann ein philosophisches Volk seine entsprechende Praxis, also erst im Proletariat das tätige Element seiner Befreiung finden.« Wieso aber gerade im Proletariat?

17

Marxens Denkansatz war von vornherein dialektisch-anti-
thetisch: Seine optimistische Vision entzündete sich an dem
unvorstellbar raschen Anwachsen der industriellen Produktivkräfte, an den Verheißungen der Technik und Wissenschaft, an
der fortschreitenden Rationalisierung und Modernisierung des
ganzen Lebens. Zugleich erkannte er aber den erschreckend
düsteren Hintergrund, vor dem sich dieser ungeheure Fortschritt vollzog. Wie er selber später einmal formulierte, scheint
in unseren Tagen »jedes Ding mit seinem Gegenteil schwanger
zu gehen«. Das Proletariat, das wie Atlas die ganze neue Industriewelt auf seinen Schultern trug, sah kaum einer so deutlich in
seinem ganzen Elend, in seinem grenzenlosen Ausgebeutetsein,
in seiner radikalen Heimatlosigkeit und in seiner totalen Entmenschung.
Dieser Proletarier besitzt keinerlei Eigentum, kann keine echte
Familie gründen und ernähren, wird vom Staat niedergehalten
und von der Kirche mit billigen Vertröstungen abgespeist. Er
war nur noch Objekt jener Institutionen, die seit Jahrhunderten
und Jahrtausenden allen Klassengesellschaften als 'Eckpfeiler
gedient hatten. Die Kirche und der Staat, die auf dem Erbrecht
basierende Familie und das Privateigentum, die ursprünglich
vom Menschen geschaffen worden waren, um diesem zu helfen,
waren längst zu lebensbedrohenden Engpässen geworden. Im
Kapitalismus zementieren sie nun die Klassenherrschaft einer
Bourgeoisie, die täglich mehr zum Hemmschuh der Entwicklung wird.
Ausgegangen war Marx bei seiner Gesellschafts- und Kulturkritik zunächst von der Kritik der Religion (Mynarek). Da aber
Marx in der Religion nur die Widerspiegelung einer unvollkom-
menen Gesellschaft sah, so verwandelte sich für ihn »die Kritik
der Religion alsbald in die Kritik des Rechts, die Kritik der
Theologie in die Kritik der Politik, die Kritik des Himmels in die
Kritik der Erde«. Der theologischen Phase folgt daher schon
früh die ausgesprochen politische, in der sich Marx mit dem
bürgerlichen Staat auseinandersetzt. Diese Kritik gipfelt in der
sogenannten ökonomisch-materialistischen Theorie, in deren
Mittelpunkt die »Aufhebung« der politischen Ökonomie, des
Eigentums und des Kapitals steht, während die Kritik der Familie vielleicht nicht zufällig ganz fragmentarisch bleibt.
Die radikale Not kreiert mit Notwendigkeit die revolutionäre

Rolle des Proletariats. Die Not des Proletariers ist aber *das* Signum des Kapitalismus. Wie Eduard März andeutet, finden wir also bei Marx nebeneinander die Theorie der relativen wie der absoluten Verelendung des Proletariats. Freilich neigt Marx stärker zur These der absoluten Verelendung. Auf die Dauer helfen könne nur die Befreiung der Arbeiterklasse vom gesamten Lohnsystem. Daß die Zukunft im Zeichen der Beseitigung des kapitalistischen Eigentums stehen würde, erschien Marx bereits in den vierziger Jahren als selbstverständlich. Schon früh hatte er emphatisch erklärt, die Menschheit stelle sich »immer nur Aufgaben, die sie lösen kann, denn genauer betrachtet wird sich stets finden, daß die Aufgabe selbst nur entspringt, wo die materiellen Bedingungen ihrer Lösung schon vorhanden oder wenigstens im Prozeß ihres Werdens begriffen sind«. »Sind die bürgerlichen Produktionsverhältnisse die letzte antagonistische Form des gesellschaftlichen Produktionsprozesses«, so scheidet nach Engels »mit der Besitzergreifung der Produktionsmittel durch die Gesellschaft... der Mensch endgültig aus dem Tierreich... Es ist der Sprung der Menschheit aus dem Reich der Notwendigkeit in das Reich der Freiheit.« Die Vermittlung zwischen der abgestandenen Epoche der Notwendigkeit und der künftigen Ära der Freiheit erfolgt – das kann nicht oft genug wiederholt werden – einzig und allein durch das Proletariat und dessen Revolution, in welcher Form auch immer.

Das grammatikalische Präsens dieser Thesen kann natürlich nicht darüber hinwegtäuschen, daß hier eine welthistorische Vorwegnahme und Deutung der Zukunft gewagt wird, einer Zukunft, die nur erkämpft werden kann mit Hilfe eines sich revolutionierenden Proletariats. Das Marxsche System steht und fällt mit der These, daß dem Proletariat diese seine Aufgabe unabdingbar vorgezeichnet ist. Nur das Proletariat kann hic et nunc als klassenbewußte Kraft die revolutionäre Umwandlung des Kapitalismus in den Sozialismus bewerkstelligen – es vermag das aber auch sehr wohl. Fand sich nämlich in den früheren Klassengesellschaften »eine mannigfache Abstufung der gesellschaftlichen Stellungen«, und hatte in der Tat der »bald versteckte, bald offene Kampf« je nach Lage der Dinge entweder mit »der revolutionären Umgestaltung der ganzen Gesellschaft« oder mit »dem gemeinsamen Untergang der kämpfenden Klassen« geendet, so muß nun, wo sich in der kapitalistischen Gesellschaft nur noch zwei Klassen gegenüberstehen und das Proletariat »die ungeheure Mehrzahl« umfaßt, dieses alsbald siegen.

Nie bezweifelt Marx, daß »die Empörung der stets anschwellenden und durch den Mechanismus des kapitalistischen Produktionsprozesses selbst geschulten, vereinten und organisierten Arbeiterklasse« stets zunimmt, bis sie wie ein Blitz in das morsche Gemäuer der bürgerlichen Gesellschaft einschlagen und dieses zum Zusammensturz bringen wird – nicht zuletzt dank der Aneignung der von Marx selber entworfenen richtigen Theorie und Strategie.

»Die Reform des Bewußtseins«, hatte Marx schon sehr früh postuliert, »besteht nur darin, daß man die Welt ihr Bewußtsein inne werden läßt, daß man sie aus dem Traum über sich selbst aufweckt, daß man ihre eigenen Aktionen ihr erklärt... Unser Wahlspruch muß also sein: Reform des Bewußtseins nicht durch Dogmen, sondern durch Analysierung des mystischen, sich selbst unklaren Bewußtseins, trete es nun religiös oder politisch auf. Es wird sich dann zeigen, daß die Welt längst den Traum von einer Sache besitzt, von der sie nur das Bewußtsein besitzen muß, um sie wirklich zu besitzen. Es wird sich zeigen, daß es sich nicht um einen großen Gedankenstrich zwischen Vergangenheit und Zukunft handelt, sondern um die Vollziehung der Gedanken der Vergangenheit. Es wird sich endlich zeigen, daß die Menschheit keine neue Arbeit beginnt, sondern mit Bewußtsein ihre alte Arbeit zustande bringt.« In dieser Selbstverständigung der Zeit über ihre Kämpfe und Wünsche« steckt sozusagen der Anspruch auf eine Art »sozio-kulturelle Psychoanalyse«. Was Freud später für das Individuum leisten wollte, glaubte Marx schon damals für die Gesellschaft und Geschichte als Ganzes vollbracht zu haben.

Nie – betont Marx – kann allerdings »die Waffe der Kritik« »die Kritik der Waffen« ersetzen; »die materielle Gewalt muß gestürzt werden durch materielle Gewalt, sobald sie die Massen ergreift«. Zur vollen Reife gelangt daher das zunächst von der kapitalistischen Ausbeutung selbst vorgeformte und dann von der Marxschen Theorie artikulierte Klassenbewußtsein des Proletariats erst in der revolutionären *Aktion*.

Die moderne politische Demokratie steckte noch in ihren Anfängen – die Politik der gewaltfreien Aktion und des nichtverletzenden zivilen Widerstandes war noch ganz unbekannt. Für den

Revolutionär Marx war es daher selbstverständlich, daß die uralte Unterdrückung der Massen nur durch revolutionäre Gewalt zu beseitigen war, wobei sein Temperament dafür gesorgt haben mag, daß er die Gewaltsamkeit der aufbegehrenden Klasse in einem romantisch verklärenden Licht sah. In einer Polemik gegen Bruno Bauer erscheint die Revolution als ein »jüngster Tag«, dessen »Morgenrot der Widerschein brennender Städte am Himmel ist, wenn unter diesen ›himmlischen Harmonien‹ die Melodie der Marseillaise und Carmagnole mit obligatem Kanonendonner an sein Ohr schallt und die Guillotine dazu den Takt schlägt, wenn die verruchte ›Masse‹ ça ira, ça ira brüllt und das ›Selbstbewußtsein‹ vermittels der Laterne aufhebt«. Und während der Revolution von 1848 behauptet angesichts des »Kannibalismus der Konterrevolution« Marx ausdrücklich, »daß es ein Mittel gibt, die mörderischen Todeswehen der alten Gesellschaft, die blutigen Geburtswehen der neuen Gesellschaft abzukürzen, zu vereinfachen, zu konzentrieren, nur ein Mittel – den revolutionären Terrorismus«. Daß der Terror der Revolution auch ihre eigenen Kinder verschlingt, hat Marx wohl wenig gekümmert.

Die »permanente Revolution« blieb aber ein Traum. Schon 1858 beklagt Engels, »daß das englische Proletariat faktisch mehr und mehr verbürgert«. Und in seiner Antwort verweist Marx zwar auf die Immanenz der sozialistischen Revolution auf dem Kontinent, um dann aber zu fragen: »Wird sie in diesem kleinen Winkel nicht notwendig gecrusht werden, da auf viel größerem Terrain das movement der bürgerlichen Gesellschaft noch ascendent ist?« Das sind doch erschütternde Einsichten – sie werden aber nie in die Theorie integriert. Statt dessen greift man nach immer neuen Konstruktionen und Tröstungen.

Im letzten Drittel des 19. Jahrhunderts erlebten Marx und Engels die bescheidenen Anfänge bürgerlicher Demokratie. Gleichzeitig wuchs die Arbeiterbewegung in die Breite: So schwach die Erste Internationale auch war – verglichen mit dem Kommunistenbund stellte sie eine Massenbewegung dar! Marx und Engels wurden nun in ihrer Stellung zum bürgerlich-demokratischen Staat unsicher. Im Staat hatte Marx ursprünglich nur das Machtinstrument der herrschenden Klasse gesehen, wenn er auch wieder zugegeben hatte, angesichts eines Gleichgewichts der Klassen sei der Staat nicht das Herrschaftsmittel einer einzigen

Klasse, sondern das mehrerer Klassen gewesen und hätte daher eine gewisse Selbständigkeit genossen (so etwa der absolutistische Staat der Neuzeit, der auf dem Gleichgewicht von Feudaladel und Bourgeoisie beruhte, oder auch der bonapartistische Staatstypus des 19. Jahrhunderts). Der moderne Repräsentativstaat war aber nach Marx Herrschaftsinstrument der Bourgeoisie.

Nach 1871 begannen nun aber Marx und Engels stärker zwischen verschiedenen Nationen zu differenzieren. Sie lassen keinen Zweifel daran, daß autokratisch-obrigkeitsstaatliche Systeme nur durch echte Massenrevolutionen beseitigt werden können; andererseits geben sie nun zu, daß in demokratischen Ländern wie in den USA und England, wo es kein stehendes Heer und keine Bürokratie gebe, aber auch in Holland und Frankreich – überall dort, »wo die Volksvertretung alle Macht in sich konzentriert, wo man verfassungsmäßig tun kann, was man will, sobald man die Majorität des Volkes hinter sich hat«, »die alte Gesellschaft friedlich in die neue hineinwachsen könne« (dies die Worte von Engels!).

Utopie und Wirklichkeit

Als Ausgangspunkt unserer Marx-Kritik diene dessen Verhältnis zur Hegelschen Dialektik und deren Deutung des historischen Zeitablaufs. Schon früh übernahm Marx Hegels dialektisches Entwicklungsschema: Mittels des sich immer wiederholenden Umschlags der These in die Antithese und des absolut gesicherten Fortgangs zur höchsten Synthese zielt dieses immer nur in eine einzige – positive – Richtung; es gleicht so einer Einbahnstraße, die rasch aus den Niederungen einer düsteren Vergangenheit in die lichten Höhen einer besseren Zukunft führt. Der Umschlag aus jener tiefsten Entmenschung, wie sie die englischen Ökonomisten materialistisch aufgezeigt, in das höchste Menschsein, wie es die französischen Utopisten erträumt hatten, wurde zum Alpha und Omega der Marxschen Dialektik, die im Banne Hegels blieb. Marx mochte zwar an Hegel rügen, die Dialektik stünde bei ihm auf dem Kopf: »Man muß sie umstülpen, um den rationellen Kern in der mystischen Hülle zu entdecken.« Den idealistischen Ausgangspunkt Hegels wollte Marx durch einen mehr »materialistischen« oder realistischen ersetzen. Er wollte angeblich eine Abhandlung über die Dialektik schreiben. Hierzu sei er nie gekommen. So blieb es ihm erspart, eine wirklich neue, kritisch-praktische Dialektik zu entwickeln. Vielleicht hätte diese ihn zu einer radikaleren Kritik seiner eigenen Theorie gezwungen.

Heute erscheint uns die Dialektik als die spekulative »Vernunft«, wie sie sich im logischen Prisma bricht und so gebrochen sich uns darbietet. Sie ist der Übergang von der hellen Oberfläche des logisch-rationalen zur dunklen (oder wenn man so will: überhellen) Tiefe des alogischen Irrationalen, damit aber auch der Zugang für die Logik zu diesem Untergrund und zugleich die dauernde kritische Speisung und Korrektur der Logik aus den Springquellen jener Tiefe. Die Dialektik ist so eine Grenze der Logik, die keine Schranke ist, sondern vielmehr die logische Verstandeserkenntnis über sich selbst hinauszutreiben versucht. Gleichzeitig ist sie der einzige Weg, der die vollkommen irrationale Geistestätigkeit der logischen Kritik näherzurücken vermag. Aus dieser ihrer eigenartigen Stellung als eines Zwischenbereichs und Überganges, als eines Nicht-mehr-nur-Logischen und Noch-nicht-ganz-Alogischen oder umgekehrt als eines Nicht-mehr-ganz-Alogischen und Noch-nicht-nur-Logischen ergibt sich ihre Stärke *und* ihre Schwäche. Stark ist sie der Logik gegenüber als die Kritik des Lebens an den Widersprüchen, Aporien, Schranken des Verstandes. Stark ist sie als der Vorstoß und das Eindringen der Vernunft in die dunkelsten und geheimsten Regionen des Irrationalen. Schwach wird sie als die Zersetzung und Auflösung logischer Bestimmtheit und Klarheit durch den Einbruch des Alogischen, sobald man sie am Maßstab der Logik mißt. Und schwach ist sie als der unbeholfene, tastende, unglückliche, von vornherein stets von neuem zum Scheitern verurteilte und doch immer wieder zu wagende Versuch, am relativ untauglichen Objekt das Unbewußte, Fließende, Widerstreitende bewußt zu machen, zu fixieren, aufzulösen.

So eignet sich auch eine bestimmte – sagen wir ruhig: entfremdete, pervertierte – Form von Dialektik zur Verzerrung der Wirklichkeit und zur Verherrlichung der Machthaber, zur Täuschung der Machtlosen und zur Verhüllung des Terrors. Will man sich diesen Gebrauch oder Mißbrauch von Dialektik alles historisch-schmückenden »Beiwerks« entblößt, sozusagen abstrakt-ideal-typisch, vor Augen führen, so erinnere man sich nur der »dialektischen« Belehrung, die schon in Shakespeares »Der Widerspenstigen Zähmung« Petruchio seinem Käthchen erteilt: Als gehorsames Weib habe diese dem Eheherrn immer und überall zu glauben, auch wenn dieser den Mond als Sonne, einen Mann als eine Frau (oder umgekehrt!) ausgibt. Von dieser Dialektik als Stütze einer patriarchalischen Familienstruktur führt ein nicht ganz kurzer, aber doch direkter Weg zu Orwells Dialektik der totalitär-terroristischen Staatsstruktur mit ihrer Verkehrung des Kriegs-, Terror-, Propaganda- und Rationierungs-Ministeriums in das Friedens-, Liebes-, Wahrheits- und Überfluß-Ministerium. Daß Orwells gegenutopische Dialektik den dialektisch-materialistischen Pseudo-Utopismus des totalitär-terroristischen Herrschaftssystems eines Stalin oder auch jedes anderen »Großen Bruders« getreulich widerspiegelt – das sehen wir heute nur allzu deutlich. Wie rasch und leicht nun aber die von Hegel übernommene emanzipatorisch-revolutionäre Dialektik des Terrors und der Täuschung bei Stalin umschlagen konnte, wird jeder zu bedenken haben, der den Stellenwert der Hegelschen Dialektik abzuwägen versucht.

Wäre sich Marx dieser Schwäche und Widersprüchlichkeit einer jeden Dialektik bewußt gewesen, so wäre das von ihm geforderte Verhältnis von Vergangenheit, Gegenwart und Zukunft auch ihm selber wohl noch komplexer und problematischer erschienen, als das der Fall war. Marx wollte ja anders als Hegel Raum für eine Zukunft schaffen, die sich von der Vergangenheit grundlegend unterschied – und doch sollte diese Zukunft ihren festen Platz in einem abgeschlossenen System, das Vergangenheit, Gegenwart und Zukunft auf den Begriff brachte, finden. Mittels seiner »sozio-kulturellen Psychoanalyse« sollte sich die Zukunft der Welt eindeutig aus der Bewußtmachung ihrer Vergangenheit ergeben. Ist aber jene so eindeutig in dieser angelegt, daß man ihre Tendenz und ihr Ziel mit Sicherheit prognostizieren kann? Sollte jedoch die Zukunft eindeutig feststehen, würde sie dann nicht eher der Vergangenheit ähneln, das heißt aber auch nicht so human sein wie Marx annahm? Und umgekehrt – gerade wenn sich die heile Zukunft qualitativ so von der dunklen Vergangenheit unterscheiden soll, wie Marx das gefordert hat, wird doch die Ableitung der Zukunft aus der Vergangenheit unsicherer. War es nicht, konkreter gesprochen, höchst gewagt, für die Gegenwart ein Proletariat zu postulieren, das trotz seiner Verstrickung in die schlechte Vergangenheit doch zum Subjekt einer so lichten Zukunft werden mußte? Und hätte eine solche Aussage nicht allerhöchstens als Hypothese, als Möglichkeit, als Chance, nicht aber als These, als Wirklichkeit, als Gewißheit formuliert werden dürfen? Marx glaubte an eine Zukunft, die ähnlich wie bei den Reformisten ganz determiniert und eindeutig wäre und doch auch wiederum wie bei den Utopisten ganz neu und anders – im und durch das Proletariat würde sich dieser Widerspruch dialektisch »aufheben«. Die Praxis seit Marx hat diese Theorie leider nicht zu verifizieren vermocht.

Neben dem dialektischen Dreiklang und Umschlag spielt bei Marx die Analogie eine beträchtliche Rolle. Bei allen Unterschieden, die er betont, zieht Marx doch eine Parallele zwischen dem Übergang von der agrar-feudalen zur bürgerlich-kapitalistischen Gesellschaft und von dieser zur proletarisch-sozialistischen. Wie das Mittelalter von der Neuzeit besiegt wurde, so wäre auch der Sieg der kommunistischen Zukunft über die kapitalistische Gegenwart ein unvermeidlicher Schritt in der welthistorischen Entwicklung zum Homo humanus – mit dem Sieg des Sozialismus würde jenem ersten großen Fortschritt ein noch gewaltigerer auf dem Fuße folgen. Können »in großen Umrissen asiatische, antike, feudale und modern-bürgerliche Produktionsweisen als progressive Epochen der ökonomischen Gesellschaftsformation bezeichnet werden«, »schließt die Vorgeschichte der menschlichen Gesellschaft« mit der bürgerlichen Gesellschaftsformation ab, so bewegt sich die Menschheit in stets rascherem Tempo vorwärts. Wenn sich schon die Bourgeoisie trotz aller Rückschläge als unbesiegbar erweisen konnte, so ist der Triumph des Proletariats um so gewisser und grandioser.

Nun hinkt der Vergleich bürgerlich-kapitalistische Gesellschaftsformation und proletarisch-kommunistische in mehreren Punkten. Denkbar ist mehr denn je eine rückläufige Entwicklung, ein Rückfall in die Barbarei, der Untergang der modernen Zivilisation und der Anbruch eines neuen dunklen Zeitalters – eines neuen Mittel- oder gar Steinzeitalters, was sicherlich einen fatalen Bruch in der bisherigen Geschichte der Menschheit bedeuten würde. Aber selbst wenn eine solche Katastrophe vermieden würde, wenn die Menschheit noch einmal davonkommen sollte, dürfte sich die neue Gesellschaftsformation wohl weniger

von der heutigen unterscheiden, als sich die bürgerlich-kapitalistische von den vorbürgerlich-agraren Gesellschaften unterschieden hat. Und das aus folgenden Überlegungen: Die moderne industriekapitalistische Gesellschaft hat sich zwar im Schoße der feudal-agraren europäischen Gesellschaft entwickelt. Jene hing mit dieser aber nur lose zusammen. Die städtisch-bürgerliche Kultur des Mittelalters und der frühen Neuzeit mag noch keinen Fremdkörper innerhalb des agraren Feudalismus gebildet haben. Manches spricht dafür, daß sich die Entfaltung von Handwerk und Handel, die Entwicklung eines freien Bürgertums in den Städten bis etwa ins 18. oder gar 19. Jahrhundert hinein durchaus noch im Rahmen der überlieferten ständischen Gesellschaft gehalten hat. Der revolutionäre Bruch erfolgte eigentlich erst mit dem Übergang von der Manufaktur zur modernen Großindustrie, als »an die Stelle der Manufaktur die moderne große Industrie, an die Stelle des industriellen Mittelstandes ... die industriellen Millionäre, die Chefs ganzer industrieller Armeen, die modernen Bourgeois« traten. Nun verdrängten ganz neue Produktivkräfte die alten – »da revolutionierte der Dampf und die Maschinerie die industrielle Produktion«.
Nun ist die Revolutionierung der Produktivkräfte im 19. und 20. Jahrhundert nicht zum Stillstand gekommen, sprechen wir doch mit Recht von einer wissenschaftlich-technischen oder auch von einer ersten, zweiten oder gar dritten industriellen »Revolution«. Dieser Prozeß läuft aber »organisch« innerhalb ein und derselben bürgerlich-kapitalistischen Produktionsverhältnisse, der gleichen ökonomischen Struktur der Gesellschaft und derselben ökonomischen Gesellschaftsformation ab. Weder Marx noch die späteren Marxisten haben je anzugeben vermocht, auf welche qualitativ andersartigen und total neuen Produktivkräfte sich die neue sozialistisch-kommunistische Gesellschaftsordnung stützen könnte. Inzwischen haben wir sogar erlebt, daß im Osten und Süden dieselben Produktivkräfte die materielle Basis auch für etwaige neuartige Gesellschaftssysteme abzugeben vermögen. Selbst im sogenannten sozialistischen Lager entfalten sich keine anderen Produktivkräfte als im kapitalistischen – auch dies vielleicht ein Indiz dafür, daß hier von einem echten Sozialismus nicht gesprochen werden sollte. Zudem wird aber auch die Produktivkraft Arbeit hüben wie drüben ganz ähnlich, nämlich als Lohnarbeit, eingesetzt.

Entgegen aller Erwartung Marxens ist jedoch der Lohnarbeiter des 20. Jahrhunderts im ganzen gesehen eher weniger revolutionär als der des 19. Jahrhunderts. Wie so oft hat sich die dialektische Erwartung als falsch erwiesen: Der Aufstieg der Arbeiterklasse war – bisher jedenfalls! – bescheidener als der des Bürgertums.

Im 17., 18. und 19. Jahrhundert war diesem in einigen entscheidenden Ländern der große revolutionäre Durchbruch gelungen; in vielen andern erfolgte ihr Aufstieg evolutionär auf dem Wege der Reform. Das Gros des Proletariats in den alten Industriedemokratien wurde schon reformistisch, konformistisch, konservativ, längst bevor – um Marx zu zitieren – »die alte Politik umgestürzt« und »die neue Organisation der Arbeit begründet worden war«. Selbst dort, wo einmal »der Arbeiter die politische Gewalt in die Hand« bekam, haben sich Arbeiterregierungen wie etwa in England mit Teilreformen begnügt. Von einer totalen Neuordnung der Gesellschaft, von einer radikal neuen Kultur im Sinne von Marx war bisher nicht viel mehr zu spüren als etwa im Verlauf der Emanzipation des Bauern.

Marx hatte nicht vorausgesehen, welche ungeheuren Produktivkräfte der Kapitalismus in seinen Hochburgen noch entwickeln sollte und in welchem Ausmaß er die breiten Massen einschließlich des Proletariats an seinen Leistungen zu partizipieren und sie zugleich zu manipulieren vermochte. Heute dürften sich die Arbeiter zwar auch entwurzelt fühlen, wohl aber kaum so viel stärker als mancher Angehörige anderer städtischer Schichten.

Typisch für das Schicksal des Arbeiters vor hundert Jahren war, daß er sich weitgehend selbst überlassen blieb. Der Proletarier litt nicht nur unter vielfältigen feudal-aristokratischen Klassenschranken und Diskriminierungen – es kümmerte sich einfach kaum jemand um ihn, weder die Schule noch die Kirche, weder die Partei noch die Presse. Dieses Vakuum zu füllen war für die Arbeiteragitatoren und -propagandisten daher verhältnismäßig leicht. So entstand eine auf ein Geflecht zahlreicher Organisationen gestützte ideologisch eigenständige Arbeiterbewegung. Heute steht jede Arbeiterorganisation im ständigen schärfsten Konkurrenzkampf mit den technisch und finanziell weit überlegenen »bürgerlichen« Dienstleistungsorganisationen. Die Kirchen und die bürgerlichen Parteien, die Sportverbände und die Zeitungen, vor allem aber auch der Film, der Rundfunk, das

Fernsehen nehmen sich auch des Arbeiters an und suchen jede freie Minute zu okkupieren.

Der modernen Arbeiterbewegung, die innerhalb des Kapitalismus als eine Gegenbewegung entstanden war, ist es zwar gelungen, diesen weitgehend zu reformieren und scheinbar zu »sozialisieren«, das heißt in Wirklichkeit, ihn »sozialer« zu gestalten; zugleich hat sich aber die sozialistische Arbeiterbewegung selbst immer weiter in diesen Kapitalismus integriert. Sie hat sich »saturiert« und »kapitalisiert«. Teile des Mittelstandes und sogar der Bourgeoisie haben sich zwar ihrerseits »proletarisiert«, andererseits haben sich aber auch proletarische Schichten immer wieder »verbürgerlicht« oder besser »vermittelständischt«, so wie die Arbeiterorganisationen sich »institutionalisiert« und »bürokratisiert« haben. Das Ergebnis ist eine neuartige Symbiose von Kapitalismus und Sozialismus, wobei dieser neue »Sozialkapitalismus« freilich durchaus noch auf dem Boden des Kapitalismus bleibt.

Für ein domestiziertes und verbürgerlichtes Proletariat muß das ursprüngliche Ziel der totalen Revolution in immer weitere Ferne rücken oder gar ganz verlorengehen. Der Übergang zum Sozialismus war nun – wenn überhaupt – nur noch denkbar nicht als rasche Umwälzung, sondern auf dem langen Wege friedlicher und bescheidener Reformen. Hierfür bieten sich mehrere Erklärungen an. Ein Ansatz läßt sich schon aus Marxens Analyse des wahren Charakters des modernen Kapitalismus selber entwickeln. Im »Kapital« hat Marx sorgfältig aufgezeigt, wie das Verhältnis von Lohnarbeit und Kapital als das zwischen Warenbesitzern den Schein produziert, als ob Unternehmer und Arbeiter gleichberechtigte, freilich nicht vom Glück gleichbegünstigte Partner wären. So heißt es bei Marx: Der Lohnarbeiter »und der Geldbesitzer begegnen sich auf dem Markt und treten in ein Verhältnis zueinander als ebenbürtige Warenbesitzer, nur dadurch unterschieden, daß der eine Käufer, der andere Verkäufer, beide also juristisch gleiche Personen sind... Käufer und Verkäufer einer Ware, zum Beispiel der Arbeitskraft, sind nur durch ihren freien Willen bestimmt. Sie kontrahieren als freie, rechtlich ebenbürtige Personen. Der Kontrakt ist das Endresultat, worin sich ihr Wille einen gemeinsamen Rechtsausdruck gibt. Gleichheit! Denn sie beziehen sich nur als Warenbesitzer aufeinander und tauschen Äquivalent für Äquivalent. Eigentum! Denn jeder verfügt nur über das Seine ... Auf dem Markt trat er als Besitzer der Ware ›Arbeitskraft‹ anderen Warenbesitzern gegenüber, Warenbesitzer dem Warenbesitzer. Der Kontrakt, wodurch er dem Kapitalisten seine Arbeitskraft verkauft, bewies sozusagen schwarz auf weiß, daß er frei über sich selbst verfügt.« Zusammenfassend schreibt dann Marx: »Bei der Lohnarbeit erscheint umgekehrt selbst die Mehrarbeit oder unbezahlte Arbeit als bezahlt ... Auf dieser Erscheinungsform, die das wirkliche Verhältnis unsichtbar macht und gerade sein Gegenteil zeigt, beruhen alle Rechtsvorstellungen des Arbeiters wie des Kapitalisten, alle Mystifikationen der kapitalistischen Produktionsweise, alle ihre Freiheitsillusionen, alle apologetischen Flausen der Vulgärökonomie.«

Die Behauptung von Kautsky und Lenin, daß der Arbeiter spontan nur ein trade-unionistisches Bewußtsein zu entwickeln vermöge, kann sich also durchaus auf einen der wichtigsten Argumentationsstränge von Marx selber berufen. Die Analogie, die sich hier eröffnet, zielt nicht auf die Bourgeoisie, sondern eher auf die Bauernschaft. Auch diese war einst, etwa vom 16. bis ins 19. Jahrhundert hinein, eine relativ revolutionäre Klasse – inzwischen ist sie dezimiert und domestiziert. Der in die kapitalistische Gesellschaft integrierte Bauer ist heute eher reaktionär als revolutionär. Deutet sich nicht eine Wiederholung dieses Prozesses auch schon beim Proletariat an? Man denke nur an die konservativen oder sogar auch schon reaktionären Tendenzen in manchen Gewerkschaften und Berufszweigen etwa in den Vereinigten Staaten.

Die Entrevolutionierung des Proletariers in unseren Tagen mag noch eine andere wichtige Wurzel haben: 1848 war der europäische Arbeiter der Paria der Welt. Die Kolonialvölker standen außerhalb des Gesichtskreises des Europäers. Heute gehört, wie H. Gollwitzer andeutet, selbst der Durchschnittsarbeiter in der Bundesrepublik Deutschland, in Frankreich oder Norditalien, in den Vereinigten Staaten oder Australien zur sogenannten Arbeiteraristokratie in der Welt. Sein ganzer Lebenszuschnitt ist unvergleichlich höher als der der hungernden Massen in Asien, Afrika oder Lateinamerika. Nun lebt auch dieser Arbeiter davon, daß einerseits seine Industrieprodukte teuer an die Dritte Welt verkauft, andererseits deren Rohstoffe dort billig eingekauft werden. Auf kurze Sicht gesehen, scheinen die Ausbeutung

der unterentwickelten Länder sowie die Aufrüstung die Dauer-
konjunktur und die sogenannte Konsumentendemokratie erst
ermöglicht zu haben.

In einer Welt, die noch lange nicht total durchindustrialisiert und
durchkapitalisiert ist, zeichnet sich eine neue Polarisierung ab:
Ein von Marx kaum vorhergesehener Rassenkampf überlagert
den klassischen Klassenkampf. Der Planet zerfällt in das Lager
der nördlichen »Satten« und in das der südlichen »Habenichtse«.
Die Arbeiter in der nördlichen Hemisphäre stehen dabei durchaus im Lager der Satten – auf der südlichen Halbkugel bilden
dagegen die Proletarier immer noch nur eine Minderheit unter
den Milliardenmassen der verelendenden Bauern.

Das Proletariat hat sich aber nicht nur hier und da weitgehend an
die kapitalistische Gesellschaft angepaßt; es hat sich womöglich
noch stärker in den modernen Sozial- und Militärstaat integriert.
Immer noch ist die Welt nationalstaatlich organisiert. Die sozialistische Arbeiterbewegung identifiziert sich mehr und mehr mit
dem eigenen Vaterland, auch auf Kosten der internationalen
Solidarität. So hat sich im Verlauf dieses Absorptionsprozesses
der weltweite Sozialismus »nationalisiert«. Auch die Abspaltung
der Kommunisten und der Bruderkampf mit ihnen hat sicherlich
hierzu erheblich beigetragen. Mithin vertieft sich der Gegensatz
zwischen den sozialistischen Parteien der verschiedenen »Vater-
länder« (wenn wir einmal von der europäischen oder sonstiger
regionaler Integration absehen), vor allem aber auch der zwischen den Sozialisten der stets reicher werdenden Industrienationen einerseits und den Arbeitern der früheren Kolonien und
jetzigen Entwicklungsländer andererseits.

1848 hatten Marx und Engels kühn proklamiert: »Die Arbeiter
haben kein Vaterland ... Die nationalen Absonderungen und
Gegensätze der Völker verschwinden mehr und mehr schon mit
der Entwicklung der Bourgeoisie, mit der Handelsfreiheit, dem
Weltmarkt, der Gleichförmigkeit der industriellen Produktion
und der ihr entsprechenden Lebensverhältnisse. Die Herrschaft
des Proletariats wird sie noch mehr verschwinden machen.
Vereinigte Aktion, wenigstens der zivilisierten Länder, ist eine
der ersten Bedingungen seiner Befreiung.« In Wahrheit ist es
aber eher – denken wir an die Multis – das Großkapital, das sich
internationalisiert und keine Landesgrenzen mehr kennt. Die
Arbeiter bleiben ihrer Nation immer noch viel stärker verhaftet.

Geführt von ihren eigenen herrschenden Klassen haben sie sich nicht zufällig in zwei Weltkriegen zerfleischt. Statt der von Marx antizipierten permanenten Weltrevolution zeichnet sich so etwas wie ein offener oder latenter Weltkrieg ab. Die traditionale Klassengliederung verschwindet zwar keineswegs, sie tritt aber immer wieder zurück hinter dem Kampf der verschiedenen »nationalen« oder »ideologischen« Lager. Während so die innere Entwicklung in der nördlichen Industriewelt zum Teil eher der Vorstellung eines Huxley als der eines Marx entspricht, erinnert das Verhältnis der Industrienationen zur Dritten Welt in manchem fatal an die von Orwell geschilderten Randkriege.

Kampf war sein Element

Im Blick auf Deutschland hatte Marx 1876 beklagt, neben den modernen Notständen drücke »uns eine ganze Reihe vererbter Notstände, entspringend aus der Fortvegetation altertümlicher, überlebter Produktionsweisen mit ihrem Gefolg von zeitwidrigen gesellschaftlichen und politischen Verhältnissen. Wir leiden nicht nur von den Lebenden, sondern auch von den Toten. ›Le mort saisit le vif!‹ (Der Tote packt den Lebenden!).« Aber auch im übrigen kontinentalen Westeuropa quäle uns »nicht nur die Entwicklung der kapitalistischen Produktion, sondern auch der Mangel ihrer Entwicklung«.

Wir würden noch einen Schritt weitergehen und sagen, daß auch heute noch Denkformen und Verhaltensweisen, Erwartungen und Zielvorstellungen, die die Ideologie und Weltanschauung, die Moral und Religion im Kapitalismus bis auf den heutigen Tag mitbestimmen, vorbürgerlich, autoritär, autokratisch oder gar feudal geprägt geblieben sind. Die bürgerliche Revolution und Evolution hat durchaus nicht überall mit der Vergangenheit gebrochen – sie hat vielmehr wichtige Elemente des vorbürgerlichen geistigen »Überbaus« stehen gelassen und sich einverleibt. Nur so erklären sich wohl auch die nationalen, regionalen, konfessionellen Verhaltensweisen von Arbeitern und Bürgern in Ländern, die von der stärker bürgerlich-individualistisch-demokratisch geprägten Kultur Hollands, der Schweiz oder auch der skandinavischen Staaten bis zu der eher autoritär-hierarchisch etatistischen Ideologie und Psychologie der Eliten wie der Massen in Deutschland, Rußland oder Japan reichen.

Wir glauben, daß bei einer genaueren, die psychologischen Komponenten stärker berücksichtigenden Betrachtung des Menschen sich ergibt, daß dieser gerade auch als Mann und Frau, als Vater und Mutter, das heißt als Träger spezifischer sexueller und familiärer Rollen oft weniger rational und global, zukunftsoffen und experimentierfreudig, reformerisch oder gar revolutionär auftritt, als Marx immer wieder angenommen und erhofft hat. Beobachten wir das Verhalten der Menschen ganz konkret als das von Christen und Mohammedanern, Deutschen und Russen, aber auch als das von Männern und Frauen, von Eltern und Kindern, so fällt auf, daß sie in diesen Rollen immer wieder traditionsgebundener und vergangenheitsgeprägter, emotionaler und irrationaler, aggressiver, aber auch serviler gehandelt haben und handeln, als das in das Bild vom Menschen als Lohnarbeiter und Proletarier (oder sogar auch als Bourgeois) paßt, wie es Marx vorschwebte.

Entscheidend dürfte dabei sein, daß der Abhängige sich keineswegs immer gegen seinen Herrn und Ausbeuter wendet. Die ihm von diesem zugefügte Frustration schlägt in Aggression gegen den Außenstehenden und Fremden, ja, möglicherweise sogar gegen seinesgleichen oder auch in die Unterdrückung der noch Schwächeren, sei es der Frau oder der Kinder, um.

Im Gegensatz zu Marx sehen wir im Proletariat den Gegenspieler, das heißt sowohl den Feind wie aber auch den Partner, des Kapitalisten. Viel spricht daher dafür, daß das Proletariat nicht einfach und rasch aus der bürgerlich-kapitalistischen Gesellschaft ausbrechen kann, daß es eher als Juniorpartner innerhalb dieser aufsteigt – freilich auch möglicherweise zusammen mit dieser niedergehen wird. Das Anwachsen der Widersprüche garantiert keineswegs, daß das Proletariat die politische Macht übernimmt und die ganze Gesellschaft grundlegend reformiert oder gar revolutioniert. Es hat nicht mehr, sondern eher weniger politische Potenz und geistige Stoßkraft als die Bourgeoisie, und es hat sich bisher auch keine politische Elite oder Partei gefunden, die als Avantgarde diese ungeheure Aufgabe hätte lösen können – eine Aufgabe, die unvergleichlich schwieriger ist als die Übernahme der politischen Macht durch ein ökonomisch und kulturell dominierendes Bürgertum.

So führt die Krise des Kapitalismus, die spätestens seit 1914 spürbar ist, dazu, daß die Produktivkräfte immer mehr in Destruktionsmittel umschlagen. Der Rüstungswettlauf mag jederzeit in einen dritten Weltkrieg münden. Dieser schafft aber nunmehr nicht die Voraussetzungen für den Sturz der Bourgeoisie und den Sieg des Weltproletariats, sondern eher für den gemeinsamen Untergang der kämpfenden Klassen und Lager. Aber auch die von Marx ebensowenig vorausgesehene Umweltzerstörung mag, etwa kombiniert mit der Bevölkerungsexplosion in den sogenannten Entwicklungsländern, zu einer Katastrophe führen. Schon heute dürfte feststehen, daß der Kapitalismus ebensowenig wie der kommunistische Etatismus die Probleme von heute und morgen zu lösen vermag. Höchstens gelingt es ihm, die Krise zu vertagen und sie latenter zu halten. Hat sich Marx in der Beurteilung des Tempos der Zuspitzung der Krise und in der Prognose des positiven Ausgangs, das heißt des Übergangs zum Kommunismus, geirrt, so bleibt es sein dauerndes Verdienst, die Krisenanfälligkeit in wesentlichen Punkten richtig diagnostiziert zu haben. So hat, worauf L. Kofler verweist, keiner einen entscheidenden Geburtsfehler des Kapitalismus deutlicher erkannt als Marx. Er enthüllt jene Erscheinung, die er mit Begriffen wie Entfremdung und Verdinglichung des Menschen in der bürgerlichen Kultur und Fetischcharakter der kapitalistischen Warengesellschaft erfassen wollte. Er selber deutet schon an, daß diese Verdinglichung nicht nur den Arbeiter, sondern auch den Bourgeois trifft, ja, daß, wie J. Seifert formuliert, insofern alle in dieser Gesellschaftsformation entfremdete »Bürger« sind, wobei freilich der Proletarier unvergleichlich furchtbarer leidet als der Kapitalist.

Das gilt selbst heute noch in großem Maße. Jener Zuspitzung der Entfremdung, die die Drohung des Rückfalls in die Barbarei oder gar des Unterganges der Menschheit impliziert, ist heute aber auch der Kapitalist oder »Arbeitgeber«, der Manager und Funktionär, der Politiker und Bürokrat, der Mittelständler und Intellektuelle, der Beamte und Angestellte nicht minder ausgesetzt als der Proletarier oder »Arbeitnehmer«. Erstmals befinden sich alle nunmehr wirklich in dem gleichen Boot – dem Raumschiff Erde, wenn auch nach wie vor einige wenige als Passagiere Erster Klasse reisen und die Massen auf dem Zwischendeck kampieren oder, um das Gleichnis zu variieren, die soziale Stufenleiter vom Kapitän (oder gar Admiral!) bis zum Schiffsjungen reicht. Immerhin ergibt sich damit jetzt erstmals eine

Chance, daß ganz anders als früher die Besten aus allen Klassen und Schichten, Richtungen und Lagern sich zusammentun, um der Katastrophe entgegenzusteuern.

Dabei kommt uns die zweite unvergängliche Leistung von Marx, seine Ideologiekritik, zustatten, um die Gegenwart und Zukunft adäquat zu erkennen und human zu gestalten. Hat doch Marx nicht nur zwischen der materiellen Basis und dem sozialen, politischen und geistigen Überbau unterschieden, sondern auch zwischen dem, »was ein Mensch wirklich ist und tut« (gerade auch, wie L. Kofler unterstreicht, als mit Geist und Vernunft begabtes Wesen), und dem, »was ein Mensch von sich meint und sagt«, was er »sich selbst dünkt«. Es handelt sich hier also nicht einfach um die Gegenüberstellung von Sein und Bewußtsein, Realität und Ideologie, sondern vielmehr um zwei Konfrontierungen: einmal die Gegenüberstellung des bewußten Seins, das wirkt und handelt, und des Seinsbewußtseins, das historisch gesehen nur hinterher räsoniert, interpretiert, legitimiert, und dann zweitens um den Vergleich der Wünsche, des Wollens und des Strebens der Menschen mit den Ergebnissen und Wirkungen ihres Handelns andererseits.

Eine derartige ideologiekritische Untersuchung stellt also nicht die »Wahrheit« des gesamten Geschichtsprozesses der »Falschheit« seiner Etappen, nicht die »Gerechtigkeit« der klassenlosen Gesellschaft der Ungerechtigkeit der Klassenherrschaft, nicht das »richtige« Klassenbewußtsein des Proletariats dem »falschen« Bewußtsein der Bourgeoisie gegenüber – sie beschränkt sich darauf, das Bewußtsein einer Zeit, einer sozialen Formation, einer Nation, einer Klasse, so wie es von seinen Trägern verkündet, ausgesprochen, urbi et orbi demonstriert wird, mit dem Bewußtsein und Sein der entsprechenden Zeit, Formation, Nation oder Klasse so, wie es im Geschichtsprozeß wirksam wird, zu vergleichen. Für dieses Verfahren ist also Realität gleich historischer Wirkungskraft, »verkehrte« oder besser »leere« Ideologie dagegen identisch mit einem ohnmächtigen Bewußtsein, welches das Handeln der Menschen nicht motiviert, vielmehr machtlos und schemenhaft neben dem Prozeß einherläuft, ihn »nur« deutet, verhüllt, rechtfertigt.

Eine solche Kritik aller Ideologie, zu der auch die Ideologie der Ideologielosigkeit gehört, ist Voraussetzung für jede futurologisch und global gerichtete Aktion.

Schließlich sei nur angedeutet, daß für Marx die Natur letztlich ähnlich wie der Gott der tradierten Religion allgütig war. Die Entfremdung der Gesellschaft und die Bedrohung durch die Natur waren nur konstitutiv für die Vergangenheit – dank der revolutionären Aktion in der Gegenwart würde die Zukunft der Gesellschaft wie der Natur zu einer harmonisch-humanen Komponente werden, wobei Natur in gleicher Weise die dem Menschen gegenüberstehende Natur wie die Natur des Menschen selber umfaßt. Wir können heute nicht umhin, die Natur viel komplexer und ambivalenter, offener oder gar bedrohlicher zu sehen, als das Marx tat, wobei wir uns freilich der historischen Veränderlichkeit der objektiven Natur wie der Menschennatur, die Marx mit Recht so sehr betont hat, bewußt bleiben.

Von der Gefahr der Dogmen

Wieso hat nun aber Marx seine Fehlprognosen niemals selber korrigiert? Das ist um so verwunderlicher, als sich bei ihm hier und da Ansätze finden, die das nahelegen würden. Einmal erwähnt Marx sogar in einer Rede im Jahre 1856 »Verfallssymptome, die die aus der letzten Zeit des Römischen Reiches berichteten Schrecken bei weitem in den Schatten stellen. In unseren Tagen scheint jedes Ding mit seinem Gegenteil schwanger zu gehen.« Zudem scheinen sich manche seiner Prognosen über Weltpolitik und -wirtschaft – etwa die Voraussagen über die Revolutionierung Indiens oder die Errichtung der Republik in China, die Verlagerung des ökonomisch-politischen Schwergewichts vom Atlantischen zum Pazifischen Ozean, aber auch die Voraussagen über das Anwachsen der Produktivkräfte oder die »automatische Fabrik« mit der Möglichkeit der radikalen Verringerung der Arbeitszeit auf wenige Stunden während einer begrenzten Lebensperiode – ganz anders bewahrheiten zu wollen als die Kerndogmen über den Untergang der Bourgeoisie durch den unvermeidlichen Sieg des Proletariats oder den Anbruch des Sozialismus und einer klassenlosen Gesellschaft.
Daß Marx die diesen Thesen widersprechenden Erkenntnisse kaum je in sein System einbezogen hat, war aber doch wohl kein Zufall. Hier zeigt sich die Grenze der Größe. So diente das ungeheuer reichhaltige Material, das Marx als Bausteine für sein System benutzt hat, letztlich doch vor allem als Rechtfertigung

post festum – eine Falsifizierung war einfach undenkbar. Nur in sekundären Fragen konnten gelegentlich Korrekturen angebracht werden. Selbst ein Marx konnte nur dort alle Illusionen abstreifen, wo es nicht um das Kommen eines neuen Reiches und damit auch um den letzten Sinn seines eigenen Lebens ging. So beruhte Marxens unerschütterlicher Glaube an die unabwendbare Fortentwicklung des Kapitalismus zum Sozialismus und Kommunismus weniger auf dem empirischen Kalkül des desinteressierten Forschers als auf einer vorwissenschaftlich-existentiellen Entscheidung des Propheten und Revolutionärs. Wo die ganze persönliche Existenz mit der Erfüllung einer Heilserwartung steht und fällt, bringt wohl der ernsthafte Zweifel eine so große psychische Erschütterung, ja, Verzweiflung mit sich, daß der Mensch ihr stets auszuweichen sucht – selbst um den Preis intellektueller Inkonsequenz. Ja, gar nicht so seltene Unwillensäußerungen und Polemiken deuten darauf hin, daß Marxens Fähigkeit der Selbsttäuschung ganz erheblich war.

Zugegeben, in den Feuerbach-Thesen hat er insbesondere auf »die menschliche Praxis« und das »Begreifen dieser Praxis«, auf die »Wirklichkeit und Macht, Diesseitigkeit« des menschlichen Denkens verwiesen, um schließlich der Interpretation der (vergangenen) Welt durch die Philosophen die Veränderung der (zukünftigen) Welt gegenüberzustellen. Marx wies es von sich, Marxist zu sein, und erklärte »de omnibus dubitandum« zu seinem Lieblingsmotto. Aber selbst ein so todesmutiger Kämpfer wie Marx, der sich ständig ohne die geringste materielle und geistige Konzession gegen das ganze »Establishment« stellte, brauchte absolute Gewißheit über das, was man vereinfachend mit Mythos oder Utopie, Eschatologie oder Theodizee umschreiben mag, bei der ein »historischer Materialismus« auf einen »historischen Mechanismus« projiziert wurde. All das paßt in das Bild eines großen Menschen mit seinen Widersprüchen. Mehr noch als Engels war Marx ein zerrissener Mensch: In seiner Person kämpften die messerscharfe Intelligenz und universale Bildung des großen Forschers, die grandiose Vision des Sehers mit der Ungeduld und Unduldsamkeit des Revolutionärs, mit der Anspruchshaltung und Vereinsamung, der Aggressivität und Hybris des neurotischen Genies oder genialen Neurotikers. Nicht zuletzt war Marx ein Kind des viktorianischen Europa. Sein Eurozentrismus geht mit seiner durchaus patriarchalischen

Haltung (s. hierzu H. Hirsch) zusammen, ebenso wie seine Theorie und sein politisches Auftreten so sehr seinem Anspruch auf bürgerliches Ansehen widersprachen. Über den Stellenwert dieser Momente in der Charakterstruktur wird man streiten können – vorhanden waren sie wohl alle.

Vergessen wir schließlich nicht, daß Marx sein System zu einer Zeit konzipieren mußte, da einerseits der Frühkapitalismus wenig lebensfähig erschien, andererseits die Sozialwissenschaften noch in ihren Kinderschuhen steckten. Das System von Marx und Engels war ja schon in den vierziger Jahren des vorigen Jahrhunderts entstanden. Das absolut neuartige Anwachsen der Produktivität einerseits, das Elend des Proletariers und die Misere der – jüdischen wie nichtjüdischen! – radikalen Intellektuellen im deutschen Vormärz andererseits verführten dazu, nicht nur die gegenwärtige Gesellschaft radikal zu negieren, sondern auch als Reaktion auf diese eine fertige, positive Vision von der zukünftigen Menschheit zu entwickeln. Die Hegelsche Dialektik bot sich da als allzu probate Methode an, den Umschlag des Systems in sein Gegenteil zu postulieren und zu prognostizieren. Ein Marx, der heute über unsere bitteren Erfahrungen verfügen und zudem an eine erheblich differenziertere Gesellschaftswissenschaft hätte anknüpfen können, hätte die Zukunft wohl weniger »absolutistisch« antizipiert. Vielleicht hätte dann der Marxismus weniger Anziehungskraft auf all jene ausgeübt, bei denen wie bei Marx selber eine tiefe Kluft lag zwischen ihrer politischen Theorie und ihrer täglichen Praxis, ihrem öffentlichen Auftreten und ihrer privaten Lebensweise.

Hätte nun aber eine stärker skeptisch-kritische Haltung von Marx nicht ihrerseits neue Probleme aufgeworfen? Nehmen wir einmal mit H. Brandt an, die Marxsche Lehre hätte ihren Anhängern und Nachfolgern nicht die absolute Siegeszuversicht vermittelt. Hätten diese dann ebenso mutig und opferfreudig, besessen und rastlos gekämpft? Erkennen wir nicht heute in manchen Thesen von Marx sogenannte sich-selbst-erfüllende Prophezeiungen, die selber bereits die Wirklichkeit verändern? Hätten vorsichtigere Hypothesen eine ähnlich mächtige Wirkung gehabt? Wären dann nicht die Aktionen der Arbeiter selbst hinter dem objektiv Erreichbaren und Erreichten zurückgeblieben? Hätten sie auch nur jene Reformen durchgesetzt, die ja der Arbeiterbewegung sicherlich nicht in den Schoß gefallen sind?

Gilt vielleicht auch hier das Wort von Max Weber, daß man das Mögliche nicht erreicht hätte, wenn nicht immer wieder in der Welt nach dem Unmöglichen gegriffen worden wäre?

Diese Fragen sollen nur an den hier und da unvermeidlichen Konflikt zwischen Wissenschaft und Politik, Theorie und Praxis erinnern – sie sollen nicht die Verpflichtung des Wissenschaftlers, selbst dann nur der Wahrheit zu dienen, in Frage stellen. Zudem bleibt auch im Bereich der Politik und Praxis der Wert der sich-selbst-erfüllenden Prophezeiungen vom Marxschen Typus problematisch – war ihnen ja doch kein voller Erfolg beschieden, haben sie vielmehr zumindest im späteren Stadium eher als ideologische Verhüllungen fungiert. Im Leninismus-Stalinismus wurde, wie Stojanović ausführt, der Marxismus gar zu einer irrationalen Mythologie, die der Bürokratie zur Rechtfertigung ihrer Herrschaft und zur Unterdrückung kritischen Denkens diente. Im Westen wurde sein fatalistisch gedeuteter Determinismus auch immer wieder zu einem Hemmschuh schöpferisch-sozialistischer Aktion – gerade in den großen welthistorischen Krisen. Freilich führt auch heute unser – dritter! – Weg nicht an Marx vorbei, sondern über ihn hinaus, wenn wir uns trotz alledem für die eine oder andere Variante eines humanen, globalen und Ökosozialismus einsetzen. Wir treffen damit auch, was Marx nicht wahrhaben wollte, eine eminent ethische Wahl. Rein logisch kann uns niemand beweisen, daß wir das möglichst humane Überleben des Menschen und der Menschheit seiner Vernichtung vorziehen sollten – selbst wenn schon die Sprache andeutet, daß Werte wie Wahrheit und Gerechtigkeit, Friede und Freiheit, Mensch und Menschlichkeit, Natur und Zeit einen höheren Stellenwert haben als die entsprechenden *Un*werte. Wir können auch zeigen, daß die Maximierung der Werte das Leben des Menschen bereichert, während die der Unwerte es letztlich vernichten muß. Aber auch dann kann niemand beweisen, daß das Sein dem Nichts, das Leben dem Tod vorzuziehen wäre, zumal sich interessanterweise selbst in der Sprache gerade für diese beiden letzten positiven Schlüsselbegriffe keine negativen Gegenbegriffe wie etwa »Unleben« oder »Untod« finden lassen. Auch insofern läßt sich der Optimismus von Marx nicht als wissenschaftliche Aussage aufrechterhalten, so sehr wir an seinem Endziel als Gegenstand unseres Glaubens, unserer Liebe und unserer Hoffnung festhalten mögen.

Bekenntnisse
oder
Marx nach hundert Jahren

»Es rettet uns kein Höh'res Wesen,
Kein Gott, kein Kaiser, kein Tribun,
Uns aus dem Elend zu erlösen,
Das können nur wir selber tun.«

Aus: Die Internationale

Helmut Gollwitzer

Dank an Karl Marx

Wäre Marx »Marxist«?

Was nicht überholt ist an ihm, das trifft uns, und das ist der Rede wert. Wirkt ein großer Denker nach, dann verwischen sich bald die Grenzen, die seine Schule von den anderen Schulen abheben. Diese Grenzen pflegen eher dazu zu dienen, die Ausstrahlung, die immer allseitig ist, zu verhindern. Er selbst sei kein Marxist, hat er bekanntlich gesagt, er sei also für sich selbst nicht Schulhaupt, nicht seiner eigenen Dogmatik unterworfen. Damit desavouiert er alle, die in verba magistri schwören. Und dennoch ist die Frage, ob einer Marxist sei, und der Vorwurf an einen Marxisten, mit der und der Formulierung gerate er in Widerspruch zu seinem prätendierten Marxismus, nicht ganz sinnlos. Damit ist gemeint, es gebe einen Kernbestand von Marxschen Gedanken, der über sein Jahrhundert hinaus Bedeutung behalte und von dem man sich nicht ungestraft entferne, nämlich um den Preis, in »bürgerliches«, das heißt in von Marx überwundenes Denken zurückzufallen.

Damit ist behauptet, daß Marx über die bürgerliche Gesellschaft hinaus gedacht habe in einem Maße, wie es seinen Zeitgenossen, seinen Konkurrenten und Bekämpfern nicht möglich gewesen sei. Die heute auf ihn zurückgreifen, finden das bestätigt. Er tut ihnen wie kein anderer den Dienst, ihre eigene, heutige Situation zu durchschauen, sie schonungslos zu analysieren, mit welchen Modifikationen seiner Theorie auch immer, und dies nach vorne denkend, weil der Antrieb seiner Analyse der bürgerlichen Gesellschaft nach vorne ging, in der Erkenntnis ihrer Zeitbedingtheit und ihrer unter dem Schein von Humanität und unter dem von ihr gebrachten Fortschritt an Humanität verborgenen

Inhumanität – und also um ihrer Überwindungsbedürftigkeit – willen.

Marx' Denken geschah im Rahmen von Weltanschauung: der modernen, aufklärerischen, rationalistischen, immanentistischen, also atheistischen Weltanschauung, nach deren Meinung die neuzeitliche Wissenschaft die bisherigen Weltanschauungen, also die Religionen, abzulösen bestimmt war. Heute wollen viele in allen Kontinenten, die diese Weltanschauung nicht oder nicht mehr teilen, sich die marxistischen Erkenntnisse nicht entgehen lassen. Sie lösen den Marxschen Kernbestand aus dem weltanschaulichen Rahmen heraus, instrumentalisieren und operationalisieren ihn und verstehen sich damit ebenfalls als Marxisten.

Eben damit werden sie m. E. Marx besser gerecht, als er es vielleicht, gebunden an seine Zeit, anerkannt hätte. Denn sein Denken ging ja konsequent auf die Erkenntnis und die Veränderung irdischer Verhältnisse. Er nahm bald Abschied von seiner jugendlichen Absicht, metaphysische Erkenntnis zu fördern, und trieb statt Philosophie Nationalökonomie. War sein eigener Atheismus noch metaphysischer Atheismus, d. h. in der metaphysischen Negation des Gottesglaubens bestehend, so betrieb er in seiner Arbeit doch nicht mehr als methodischen Atheismus, d. h. alle supranaturalen Faktoren ausklammernd. Das ist der programmatische methodische Atheismus neuzeitlicher Wissenschaft, der die Menschen verschiedener Weltanschauung verbindet, weil sie, Weltliches nur aus Weltlichem erklärend, von Menschen verschiedener Weltanschauung gemeinsam betrieben werden kann.

Der marxistische Atheismus stellt darum dem christlichen Glauben keine besonderen Fragen, keine anderen Fragen als der bürgerliche Atheismus; er ist mit diesem zusammen neuzeitlicher Atheismus und als solcher, trotz aller Absage an die Metaphysik, mit der er nur eine bestimmte, traditionelle Metaphysik meint, Metaphysik. Denn die These der Nicht-Existenz Gottes ist natürlich nicht weniger eine metaphysische These als die These der Existenz Gottes. Die Instrumentalisierung des Marxismus zu einer konsequent innerweltlichen Methode zur Analyse von Weltlichem, die sich jeder metaphysischen Aussage enthält, also jeder Konkurrenz zu anderen metaphysischen Aussagen, damit aber auch zu Aussagen der Religionen und auch des christlichen Glaubens – und im wesentlichen hatten Marx und

Engels, sehr eurozentrisch, nur das Christentum vor Augen, wenn sie von Religion sprachen –, ist eine Reinigung des Marxismus zu dem, was er eigentlich sein will und sein kann, zu einer kritischen Theorie der bürgerlichen Gesellschaft in Absicht ihrer Überwindung. Darum gibt es heute christliche Marxisten ebenso wie etwa buddhistische und islamische: Menschen, die sich die Freiheit nehmen, den Marxismus als brauchbares Instrument zur Analyse der die Menschengesellschaft heute prägenden kapitalistischen Produktionsweise und ihrer Folgen zu verwenden, weil sie die Notwendigkeit von deren Überwindung erkannt haben.

Dabei sehen sie sich aber von diesem Instrument Marxismus vor ein Kriterium gestellt, das auf die Religion, in der sie leben, zurückwirkt als kritisches Ferment, ein moralisches Kriterium, das Kriterium der Humanität. Marxens Bemühung, auch die Moral nicht mehr einen supranaturalen Faktor, der transzendent in das Weltliche hereinwirkt, sein zu lassen, sondern Moral aus ihren gesellschaftlichen Bedingungen zu erklären, darf nicht darüber hinwegtäuschen, daß der Impetus seines Denkens und das Pathos seiner Gesellschaftskritik ein moralisches Postulat – oder besser: eine moralische Vision und Herausforderung war: die *Befreiung der Menschen zur Menschlichkeit*, d. h. zur Entfaltung ihrer positiven, ihnen als Menschen eigenen Möglichkeiten. Den Marxismus in Strukturalismus umzuinterpretieren und den Humanismus aus ihm zu eliminieren (Althusser) muß von da aus als abenteuerliches Unterfangen erscheinen. Ob sie zur Humanisierung der Menschengesellschaft beitragen oder für sie hinderlich sind, das ist die kritische Frage des Marxismus an die Religionen. Deren Antwort kann auch den Hinweis darauf enthalten, daß sie in der Lage sind, die Vision der Humanität, den Begriff des vollen Menschseins zu erweitern gegenüber einer Verengung, mit der Marx dem einseitigen Wertschema der bürgerlich-europäischen Neuzeit seinen Tribut zahlte.

Diese Antwort, die m. E. ihr Gewicht hat, darf aber nur gegeben werden, wenn sie nicht ein Ausweichen bedeutet vor der Härte der kritischen Frage des Marxismus, vor der Aufforderung, in jeder Religion selbstkritisch zu prüfen, inwiefern und wieweit hier die religiöse Sinngebung von Leben und Handeln inhumane Verhältnisse unberührt läßt, sie nur erträglich macht, statt sie zugleich unerträglich zu machen, inwiefern hier geheiligt wird, was wert ist, beseitigt zu werden, inwiefern hier zur Flucht in den Himmel angeleitet wird, statt vom Himmel her Kraft und Vision zur Veränderung der Erde zu bekommen. Je mehr eine Religion selbst schon Humanisierung verspricht und gebietet, desto schärfer werden ihre Anhänger die Frage des Marxschen Kriteriums empfinden, desto mehr vom Marxismus sich herausgefordert sehen. Hat das bei den einen häufig um so hartnäckigere und raffiniertere Abwehrmechanismen zur Folge, so bei anderen doch auch Erkenntnis der Konvergenz des Ziels der Humanisierung der Gesellschaft und der Brauchbarkeit des marxistischen Instruments. Über den christlich-marxistischen Dialog hinaus, der in der Zeit des Kalten Krieges zunächst als vorsichtige Kontaktaufnahme von gutwilligen Vertretern zweier streitender Lager begann, sind diejenigen Christen, die die Verderblichkeit des Kapitalismus erkannt haben, zugleich am freiesten von Vorurteilen gegenüber dem Marxismus und am unbefangensten in der Anwendung der marxistischen Methode und in der Beteiligung an der innermarxistischen Diskussion.

Für eine menschenwürdige Zukunft

Dies hätte eigentlich nur der Vorspann sein sollen für eine persönliche Aussage, die aus Anlaß des 100. Todestages von Karl Marx Rechenschaft versucht über die eigene Rezeption des Marxismus, über die Folgen häufiger und intensiver Marx-Lektüre, über den greifbaren Einfluß seiner Gedanken auf meinen eigenen Weg. Was ist von ihm in mich eingedrungen? Jetzt kann das nur noch in einigen Thesen aufgezählt werden.

1. Die menschentrennende und menschenprägende Kraft der Klassenunterschiede. Welche Eltern ich mir ausgesucht habe, ist ein entscheidendes Vor-Urteil über mein Leben. »Erkenne dich selbst!« bedeutet vornehmlich auch: erkenne dich als Produkt der Klassengesellschaft, tief geprägt von deiner Klasse! Vergiß nicht, das bei allen Aussagen über dich selbst einzukalkulieren!

2. Die Geschichte ist eine Geschichte von Privilegienkämpfen. Hat es nicht immer Klassen im Sinne des kapitalistischen Klassenantagonismus gegeben, so gab es doch immer die Ungleichheit der Menschen und aus ihr resultierend den Drang, möglichst viel vom gemeinsamen Gut an sich zu

reißen, und die Lust der Macht, andere zu beherrschen und durch Befehle zum Werkzeug des eigenen Willens zu machen. Der Staat ist primär die Organisation zur Sicherung und Vererbung der eigenen Privilegien an Besitz und Macht, und zwar als Privilegien der eigenen Schicht, durch die allein auch meine persönlichen Privilegien garantiert werden.

3. Der Staat als Setzer und Garant von Recht für alle ist nicht primär Treuhänder des Gemeinwohls und nur sekundär Begünstiger von Gruppeninteressen, sondern umgekehrt: Was er an Rechten aller garantiert, soll das bestehende System von Privilegien und Herrschaft erhalten. Ist dieses gefährdet, so ist es auch mit den Rechten aller nicht mehr weit her. In Knappheitszeiten, in denen die Loyalität der Massen durch Zuteilung des Auskömmlichen und durch Zusicherung von Rechten nicht mehr gewährleistet werden kann, müssen verschärfte Repression, Diktatur, Faschismus verschiedenster Art das System erhalten. Denn den Privilegierten ist das Gemeinwohl identisch mit ihrem Wohl.

4. Es muß verhütet werden, daß der Charakter des Gesellschaftssystems als eines Privilegiensystems der Masse der weniger und Unter-Privilegierten bewußt wird – um des ruhigen Gewissens der Herrschenden willen und zur Erhaltung von Massenloyalität. Dem dienen verschleiernde Ideologien, in diesen Dienst können Religionen gestellt werden. Dafür müssen die Forderungen von Freiheit, Gleichheit und Solidarität partiell erfüllt und als radikale Forderungen in den Bereich des Utopischen abgeschoben werden.

5. Die bürgerliche Gesellschaft hat durch die kapitalistische Produktionsweise einen enormen Aufschwung der Produktionskräfte gebracht, Wissenschaft aus selbstzwecklicher Erkenntnis-Neugier in ökonomische Produktivkraft verwandelt, durch Interesse an der Konsumfähigkeit der Massen Kaufkraft mobilisiert und sozialen Wohlstand in den Industrieländern geschaffen. Deren Proletariat wurde zur integrierten Arbeiter-Aristokratie gegenüber dem durch die globale Durchsetzung der kapitalistischen Produktionsweise produzierten Weltproletariat der Dritten Welt. Zugleich wurde der Großteil der Bevölkerung der Industrieländer objektiv proletarisiert zu Gehalts- und Lohnempfängern, subjektiv aber im Bewußtsein, nicht Proletariat zu sein, erhal-

ten durch bürgerliche Freiheitsrechte und durch die Wirksamkeit traditioneller Ideologien.

6. Die bürgerliche Gesellschaft ist als Privilegiensystem ständig gefährdet durch ihre eigenen Versprechungen: Freiheit, Gleichheit, Solidarität. Da diese nie wirklich erfüllt werden können, stellen sie die bestehende bürgerliche Gesellschaft in Frage. Diese In-Frage-Stellung wird verschärft in Zeiten der Krise, in denen die Unfähigkeit der bürgerlichen Gesellschaft zur Erfüllung ihrer Versprechungen den betroffenen Gliedern der Gesellschaft massenhaft bewußt wird. Heute geschieht das von außen durch das wachsende Weltelend und durch die globale atomare Bedrohung, von innen her durch eine Krise, deren Ausmaß über die bisherigen zyklischen, also vorübergehenden Krisen hinausgeht. Das hängt zusammen mit dem der kapitalistischen Produktionsweise eigenen quantitativen Wachstumsbedürfnis, das an seine Grenzen stößt, vor allem durch seine zerstörerischen Wirkungen auf die Lebensbedingungen der an Natur und Bewohnbarkeit der Erde gebundenen Menschengattung. Die konstruktive Periode des Kapitalismus ist von seiner destruktiven Periode abgelöst, und dies drängt immer mehr, die Verschleierungsideologien durchstoßend, zur Menschheitsaufgabe der Überwindung der kapitalistischen Produktionsweise.

7. Daß für diese Überwindung moralische Postulate, romantische Kulturkritik, alternative Schreibtischentwürfe nicht genügen, daß zu ihr eine massenhafte Zusammenballung des Interesses an einer die Bedürfnisse aller besser befriedigenden Gesellschaft zu einer revolutionären Kraft nötig ist, haben Marx und Engels mehr als andere ihrer Zeit erkannt. Deshalb setzten sie auf die Arbeiterklasse der Industrieländer. Sie unterschätzten dabei, wie schwer es ist, die gesamte Arbeiterschaft über ihre divergierenden Interessen hinweg zur »Klasse für sich« zu einigen; es kommt ferner darauf an, in welchem Maße es der bestehenden Gesellschaft gelingen wird, die Arbeiterschaft zu spalten, sie ideologisch zu vereinnahmen und sie abzufinden durch Konsumteilhabe am wirtschaftlichen Aufschwung. Die aus dem kapitalistischen System ausscherenden Länder wurden und werden durch ihre Abhängigkeit vom Weltmarkt stranguliert und dadurch sowie durch militärische Interventionen an der überzeugenden

Verwirklichung ihres sozialistischen Programms gehindert. So besteht die marxistische Frage nach der massenhaften Hebelkraft für die Überwindung des kapitalistischen Systems weiter, heute bedrängender denn je, da die Menschheit »diese Umwälzung bei Strafe des Untergangs zu vollziehen genötigt ist« (so schon Engels im Anti-Dühring). Dafür wird die marxistische Revolutionstheorie gemäß den heutigen Bedingungen modifiziert werden müssen: Die nötige planetarische Revolution erfolgt in Schritten, ungleichzeitig in den verschiedenen Ländern und Erdteilen, nicht notwendig mit Gewalt verbunden, oft – besonders in den Industrieländern – evolutionär, in sich steigernden Reformschritten, ideologisch pluralistisch, d. h. verbunden mit dem revolutionären Potential von Traditionen und Religionen, oft einsetzend an einzelnen, auf den Nägeln brennenden Fragen, die im traditionellen Marxismus einen geringen Platz hatten, heute vor allem an der ökologischen und an der Friedensfrage, wobei aber diejenigen, die an diesem »single issue« in die gesellschaftskritische Bewegung hineingezogen werden, weitergetrieben werden und weitergetrieben werden müssen zur Erkenntnis der Ursachen dieser einzelnen Probleme und zur Teilnahme an der oft aus Einzelkämpfen sich formierenden revolutionären Bewegung.

8. So erfolgt die Revolution zur Überwindung des Kapitalismus. So erfolgt sie, wenn sie erfolgt. Daß sie erfolgt, davon hängt das Überleben der Menschheit ab, d. h. das Überleben in eine menschenwürdige Zukunft hinein, in die sozialistische Gesellschaft, und nicht in die Barbarei, um das prophetische Wort Rosa Luxemburgs zu erwähnen, das durch die Barbarei unseres Jahrhunderts so furchtbar bestätigt worden ist. Daß sie erfolgt, wird damit zur Aufgabe jedes einzelnen. Wer sich an diese Aufgabe macht, wird des Mannes, der uns dafür mit unentbehrlichem Rüstzeug versehen hat, an seinem 100. Todestag dankbar gedenken.

Heinz Brandt

Und Marx hat doch recht

Erhöht und verlorengegangen

Will Ronald Reagan seinen höchsten Abscheu über das Sowjetimperium äußern, so spricht er vom *gottlosen* Kommunismus; er
sollte diesen Gottkaiser-Staat eher *marxlos* nennen, der da als
Kommunismus zeichnet und anstelle Gottes den Trierer Bürger
in den Himmel hob, ins Jenseits verdrängte. Tatsächlich hat der
unselig-*real existierende* Kommunismus mit der 1848 von Marx
und Engels manifestierten Geburtsurkunde des Kommunismus
so viel zu tun wie die Inquisition unseligen Angedenkens mit der
Frohen Botschaft, dem Evangelium.

Längst ist Dostojewskis Großinquisitor in Gestalt des General-
sekretärs wiederauferstanden, und es wäre unbillig, sei es den
Nazarener, sei es den Trierer damit ins Gerede zu bringen. So
sollten wir denn – Anspruch und Wirklichkeit strikt gegeneinander haltend – die Inquisition als im höchsten Maße *gottlos*
bezeichnen, gerade weil sie all ihre ruchlosen Missetaten zum
höheren Ruhme Gottes (ad maiorem Dei gloriam) verübte, so
wie der Anti-Christ, will sagen Anti-Kommunist im Kreml im
Namen eines ihm völlig fremd gebliebenen Herrn Marx. Ähnliches gilt für alle sich christlich ausgebenden Staaten wie das
verblichene Franco-Reich oder heutige Junta-Diktaturen
Lateinamerikas, für jegliche Bananen-Regime, alles was sich mit
Jesus Christus tarnt, um desto unchristlicher morden und foltern
zu können.

Auf dem langen Marsch zur Verstaatlichung ihrer faszinierenden
abendländisch-individuellen Humanvision, dem Konzept vom
Abbild Gottes, vom Homo humanus sind deren Begründer
spurlos verlorengegangen: Ihre Idee, Theorie bleibt auf der

Strecke, sobald sie zur *materiellen* Gewalt wird, gegen die Massen gerichtet, ob nun vom römisch-byzantinischem Kaiser Konstantin ergriffen oder dem russisch-byzantinischem Despoten Stalin. Übrig bleibt allein die vergötzende Figur – in Rom allerdings und in Florenz von Michelangelo aus Marmor gehauen, im Kreml-Reich als schäbiges Gipsdenkmal.

Kopernikanische moralische Wende

Zu Beginn der reichlich amoralischen, technisch-wissenschaftlichen Moderne, der (ersten) industriellen Revolution, des Siegeslaufs der zum Götzen erhobenen Maschine, ist der Mensch nichts und hat bereits verdrängt, daß er eben noch alles sein wollte. Gott Mammon regiert im Himmel und auf Erden. So zeichnet es der Anfang von Georg Herweghs »Bundeslied« (des »Allgemeinen Arbeitervereins«):
    »Bet' und arbeit'! ruft die Welt,
    Bete kurz! denn Zeit ist Geld.«
Der eben noch mit seinem eigenen Werkzeug gestaltend tätig gewesene Bauer, Handwerker, Manufakturschaffende ist als Industriearbeiter sozial abgewertet, gilt nur noch als das, was er technisch darstellt: ein »Anhängsel« der Maschine, die dem Fabrikanten (Kapitalisten) gehört, um des Profits willen betrieben. Friedrich Engels berichtet sehr konkret über die damalige »Lage der arbeitenden Klasse in England«.
Die welterobernden industriellen Kolonialmächte sagen Gott und meinen Kattun – oder Opium. Der Thron verbündet sich mit dem Altar, das große Geld mit dem Adel (Balzac lesen!); die Monarchen von Gottes Gnaden bilden ihre (Un)Heilige Allianz. Der Bürger – auf dem Wege vom Citoyen zum Bourgeois – hat Angst vor der eigenen Courage bekommen. Es ist weniger die Furcht (wie Marx wähnt) vor der zahlenmäßig ansteigenden, historisch aufsteigenden Arbeiterklasse, die ihn dergestalt lähmt, demoralisiert, als vielmehr das elende Versinken der Französischen Revolution im Blut der Schreckensherrschaft (in »Dantons Tod« von Georg Büchner wird das Entsetzen, die Enttäuschung deutlich) und der kaiserlich-imperialen Kriegszüge des Napoleon Bonaparte (Beethovens »Eroica«-Schock). Die konterrevolutionäre, kleinbürgerliche Guillotine-Lösung aller Probleme durch Robespierre/Saint-Just, der scheußlich scheiternde Ver-

such, Illusionen durch Terror zu realisieren, hat in etwa den Gulag schon vorweggenommen – fürwahr, welch ein *Wohl-fahrts*-Ausschuß. Nach dem Marseillaise-Taumel der bastille-stürmenden, bürgerlich-abendländischen Industriealisierungs-Revolution finden sich die Massen ernüchtert, trostlos im Dies-seits, dem Jammertal, wieder, und die kümmerliche Kirchenver-tröstung auf das Jenseits lähmt – weil erden- und menschenabge-wandt in beinahe schon fernöstlich resignierender Sicht –, wo sie früher als urchristlich-lebensfreundliche Auferstehungsverhei-ßung zu irdisch-tätiger Menschenliebe aktivierte. Die Gesell-schaft – und das ist ihr Grundwiderspruch – stagniert in morali-scher Fäulnis, während sie wissenschaftlich-technisch, kapitali-stisch-industriell vorwärtsstürmt.

Diesen von ihm vorgefundenen klerikalen Schrumpfzustand christlicher Religion verallgemeinert Marx zwar unhistorisch, indem er seine fundamentale Gesellschaftskritik mit der Kritik *der* Religion schlechthin eröffnet; was er aber damit erreicht – ihm selbst unbewußt –, ist die große *moralische* Revolution humaner Wertung, menschlicher Sinngebung aus jüdisch-ur-christlicher-sokratischer Sicht. Es ist die weltliche, säkularisierte *amor Dei* (Gottesliebe)-Vision der Propheten, des Nazareners, Spinozas und der Humanisten. Was Marx jetzt unternimmt, als er erklärt, daß »nicht das Fertigwerden für alle Zeiten« unsere Sache sei (Hegel, heutige Marxisten), sondern die »rücksichts-lose Kritik alles Bestehenden«, ist ebenso auf die unerbittliche Diagnose der kranken Gesellschaft gerichtet wie auf radikale Therapie. Und die Prognose ist letztlich günstig: Das Leiden ist heilbar.

Darum verhöhnt Marx das Elend der Philosophie, die sich vom Elend der Welt nicht anrühren läßt, folgenlos spekuliert, um des Deutens selbst willen: »Die Philosophen haben die Welt nur verschieden interpretiert, es kommt aber darauf an, sie zu verän-dern.« Und sie ist *veränderbar*, weil es auch der Mensch ist: gerade indem er die Umstände verändert, verwandelt er sich selbst: »Das Zusammenfallen des Änderns der Umstände der menschlichen Tätigkeit oder Selbstveränderung [!] kann nur als *umwälzende Praxis* gefaßt und rationell verstanden werden.«

Der humane Gesichtspunkt, universale Aspekt des Änderns steht außer Frage, Ziel ist »die menschliche Gesellschaft oder die gesellschaftliche Menschheit«.

Das ist ein gewaltiges Vorhaben. Das Prinzip Hoffnung wird aufgerichtet wie ein bretonischer Menhir (Megalith). Eine konkrete Utopie leuchtet auf, aus der »praktische Energie« fließt zur »entschiedenen *positiven* Aufhebung der Religion«, das heißt aber nichts anderes als Rückbesinnung auf den weltlich-wirksamen Kern der Frohen Botschaft, der Bergpredigt an die Mühseligen und Beladenen. Marx unternimmt nichts weniger, als die Gesellschaft im allgemeinen, die Kirche im besonderen zum praktischen Handeln im Sinne des Evangeliums zu bekehren. Er sagt es mit den klassischen Worten: »Die Kritik der Religion endet mit der Lehre, daß der Mensch das höchste Wesen für den Menschen sei, also mit dem kategorischen Imperativ alle Verhältnisse umzuwerfen, in denen der Mensch ein erniedrigtes, ein geknechtetes, ein verlassenes, ein verächtliches Wesen ist.«

Verglichen mit dem von Immanuel Kant, ist dieses Pflichtgebot menschlichen Handelns beschwingend, konkret und plastisch. Erst heute wird seine Tragweite voll sichtbar, seine Überlebensbedeutung angesichts apokalyptischer Gefahr für die gesamte Menschheit. Diese vergilbt erscheinende Handschrift aus längst vergangener Zeit wird – so möchte ich meinen – zur Flammenschrift, Botschaft für die einzig noch mögliche Zukunft des Menschengeschlechts, dem ein plötzlicher ABC-Holocaust ebenso droht wie ein schleichendes Umweltdesaster. Blieben wir blind und taub, letztlich ohne *sapiens*, dann wäre der Homo sapiens eine letale Mutation – ohne Zukunft und damit auch ohne (gewußte) Vergangenheit.

Vor allem Erich Fromm hat das weltlich-religiöse Humanbild – Ausgangspunkt und Fundament der Marxschen Zielvorstellungen – dem sozialdarwinistischen, menschen- und lebensfeindlichen Wahnbild, Schrumpfbild der Rassisten, todessüchtigen Totalvertilger gegenübergestellt, ob sie nun Hitler oder Stalin hießen, zu Auschwitz oder Workuta, Katyn führten.

Marx hat in seinen Studien dargelegt, wie alle im Menschen angelegten, destruktiven, zerstörerischen Kräfte unter Knechtschaftsverhältnissen, Ausbeutungsverhältnissen, die es zunächst nicht gab und fürderhin nicht mehr geben soll, treibhausmäßig gefördert, extrem begünstigt wurden, wie der Mensch sich selbst entfremdet ward. Doch er kann, ja er wird mit Gewißheit diese Fesseln sprengen, seiner »Vorgeschichte« entsteigen und damit in seine eigentliche, weil bewußt gestaltete Geschichte eintreten, in der seine ungeahnten kreativen Fähigkeiten sich erst voll entfalten können.

Erst mit dieser Grundidee lassen sich die bahnbrechenden wissenschaftlich-kritischen Werke von Marx verstehen, in denen die fundamentale Rolle der Arbeit, der Ökonomie überhaupt beim gesellschaftlichen Prozeß der Menschwerdung und Menschheitsgeschichte herausgeschält werden.

Marx ist wissenschaftgläubig wie sein Zeitalter. Da, wo wir nur eine Möglichkeit sehen, moralisch verpflichtet zu einem Versuch anzusetzen, der auch scheitern kann, sieht Marx den Sieg naturgesetzlich gesichert, historisch-wissenschaftlich exakt ableitbar: Das »Reich der Freiheit« käme mit Notwendigkeit – heraufgeführt durch das Proletariat, die Arbeiterklasse, die mit ihrer Ausbeutung die Knechtschaftsverhältnisse überhaupt aufhebt, damit auch das Elend, den Krieg: »Mit dieser Gesellschaftsformation schließt daher die Vorgeschichte der menschlichen Gesellschaft ab . . . an die Stelle der alten bürgerlichen Gesellschaft mit ihren Klassen und Klassengegensätzen tritt eine Assoziation, worin die freie Entwicklung eines jeden die Bedingung für die freie Entwicklung aller ist . . . In dem Maße, wie die Exploitation (Ausbeutung) des einen Individuums durch das andere aufgehoben wird, wird die Exploitation einer Nation durch die andere aufgehoben.«

Lesen wir das doch einmal aus heutiger Sicht, etwa im Hinblick der polnischen Ereignisse.

Kommunisten wie Anti-Kommunisten haben es gleichermaßen verdrängt: Die Lehre von Marx ist eine Freiheitslehre! Statt den höchst aktuellen Entwurf des Karl Marx von seinen zeitbedingten Schlacken zu befreien, haben die Marxisten (-isten aller Couleur) gerade sie kanonisiert (bis zum letzten Buchstaben, ja Druckfehler) und zum geschlossenen System ewiger Wahrheiten ihres Kirchenvaters erhoben.

Indem Marx dazu aufruft, »jede Art der Knechtschaft zu brechen«, die »allgemeine Selbstbefreiung« fordert, die »völlige Wiedergewinnung«, die »Emanzipation des Menschen«, bringt er »ein Moment des Enthusiasmus« in die Gesellschaft ein. Insbesondere wird die gedemütigt aufsteigende Arbeiterklasse, der »offenbare Stand der Unterjochung« bewegt, getröstet, begeistert – und illusioniert. Schlummernde »revolutionäre Kühnheit« wird geweckt, jene »Breite der Seele«, jene »Genialität«, jenes entschlossene Streben zum »wirklichen« anstelle des »illusorischen Glücks« oder wunschlosen Unglücks, die moralisch-politisch eine *Kopernikanische Wende* bedeutet. Und das meine ich in einem doppeldeutigen Sinne: Als Kopernikus das bibelgläubige, geozentrische Weltbild durch das heliozentrische aufhebt – bahnbrechend in Richtung einer voraussetzungslosen Wissenschaft –, ebnet er zugleich Kepler den Weg, Galilei, Newton, der abendländischen Forschungsweise, obwohl er selbst immer noch zeitbefangen an der göttlichen *Kreis*-Bahn der Planeten festhält (was ihn um den praktischen, beweiskräftigen Erfolg kalendarischer Berechnung bringt). Er führte ein neuartig kritisches Prinzip in die Wissenschaft ein, löste sie als erster aus ihrem Magdverhältnis zu Kirche und Aristoteles und wies damit den Pfad, überkommene Erkenntnisschranken zu durchbrechen. Axiombrecher Kopernikus hatte doch recht, sogar gegenüber sich selbst und nicht nur gegenüber den Geozentristen, die ihn ob seiner Berechnungsmängel verhöhnten.

Wenn die Marxisten etwa an der »führenden Rolle der Arbeiterklasse« kleben, gar am »gewaltsamen Umsturz«, ist das so, als hätte sich ein Astronomen-Verein von Kopernikisten gebildet, der die Kreis-Bahn der Planeten zum Zentralpunkt seiner Lehre erklärt, ewig wahr und über jeden Zweifel erhaben. Marx versteht den Kommunismus als *»realen Humanismus«*. Er hat mit seinem kategorischen Imperativ Maßstäbe, Kriterien gesetzt, nach denen jedwedes Regime überprüft werden kann, gerade auch der Gulag-Kommunismus. Er gibt auch die Methode an, um die Identität von Theorie, Anspruch und Wirklichkeit festzustellen bzw. deren himmelschreiende Diskrepanz: »In der Praxis muß der Mensch die Wahrheit, das heißt die Wirklichkeit und Macht, die Diesseitigkeit [!] seines Denkens beweisen.«

Das ist zunächst einmal gegen die windigen Vertröstungen der Jenseits-Klerikalen gerichtet, erweist sich heute aber als höchst aktuelle Fundamentalkritik an den Jenseits-Kommunisten, dem Kreml-Kommunismus. Vor den Ruf von Marx gestellt: *»Folget mir!«* verweigern sie sich. Und sie weinen noch nicht einmal dabei wie jener reiche Jüngling, der sich dem Nazarener versagte, als dieser noch auf Erden wandelte, wo alle alles gemeinsam hatten, alle gleich waren, ein Herz und eine Seele.

Vor den realen Anti-Humanismus seiner Gulag-Praxis gestellt, erklärt sich der real existierende Kommunismus als nicht zuständig für das ideale Kommunismus-Bild von Gottvater Marx im Himmel. Der jeweilige irdische Gott im Kreml verkündet die Herrschaftslehre, Rechtfertigungs- und Verschleierungsideologie, daß der reale den *Übergang* zum vollendeten Kommunismus bilde – und verlegt das Erreichen dieses fiktiven Zieles zugleich auf den St. Nimmerleinstag. Welche Marx-Lästerung! Warum nicht gotteslästernd auch die Inquisition als Übergang zum Reich Gottes auf Erden hinstellen? Wenn schon der Übergang in praxi so ausschaut, wie schrecklich erst wäre die Vollendung! Marx verstand unter Kommunismus die »positive [!] Aufhebung des Privateigentums als menschlicher Selbstentfremdung und darum als wirkliche Aneignung des menschlichen Wesens durch und für den Menschen«, als »die wahrhafte Auflösung des Widerstreits des Menschen mit der Natur [!] und mit dem Menschen [!]«, als »die wirklich für den Menschen gewordene Verwirklichung seines Wesens«, des »ganzen Reichtums seines Wesens«.

Im Kreml-Kommunismus dagegen finden wir die *negative* Aufhebung des Privateigentums: an den Produktions-/Destruktionsmitteln. Sie befinden sich im kollektiven Besitz, in strenger Verfügungsgewalt, der *Nomenklatura*, die den Mehrwert nicht abendländisch als *Profit*, sondern asiatisch als *Privileg* realisiert, ein Mehrwert, der unter Bedingungen despotischer Staatssklaverei von den Lohnsklaven erzeugt wird, im Hochstalinismus zusätzlich durch die schwarze industrielle Reservearmee der echten, der Gulag-Sklaven.

Demnach erscheint der Marxismus-Leninismus nicht nur als Herrschaftsinstrument, sondern zugleich als Ersatzreligion.

Gerade dazu wollen wir uns noch einmal Marx anhören: »Die Aufhebung der Religion als des *illusorischen* Glücks des Volkes ist die Forderung seines *wirklichen* Glücks. Die Forderung, die Illusionen über seinen Zustand aufzugeben, ist die Forderung, einen Zustand aufzugeben, der der Illusionen bedarf. Die Kritik der Religion ist also im Keim die Kritik des Jammertales, dessen Heiligenschein die Religion ist.« Der Marxismus-Leninismus ist der Heiligenschein des Gulag-Jammertales. Ergo: Alle Gulag-Verhältnisse sind umzuwerfen. Das polnische Volk ist gerade dabei: gewaltfrei.

So erhält ein altes Engels-Wort neue Bedeutung: »Wir deutschen Demokraten haben nämlich ein besonderes Interesse an der

Befreiung Polens.« Marx und Engels verkörpern ja gemeinsam als einzigartiges Doppelgestirn gleichsam symbolisch die deutsch-jüdische Symbiose beim Aufflammen abendländischer Humanrevolution im Industriezeitalter. Wird der eine Name genannt, muß stets der andere mitgedacht werden (ohne daß damit Identität behauptet wird).

»Die Geschichte hat uns nicht recht gegeben«, pflegten beide zu sagen, wenn ihre Voraussagen (etwa das Umschlagen der bürgerlichen Revolution von 1848 in die proletarische) nicht eintrafen; beide untersuchten am »Kriterium der Praxis« die Quelle ihres Irrtums, die Mängel auch der eigenen Hypothese. Marx führte mit seinem Prüfstein der Wahrheit des Denkens die naturwissenschaftliche (der belebten Natur abgelauschte) *trial-and-error*-Methode (Versuch und Irrtum und Korrektur des Irrtums) in die Gesellschaftswissenschaft ein. Ohne sie ist *feed back*, Rückkopplung, nicht möglich; das starre, dogmengebundene Denken der Marxisten führt unweigerlich zu abstrusen Verschwörungs- und Verrats-Theorien oder zur absurden Geisteshaltung: um so schlimmer für die Tatsachen. Die dogmatisch-aristotelischen Geozentristen wollten lieber gar nicht erst in Galileis Fernrohr sehen.

Was Marx in seiner einen und einzigen Welt vorfand – der kapitalistischen zur Zeit der *ersten* industriellen Revolution –, begegnet uns heute, da die *zweite* anhebt, in neuartiger und zugleich doppelter Gestalt, in zwei Varianten: Es ist das *geteilte* Jammertal – mithin auch der geteilte Himmel –, eine erste und eine zweite Welt (unter diesen – gleichsam im Fegefeuer – die dritte und die vierte Welt).

Die politische Herrschaftsform der ersten Welt mit ihrer spätkapitalistisch-abendländischen Produktionsweise ist gemeinhin (keineswegs nur) die Demokratie; dagegen ist diejenige der zweiten Welt ausschließlich die Despotie (unterschiedlicher Härte), da sie auf asiatischer Produktionsweise in deren nomenklaturistischer Kümmerform beruht. In beiden Welten aber finden wir den abhängig beschäftigten Lohnarbeiter vor, der sich in den wissenschaftlich gebildeten Lohnkybernetiker (die neue Arbeiterklasse) verwandelt. Auch er muß seine »Arbeitskraft« noch als »Ware« an die privaten bzw. kollektiven Verfügungsgewalten, da Besitzer der (immer destruktiveren) Produktionsmittel, verkaufen. So ist er immer noch »der sich abhanden

gekommene Mensch«, dessen »innere Welt« (wenn auch in sehr
unterschiedlicher Weise) »immer ärmer« wird. Und je mehr ihm
»die freie bewußte Tätigkeit« despotisch abgeschnitten wird,
seine »menschliche Bestimmung und Würde« Schaden leidet, um
so größer das Ausmaß seiner »Selbstentfremdung«.
Gegenüber jeglichem trügerischen Anspruch – soziale Marktwirtschaft oder Volkseigentum geheißen – hat Marx eine exakte
Meßlatte für den Grad realer Ausbeutung geliefert: Die leicht
verschleierbaren »Eigentumsverhältnisse« (er nennt sie auch
»Produktionsverhältnisse«) haben eine untrügliche »Kehrseite«:
die »Verteilungsverhältnisse«. Die Einkommens- (und Privileg-)
Pyramide gibt den nötigen Aufschluß; der Grad, um den die
Gleichen gleicher sind, ist unschwer ablesbar: »Der historische
Charakter dieser Verteilungsverhältnisse ist der historische Charakter der Produktionsverhältnisse, wovon sie nur eine Seite
ausdrücken.«
Welchen historischen Charakter also haben die kreml-kommu-
nistischen Produktionsverhältnisse? Dreimal dürft ihr – messen!
Marx ist tot. Hundert Jahre schon. Und ist doch lebendig:
obwohl die orthodoxen Marxisten ihren Müll auf ihm abgeladen
haben, obwohl die Pariser Neuen (?) Philosophen Marx mit dem
Bade ausgeschüttet haben (als Kind bürgerlichen Gewalt-
begriffs). Von den Marx-Killern zu schweigen, die sein Gespenst
durchbohren, den Geist, den sie begreifen. Da die Gaukler im
Kreml sich in direkter Linie von Marx ableiten, klimmen aller-
hand Seiltänzer eilfertig auf dieser Linie zurück, um Marx aufzufinden – fallen aber nur auf einen Haufen Dreck. Reagan und
Strauß sind sich mit Andropow und Honecker völlig einig in
dem Punkt: Da habt ihr ihn, den realen Sozialismus, Kommunismus, so sieht dieses Marx-Produkt eben aus ...

Was würde Marx wohl dazu sagen?

Marx ist tot, wie gesagt, und kann weder seine Hypothesen am
praktischen Ablauf, historischen Geschehen nun hundertjähri-
ger Nachwelt überprüfen noch den bestehenden Marxismus
rücksichtslos kritisieren; er kann vor allem nicht – und auf seine
schöpferische, ja, eben doch geniale Art – unsere Zeitenwende
auf den Begriff bringen. Bleibt uns also nur ein Gedankenexperi-
ment, eine (unverbindliche) Science fiction: Marx ist an seinem

hundertjährigen Todestag, pünktlich am 14. März 1983, sagen wir um 12 Uhr mittags, aus seinem Grabmal im Friedhof Highgate auferstanden mit dem Freudenschrei: »Ich bin in London und nicht auf dem Roten Platz. Ich gehe jetzt zur Bibliothek und werde nicht zur Lubjanka gefahren.«

In der Tat, die Verlegenheit, in die sich die Herren des östlichen Morgengrauens durch Marxens Wiedergeburt gestürzt sähen, ist unermeßlich und könnte höchstens von der einiger Kirchenherren und der Reagan-Administration bei der Wiederauferstehung Jesu Christi aus der Grabeskirche in Jerusalem übertroffen werden. Doch wir wollen uns nicht den Kopf der Kreml-Herren zerbrechen, die vermutlich – angesichts der heftigen Diadochen-Kämpfe um die Gott-Kaiser-Nachfolge – noch zwischen den Möglichkeiten der Gulag-Psychiatrie und der in London bereits praktizierten Regenschirm-Methode (vergiftete Kügelchen aus einer als Regenschirm getarnten Waffe) schwanken, sondern uns lieber Marx selbst zuwenden.

Nach eifrigem Bibliothekbesuch – einige munkeln auch von knappen Inkognito-Reisen in die vier Welten – begibt sich Marx in die Fleet Street zu einer exklusiven Pressekonferenz, wo er – falls wir dem summarischen »Times«-Bericht Glauben schenken wollen (der Korrespondent war womöglich dem Deutsch-Englisch-Gemisch von Marx nicht ganz gewachsen) – etwa folgendes ausgeführt haben muß: Mein Freund und ich waren nicht die ersten wissenschaftlichen, sondern die letzten utopischen Sozialisten; allerdings die ersten wissenschaftsgläubig-bemühten und human-wertenden. Unser Menschenbild ist ein wertender, ahnender Vorgriff, der zunächst nicht wissenschaftlich abgeleitet, also auch nicht, wie Herr Popper verlangt, falsifiziert, gar verifiziert werden kann, was Agnes Heller sehr schön dargelegt hat. Sollte es eine Zukunft geben, was erstmals in der Jahrmillionen-Vorgeschichte des menschlichen Gattungswesens fraglich erscheint, wäre damit allerdings meine Humanvision praktisch bestätigt, da Zukunft allein noch durch Emanzipation zum Menschen möglich ist. Mein wissenschaftliches Hauptinteresse gilt darum der ökologischen *Futurologie*, die, wie deren Begründer Herr Flechtheim hervorhebt, gerade diese vage Möglichkeit zum Gegenstand hat. Bislang spricht für den Menschen allein, daß dieses – für mich höchste – Wesen trotz jedesmaligen Scheiterns immer erneut versucht, den zukunftsverheißenden

56

Stein aufzuheben. (Die «Times» macht hier ein Fragezeichen und glaubt, vielleicht aus Goethe-Unkenntnis, an einen Hörfehler.) Utopist sei er – so sagte Marx – sowohl in dem seinigen, negativen als auch im modern positiven Sinne des Herrn Bloch gewesen.

Seine Theorie hätte in den vergangenen hundert Jahren als aktivierende Illusion gewirkt, um das zu erkämpfen, was im kapitalistischen Rahmen möglich war, gerade weil sie dessen Aufhebung mittels dieses Kampfes zusagte – was sich als trügerisch erwies. Er bezeichnete es als List der Geschichte, daß seine Utopie sowohl den Kapitalismus wie den Nomenklaturismus erst richtig lebens- und entwicklungsfähig gemacht habe, weil die menschliche Produktivkraft auch psychisch-moralischer Energie bedarf, um die Ware Arbeitskraft zu reproduzieren, wofür Polen heute – auf Grund des Freiheitsentzugs – ein Beispiel sei. Im übrigen habe er schon 1863 gesagt, daß die polnische zugleich die deutsche Frage sei, die eines demokratischen, unabhängigen Europa.

Was nun seinen Satz von den Illusionen anlange, so sei wohl übersehen worden, daß auch der Umkehrschluß gelte: Der Mensch braucht Illusionen, falls er den Zustand nicht aufgeben kann, der ihrer bedarf. Eben das sei der – einst aufsteigenden, nun absteigenden – Industriearbeiterklasse passiert. Abgesehen davon, daß der Mensch seinen biologischen, kreatürlichen, sterblich-endlichen Zustand ohnehin nicht aufgeben könne. Das habe er, als marginal, im Blick auf das gesellschaftliche Sein vernachlässigt.

Auf die Frage, was er als zeitbefangene Mängel seiner Lehre ansehe, hob er sein (und Engels') Gewalt-Gegengewalt-Schema heraus sowie das Theorem vom Proletariat als »Demiurg«, »Subjektiver Faktor« der Emanzipation. Beides sei historisch widerlegt. Er habe den seinerzeit empirisch-historisch vorgefundenen Tatbestand halt auch noch unter gewissen bürgerlichen Vorurteilen gedeutet. Tatsächlich seien alle vorangegangenen Revolutionen, vorzüglich die bürgerliche, durch die »Kritik der Waffe« entschieden worden. Allerdings habe dann die siegreiche Klasse sogleich die Ausbeuterrolle übernommen. Insofern hätten sich Zweck und Mittel durchaus entsprochen. Eine neue, humane Welt aber sei nicht mit alten, inhumanen Mitteln gewinnbar. Alle militärischen Arbeitererhebungen seien entweder durch überlegene, vorgefundene Waffengewalt niedergeschlagen worden oder hätten zum Sieg der neuen Ausbeuterklasse, der Nomenklatura, geführt, zum Gegenteil also einer Emanzipation der Gesellschaft. Angesichts der heutigen Massenvernichtungsmittel spreche übrigens nicht nur die innere Logik – das Mittel im Widerspruch zum Zweck – gegen den »gewaltsamen Umsturz«, sondern auch die praktische Vernunft, der Common sense. Die gewaltfreie Umwälzung erhalte demnach einen historisch einzigartigen Stellenwert: Die Emanzipation der Menschheit sei nur human oder überhaupt nicht erreichbar. Da das Schwert nur noch den Tod bringe, würde das alte Prophetenwort *Schwerter zu Pflugscharen* ebenso wie die Bergpredigt des Nazareners aktuelle Richtschnur, neuartige »Anleitung zum Handeln«. Krieg und Bürgerkrieg seien nun nicht mehr die militärische Fortsetzung der Politik, sondern deren apokalyptisches Ende. Anstelle von si vis pacem, para bellum, heiße es heute: Wer das Leben will, darf den Tod nicht vorbereiten. Auf die hirnlose Zwischenfrage eines »Prawda«-Korrespondenten, ob er *zahnlos* auferstanden sei, antwortete Marx bissig, ihm sei – im Unterschied zu seinen Epigonen – das Zukunftsfragliche unserer Gegenwart *al dente.*

Nach seiner Fehleinschätzung des Proletariats befragt, meinte Marx, er habe im berühmten 13. Kapitel: »Maschinerie und Große Industrie« (des ersten Bandes von »Das Kapital«) den Arbeiter als »Anhängsel« der Maschine beschrieben, jedoch nicht die Konsequenz bedacht, daß diese Industriearbeiterklasse alter Art sich kaum wie Münchhausen am eigenen Schopf aus dem kapitalistischen, gar nomenklaturistischen Sumpf ziehen könne. Georg Herwegh indessen habe schon damals in künstlerischer Intuition die Grenzen patriarchalisch-hierarchischer Arbeitermacht geahnt, hieße es doch in dessen »Bundeslied«:

»Mann der Arbeit, aufgewacht!
Und erkenne Deine Macht!
Alle Räder stehen still,
Wenn Dein starker Arm es will.«

Wohl konnte das Altproletariat alle Räder *anhalten,* um sich bessere Lohn-, Arbeits-, Bildungs- und Demokratie-Bedingungen zu erkämpfen, diese aber schwerlich für eine höhere gesellschaftliche, natur- und menschengerechte Produktion in *Bewegung* setzen. Im übrigen gäbe es den berühmten »Subjektiven

Faktor« im stringenten Sinne, wie er ihn einst unkritisch von Hegel übernommen habe, so wenig wie ein *auserwähltes* Volk.

Sein freimütiges Eingeständnis der Mängel trug ihm die Frage nach dem eigentlichen Kern seiner Lehre ein. Marx blieb karg, meinte lakonisch, er habe den Menschen gesucht, den Menschen gefunden, seiner selbst entfremdet, darob »menschliche Gesellschaft« gefordert – wogegen die moralisch verfaulte Herrenschicht immer nur Knechte sah, den Menschen trotz seines rechtzeitigen Warnens fürderhin in »einen Übermenschen« und »den Unmenschen« schied, aufspaltete. Das sei jeweils nach rassischen, körperlichen, ethnischen, nationalen und geschlechtlichen Merkmalen erfolgt, jedoch stets nach diesem menschenfeindlichen Grundschema. In dem humanen Gegenbild liege die Essenz seiner Lehre: Die Geschichte des auslaufenden Jahrtausends habe ihm nun fürchterlich recht gegeben. Daher nehme er im Augenblick davon Abstand, auf weniger Gravierendes hinzuweisen, wie etwa die häufige und auch aktuell prompte Bestätigung seiner Krisentheorie. Statt hier – angesichts der kapitalistischen Überproduktionskrise – billige Lorbeeren einzuheimsen, wolle er vielmehr über eine Strategie der Wende nachdenken, im übrigen aber auch eine Krisentheorie der nomenklaturistischen *Unterproduktions*-Krise ausarbeiten und dabei nachweisen, wie sehr die unterschiedlichen ost/westlichen Krisenfaktoren sich wechselseitig begünstigten.

Nach seinen weiteren Plänen gefragt, erklärte Herr Marx, er werde wie vordem als Emigrant in London leben, Asyl in England beantragen, dem einzigen Land, dem er sogar vor hundert Jahren schon eine *gewaltfreie* Umwälzung zugetraut habe, weil damals industriell und demokratisch am weitesten fortgeschritten. Nach wie vor sei er der Meinung, daß die rettende Tat – wenn überhaupt – allein dem Abendland entspringen könne, denn nur hier habe sich »das Individuum von der Nabelschnur des Gemeinwesens losgerissen«, sei damit seiner »Unreife« entstiegen, insofern habe das »Privateigentum« als Triebkraft der (antiken, feudalen und bürgerlichen) abendländischen Produktionsweise eine »zivilisatorische Mission« erfüllt, was er bei aller Kritik stets hervorgehoben habe. Daraus beantworte sich auch das zentrale Problem seines Londoner Kollegen, des Biochemikers und Sinologen Joseph Needham (die »Times« berichtete kürzlich über dessen Werk: »Wissenschaftlicher Universalismus«): »Warum hat sich die moderne Wissenschaft nur in Europa und nicht auch in China oder Indien entwickelt?« Die Hauptfrage allerdings, unser aller Lebensfrage, sei ganz in seinem, Marxens, Sinne von Erich Fromm aufgeworfen worden: »*Haben oder Sein?*« Gestützt auf die Moral, genauer Unmoral des *Habens* sei das Abendland – insoweit mehr mephistophelisch als faustisch – das geworden, was es heute sei, im Guten wie im Bösen, aber allein mit der Moral des *Seins*, der Renaissance *humaner* Triebkraft sei es vor dem Untergang zu retten mitsamt dem geplünderten Planeten. Die einstige Triebkraft sei nun in Todeskraft umgeschlagen – unmoralisch und überlebensgefährlich zugleich. So sei es höchste Zeit, daß »der Blitz des Gedankens«, dem sich eine neue Wirklichkeit entgegendränge, in den »Volksboden« einschlage. Dort künde sich bereits eine »Revolution der Bedürfnisse« an, eine Umwälzung des Bewußtseins: »im Schoß der bürgerlichen Gesellschaft« bildeten sich bereits netzwerkartig neue humane Gemeinschaftsformen. Derartiges sei jedoch, selbst als Modell, als Experiment, im Sowjetimperium strikt verboten – wie Kommunismus überhaupt.

Marx schloß nicht aus, seine Heimatstadt Trier und das dortige Marx-Museum in seinem Geburtshaus zu besuchen, wolle jedoch erst in »einer einigen, unteilbaren Republik« in Deutschland ständigen Aufenthalt nehmen, wo die demokratischen Grundrechte als kostbare Voraussetzung jeglicher Emanzipationsbewegung gesichert seien. Hierzu erwähnte er beiläufig, daß er als junger Mann seine publizistische Tätigkeit mit einer erbitterten Streitschrift gegen die preußische Zensurbehörde eröffnet habe. Für seine Londoner Aufenthaltszeit, so sagte Herr Marx, habe er sich ein umfangreiches Arbeitsprogramm vorgenommen. Zunächst einmal – und jeder, der ihn kenne, werde das verstehen – beschäftige ihn, gerade auch in futurologischer Sicht, die absolut neue Qualität der Produktiv- und Destruktivkräfte, wobei letztere nur die Kehrseite der ersteren bildeten. Er nannte die durch die moderne, zweite wissenschaftlich-technische Revolution bewirkte, eben beginnende kybernetische »Umwälzung der gesellschaftlichen Betriebsweise« eine Zweite »Industrielle Revolution« und wollte ihr die zwei Anfangskapitel seines geplanten, auf drei Bände angelegten neuen Hauptwerkes: *Das Spätkapital und die späte Nomenklatura* widmen. Die moderne Produktivkraft »Wissenschaft & Technik« erweise sich

zunehmend als Destruktivkraft, führe in den Abgrund, wenn und solange »die Produktion des Mehrwerts als direkter Zweck und bestimmendes Motiv der Produktion« wirke, sei es, um maximalen Profit zu realisieren wie im Westen, oder aber maximales Privileg zu sichern wie im Osten: Der Profit und das Privileg bildeten auf immer gefährlichere Weise den »Hauptfaktor«, nicht nur »der Verteilung der Produkte, sondern ihrer Produktion selbst«. Er habe schon seinerzeit – wenn auch polemisch überspitzt – darauf hingewiesen, daß ein derart zerstörerisch orientierter technischer Fortschritt »zugleich die Springquellen alles Reichtums untergräbt: die Erde und den Arbeiter«. Seine damalige Warnung erhalte erst heute ihre eigentliche Bedeutung. Andererseits bedeute die Kybernetik – da sie zusätzlich zur physischen auch die physiologische und einfache geistige menschliche Tätigkeit maschinell ersetze und potenziere – eine ungeheure Steigerung der menschlichen und materiellen Produktivkraft. Das aber werde durch deren parasitäre, unökologische, destruktiv-militärische Anwendung nach dem ost/westlichen *Haben*-Prinzip fast völlig verdeckt. Dadurch würde genau das vertan, was die Kybernetik technisch bereits ermögliche und der Traum seiner einstigen ökonomischen »Grundrisse« gewesen sei: »Die Ersparnis von Arbeitszeit gleich Vermehren der freien Zeit, d. h. Zeit für die volle Entwicklung des Individuums, die selbst wieder als die größte Produktivkraft zurückwirkt auf die Produktivkraft der Arbeit.« Denn »der wirkliche Reichtum ist die entwickelte Produktivkraft aller Individuen«, sie sei »der große Grundpfeiler der Produktion und des Reichtums«.
Ein anschwellendes Millionenheer wissenschaftlich-künstlerisch ausgebildeter, aber abhängig Beschäftigter strebe als aufsteigende Klasse in eine moralisch gesteuerte, ökologisch-humane, sanft-technologische, kybernetisch-industrielle Gesellschaft. Eine außerordentliche Rolle hierbei sagte Marx den Frauen voraus, seien sie doch seit Anbeginn der Arbeitsteilung – zwischen Frau und Mann – von den Destruktivkräften geschieden und gerade darum der beispiellos neuartigen Evolutionsaufgabe des Menschengeschlechts gegenüber viel aufgeschlossener. Hier fügte Marx den Stoßseufzer hinzu: Stände doch Friedrich Engels neben mir, dies mit eigenen Augen zu seh'n! Und zog aus seinen bisherigen Studien im Lande Shakespeares die mit vielen Fragezeichen versehene Bilanz: In der jetzigen dramatischen Hamlet-

Situation des Homo sapiens werde die menschlich-schöpferische Produktivkraft *» Moral & Phantasie«* als Produktivkraft *Sein* zur alles entscheidenden. Sein oder Haben, Sein oder Nichtsein – das sei nun die Frage.

Vom Herausgeber über Direktschaltung in den Saal nach seinem persönlichen Eindruck von Herrn Marx befragt, erklärte der »Times«-Korrespondent, er finde ihn ungemein präsent und seine Ideen faszinierend; Näheres könne er jetzt nicht sagen, die Pressekonferenz dauere wegen der unvermutet vielen Fragen bei Redaktionsschluß noch an...

Lucio Lombardo Radice*

Was bedeutet es,
hundert Jahre nach Marx sein Schüler und Anhänger zu sein?
Oder:
Was Marx nicht voraussehen konnte

Erbe als Gefahr und Aufgabe

»Ich bin sicher, daß Aristoteles, käme er heute zurück auf die Welt, mich unter seine Schüler rechnen würde, und zwar wegen meiner nicht zahlreichen, aber triftigen Einwände gegen seine Lehre – sehr viel eher jedenfalls als die zahlreichen anderen, die im Bestreben, jede einzelne seiner Aussagen zur Wahrheit zu erklären, aus seinen Texten Begriffe herausfischen, die ihm niemals in den Sinn gekommen wären.« So schrieb der alte Galileo Galilei am 15. September 1640 aus seinem Exil in Arcetri an Fortunio Liceti. Diese seine Worte haben allgemeinen Wert, denn sie definieren genau, was es bedeutet, »Anhänger« eines längst verstorbenen »Lehrers« zu sein. Dies ist inzwischen längst offenkundig (was es zu Galileis Zeiten nicht war) für alle großen Lehrer der Wissenschaft und des Denkens, deren Lehre für die Nachfolgenden *in ihren Methoden* und nicht mehr in ihren *Inhalten* besteht. »Und erblickte Aristoteles heute die zuletzt entdeckten Neuheiten im Himmel, dem er Unverständlichkeit und Unwandelbarkeit zugesprochen hatte, da dort damals noch keine Veränderung beobachtet worden war, so würde er zweifellos seine Meinung ändern und heute das Gegenteil sagen.« Getreu seiner experimentellen Methode würde er die »triftigen Einwände« gegen seine Behauptungen aufnehmen, die diesen neuen Tatsachen noch nicht Rechnung trugen und nicht tragen konnten. So wäre Galilei heute zweifellos Befürworter der Einsteinschen Relativitätstheorie, die mit nicht wenigen *Inhalten*

* Der Verfasser ist am 21. 11. 1982 gestorben.
Übersetzung: Otto Kallscheuer.

der Wissenschaft Galileis in Widerspruch gerät (etwa zur Annahme eines privilegierten und absoluten Bezugskörpers in der klassischen Mechanik, zur Zusammensetzung der Beschleunigungen, usw.), aber als *Methode* aus echt galileischen Prinzipien folgt und aus einer geistigen Einstellung lebt, die sich nicht davor fürchtet, Hypothesen aufzustellen, die dem gesunden Menschenverstand der eigenen Epoche als absurd erscheinen.

Was also bedeutet es, Schüler zu sein, also das theoretische Erbe eines Lehrers zu übernehmen? Es bedeutet, wiederholen wir, seine Methode kühn anzuwenden, zu erneuern und, wenn es notwendig ist, die Instrumente seiner Theorie zu ändern.

»Du alt Geräte, das ich nicht gebraucht,
Du stehst nur hier, weil dich mein Vater brauchte.
Du alte Rolle, du wirst angeraucht,
Solang an diesem Pult die trübe Lampe schmauchte.
. . .
Was Du ererbt von Deinen Vätern hast,
erwirb es, um es zu besitzen.
Was man nicht nützt, ist eine schwere Last;
Nur was der Augenblick erschafft, das kann er nützen.«

Galilei, Goethe – zwei Große, die sich wahrlich nicht einbildeten, ohne Lehrer zu sein – können uns dabei helfen, uns mit dem Problem der Erbschaft von Marx auseinanderzusetzen. Ein Jahrhundert ist eine relativ kurze Zeitspanne. Es ist daher nicht unverständlich (obwohl es unverzeihlich ist), daß sich auf Marx zu berufen, sich als »Marxisten« zu erklären, heute immer noch allzuoft eher bedeutet, einer politischen Disziplin zu folgen, als die Lehre des großen deutschen Revolutionärs und Wissenschaftlers in schöpferischer und den neuen Verhältnissen angemessener Weise weiterzuentwickeln. Marx ist nicht nur der Verfasser des »Kapital«, sondern auch der Gründer der Ersten Internationale. Heute aber ist nicht nur die Erste Internationale seit über einem Jahrhundert verschwunden, sondern auch die Dritte Internationale hat sich vor vierzig Jahren aufgelöst; und man darf es nicht mehr zulassen, daß aus den Thesen, die Marx auf seinem Wege vertreten hat, eine militante und geschlossene Theorie gemacht wird, die nur zu übernehmen oder abzulehnen ist, eine Gesamtheit »politischer Direktiven«.

Jene, die »jede einzelne von Marxens Aussagen zur Wahrheit erklären«, sind heute nicht weniger zahlreich und gefährlich, als es die Aristoteliker waren, gegen die Galilei polemisierte. Es gibt heute eine »Scholastik«, die sich auf Marx beruft, unter dem Namen Marxismus-Leninismus, und sie ist die offizielle Staatsideologie eines so großen Landes, wie es die UdSSR darstellt.

Marx hätte vermutlich umgedacht

Bisher haben wir mit Hilfe zweier großer Dialektiker der Vergangenheit eine grundsätzliche Kritik an jeglicher Form bloß passiven Beerbens geübt, das keine Modifikationen an dem erlaubt, »was wir ererbt von unseren Vätern«. Darüber hinaus wollen wir uns jetzt wenigstens einer historischen Frage von weitreichender Bedeutung zuwenden, bei der uns die *Methode* von Marx helfen kann, während uns seine Schriften dazu nichts sagen können.

Zu den größten, zu den bedeutendsten Denkern der Menschheit, zu den wenigen, die auch noch nach Jahrhunderten als lebendige Lehrer gegenwärtig sein können, ist Marx zu zählen *auf Grund seiner Methode der Geschichtsinterpretation*. Schon vor vielen Jahrzehnten schrieb Galvano Della Volpe, der 1968 verstorbene italienische marxistische Philosoph, daß Marx mit Galilei verglichen werden müsse. Wir wollen hier sogar als zusammenfassende und natürlich in gewisser Weise symbolische Definition des unveränderten Erkenntniswerts der Theorie von Karl Marx folgendes Motto vorschlagen: »Karl Marx war der Galileo Galilei der Geschichte.« In der Tat, wie Galilei uns als erster eine systematische Methode vermittelt hat, dazu geeignet, die *Natur* zu »lesen«, so hat Marx aus der Geschichte und den gesellschaftlichen Kämpfen seiner Zeit eine allgemeine Methode gezogen, die grundlegend ist für die »Lektüre« der Geschichte. Aus der Natur Galileis verschwinden verborgene Kräfte, Legenden, Aberglauben und die Anmaßungen der aristotelischen Philosophie sowie der scholastischen Theologie, mittels metaphysischen und fideistischen Interpretationen von Naturphänomenen Gesetze diktieren zu können. Aus Marxens Geschichte verschwinden Utopien, Interpretationen der Geschichte aus der Vorsehung oder platt empiristische Deutungen und Versuche, die Gesellschaft mit der Ideologie, die Wirklichkeit mit dem Ideal zu erklären. Die allgemeine Methode von Marx ist enthalten im »Kapital«, sie tritt also in ihrer *Allgemeinheit* aus der Analyse einer historisch *besonderen* ökonomischen Gesellschaftsformation, der kapitalistischen, hervor.

Mir scheint, daß der Schlüsselbegriff, um die Umwälzung zu begreifen, die Marx in der Lektüre der Gesellschaft, in der er lebte (und darüber hinaus der gesamten Geschichte), vollzogen hat, im Titel eines kleinen Werkes von F. Engels gesucht werden muß: »Die Entwicklung des Sozialismus von der Utopie zur Wissenschaft«. Ich gehöre zu den Vertretern der Auffassung, daß die jugendliche Inspiration, die Marx zum sogenannten wissenschaftlichen Sozialismus hinführte, eine *humanistische,* wenn man will auch utopistische Inspiration war. Diese konnte der junge Philosoph, der sich mit Epikur und Demokrit und der großen antiken Philosophie beschäftigte, übrigens bereits in der Tradition des deutschen Idealismus vorfinden. (Dasselbe gilt, glaube ich, auch für Friedrich Engels.) Der Weg von der Utopie zur Wissenschaft war auch der persönliche Weg von Karl Marx, von den »Pariser Manuskripten« und der »Deutschen Ideologie« zum »Kapital«, über die »Feuerbach-Thesen« und das »Kommunistische Manifest«, über theoretische Umwälzungen, die mit der lebendigen Erfahrung der Bedingungen und der Kämpfe der Arbeiterklasse verbunden waren. Mit einer kurzen und damit nur sehr annäherungsweise gültigen Formel würde ich sagen, daß der junge Marx intuitiv die Widersprüche des Kapitalismus erkannt hat, die die »Entfremdung« des Menschen ausmachen (und zwar sowohl des Verkäufers als auch des Käufers der Arbeitskraft), daß er gegen diese Widersprüche seinen Protest erhob und für eine Gesellschaft kämpfte, die sie überwinden sollte; während der reife Marx die Wurzeln dieser Widersprüche aufdeckte, ihre Verschärfung bis ins Unerträgliche erkannte und innerhalb der kapitalistischen Gesellschaft die antagonistische Kraft ausfindig machte, die sie beseitigen würde, indem sie den zentralen Knoten des Konflikts aufbrach: den Widerspruch zwischen dem gesellschaftlichen Charakter der Produktion und dem individuellen Charakter ihrer Aneignung.

Marx schließt keineswegs die – heute ach so aktuelle! – katastrophale Lösung aus, nämlich den »gemeinsamen Untergang der kämpfenden Klassen«; aber er sieht die Möglichkeit einer positiven Lösung, den Sieg der Klasse, die Träger des Fortschritts ist, nicht im Sinne der Verwirklichung einer von erleuchteten Geistern vorkonstruierten Idealwelt, sondern als eines aus objektiven Entwicklungen entstehenden Prozesses: also als Werk von Menschen, aber unter bestimmten Umständen, die den historischen Fortschritt möglich machen und ihn bedingen. Ich bin zutiefst davon überzeugt, daß Marxens Auffassung der kapitalistischen Gesellschaft, ihrer Widersprüche und ihrer (tendenziell, objektiv katastrophalen) Entwicklungen im Jahrhundert nach seinem Tod eine tragische Bestätigung gefunden hat.

Allerdings mag man – und es ist richtig, dies zu tun – über einige Voraussagen von Marx diskutieren, die wenigstens in der Form, in der sie von Marx geäußert wurden, nicht eingetreten zu sein scheinen: tendenzieller Fall der Profitrate, zyklisch sich verschärfende Krisen, absolute Verelendung der Arbeiterklasse. So könnte man, und nicht ohne triftige Gründe, sagen, daß das kapitalistische System sich als lebensfähiger erwiesen hat, als Marx dies vorhersah; es war in der Lage, seine zyklischen Krisen zu überwinden und seit 1929 ihr Wiederauftreten in klassischer Form zu verhindern; es war – wenigstens bis vor wenigen Jahren – in der Lage, den Arbeitern der »Ersten Welt« die Überfluß- und Konsumgesellschaft und den Wohlfahrtsstaat zu garantieren; es war zu gewaltigen technologischen Fortschritten fähig, die ihm beachtliche Expansionsperioden ermöglichten. Aber um welchen Preis war ihm all dies möglich? Die dafür bezahlten Preise sind gewaltig und stellen *neue*, verschärfte *Formen* der *alten Widersprüche* dar, die Marx prognostiziert hat und die überwunden scheinen mögen. Absolute Verelendung? Dieses Phänomen erfaßt und verarmt die Dritte und Vierte Welt, nicht nur in ihren in ihrer Tragik sichtbarsten Äußerungsformen wie Kindersterblichkeit und Hungersnot ganzer Kontinente, sondern auch mit der Massenflucht aus den Wüsten des Elends, mit der Landflucht und der Konzentration gewaltiger Massen von Armen in den Großstädten der Dritten Welt, die – innerhalb des Kapitalismus – immer mehr zu monströsen und unaufhaltsamen Metastasen eines Krebsphänomens werden, das der Kapitalismus selbst hervorgebracht hat.

Ende der zyklischen Krisen? Ja, aber um den Preis gewaltiger Investitionen in Militärausgaben (oder der Raumfahrtindustrie, die übrigens mit ihnen verbunden ist), mit der unproduktiven »Aufstockung« gewaltiger Reichtümer in Arsenalen von immer größerem Zerstörungsausmaß, die eine keineswegs mehr bloß imaginäre Drohung der Apokalypse darstellen.

Und, einmal abgesehen von seiner aktuellen weltweiten Krise auch in den höchstentwickelten kapitalistischen Ländern von den USA über die BRD und Schweden – hat doch der *Welfare State,* der Sozial- und Wohlfahrtsstaat, niemals die Überwindung der Widersprüche in den fortgeschrittensten kapitalistischen Ländern bedeutet. Es sind nicht mehr die klassischen Widersprüche – Hungersnöte, Massenelend, Arbeitslosigkeit und Massensterblichkeit –, die Marx im 19. Jahrhundert beobachtet hatte; aber innerhalb des am weitesten »fortgeschrittenen« Kapitalismus haben sich »Krankheiten« und »Elend« verbreitet, die zwar sicher von anderem Typus, aber deshalb nicht weniger schmerzhaft und verheerend sind: die Entfremdung der gewaltigen Menschenmassen, die vereinzelt und vereinsamt in unseren Großstädten leben, die Flucht in die Droge, die Bandenbildung und wachsende Kriminalität und schließlich der Terrorismus.

Natürlich ist es von großer Bedeutung, das Jahrhundert des Kapitalismus nach Marxens Tod noch einmal zu überdenken und es völlig vorurteilsfrei zu untersuchen, also ohne jeden Anspruch, in dieser langen Periode Punkt für Punkt formelle Bestätigungen für die Analysen zu finden, die Marx über den Kapitalismus des 19. Jahrhunderts anstellte. Ich glaube jedoch, daß sich im allgemeinen *der theoretische Ansatz* von Marx bestätigt und bewährt hat; im übrigen bin ich mir dessen sicher, daß Karl Marx, »käme er heute zurück auf die Welt«, diejenigen »unter seine Schüler rechnen würde«, die heute gegen seine Theorien, soweit sie auf die Tatsachen seiner Zeit gegründet waren, »wenige, aber triftige Einwände« formulieren; angesichts neuer Tatsachen würde Marx »zweifellos seine Meinung ändern und heute das Gegenteil sagen«. Nicht dagegen zu seinen Schülern zählen würde Marx diejenigen, die »jede einzelne seiner Aussagen zur Wahrheit erklären«.

Die post-kapitalistische, sozialistische Gesellschaftsordnung

Bisher sprachen wir von der schöpferischen Entwicklung der Marxschen Analyse und Interpretation einer gegebenen historischen Gesellschaftsformation, nämlich der kapitalistischen, die die Epoche, in der Marx lebte, beherrschte und auch hundert Jahre später, in der Epoche, in der wir leben, noch zentrale Bedeutung hat. In diesem Rahmen ist also die Erbschaft Marxens sehr nahe; und seine Lehre hat nicht nur methodische, sondern auch inhaltliche Bedeutung, wenigstens soweit sie den theoretischen Ansatz und die allgemeine Analyse der kapitalistischen Gesellschaftsformation betrifft.

Sehr viel anders stellt sich aber das Problem der Brauchbarkeit der Lehre von Marx, von Engels (und auch von Lenin, der uns zeitlich näher steht), was die *Analyse der post-kapitalistischen Gesellschaften* betrifft, die seit der Oktoberrevolution 1917 in Rußland, in China, in Kuba, in Osteuropa, in Afrika entstanden sind. Zwischen den Wirtschafts-, Gesellschafts- und Staatsformationen, von denen die Rede ist, bestehen natürlich gewaltige Unterschiede (wobei der wichtigste Unterschied zwischen dem »sowjetischen Modell« und der jugoslawischen Selbstverwaltung besteht). Gleichwohl bin ich der Auffassung, daß – wenn wir im Block von diesen Ländern sprechen wollen – die korrekteste Definition die der »post-kapitalistischen Gesellschaften« ist. Da es mir aber als Pedanterie vorkäme, beständig diese Formel zu wiederholen, spreche ich im folgenden nur von »sozialistischen« Gesellschaften und lasse auch die Klausel fort, die jeweils – wie es gleichwohl notwendig wäre – präzisiert, daß es sich dabei um die derzeit existierenden »sozialistischen« Gesellschaften handelt, um damit auszuschließen, daß man diese Gesellschaften mit dem Sozialismus *tout court* identifiziert.

Was diese historisch neuen Gesellschaftsformen betrifft, so ist es ebenso klar wie banal, daß Marx von ihnen weder Erfahrung noch Erkenntnis haben konnte. Es müßte demnach auch klar sein – aber genau dies ist der kontroverse Punkt –, daß Marx ebensowenig die Natur und die Struktur von solchen Gesellschaften vorhersehen, geschweige denn vorherbestimmen konnte, die diese fünfzig oder hundert Jahre nach seinem Tode haben würden. Wie nur zu gut bekannt, hat Marx, wenngleich aus der Ferne, die kurze Erfahrung der Pariser Commune, die einzige Erfahrung einer Selbstregierung des Volkes mit sozialistischer Zielsetzung aus seiner Zeit, leidenschaftlich miterlebt. Wie bekannt, lehnte Marx »Robinsonaden«, also die Beschreibung imaginärer Situationen und Gesellschaften, ab; sein Anti-Utopismus war ein radikaler. Seine Aussagen über die notwendig auf die kapitalistischen Gesellschaften nachfolgenden, von deren Widersprüchen befreiten Gesellschaften waren daher von extrem allgemeiner Natur: Nicht mehr individuelles, sondern *kol-*

lektives Eigentum, aber zu bestimmen, in welchen Formen, hätte bedeutet, Aussagen über damals unvorhersehbare Entwicklungen zu machen. Gemeinschaftliche, *direkte Demokratie*, (Selbst-)Regierung aller, deren Antizipation und Symbol die Pariser Commune war.

Dieser zweite Punkt ist der, der uns hier am meisten interessiert. Aus ihm nämlich wird mit absoluter Gewißheit deutlich, daß zu den allgemeinsten Grundlinien des Sozialismus für Marx *das Verschwinden, das Absterben des Staates* gehörte.

Nun ist allen heute existierenden sozialistischen Gesellschaften, mit der (partiellen) Ausnahme der jugoslawischen, ein Grundzug gemeinsam: nämlich das Nicht-Absterben des Staates, sondern im Gegenteil, das inzwischen bis hin zur totalen Kontrolle über die Bevölkerung gelangte Wachstum eines eigenständigen politisch-administrativen Apparats, der von der Bevölkerung getrennten Staatspartei, der gegenüber der einfache Bürger über keinerlei Möglichkeiten der Kontrolle oder Rückkoppelung verfügt. Mit Sicherheit können wir daher behaupten, daß es sich bei ihnen um historisch neue, eigenständige Gesellschaftsformationen handelt, die die »Klassiker« des Marxismus nicht vorhergesehen hatten; und daß sie sich im Gegenteil tiefgreifend von ihren allgemeinen und qualitativen Voraussagen über die sozialistische Gesellschaftsordnung unterscheiden, die auf die Überwindung und Beseitigung des Kapitalismus folgen sollte.

Wenn ich mich hier in spezifischer Weise auch nur auf Karl Marx beziehe – der trotz der Unterschiede zwischen beiden Denkern und der unzweifelhaften geistigen Führung Marxens nicht von Friedrich Engels zu trennen ist –, so gilt das Gesagte doch auch für Wladimir I. Lenin, den ich als den dritten und letzten »Klassiker« des Marxismus ansehe. Lenin hat in der Tat die erste Revolution geführt, die die Macht der Kapitalisten und Großgrundbesitzer zerschlagen hat, aber er starb 1924, als das heutige »sowjetische System« von niemandem vorhergesehen, nicht einmal gedacht werden konnte. Was den entscheidenden Punkt, den Staat, betrifft, so ist sicher wahr, daß Lenin die anarchistischen Tendenzen bekämpfte, die für seine sofortige Beseitigung eintraten; dennoch erscheint uns unzweifelhaft, daß er als wenngleich nicht unmittelbare, so doch ebenfalls nicht allzu ferne institutionelle Zielsetzung die am Vorbild der Commune orientierte direkte Demokratie in der eigenständigen russischen Form der

»Sowjets« anstrebte. Die verbreitete und in den Ländern des »sowjetischen Systems« obligatorische Behauptung, wonach der in der Sowjetunion und den dem »sowjetischen Modell« folgenden Ländern existierende Sozialismus als sein »unerschütterliches Fundament« den »Marxismus-Leninismus« habe, hat einen propagandistischen und rituellen Charakter, den eines Glaubenssatzes – ist aber in Wahrheit sinnlos.

Wir bestehen darauf, als eine *sinnlose* Aussage die Behauptung zu definieren, die konkret von den »Klassikern« in bezug auf die sozialistische Gesellschaft geäußerten Ideen seien das konkrete Fundament des »sowjetischen Systems« (die marxistisch-leninistische *Doktrin*). Diese Behauptung kann nämlich weder als wahr noch als falsch angesehen werden, da sie nicht überprüfbar ist, insofern das *Corpus* der Schriften der »Klassiker« keinerlei bestimmte Projektion der sozialistischen Gesellschaft enthält (im Gegenteil, wie bereits gesagt, enthalten die allgemeinen Grundzüge ihres Denkens über die auf den Kapitalismus folgende Gesellschaft Hinweise, die zum »real existierenden Sozialismus« klar im Gegensatz stehen).

Außerdem erscheint es mir völlig verfehlt, die nach der Oktoberrevolution entstandenen post-kapitalistischen Gesellschaften nach dem Kriterium zu beurteilen, ob sie einem möglichen Projekt von Karl Marx entsprechen oder nicht – falle ein solches Urteil nun als Billigung oder als Verdammung aus. Und an dieser Stelle nehmen wir unseren anfänglichen, von Galilei inspirierten Gedankengang wieder auf: Wenn wir nach Jahrzehnten und Jahrhunderten fortfahren, die Werke großer Denker zu studieren und sie selbst unsere Lehrer zu nennen, so nicht deshalb, weil wir in ihren Werken Urteile zu Situationen finden, die vor Jahrzehnten oder Jahrhunderten völlig unvorhersehbar waren, sondern weil wir in ihnen einen theoretischen Ansatz, eine Methode finden, die uns dabei helfen, alle jene neuen Entwicklungen im Himmel und auf Erden zu begreifen, die sich *nach* dem Tode der »Lehrer« zugetragen haben. Daher muß die Methode von Karl Marx heute mit kritischem und schöpferischem Geist auf jene Gesellschaften angewandt werden, die sich als Verwirklichung seiner »Doktrin« ausgeben; daher muß die Marxsche Methode auf den Marxismus angewandt werden, der heute wahrlich nicht als eine eindeutig definierte Theorie angesehen werden kann, sondern der im Gegenteil als ein komplexes

Netzwerk verschiedener und nicht selten in zentralen Fragen gegensätzlicher Tendenzen untersucht werden muß.

Getreuer Schüler von Marx zu sein, bedeutet also, sich von der kodifizierten *Doktrin* (des »Marxismus-Leninismus«) zu befreien. Wir müssen die gewaltigen Möglichkeiten nutzen, die uns die von Marx zum Verständnis der verborgenen Mechanismen der kapitalistischen Gesellschaft angewandte Methode gibt, um zu begreifen, welches die Natur der aktuellen post-kapitalistischen Gesellschaften ist. Und welches ihre Widersprüche sind.

Der kontroverse Punkt

Gibt es in den heute bestehenden sozialistischen Gesellschaften antagonistische Widersprüche oder nicht? Auf diese Frage haben diejenigen, die sich auf Marx berufen, zwei deutlich voneinander abweichende Antworten parat. Die vom »offiziellen« Marxismus der Sowjetunion vertretene These lautet, daß antagonistische Widersprüche *ausschließlich* der Teilung der Gesellschaft in antagonistische Klassen geschuldet sind und daß sie folglich in Gesellschaften, die den Kapitalismus und den Großgrundbesitz beseitigt haben, nicht auftreten. In diesen gibt es, so wird behauptet, zwar *verschiedene* (Arbeiter, Bauern, Intellektuelle), *aber nicht mehr antagonistische* Klassen; und daher hätten die eventuell zwischen ihnen auftretenden Interessenkonflikte keinen radikalen Charakter mehr. Auch die Entfremdung in ihren verschiedenen Formen sei *ausschließlich* gebunden an die Trennung zwischen Arbeit und Arbeitsprodukt, an die Reduktion der Arbeitskraft zur Ware, an den Mechanismus von kapitalistischer Aneignung und Profit.

Daß sich die Dinge nicht so verhalten, ist für den Schüler von Marx augenscheinlich, der die Methode seines Lehrers in schöpferischem Geist auf die Situationen anwenden will, die der Lehrer selbst nicht nur nicht kannte, sondern nicht einmal vorhersehen konnte. Gibt es etwa im Polen der achtziger Jahre, das doch vor 35 Jahren Kapitalisten und Großgrundbesitzer enteignet hat, keine antagonistischen Widersprüche, keine schwerwiegenden Formen von Entfremdung? Die Kämpfe der Arbeiterklasse, und zwar praktisch ihrer Gesamtheit, für die Erringung und den Aufbau einer unabhängigen Gewerkschaft; der Beitritt von über zehn Millionen Arbeitern zu dieser Gewerkschaft; die Notwendigkeit der polnischen Führung, auf einen unbefristeten Ausnahmezustand und ein Militärregime zurückzugreifen, um diese »Anomalien« zu beseitigen – all dies muß schließlich ernsthaft erklärt werden können. Und sicher ist es *keine* ernstzunehmende Erklärung für diese ein ganzes Volk ergreifenden Entwicklungen, sie auf die »imperialistische Verschwörung« und ihre »agents provocateurs« zurückzuführen, wie dies – ohne sich um die Glaubwürdigkeit ihrer Thesen zu bekümmern – die doktrinären und dogmatischen Marxisten im Osten wie im Westen tun. Ebensowenig scheint es eine vernünftige Erklärung zu sein, den in Polen heute offenkundigen antagonistischen Widerspruch aus der Tatsache abzuleiten, daß die Massen katholisch geblieben sind. Der »Marxist«, der diese Behauptung aufstellt, glaubt offenbar, religiöser Glaube und sozialistische Zielsetzung seien miteinander unvereinbar; er hält die Religion immer und ausschließlich für das »Opium des Volkes«, für ein Herrschaftsinstrument der besitzenden Klassen; solange es noch Religion gibt, heißt es, kann es noch keinen wahren Sozialismus geben, die Religion ist wie alle anderen Formen der Entfremdung dazu bestimmt, nach der antikapitalistischen Revolution abzusterben. Aber auch in diesem Falle liegen heute bedeutsame Phänomene offen zutage, die Marx nicht kannte und nicht vorhersehen konnte. Für Tausende von Gläubigen, vor allem Christen, ist – wie dies Palmiro Togliatti im Jahre 1962 als erster formuliert hat – der religiöse Glaube zu einer Triebkraft revolutionärer und sozialistischer Zielsetzungen geworden. Die Mitglieder der größten kommunistischen Partei des kapitalistischen Westens, der KPI, sind wenigstens zur Hälfte gläubige Katholiken und *gleichzeitig* Revolutionäre aus dem Geiste von Marx; und es handelt sich dabei nicht nur um »einfache Mitglieder«, sondern ebenso um nicht wenige führende Politiker der Partei auf unterschiedlichen Ebenen.

Schon bei Marx selbst ist die »klassische« Marxsche Religionstheorie nicht auf die Formel vom »Opium des Volkes« reduzierbar; und im auf seinen Tod folgenden Jahrhundert konnte man Phänomene beobachten, die zu einer mutigen Revision zahlreicher Aspekte dieser Religionstheorie zwingen – zu einer Revision, die allem Neuen, vom Zweiten Vatikanischen Konzil bis zur lateinamerikanischen Theologie der Befreiung, Rechnung zu tragen hat. Es war nicht der Umstand, daß die Mehrheit der polnischen Arbeiter katholisch geblieben ist, der den Konflikt zwischen den Volksmassen und der Staatspartei bestimmt hat; es waren vielmehr der Ausschluß der Gläubigen aus den Reihen der revolutionären Partei und die Behauptung der Unvereinbarkeit zwischen Marxismus und religiösem Glauben, die dazu beigetragen haben, einen sehr viel tiefergreifenden Widerspruch zu verschärfen und ihm eine ideologische Form zu geben.

Der grundlegende Widerspruch des heute existierenden Sozialismus, der 1956 in Ungarn und Polen, 1968 in der Tschechoslowakei und von neuem 1970 und 1980 in Polen explodierte (in voneinander sehr unterschiedlichen Formen, die wir hier nicht definieren wollen), ist der Widerspruch zwischen der ungestümen Entwicklung der Produktion, der Schule, der Kultur nach der Überwindung des Kapitalismus und auf Grund dieser Überwindung einerseits und der entgegengesetzten Entwicklung einer politischen Struktur, der Staats-Partei (oder des Parteistaats) andererseits, die dahin tendiert, den Arbeiter-Bürger immer mehr zu unterdrücken und in allen seinen Äußerungen sein ganzes Leben lang zu regulieren. Dieser »Sozialismus« ist ein *Staats-Sozialismus,* und sein Grundwiderspruch besteht genau im Widerspruch zwischen »Sozialismus« und »Staat« (vgl. dazu Lombardo Radice 1978: 20–41).

Deshalb »gibt es heute nicht nur die Krise des Kapitalismus, sondern es gibt auch eine Krise jenes Sozialismus, der bis heute verwirklicht worden ist, und es wäre absurd, diese Krise nicht wahrnehmen zu wollen«. Diese Worte äußerte ein kritischer Marxist, Enrico Berlinguer, Parteiführer der größten kommunistischen Partei, die nach neuen Wegen zum Sozialismus sucht, am 19. September 1982 zum Abschluß des Festivals der »Unità«, der Tageszeitung der KPI, in Tirrenia. Berlinguer fügte hinzu: »Unsere Antwort lautet, daß auch diese Krise nur noch mehr bestätigt, wie notwendig es ist, auf anderen als den bisher beschrittenen Wegen zur Überwindung des Kapitalismus und zum Aufbau des Sozialismus zu gelangen. Das bedeutet: Um in diesen achtziger Jahren [...] wirkliche Revolutionäre zu sein (und uns nicht nur als solche zu proklamieren), müssen wir allen bisherigen Erfahrungen des Sozialismus Rechnung tragen, müssen sie erneuern und also über sie hinausgehen« – um getreue, weil kritische und schöpferische Schüler von Karl Marx zu sein – und uns nicht nur als solche zu proklamieren.

Arnold Künzli

Marx – ein Dissident?

Von der reinen, revidierten und neuen Lehre

Das in den Staaten des sogenannten »real existierenden Sozialismus« sehr real existierende, vielgestaltige Phänomen, das wir mit dem Namen »Dissidenz« zu charakterisieren pflegen, ist ein guter alter Bekannter aus der Kirchengeschichte. Bloß, daß die Kirche mit ihrer jahrhundertelangen Erfahrung ihre Dissidenten differenzierter zu betrachten und entsprechend mit verschiedenen Etiketten zu versehen pflegte. So sprach man von Ketzern, Apostaten, Renegaten, Schismatikern und Häretikern; ja, es entwickelte sich im Laufe der Zeiten sogar eine eigentliche Ketzerlehre, eine Häresiologie, die die Ketzer in gewöhnliche Häretiker und Häresiarchen (Erzketzer) einteilte und mit Hilfe eines Häresiologiums, eines Ketzerverzeichnisses, über die Abtrünnigen Buch führte. Die Dissidentenprozesse nannte man damals die heilige Inquisition, und die Häretiker – oder die man zu solchen erklärte – durften von Glück reden, wenn ihnen nur die Häresiomastix, die Ketzergeißel, drohte. Man sieht, die Dissidentenbekämpfung war schon damals hervorragend organisiert, und es läßt sich daraus noch immer einiges lernen.
Da die Dialektik von Orthodoxie und Dissidenz offenbar gewisse geschichtlich unwandelbare, gleichsam transzendentale Strukturen aufweist, vermag uns heute auch die alte kirchliche Nomenklatur noch gute Dienste zu leisten. Der Sammelbegriff »Dissident« umfaßt ja, wie gesagt, auch heute ein recht vielgestaltiges Phänomen, besteht doch etwa zwischen einem Roy Medwedjew und einem Alexander Solschenizyn – abgesehen von dem sie in der Negation des Bestehenden, Einigenden – ein mindestens ebenso großer Unterschied wie zwischen einem

Kreml-Herrscher und einem russisch-orthodoxen Patriarchen. Man darf sich jedenfalls durchaus der alten Kategorien aus der Kriminalistik der Kirchengeschichte bedienen, um das heutige Phänomen der »Dissidenz« etwas aufzufächern.

Da gibt es zunächst die Renegaten. Das sind solche, die von einer Religion in eine andere übertreten. Diese Bezeichnung scheint mir etwa auf den polnischen Philosophen Leszek Kolakowski zuzutreffen, der in seiner Jugend als Marxist-Leninist stalinistischer Prägung begonnen hatte und der sich heute, nachdem er dem Marxismus – und wohl auch dem Sozialismus überhaupt – abgeschworen hat, kaum verhüllt zum Christentum bekennt. Dann gibt es die Apostaten. Mit diesem Namen hat man entweder Abtrünnige bezeichnet, die der Kirche spontan den Rücken kehrten, ohne die Religion zu verlassen, oder dann Kleriker, die auf den geistlichen Stand verzichtet haben, ohne deswegen unbedingt auch die Kirche zu verlassen. Ein solcher Apostat wäre vielleicht der ungarische Soziologe Andras Hegedüs zu nennen, der einst ein stalinistischer Ministerpräsident der ungarischen Volksrepublik war und der heute zur dissidenten Budapester Schule gehört, die sich um eine u. a. vom Mai 1968 beeinflußte Revision des tradierten Marxismus bemüht. Dann wären die Schismatiker zu erwähnen, die, wie es ihr Name sagt, des großen Verbrechens der Kirchenspaltung und Kirchenneugründung innerhalb derselben Religion schuldig sind. Hier fällt einem der Name von Tito ein, den man ja auch schon einen Martin Luther des Weltkommunismus genannt hat. Aber auch Mao Tse-tung wäre hier wohl zu nennen, der auf seine chinesische Art, von Moskau aus gesehen, ebenfalls ein Dissident war. Und noch früher stößt man auf den Namen eines Leo Trotzki. Schließlich bleiben die eigentlichen Ketzer, die sogenannten Häretiker. Das deutsche Wort »Ketzer« geht angeblich auf die mittelalterliche gnostische Sekte der Katharer zurück, die dadurch bekannt wurden, daß sie die bestehende Kirchenlehre im Namen einer reinen Lehre Jesu bekämpften, zu der sie zurückkehren wollten. Hier wäre als marxistisches Pendant die Legion all der »Revisionisten« oder »Reformisten« zu erwähnen, die – wie etwa die »Praxis«-Gruppe in Jugoslawien – den Marxismus zunächst qua Philosophie vom byzantinischen Pomp des sogenannten »Marxismus-Leninismus« befreien und wieder auf die reine, ursprüngliche Lehre von Marx zurückführen wollen.

Bezeichnend in diesem Zusammenhang etwa auch das Buch, das die ehemaligen österreichischen Stalinisten und späteren Reform- und Eurokommunisten Ernst Fischer und Franz Marek unter dem Titel veröffentlichten: »Was Marx wirklich sagte«. Im übrigen meint der Begriff »Häresie« eine Wahl, nämlich die Freiheit, die einer sich nimmt, ein bestehendes Lehrsystem nach seiner Wahl zu interpretieren, d. h. überhaupt innerhalb eines orthodoxen Glaubens- und Lehrsystems eine eigene, vom Hergebrachten oder offiziell Etablierten abweichende Lebens-, Denk- und Lehrart zu wählen. Häresie und Ketzerei sind der Schatten, den jedes Dogmengebäude wirft. Wo man ihnen begegnet, befindet man sich im Schatten einer Kirche, die mit dogmatischer Unerbittlichkeit eine alleinseligmachende Lehre verkündet. Man könnte Dogmatismus und Häresie – und damit alle Dissidenz – als unzertrennliche dialektische Antagonismen bezeichnen, denn jeder Versuch, Menschen in die Theorie-Kaserne eines Dogmas zu sperren, vergewaltigt das menschliche Bedürfnis nach Freiheit des Denkens und des Handelns und ruft so früher oder später nach irgendeiner Form von Opposition.

Diese Dialektik muß in besonderer Weise wirksam werden, wenn eine Theorie mit dem Anspruch auftritt, den Menschen Freiheit zu bringen, ja, *die* Freiheitslehre schlechthin zu sein, da sie, wenn sie zum Dogma erstarrt, einen immanenten Widerspruch entwickelt. Ein Dogma ist nicht lebensfähig ohne eine Priesterkaste, die es kodifiziert, predigt, verteidigt oder sogar mit Gewalt Nichtgläubigen aufzuoktroyieren versucht, und es kann kaum der Gefahr entgehen, auch den Charakter einer Verschleierungs- und Rechtfertigungsideologie im Privatinteresse dieser elitären Priesterkaste anzunehmen. Im Marxismus hat diese Kaste die Namen Bürokratie, Apparat oder Nomenklatura erhalten. Ketzer sind also Ideologiekritiker par excellence: Sie denunzieren – sei es im Namen der reinen oder einer revidierten oder einer neuen Lehre – die etablierte Religion und Kirche mehr oder weniger radikal als Ideologie und Ideopraxis im Dienste der partikular-elitären Interessen ihrer wohlbestallten Verwalter, was auf seiten der Ketzer gleichzeitig ein Erkenntnisinteresse und praktische emanzipatorische Absicht impliziert.

Nun hat es Ideologiekritik unter anderem auch mit der Frage nach der Rationalität, das heißt nach dem Verhältnis von Mittel und Zweck, von Weg und Ziel zu tun. Immer wieder haben sich, auch in der Kirchengeschichte, Häresien mit Vorliebe an der Problematik, das heißt Nichtübereinstimmung von Weg und Ziel entzündet. Kann man über die Scheiterhaufen der Inquisition zur Bergpredigt, über das Gulag ins Reich der Freiheit gelangen? In der Formulierung von Sartre: Sind wir zu »schmutzigen Händen« verurteilt, wenn wir ein ideales Ziel erreichen wollen? Sind wir zur Schuld verurteilt, wenn wir saubere Hände behalten wollen und deshalb nichts tun können, um das Ziel zu erreichen? Diese Frage der Relation von Weg und Ziel scheint im Augenblick der Hauptstreitpunkt zwischen den Dissidenten und den Herrschenden in den Staaten des »real existierenden Sozialismus« zu sein. Welche Bedeutung ihr in der Sozialismusdebatte schon immer zukam, beweist etwa die extreme, allerdings meist mißverstandene These von Eduard Bernstein: »Was man so gemeinhin Endziel des Sozialismus nennt, das ist mir gar nichts, die Bewegung ist mir alles« (Bernstein 1909:6). Das Problem von Weg und Ziel wird im Marxismus dadurch noch zusätzlich kompliziert, daß Marx entsprechend seinem dialektischen Denken zwischen einem Nahziel und einem Fernziel unterschied. Das Nahziel war für Marx das Übergangsstadium der nach erfolgter Revolution zu errichtenden Diktatur des Proletariats, mit der für ihn die durch ihren Klassencharakter gekennzeichnete Vorgeschichte der Menschheit abschloß und die überleitete zum Fernziel des klassen- und staatslosen kommunistischen Reichs der Freiheit, mit dem erst die eigentliche Geschichte der Menschheit beginnen würde. In diesem Zusammenhang ist es nun zu einer von Marx selbst mitverschuldeten semantischen Verwirrung gekommen, die freilich ihre tiefere politische Bedeutung hat – auch und gerade für das Dissidentenproblem. Der Begriff »Sozialismus« wird nämlich – schon von Marx und Engels – einmal nur zur Bezeichnung des ersten Entwicklungsstadiums – also der nachrevolutionären Übergangsgesellschaft –, dann aber in einem allgemeineren Sinne auch zur Bezeichnung des Endstadiums verwendet. Also meint »Sozialismus« einmal nur den Weg, ein andermal aber auch das Ziel.

Diese Sprachverwirrung zeitigte politische Folgen. Dabei geht es zunächst um die Frage der Marxschen Anthropologie. Welches Stadium ist gemeint, wenn Dissidente von einem »Sozialismus mit menschlichem Antlitz« sprechen? Was heißt hier überhaupt

»menschliches Antlitz«? Ist das Endstadium eines Reichs der Freiheit, in dem es keine Klassen und keinen Staat, keine Parteien, keine Entfremdung, keine Arbeitsteilung und einen allseits entwickelten neuen, »totalen« Menschen geben wird, überhaupt noch eines mit »menschlichem Antlitz«, oder hat das Gesicht dieses kommunistischen Menschen nicht schon übermenschliche Züge? Was andererseits die Übergangsgesellschaft zwischen Kapitalismus und Kommunismus anbelangt, so ist diese nach Marx »in jeder Beziehung, ökonomisch, sittlich, geistig, noch behaftet... mit den Muttermalen der alten Gesellschaft, aus deren Schoß sie hervorkommt«, ein Prozeß, der durch »lange Geburtswehen« gekennzeichnet ist (Kritik des Gothaer Programms, MEW 19:20 f.).

Auf dem Hintergrund anderer Aussagen von Marx zu diesem Thema erscheint es als legitim, das Bild von den Muttermalen der alten Gesellschaft zu deuten als die Einsicht, daß es auch in der Übergangsgesellschaft noch ein Habenwollen geben, noch zu gewalttätigen Auseinandersetzungen kommen werde und daß Unterdrückung, Ausbeutung und Entfremdung noch nicht voll beseitigt sein würden. Aber Marx dachte dabei zweifellos an Nachwehen des Klassenkonflikts zwischen einer zwar revolutionär entthronten, aber noch nicht völlig lahmgelegten Bourgeoisie und einem zwar herrschenden, aber in seiner Herrschaft noch nicht konsolidierten Proletariat. Was er hingegen mit den Muttermalen unmöglich gemeint haben kann – sonst hätte er in seiner Theorie etwas dazu sagen, dagegen vorkehren müssen –, ist ein Stalinscher Terror, der sich gegen das Proletariat selbst und seine politischen Vertreter richten würde. Dies ist allein schon deshalb ausgeschlossen, weil Marx die Revolution ja in industriell hochentwickelten bürgerlichen Gesellschaften erwartete, wobei im Sinne der bestimmten Negation das von den bürgerlichen Revolutionen an Emanzipation Erreichte im Hegelschen Sinne »aufgehoben« – vernichtet, bewahrt, emporgehoben – werden müßte. Da die Regimes des »real existierenden Sozialismus« Versuche einer solchen dialektischen Aufhebung als konterrevolutionär denunzieren – man denke an die polnische Tragödie –, spricht alles dafür, daß Marx, würde er seiner Dialektik treu bleiben, dem Anspruch dieser Gesellschaften, sozialistische im Sinne seiner Übergangsgesellschaft zu sein, nicht sein Placet erteilen würde. (Wobei allerdings die Frage offenbleiben muß, ob Marxens herrischer Charakter, der keine abweichende Meinung duldete und nicht eben auf herrschaftsfreien Diskurs angelegt war, sich nicht über die Einsicht in die Notwendigkeit der Dialektik hinweggesetzt hätte.)

So gesehen und verglichen mit dem erträumten kommunistischen »totalen« Menschen sind die Muttermale des Menschen der Übergangsgesellschaft natürlich weit mehr als nur ein Schönheitsfehler, aber verglichen mit der barbarisch-brutalen Visage des »Homo staliniensis« und der Spekulanten-Physiognomie des Bourgeois zeigt auch in der Marxschen Konzeption der Übergangsgesellschaft diese ein durchaus menschliches Antlitz. Das bestätigt allein schon der Satz des jungen Marx, »daß das Privateigentum nur aufgehoben werden kann unter der Bedingung einer allseitigen Entwicklung der Individuen« (MEW 3:424). Damit muß Marx gemeint haben, daß eine Aufhebung des Privateigentums an den Produktionsmitteln nur dann eine emanzipatorische Wirkung ausübt, wenn die Möglichkeit von Freiheit, die sie schafft, zur allseitigen Entwicklung der Individuen genutzt wird – und nicht zur vielseitigen Unterdrückung der Individuen durch Staat und Partei.

Wenn nun Dissidente von einem »Sozialismus mit menschlichem Antlitz« sprechen, dann befinden sie sich offensichtlich weitgehend in Übereinstimmung mit einem seiner Dialektik treu bleibenden Marx, dürfte doch auch ihre Anthropologie in diesem menschlichen Antlitz noch Muttermale akzeptieren. Die Frage wäre dann bloß, ob oder inwieweit diese Dissidenten noch an die Möglichkeit einer kommunistischen Gesellschaft mit Menschen glauben, aus deren Antlitz alle Muttermale verschwunden wären...

Sinnverschiebung?

Die Frage des Endziels kann nur erörtert werden, wenn zuvor jene Ursprungsfrage diskutiert wird, mit der das Dissidentenproblem recht eigentlich beginnt: Hat nicht der wirkliche Verlauf der Geschichte die Marxsche Revolutionstheorie falsifiziert? Ist es doch nachgerade eine Binsenwahrheit, daß es bis heute keine einzige Revolution gibt, die sich nach den Vorstellungen von Marx vollzogen hätte. Erst eine technisch vollentwickelte kapitalistische Industriegesellschaft mit bürgerlich-demokratischem politischem Überbau ist nach Marx reif für die Revolution, denn nur sie kann die Bedingungen jenes gesellschaftlichen Reichtums schaffen, der selbst eine wesentliche Bedingung jeder Form von Sozialismus ist. Die Revolution hätte also nach Marx in Ländern wie England, Amerika, der Schweiz erfolgen müssen, Entwicklungsländer wie das alte Rußland, Kuba und China hingegen, die weder eine bürgerliche Gesellschaft und Staatsmaschinerie noch eine auch nur einigermaßen entwickelte kapitalistische Wirtschaftsstruktur und Industrie und damit auch kein nennenswertes Industrieproletariat besaßen, waren, von der Marxschen Theorie her gesehen, noch längst nicht reif für eine sozialistische Revolution. Hier stand auf dem Programm der Geschichte erst die bürgerliche.

Das alles hat expressis verbis schon Friedrich Engels gesagt, in einem Text, der bezeichnenderweise kaum je zitiert wird. In einem von der in Leipzig erscheinenden Zeitschrift »Der Volksstaat« 1875 veröffentlichten Artikel über »Soziales aus Rußland« setzt Engels sich mit einem offenen Brief auseinander, den der Russe Peter Tkatschow, ein revolutionärer Volkstümler, an ihn gerichtet und in der Typographie der Zürcher »Tagwacht« 1874 veröffentlicht hatte. Tkatschow hatte Engels darin u. a. vorgeworfen, er habe keine Ahnung von den russischen Verhältnissen und sehe deshalb nicht, daß und warum in Rußland gerade jetzt eine soziale Revolution mit spielender Leichtigkeit zu machen sei, viel leichter als in Westeuropa: »Bei uns [in Rußland, A.K.] gibt es kein städtisches Proletariat, das ist allerdings wahr; allein dafür haben wir auch keine Bourgeoisie… unsere Arbeiter werden bloß mit der *politischen Macht* zu kämpfen haben – die *Macht des Kapitals* ist bei uns noch im Keime« (MEW 18:556). Engels antwortete darauf: »Die vom modernen Sozialismus erstrebte Umwälzung ist, kurz ausgedrückt, der Sieg des Proletariats über die Bourgeoisie und die Neuorganisation der Gesellschaft durch Vernichtung der Klassenunterschiede. Dazu gehört nicht nur ein Proletariat, das diese Umwälzung durchführt, sondern auch eine Bourgeoisie, in deren Händen sich die gesellschaftlichen Produktionskräfte so weit entwickelt haben, daß sie die endgültige Vernichtung der Klassenunterschiede gestatten… Erst auf einem gewissen, für unsere Zeitverhältnisse sogar sehr hohen Entwicklungsgrad der gesellschaftlichen Produktivkräfte wird es möglich, die Produktion so hoch zu steigern, daß

81

die Abschaffung der Klassenunterschiede ein wirklicher Fortschritt, daß sie von Dauer sein kann, ohne einen Stillstand oder gar Rückgang in der gesellschaftlichen Produktionsweise herbeizuführen. Diesen Entwicklungsgrad haben die Produktivkräfte aber erst erhalten in den Händen der Bourgeoisie. Die Bourgeoisie ist demnach auch nach dieser Seite hin eine ebenso notwendige Vorbedingung der sozialistischen Revolution wie das Proletariat selbst. Ein Mann also, der sagen kann, daß diese Revolution in einem Lande leichter durchzuführen sei, weil dasselbe *zwar* kein Proletariat, *aber* auch keine Bourgeoisie besitze, beweist damit nur, daß er vom Sozialismus noch das ABC zu lernen hat« (MEW 18:556 f.).

Engels leugnet damit, wie er ausdrücklich betont, nicht, daß die Lage der russischen Bauern eine unerträgliche und unhaltbare und deshalb in Rußland eine Revolution notwendig sei, aber die Frage sei, was das Resultat dieser Revolution sein werde. Tkatschow sei der Ansicht, »sie werde eine sozialistische sein, sie werde die vom westeuropäischen Sozialismus erstrebte Gesellschaftsform in Rußland einführen, noch ehe wir im Westen dazu gelangen – und das bei Gesellschaftszuständen, wo Proletariat wie Bourgeoisie nur erst sporadisch und auf niederer Entwicklungsstufe vorkommen. Und dies soll möglich sein, weil die Russen sozusagen das auserwählte Volk des Sozialismus sind und die Artel und das Gemeinde-Eigentum an Grund und Boden besitzen« (MEW 18:560). Dazu bemerkt Engels, daß man von der Artel in ihrer gegenwärtigen Form – eine »noch sehr unentwickelte Kooperativ-Gesellschaft« (MEW 18:561) – nicht in die sozialistische Gesellschaftsordnung überspringen könne. Und was das Gemeindeeigentum an Grund und Boden anbelangt, so liefere es lediglich den Beweis, daß die ländliche Produktion und die ihr entsprechenden ländlichen Gesellschaftszustände »sich hier noch auf einer sehr unterentwickelten Stufe befinden« (MEW 18:563). Ein notwendiges Produkt dieser Gesellschaftsverhältnisse sei der Zarendespotismus, und eine Fortentwicklung Rußlands in *bürgerlicher* Richtung würde das Gemeindeeigentum vernichten. Dieses habe seine Blütezeit längst passiert und gehe seiner Auflösung entgegen: »Dennoch ist unleugbar die Möglichkeit vorhanden, diese Gesellschaftsform in eine höhere überzuführen, falls sie sich so lange erhält, bis die Umstände dazu reif sind ... Dies kann aber nur dann geschehen, wenn in

Westeuropa noch vor dem gänzlichen Zerfall des Gemeinde-Eigentums eine proletarische Revolution siegreich durchgeführt wird und dem russischen Bauern die Vorbedingungen zu dieser Überführung liefert, namentlich auch die materiellen ...« (MEW 18:565).

Das alles ist eindeutig: Rußland steht zwar am Vorabend einer Revolution, aber dies kann keine sozialistische im Sinne von Marx und Engels sein, da die materiellen und gesellschaftlichen Voraussetzungen dazu in keiner Weise erfüllt sind. Nur ein sehr hoher Entwicklungsgrad der Produktivkräfte und eine entsprechend volle Entwicklung von Proletariat und Bourgeoisie erlauben die Einführung der vom westeuropäischen Sozialismus erstrebten Gesellschaftsform. Bestenfalls wird es sich als möglich erweisen, das Mir, die russische Gemeinde mit Gemeindeeigentum, vor dem Zerfall zu retten und in eine höhere Gesellschaftsform überzuführen, aber auch das nur unter der Voraussetzung einer vorherigen proletarischen Revolution in Westeuropa. Genau dieselbe Haltung hatte bekanntlich Marx in seinen Briefen an Vera Sassulitsch eingenommen. Nun könnte man zwar einwenden, zwischen 1875 und 1917 läge immerhin fast ein halbes Jahrhundert, in dem Rußland sich weiterentwickelt habe. Aber diese Entwicklung war bekanntlich, sofern eine solche überhaupt stattfand, alles andere als spektakulär, und auch noch 1917 waren die Verhältnisse in Rußland nicht grundsätzlich verschieden von denen im Jahre 1875. Marx und Engels hätten deshalb die Oktoberrevolution nicht als eine proletarische, sozialistische in ihrem Sinne anerkennen können. Da einer der wesentlichen Streitpunkte zwischen Menschewiki und Bolschewiki die Frage war, ob in Rußland zunächst eine bürgerliche Revolution durchzuführen sei – wie die Menschewiki behaupteten – oder man bereits eine Diktatur des Proletariats errichten könne, muß man sagen, daß Marx und Engels Menschewiki waren. Im übrigen hatte ja auch Lenin die »Demokratische Diktatur des Proletariats und der Bauernschaft« nur in der Hoffnung und der Überzeugung proklamiert, daß die russische Revolution eine sozialistische Revolution im Westen provozieren würde. Stalin hat 1924 dann mit seinem »Sozialismus in einem Lande« den Grabstein auf diese Hoffnung – damit aber auch auf den Sozialismus in Rußland, den von Marx und Engels intendierten – gesetzt.

Wenn nun aber die wirkliche Entwicklung der sich heute »real existierender Sozialismus« nennenden Staaten der Theorie der revolutionären Entwicklung des Kapitalismus zum Übergangsstadium des Sozialismus grundsätzlich widersprach, dann erscheint es als evident, daß auch das politische und gesellschaftliche System, das diese Staaten aufgebaut haben, nicht den Vorstellungen entsprechen kann, die Marx und Engels sich von Staat und Gesellschaft des Übergangsstadiums gemacht haben. Es ist zwar eine altbekannte Tatsache, die schon Lenin beklagt hatte, daß Marx sich nie konkret, differenziert und verbindlich zu diesem Thema geäußert hat. Trotzdem ist es nicht allzuschwer, zumindest in Form einer Art Modell-Rohbau jene Gesellschaft zu konstruieren, die allein in seine geschichtsphilosophische Gesamtkonzeption passen würde. Was Marx das Übergangsstadium einer Diktatur des Proletariats genannt hat, wäre auf wirtschaftlichem Gebiet eine vom Kapitalismus voll entwickelte, optimal automatisierte und – etwa über die Aktiengesellschaften – auch schon weitgehend vergesellschaftete Industrie, die die Konsumbedürfnisse der Gesellschaft voll befriedigen könnte und über deren Produktionsmittel die assoziierten Produzenten selbst verfügen würden. Dann und wann hat Marx Gedanken entwickelt, die der heutigen Theorie einer Arbeiterselbstverwaltung oder einer gesellschaftlichen »autogestion«, nahekommen, so etwa, wenn er im dritten Band des »Kapital« einmal schreibt: »Die Kooperativfabriken der Arbeiter selbst sind, innerhalb der alten Form [also noch im Kapitalismus, A.K.] das erste Durchbrechen der alten Form, obgleich sie natürlich überall, in ihrer wirklichen Organisation, alle Mängel des bestehenden Systems reproduzieren und reproduzieren müssen. Aber der Gegensatz zwischen Kapital und Arbeit ist innerhalb derselben aufgehoben, wenn auch zuerst nur in der Form, daß die Arbeiter als Assoziation ihr eigener Kapitalist sind, d. h. die Produktionsmittel zur Verwertung ihrer eigenen Arbeit verwenden. Sie zeigen, wie, auf einer gewissen Entwicklungsstufe der materiellen Produktivkräfte und der ihr entsprechenden gesellschaftlichen Produktionsformen, naturgemäß aus einer Produktionsweise sich eine neue Produktionsweise entwickelt und herausbildet.« Marx spricht dann weiter vom Kreditsystem und meint: »Letztres... bietet ebensosehr die Mittel zur allmählichen Ausdehnung der Kooperativunternehmungen auf mehr oder minder nationaler Stufenleiter. Die kapitalistischen Arbeiterunternehmungen sind ebensosehr wie die Kooperativfabriken als Übergangsformen aus der kapitalistischen Produktionsweise in die assoziierte zu betrachten, nur daß in den einen der Gegensatz negativ, und in den andren positiv aufgehoben ist« (MEW 25:456).

Aus diesem Text geht eindeutig hervor, daß Marx sich die unmittelbar auf den Kapitalismus folgende, nachrevolutionäre Gesellschaft nicht als eine dirigistisch-autoritäre vorgestellt hat, in der weiterhin entmündigte Arbeiter den Befehlen eines nicht demokratisch legitimierten Politbüros und einer anonymen Staatsbürokratie zu gehorchen hätten, sondern als eine genossenschaftliche Organisation assoziierter Arbeiter, und das heißt als eine Selbstverwaltungs-Genossenschaft mit vergesellschaftetem Kapital. Von irgendeiner Partei ist überhaupt nicht die Rede, wie ja Marx und Engels sich überhaupt kaum je zum Problem der Partei geäußert oder dieser auch nur im entferntesten die Rolle zugeschrieben haben, die sie heute spielt. Wenn Marx von einer Diktatur des Proletariats gesprochen hat, dann ist darin nicht notwendig ein Widerspruch zu dem eben Gesagten zu sehen. Der bürgerliche Staat war für ihn eine Diktatur der Bourgeoisie über das Proletariat. Dialektisch stellt nun das Proletariat zunächst die Negation der Position der Bourgeoisie dar, muß also in einem ersten dialektischen Sprung die Diktatur der Bourgeoisie durch seine eigene Diktatur über die Bourgeoisie ersetzen. Aber das Proletariat als Subjekt der Geschichte, das bei Marx eindeutig eine innerweltlich-heilsgeschichtliche Kategorie ist und die Züge des sich aus der ägyptischen Knechtschaft befreienden Volkes Israel trägt – dieses Proletariat ist, mit den Worten von Hegels Dialektik gesprochen, nicht nur ein Proletariat an sich, sondern auch ein Proletariat für sich, und das heißt, ein seiner selbst und seiner geschichtlichen Aufgabe bewußtes, klassenbewußtes Proletariat, der authentische, mündige Heilsträger. Auch wenn es sich im Übergangsstadium seiner Diktatur noch nicht selbst aufgehoben hat, hat das sich in ihm auf dem Wege zu sich befindende Selbstbewußtsein der Geschichte doch notwendig schon ein Stadium erreicht, das eine Diktatur *über* dieses Proletariat von der Natur der sowjetischen Staats- und Parteidiktatur als dialektisch vollkommen ausgeschlossen erscheinen läßt. Von einer Diktatur über dieses Proletariat ist auch im ganzen Werk von Marx nirgends die Rede. Einzig die Geschichte als solche schreibt dem Proletariat vor, was es zu tun hat. Dialektisch würde eine Diktatur über das Proletariat eine Rückverwandlung des Proletariats für sich in ein Proletariat an sich bedeuten, das aber nach Marx nicht reif sein kann zur Revolution, so daß dies einer im eigentlichen Sinne des Wortes reaktionären Rückverwandlung des Proletariats in eine vorrevolutionäre Potenz gleichkäme.

Es war wiederum Engels, der seine und Marxens Position in dieser Frage unmißverständlich formulierte. In derselben Artikelreihe im »Volksstaat«, in der der zitierte Artikel über Rußland erschien, setzte Engels sich auch mit dem Blanquismus auseinander. Er warf Blanqui vor, »weder eine sozialistische Theorie noch bestimmte praktische Vorschläge sozialer Abhülfe« zu haben (MEW 18:529), und meinte dann: »Daraus, daß Blanqui jede Revolution als den Handstreich einer kleinen revolutionären Minderzahl auffaßt, folgt von selbst die Notwendigkeit der Diktatur nach dem Gelingen der Diktatur, wohlverstanden, nicht der ganzen revolutionären Klasse, des Proletariats, sondern der kleinen Zahl derer, die den Handstreich gemacht haben und die selbst schon im voraus wieder unter der Diktatur eines oder einiger weniger organisiert sind«. Damit hat Engels eine exakte Beschreibung der politischen Verhältnisse im heutigen »real existierenden Sozialismus« geliefert. Aber schon vor hundert Jahren erklärte ein Engels »diese Vorstellungen vom Gang revolutionärer Ereignisse... wenigstens für die deutsche Arbeiterschaft [als] längst veraltet...« (MEW 18:529). Wenn Revolutionen »von einer verhältnismäßig geringen Minderzahl und nach einem vorher entworfenen Plan« gemacht würden, dann »muß man sich aus einer Torheit in die andere stürzen« (MEW 18:530). Eine sozialistische Revolution kann nach Marx und Engels also nur das Werk einer großen Zahl, wenn nicht der eine Mehrheit der Bevölkerung darstellenden revolutionären Klasse des Proletariats sein, und diese übt ihre Diktatur über die entthronte Bourgeoisie als Klasse aus, ohne selbst der Diktatur von Berufsrevolutionären – lies: einer Partei – unterworfen zu werden, die selbst sogar noch der Diktatur eines großen Führers oder zumindest eines demokratisch nicht legitimierten Politbüros unterworfen ist.

Hat Marx das so gewollt?

Diese bisher wohl reichlich scholastisch wirkenden Erörterungen sollten dazu dienen, eine Erklärung für das Phänomen der Dissidenten zu finden. Die meisten von ihnen gehen implizit oder explizit davon aus, daß die Entwicklung in den Staaten des »real existierenden Sozialismus« nicht den von Marx vorgesehenen dialektischen Verlauf nehmen konnte, weil schon die Revolution in diesen Staaten – soweit es überhaupt eine war – im Widerspruch zur Marxschen Geschichtsdialektik erfolgt war. Die Hauptvoraussetzungen einer sozialistischen Revolution nach den Vorstellungen von Marx fehlten: Es gab keine hochentwickelte, Reichtum produzierende Industrie mit entsprechender hochautomatisierter Infrastruktur; es gab kein die große Mehrheit der Bevölkerung bildendes Industrieproletariat, das bereits begonnen hätte, sich genossenschaftlich zu assoziieren; und soweit es überhaupt ein Industrieproletariat gab, hatte dieses sein Bewußtsein noch kaum über das »an sich« hinaus zum »für sich« entwickelt. Wenn nun trotzdem eine Revolution durchgeführt wurde, dann mußten diese drei fundamentalen Defizite durch entsprechende Maßnahmen wettgemacht werden: die fehlende Industrialisierung durch ein forciertes Industrialisierungsprogramm, die dazu benötigte Kapitalakkumulation durch ein sekundärkapitalistisches Auspressen des Mehrwerts aus den weiterhin Lohnabhängigen mit entsprechendem Zwang zum Konsumverzicht, die fehlende Mehrheit und das fehlende »für sich« des Proletariats durch eine autoritäre Elite-Partei und die fehlende genossenschaftliche Vergesellschaftung durch einen bürokratisch-zentralistischen Staatsapparat. Das wäre nun vielleicht alles gar nicht so schlimm oder zumindest im Laufe der Zeit revidierbar gewesen, hätte die entscheidende Revolution – die russische Oktoberrevolution – nicht unglücklicherweise auch noch in einem Lande mit einer ganz besonders üblen bürokratisch-autoritären und despotischen Tradition und ohne die Erfahrung der bürgerlichen Revolution stattgefunden. Die Notwendigkeit, sich des Staatsapparats und eines zusätzlich geschaffenen Parteiapparats zu bedienen, und zwar höchst energisch zu bedienen, um die Revolution retten zu können, war die Brücke, über die das despotische System des Zarismus in den neuen Sowjetstaat gelangte. Spätestens seit Tocquevilles Buch über die Französische Revolution wissen wir ohnehin, daß Revolutionen notwendig vom Tradierten, das sie bekämpfen, beeinflußt bleiben und der Neubau der Gesellschaft, die sie anstreben, sich seine Ziegel aus den Trümmern der alten holen muß. Ähnliches meinte ja auch Marx selbst mit seinem Bild von den Muttermalen, bloß daß sein eschatologischer Optimismus diese dann ein Opfer der Zeit werden ließ.

Es muß nun aber auch noch eine folgenreiche Unterlassungssünde von Marx erwähnt werden, die freilich gleichsam systemimmanent notwendig war. Marx hat den politischen Liberalismus und die bürgerliche Demokratie und damit auch das Problem der Garantierung der Bürger- und Menschenrechte allzusehr nur unter dem Aspekt ihrer ideologischen Funktion als Integrations- und Legitimationsfaktoren der bürgerlichen Gesellschaft auf der Grundlage des Privateigentums an den Produktionsmitteln gesehen. Nicht daß er die Substanz der bürgerlichen Revolutionen an sich abgelehnt hätte – das hätte allein schon sein dialektisches Geschichtsverständnis verboten, das ihn auch hieß, im Privateigentum eine notwendige Stufe der geschichtlichen Entwicklung und damit eine eschatologische Potenz zu sehen –, aber seine optimistische Anthropologie und seine vom deutschen Idealismus ererbte Identitätsphilosophie ließen ihn an die Möglichkeit eines Gesellschaftszustandes glauben, in dem der Mensch vollkommen mit sich versöhnt sein würde, in dem Subjekt und Objekt, Wesen und Existenz identisch werden würden. Schafft das Privateigentum an den Produktionsmitteln mit seinen korrumpierenden Wirkungen ab, und ihr werdet nicht nur einen emanzipierten, sondern einen erlösten, neuen, mit sich versöhnten, nicht mehr entfremdeten, »totalen« Menschen erhalten!

In einer klassenlosen Gesellschaft solcher neuen Menschen, die zudem noch eine Überflußgesellschaft sein wird, die alle Bedürfnisse ohne Verteilungskonflikte befriedigen kann, wird es keine Widersprüche und Konflikte eines Ausmaßes mehr geben, die das Fortbestehen eines repressiven Staates verlangen würden, der mit rechtlichen Sanktionen und Polizeigewalt die Wahrung der Menschen- und Bürgerrechte garantieren müßte. Der liberale Rechtsstaat und mit ihm der Staat überhaupt würden obsolet, da die neuen Menschen die Normen eines friedlichen Zusammenlebens verinnerlicht hätten. Deshalb ging es Marx nicht um die politische Emanzipation des Menschen innerhalb eines Staates vom Untertanen des Absolutismus über den Citoyen der bürgerlichen Demokratie zu dem einer sozialistischen, sondern um die Emanzipation des Menschen von der Politik überhaupt. Die neue Gesellschaft würde nicht nur eine klassenlose, sie würde auch eine politiklose sein, denn ebenso wie Staat und Recht und Polizei ist auch die Politik nur ein Instrument des Klassenkampfes und würde mit dessen Verschwinden obsolet – zumindest im traditionellen Verständnis dieses Begriffs.

Nun war Marx nicht so naiv, zu glauben, daß dieser neue Mensch am Morgen nach der Revolution als solcher aus dem Bett steigen würde. Er hat, wie wir wissen, im Gegenteil mit langen Geburtswehen gerechnet. Aber er war so überzeugt davon, daß die Geschichte sich mit geradezu naturgesetzlicher Notwendigkeit auf den Kommunismus hinbewege, daß er sich von dieser Geschichte davon dispensiert glaubte, für die Übergangszeit zwischen Kapitalismus und Kommunismus politische Verhaltensmaßregeln aufstellen oder Institutionen entwerfen zu müssen. Eine irreversible Entartung der Revolution lag außerhalb der Möglichkeit seines dialektisch-eschatologischen Denkens. Da Macht für Marx nur aus den Besitz- und Klassenverhältnissen resultierte, brauchte es für die Zeit nach der Revolution auch keine besonderen politischen und rechtlichen Vorkehrungen gegen einen eventuellen Machtmißbrauch innerhalb einer Diktatur des Proletariats, denn wo sollten noch Machtprobleme entstehen, wenn die Ursache aller Macht beseitigt war? Spätestens seit Stalin sollte freilich auch innerhalb des Marxismus die Erkenntnis an Boden gewonnen haben, daß Macht eine anthropologische Kategorie ist, die als stets aktivierbare Möglichkeit in der »condition humaine« wurzelt und die sich nicht ausschließlich auf ökonomische Ursachen reduzieren läßt – man denke an die Rolle der Macht im Verhältnis der Geschlechter –, so wichtig diese als Stimulatoren des Willens zur Macht auch sind. Dies nicht gesehen zu haben war vielleicht der folgenreichste Fehler von Marx.

Was damit zu unserem Thema gesagt ist? Im Phänomen der Dissidenten bricht auch die Frage nach der Möglichkeit – oder die Überzeugung von der Unmöglichkeit – des Marxschen Reichs der Freiheit mit seinem neuen, versöhnten Menschen auf. Die moderne philosophische Anthropologie ist unter die Agnostiker gegangen. Wir wissen nicht, was alles aus dem Menschen noch werden – oder gemacht werden – kann, aber alles spricht dafür, daß der Mensch zumindest auf absehbare Zeit ein normen- und institutionenbedürftiges Wesen bleibt. Diese Erkenntnis verändert aber den geschichtlichen Stellenwert und damit auch den politischen Charakter des »real existierenden Sozialismus«: Dieser verwandelt sich aus einem zeitlich begrenzten Übergangsstadium auf absehbare – wenn nicht sogar auf unabsehbare – Zeit in einen Dauerzustand. Das heißt nicht, daß keine Entwicklung emanzipatorischen Charakters möglich wäre, aber eine solche würde im günstigsten Fall zu einem demokratisch-sozialistischen Eurokommunismus führen, dessen Staat und Gesellschaft noch immer einen betont politischen Charakter hätten und keineswegs schon das Marxsche Reich der Freiheit – auch von der Politik – verkörpern würde. Also wird gerade das, was Marx glaubte in seiner Theorie vernachlässigen zu können – das sozialistische Übergangsstadium –, zum Haupttraktandum der sozialistischen Geschichte. Das Entscheidende aber ist darin zu sehen, daß durch das zeitliche Hinausschieben des Endstadiums – zumal in der Ungewißheit, ob dieses überhaupt je zu erreichen sein wird – das Übergangsstadium nicht nur an Bedeutung gewinnt, sondern auch noch gleichsam eschatologisch geladen wird: Die eschatologischen Energien, die vom Glauben an ein Erreichen des Endstadiums nicht mehr absorbiert werden können, werden nun auf das Übergangsstadium umgeleitet. Damit erhält dieses eine neue sozialistische Qualität: Wenn schon ein Kommunismus allseitig Versöhnter auf absehbare Zeit nicht als möglich erscheint, soll das Übergangsstadium wenigstens ein Sozialismus mit menschlichem Antlitz werden – mit einem noch etwas menschlicheren, als Marx es sich vorgestellt haben mochte, vor allem aber mit einem unvergleichlich menschlicheren als dem des »real existierenden Sozialismus«. Mit dem Dahinschwinden der Hoffnung auf ein Erreichen des Endzustandes verliert das Alibi für die Entartungserscheinungen, gar das unmenschliche Antlitz des Übergangsstadiums seine letzte Glaubwürdigkeit.

Ein »dritter Weg«?

Der Protest der Dissidenten – soweit diese dem Gedanken des Sozialismus überhaupt treu bleiben – ist damit einerseits ein historischer Wechselprotest, insofern als die wirkliche Geschichte in Form des »real existierenden Sozialismus« den Wechsel nicht honoriert, den die sogenannte proletarische Revolution auf die Zukunft ausgestellt hatte; andererseits Kritik an den Unzulänglichkeiten der Marxschen Theorie, insofern als bei Marx nichts Konkretes zu finden ist, wie in der Übergangszeit – die sich inzwischen mit Kostümen der Endzeit ausstaffiert hat – ein Sozialismus zu institutionalisieren wäre, der diesen Namen im Sinne der Marxschen allseitigen Entwicklung des assoziierten Individuums auch wirklich verdienen würde.

Abgesehen von ausgesprochen reaktionären Dissidenten wie Solschenizyn, die die Geschichte zurückschrauben möchten und von der Restauration längst überholter gesellschaftlicher und kultureller Epochen träumen, abgesehen auch von solchen, die dem Sozialismus abgesagt haben und nun zum Glanz von Jubiläumsschriften der »Neuen Zürcher Zeitung« beitragen, haben die Dissidenten in den europäischen Oststaaten inklusive Sowjetunion zumindest ein gemeinsames – explizites oder implizites – Ziel: Sie möchten innerhalb des »real existierenden Sozialismus« die in der Vergangenheit dieser Länder versäumte oder infolge der Aufoktroyierung des Sowjetsystems zwangsweise verleugnete bürgerliche Revolution nachholen, also die englische und französische in der russischen. Im »Prager Frühling« ist das Einmalige geschehen, daß eine etablierte, herrschende kommunistische Partei selbst die Rolle der Dissidenten übernommen und bis zum bitteren Ende durchgespielt hat. Es war die KP selbst, die hier unter dem Motto eines »Sozialismus mit menschlichem Antlitz« das an emanzipatorischen Errungenschaften der bürgerlichen Revolutionen im Sinne des Hegelschen »Aufhebens« in den »Sozialismus« integrieren wollte, was auch für eine proletarische unverzichtbar ist.

Dieselbe Entwicklung wie innerhalb der KP der ČSSR hat sich inzwischen – wenn auch mit unterschiedlichen Nuancen – innerhalb der eurokommunistischen Parteien, vor allem der italienischen, vollzogen. Diese solidarisiert sich bekanntlich weitgehend mit den osteuropäischen Dissidenten und tritt für die Wahrung der Menschen- und Bürgerrechte und eines parlamentarisch-demokratischen Systems auch im Sozialismus ein. Falls es den Weltkommunismus als einheitliche Bewegung noch gäbe, könnte man sagen, daß der Eurokommunismus innerhalb des

Weltkommunismus die weitaus stärkste und politisch wichtigste Dissidenz darstellt. Im Eurokommunismus wird der Marxismus wieder entrussifiziert – entbyzantinisiert – und in das zurückverwandelt, was er ursprünglich war: eine aus der westeuropäischen geschichtlichen Entwicklung und Philosophie herausgewachsene, von der biblischen Heilsgeschichte bestimmte und primär für Westeuropa konzipierte Sozialismustheorie.

Im Eurokommunismus kehrt der Dissident Karl Marx aus dem sibirischen Straflager nach Europa zurück. Freilich sind die langen Jahre im Gulag nicht spurlos an ihm vorübergegangen. Es ist ein veränderter Marx, der da zurückkommt. Nicht, daß er das Kapital nun etwas wohlwollender betrachten würde, dazu besteht wahrlich kein Anlaß. Aber er hat den Wert des von den bürgerlichen Revolutionen an politischer Emanzipation Erreichten und Institutionalisierten und die durch nichts in Frage zu stellende Notwendigkeit erkannt, das im Sozialismus hegelisch aufzuheben. Und Marx hat weiter erkannt, daß auch und sogar ganz besonders für einen sozialistischen Staat gilt, was sein Freund Friedrich Engels einmal mit Blick auf den zaristischen geschrieben hatte: »Ein Volk, das andere unterdrückt, kann sich nicht selbst emanzipieren. Die Macht, deren es zur Unterdrückung der andern bedarf, wendet sich schließlich immer gegen es selbst. Solange russische Soldaten in Polen stehen, kann das russische Volk sich weder politisch noch sozial befreien« (MEW 18:527).

Pavel Apostol

Marx, der Unbequeme

Man muß einen Gedanken nur zu Ende denken

Jeder tötet Marx auf seine eigene Art. Vor wenigen Jahren veröffentlichte J.-M. Benoist, einer der »neuen Philosophen« aus Frankreich, sein Buch über Marx sogar unter dem Titel »Marx ist tot«!

Diese wütenden und ständig wiederholten Marx-Morde dauern nun mehr als ein Jahrhundert an. Man könnte es als Kreuzzug der Söhne gegen ihre Väter verstehen, was offensichtlich bei den enttäuschten Mitläufern des Pariser Mai 1968 der Fall gewesen ist, die sich später als die »neuen Philosophen« bekannt gemacht haben. Aber dies ist nur teilweise eine Erklärungsmöglichkeit. Eine andere bietet sich an: die an politische Interessen gebundene Marx-Feindlichkeit, die mit inquisitorischer Grausamkeit versucht, der Marxschen Lehre die Verantwortung für ihre Be- und Ausnutzung, für ihren Mißbrauch zur ideologisch-apologetischen Legitimierung unmenschlicher, menschenfeindlicher und despotischer, sich sozialistisch nennender Herrschaftsstrukturen und Machtausübungen zuzuschieben. Von André Glucksmann oder Bernard-Henri Lévy bis Leszek Kolakowski sucht man in Marx' Werk die »schuldhaften« Keime und Voraussetzungen der Leninschen Doktrin und politischen Praxis. Sogar imperative Anstöße in dieser Richtung »liest« man aus Marx' Schriften heraus: Die stalinistische Schreckensherrschaft wurde häufig als logische Folge der Marxschen Lehre dargestellt.

Eben diese Art der »Marx-Tötung« scheint mir unbegründet und auch verwirrend. Sie führt zu weiterer Vertiefung der ideologischen und der intellektuellen Konfusion, in der wir leben. Sie ist auch gefährlich.

Verwirrend sage ich deswegen, weil dabei wesentliche logische Prinzipien verletzt werden. Aus der modernen Grundlagenforschung und besonders der Semiotik wissen wir, daß jedes Zeichensystem bzw. jede Sprache drei Dimensionen hat: die syntaktische (betreffend die gültigen oder als gültig anerkannten Regeln der Kombination der Zeichen einer Sprache), die semantische (bezogen auf die Bedeutungen, die mit diesen Zeichen verknüpft sind) und die pragmatische. Die letzte Dimension betrifft die Art und Weise, wie das syntaktisch aufgebaute und semantisch gedeutete (interpretierte) Zeichensystem von Menschen (»Benutzern«) gebraucht und angewendet wird, um gewisse Ziele zu erreichen. Die drei Dimensionen sind nicht eine aus der anderen ableitbar: Eine gewisse syntaktische Struktur erlaubt es, den benutzten Zeichen verschiedene, sogar in hohem Grade heterogene Bedeutungen zuzuordnen; die mit Bedeutungen assoziierten Zeichen können ihrerseits von unterschiedlichen Benutzern für sehr unterschiedliche Zwecke eingesetzt werden. Eben diese logische Unabhängigkeit der drei (semiotischen) Dimensionen einer Sprache oder eines intellektuellen *Konstrukts* wird vernachlässigt, wenn man aus den der Marxschen Lehre eigenen Bedeutungen die Handlungen ihrer Benutzer ableiten will. Kann man aus der Lehre Christi die Notwendigkeit oder gar die Möglichkeit der Inquisition, die unter Berufung auf diese Lehre betrieben wurde, ableiten? Der Versuch, aus Marx' Schriften die späteren Interpretationen oder den Gebrauch, den man davon gemacht hat, abzuleiten, beruht folglich auf einem logischen Fehler: Er ist unbegründbar.

Dieses Verfahren ist auch gefährlich, betont ideologisch – im schlechtesten Sinne des Wortes. Wenn nämlich die Verantwortung für die repressiven und manchmal geradezu verbrecherischen Praktiken, die unter Berufung auf Marx' Sozialismus oder Kommunismus stattfinden, seiner Lehre zugeschrieben wird, dann werden die Täter selbst zu unschuldigen Opfern der teuflischen Doktrin! So wird letzten Endes Marx schuldig an Stalins Taten.

Die Absurdität dieser »Logik« ist offensichtlich. Merkwürdigerweise aber wird diese weitverbreitete Manier wiederholt, reproduziert, und zwar auch mit der entgegengesetzten Zielsetzung: eben als Argument für das zur Selbstlegitimation erarbeitete und kanonisierte ideologische Gebilde, welches behauptet, seine

Prinzipien und Handlungsweisen aus den Marxschen Thesen abgeleitet zu haben.

Es bedeutet keine Verteidigung von Marx und seinem Werk – obwohl sie das völlig verdienen –, die Theorieform (die syntaktische Struktur) und den eigentlichen Sinn (die semantische Dimension) der Marxschen Lehre neu zu überdenken, unabhängig von den Bedeutungsverschiebungen, die seine Thesen mittlerweile in Ideologie und Praxis erfahren haben. Dies scheint mir ungeheuer wichtig, da eine präzise und – sofern es möglich ist – vorurteilsfreie Beschreibung der Marxschen Lehre erheblich dazu beitragen könnte, die Fragen nach Auswegen aus der heutigen globalen Krise der Zivilisation in einem neuen Licht zu sehen.

Vielleicht ist es nicht völlig unbegründet zu vermuten, daß ein Neu-Überdenken von Marx' Schriften für den sogenannten Marxismus dieselbe Rolle spielt, wie im Mittelalter und der Renaissance ein Neu-Überdenken der aristotelischen Texte dem dogmatisierten Aristotelismus ein Ende bereitete.

Damit gelangen wir zu einem anderen Vorurteil, das im Osten ebenso verbreitet ist wie im Westen: Marx sei veraltet. Können seine Schriften noch einen innovativen Zugang zu Problemen begünstigen, die er weder kennen noch voraussehen konnte?

Im Westen ebenso wie im Osten, bei Sozialisten ebenso wie bei Anti-Sozialisten hören wir oft, daß Marx »veraltet« sei, weil 1. die gesellschaftlichen Entwicklungen sich anders durchgesetzt haben, als von ihm vorausgesehen, 2. das kapitalistische System eine von Marx nicht vorausgeahnte Fähigkeit zur Selbstkorrektur bewiesen hat, 3. die wissenschaftlich-technischen Fortschritte, fast unabhängig von politischem Regime und wirtschaftlicher Organisationsweise, die Struktur und die Dynamik der gesamtmenschlichen Praxis radikal verändert haben und 4. die sich selbst als sozialistisch bestimmenden Entwicklungslinien die Marxschen Hoffnungen auf die Neugestaltung der Gesellschaft nicht erfüllt haben.

Ist Marx' Lehre tatsächlich veraltet, wenn sie keine fertigen Antworten auf diese neuen sozialen Probleme gibt? Oder erscheint sie »veraltet«, weil man, im Einklang mit seinen ideologisch vorgestellten, sehr diskutablen Interpretationen, ihr einen Unfehlbarkeitsanspruch unterstellt?

Auch Galilei oder Newton, Descartes oder Kant, Hegel oder

Russell werden als »veraltet« erscheinen, wenn man ihre Werke insgesamt als endgültige Sammlung ewiger Weisheiten betrachtet. Natürlich wird niemand Newton Vorwürfe machen wegen der zahlreichen Fehlinterpretationen, die man in seinen Schriften findet, und noch weniger, weil er die relativistische Mechanik oder die Quantenmechanik nicht vorweggenommen hat...

Aber, wie hätte Marx, wenn er nicht mit heiliger Unfehlbarkeit ausgestattet war, das nicht Voraussehbare voraussehen sollen? A propos voraussehen: Stimmt es nicht, daß das kapitalistische Wirtschaftssystem sich mit rein ökonomischen Mitteln heute nicht stabilisieren kann und periodisch Instabilitätsphasen (»Rezessionen«, »Krisen«) durchläuft? Stimmt es nicht, daß die Lasten und Kosten der Instabilitätsphasen viel mehr von den Produzenten getragen werden als von den Inhabern der Produktionsmittel und den Trägern der letzten wirtschaftlichen Entscheidungen? Stimmt es nicht, daß ein Weltwirtschaftssystem entstanden und daß dieses System eine Grundbedingung für das Funktionieren des Kapitalismus geworden ist? Und, horribile dictu, geht die Suche nach Lösungsmöglichkeiten in der heutigen Welt nicht letzten Endes auch von Nicht-Marx-Anhängern und sogar von Marx-Gegnern in Richtung Sozialismus? (Wobei hier natürlich Sozialismus nicht gleichgesetzt wird mit erstarrten staatskapitalistischen Wirtschaftssystemen.) Aber gibt es tatsächlich verantwortungsvoll durchgeführte Überlegungen zur Lösung der Weltprobleme (von den Analysen, die von den Agenturen der Vereinten Nationen durchgeführt wurden, über die Berichte des Club of Rome und dergleichen, bis zu den nationalen Entwicklungsprogrammen), die nicht in der einen oder anderen Weise zu Lösungen führen, die *Sozialisierungs*entscheidungen und -prozesse voraussetzen, deren Inbegriff eben der Marxsche Sozialismus ist?

In der Tat, wenn man sine ira et studio die von diesen Instanzen präsentierten Berichte oder Vorschläge prüft, wird man unverzüglich feststellen müssen, daß die empfohlenen Lösungen, falls es überhaupt Lösungen gibt, sich durch die eine oder andere der drei Charakteristiken auszeichnen, die alle zusammen genau die Bedeutung des Wortes »Sozialisierung« im Marxschen Sinne ergeben:

1. eine Neuverteilung (unter verschiedenen Benennungen) der natürlichen und/oder künstlichen, folglich durch mensch-

liche Aktivitäten erzeugten Reichtümer, inbegriffen die wichtigste: die Information;

2. Erweiterung der Kontrolle von kooperierenden Individuen, Gemeinschaften, Gruppen über öffentliche Angelegenheiten, Aktivitäten des Staates und ganz allgemein über die Ausübung jeder Macht;

3. eine Selbstbestimmung des Individuums, der Gruppen und der menschlichen Gemeinschaften, *zumindest* zum Schutz gegen die aus der Geschichte schon bekannten Formen des Mißbrauchs der wirtschaftlichen, politischen und kulturellen Macht.

In den unterschiedlichen Strategien, die heute vorgeschlagen werden, erscheinen diese Züge nicht mit einer solchen Durchsichtigkeit und auch nicht so miteinander verbunden, wie hier beschrieben. Aber es ist unbestreitbar, daß Forschung und Denken eindeutig zu Sozialisierungslösungen tendieren: durch Begrenzung, Kommunalisierung, Nationalisierung – Verstaatlichung usw. – des Verfügungsrechts über die Reichtümer, über die Mächte, über die Information. Natürlich läßt sich dieses Sozialisierungsprinzip nicht auf die Formen der Verstaatlichung oder Kollektivierung, wie sie in den sogenannten sozialistischen Systemen oder in gewissen Entwicklungsländern entwickelt wurden, reduzieren. Dennoch ist es für mich offensichtlich, daß diese dreifache Sozialisierung eben Marx' Sozialismusbegriff entspricht. So gesehen scheint Marx im wesentlichen gar nicht so inaktuell zu sein.

Wenn man Marx' Gesamtwerk betrachtet und sich nicht auf schulbuchhafte Exzerptensammlungen bezieht, in denen er von Leuten, die sich selbst Marx-Schüler nennen und behaupten, ihn »weiterentwickelt« zu haben, *begraben* wurde, dann findet man in seinem Denken und in seinen Thesen schlüssige Stützpunkte, um die heutige soziale Problematik konstruktiv, innovativ und »zeitgenössisch« zu behandeln.

Dieses in jeder Hinsicht emanzipatorische und humane Potential des Marxschen Denkens ist nicht leicht herauszuarbeiten. Es gibt ernste Hindernisse. Einige sind von Marxens Werk selbst bestimmt: Wie schon Antonio Gramsci bemerkte, benötigen wir noch eine *philologische* Bearbeitung von Marx' Schriften. Ich selbst habe mich vor Jahren mit der Tätigkeit des Marx-Engels-Lenin-Instituts bzw. des Instituts für Marxismus-Leninismus kritisch auseinandergesetzt und bedauert, daß es versäumt wurde, eine grundlegende Vorarbeit zu leisten, nämlich ein historisch-kritisches Wörterbuch der Termini von Marx aufzustellen (wie dies zum Beispiel für Aristoteles u. a. gemacht wurde; sogar eine Arbeit wie die, die H. Glockner für Hegel durchgeführt hat, könnte von großem Nutzen sein). Dazu kommen Schwierigkeiten, einerseits durch den aphoristischen Charakter einiger Manuskripte, andererseits durch ungenügende Untersuchung der Theorieform der Marxschen Lehre. (Das Studium dieses letzten Aspekts hat z. B. Klaus Hartmann, der ein unnachgiebiger Gegner von Marx' Philosophie ist, dazu veranlaßt, nach einer eingehenden transzendental-philosophischen Analyse die »Subtilität der Marxschen Theorie« im Vergleich zu seiner »vulgären Rezeption« zu betonen.)

Hier und jetzt kann ich die Aktualität von Marx' Denken für die Analyse der heutigen Weltproblematik (inbegriffen die Frage nach den notwendigen Entwicklungen in den Ländern des »real-existierenden« Sozialismus) nicht in Einzelheiten *beweisen;* ich muß mich damit begnügen, einige Beispiele anzubieten, die diese Behauptung plausibel machen könnten.

Zur Philosophie von Marx

Wahrscheinlich hatte Antonio Gramsci recht, als er behauptete, daß mit dem Auftreten der Marxschen Philosophie der Gegensatz zwischen Materialismus und Spiritualismus seinen Sinn verloren hat. (Es ist bekannt, daß Marx selbst die Bezeichnungen »dialektischer Materialismus« oder »historischer Materialismus« nie benutzt hat.) Dies ist nicht eine Aussage über die Nichtigkeit dieser Opposition als philosophiegeschichtliche Kategorie, sondern eine Bestimmung der Perspektiveänderung, die von Marx angedeutet und teilweise durchgeführt worden war. Diese Philosophie hat er als solche nicht systematisch ausgearbeitet, aber sie bestimmt den theoretischen Horizont, in welchem sich sein Denken bewegt, und bedeutet eine Umgestaltung des Gegenstandes (und sogar des Subjekts) der Philosophie.

Nach Marx können die menschlichen bzw. sozialen Fragen sinnvoll gestellt und eventuell gelöst werden: dann, und nur dann, wenn sie unmittelbar auf das menschliche Dasein, die Conditio humana, bezogen betrachtet werden. Diese Bestimmung ist grundsätzlich. Darin besteht auch der Radikalismus oder besser die Radikalität der Marxschen Philosophie. Dieser philosophische Horizont bestimmt auch das Spezifikum der dreifachen Sozialisierung, die meines Erachtens den Inhalt des Marxschen Sozialismus-Begriffs ausmacht. Zweifelsohne versteht auch Marx unter Sozialismus eine *andere* Gesellschaftsordnung, also neue soziale Strukturen, Institutionen, Instanzen, Verhältnisse usw. Diese notwendigen, aber unzureichenden strukturbezogenen Betrachtungen (Sozialismus = andere Institutionen und damit zusammenhängende Beziehungen), so wie er in den strukturalistisch-etatistischen Interpretationen (von Kautsky–Lenin bis Althusser und den gegenwärtigen Befürwortern der etatistischen Deutung) dargestellt wurde, erschöpfen keineswegs den Sinn von Sozialismus. Eben der oben erwähnte philosophische Horizont der Bezugnahme auf das menschliche Dasein prägt auch den Marxschen *unmittelbar auf das Subjekt zentrierten Sozialismus-Begriff*. Gewiß ist das Marxsche Subjekt der Geschichte ein individuelles *und* kollektives, aber das kollektive Subjekt wird nicht als überindividuelles gedacht, sondern als vertraglich assoziiertes Kollektivum, in dessen Rahmen die Person und die Persönlichkeit nicht einfache, ununterschiedliche und ununterscheidbare Elemente eines transindividuellen Wesens sind. Im Gegenteil, das Individuelle bedingt das Kollektive. Wie anders könnte man Marx' Aussage am Ende des *Kommunistischen Manifests* über die sozialistische Gesellschaft als »eine *Assoziation,* worin die freie Entwicklung *eines jeden die Bedingung* für die freie Entwicklung aller ist« (Hervorhebungen d. Verf.) sinnvoll verstehen? Diese *autonome Persönlichkeit* soll sich in ihrer natürlichen und artifiziellen (= verdinglichten oder sozialen) Umwelt wiederfinden können (die sogenannte »ökologische« Komponente bei Marx).

Der philosophische Ansatz, den Marx angedeutet hat, begründet auch seinen Sozialismus-Begriff.

In der Conditio humana sind das Materielle und das Ideelle verschmolzen, ohne indistinkt zu sein. (Dadurch verliert der verabsolutierte »Gegensatz« zwischen Materialismus und Idealismus bzw. Spiritualismus seinen Sinn.) So wie bei Kant die Erfahrung die Grenzen der Erkenntniswelt bestimmt, so bildet bei Marx die Conditio humana den philosophischen »Anfang«.

Die Einführung des Begriffs »Conditio humana« in eine aktive, emanzipatorische, kritisch-revolutionäre Philosophie – die es zurückweist, die sozial-menschliche Problematik unterwürfig und apologetisch zu verfälschen – hat eine theoretische und praktische Rechtfertigung. *Theoretisch* bezeichnet die Conditio humana den Menschen, wie er durch seine spezifische Existenzweise bestimmt ist, bezieht sich also auf die *soziale Praxis* als Inbegriff der jeweiligen sozialen Interaktionen, Handlungen und Tätigkeiten. Die Conditio humana und die soziale Praxis haben bei Marx dasselbe Bezugsfeld, aber aus jeweils anderem Gesichtswinkel betrachtet (im Sinne der »Betrachtung« in der Epistemologie der Sozialwissenschaften von M. Foucault). Während die soziale Praxis die Aktivitäten des kollektiven historischen Subjekts und dessen »Erzeugnisse«, Produkte, berücksichtigt, bezieht sich die Conditio humana auf den Status und das Schicksal des menschlichen Wesens als Person, auf das menschliche Sein als solches innerhalb derselben sozialen Praxis.

Praktisch eignet sich die Überlegung über die Conditio humana zu einer – wie man das heute ausdrückt – Operationalisierung durch die konkrete Untersuchung der Lebensqualität, gemessen mit Hilfe sozialer Indikatoren, zwischen einem tatsächlich realisierten sozialen Minimum und dem realisierbaren sozialen Maximum zur Befriedigung der Bedürfnisse, der Erfordernisse und Bestrebungen der Person. Es geht aber nicht nur um eine Operationalisierung zum Zweck einer genaueren und quantifizierten Beschreibung, sondern um viel mehr: die Formulierung und Einschätzung der alternativen sozialistischen Entwicklungsprojekte (neue soziale, revolutionäre soziale Praktiken) in *verifizierbaren Ausdrücken*, die für die Conditio humana kennzeichnend sind.[1]

So strittig die Bestimmungen der Conditio humana auch sein sollen, so unleugbar erscheint für Marx die Notwendigkeit: a) von abstrakten Bestimmungen zu ihrer Konkretisierung überzugehen, b) diese Kategorien und Bestimmungen in der Perspektive ihrer vielseitigen Kombinationsmöglichkeiten zu betrachten, c) die Kombinationen als ebenso viele Komplexe in Entwicklung aufzufassen, und zwar Komplexe, die sich selbst generieren und vergehen, strukturieren und entstrukturieren, artikulieren und entartikulieren ..., d) den zweideutigen, widerspruchsvollen Charakter des *impact* jeder dieser Beziehungen und jeder ihrer Kombinationen mit der Conditio humana, welche als *dialektische* Totalität diesen Bestimmungen innen und außen, zur Vergangenheit und zur Zukunft offen ist, zu erklären.

Die Rekonstruktion von Marx' authentisch-revolutionärer Philosophie – welche gleichfalls den langsamen Tod durch Ausbeutung und Unterdrückung, den augenblicklichen Tod durch Krieg und Vernichtung, den verschleierten Tod durch Entpersonalisierung und Instrumentalisierung (Entsozialisierung, Entpolitisierung) entlarvt und zurückweist – findet einen Stützpunkt in der Kategorie der Conditio humana.[2]

Eben der akute Charakter der heutigen Krise verpflichtet den philosophischen Diskurs, sich auf die Sache zu beziehen – auf den Menschen – und in die Sprache der Aktion *übersetzbar* zu sein, welche beim heutigen Stand der Scientifizierung und Technisierung eine der Genauigkeit der Wissenschaft entsprechende Sprache ist und sein muß, ohne dieser unterjocht zu sein.

Die Philosophie *kann* ihren entsprechenden Gegenstand auch in dieser Welt der Krise wiederfinden, in der die Wissenschaft nicht nur die dem Studium oder der Beherrschung der Natur gewidmeten Disziplinen erfaßt, sondern vor allem die Disziplinen, die dazu bestimmt sind, die Determinationen der Conditio humana verständlich zu machen – oder bestenfalls zu erklären –: die sozialen und die humanen Wissenschaften. Nach ernstzunehmenden Meinungen befinden wir uns auf der Schwelle der »Explosion« der Forschung im Bereich der sozialen Wissenschaften. In den letzten Jahrzehnten des 20. Jahrhunderts und im nächsten Jahrhundert werden wir einer *bis jetzt unbekannten Proliferation der sozialen Wissenschaften* beiwohnen. Die Notwendigkeit dieser Entwicklung ist offensichtlich: Das Problem der tiefgehenden Umgestaltung der Struktur der Gesellschaften, die globalen Probleme (Bevölkerung, Ernährung, Frieden, Sicherheit, Gestaltung einer neuen ökonomischen Ordnung, Entwicklung und Unterentwicklung, Umweltverschmutzung, Bildung, Gesundheit, dann die Energiekrise, Inflation und die strukturelle Arbeitslosigkeit u. a.) sind eigentlich *soziale* Probleme. Sicherlich, jedes dieser Probleme hat auch technologische Aspekte, zu denen die Forschung aus den Bereichen der Natur- und technischen Wissenschaften ihre Stellung nehmen muß. Was aber der Menschheit und jedem einzelnen Land fehlt, sind nicht so sehr die technologischen Lösungen (von denen haben wir einen beträchtlichen Vorrat), sondern die *Methodologie und Technologie des sozialen Gebrauchs der wissenschaftlichen Entdeckungen und der technologischen Erfindungen.*

Das Schicksal der Menschheit hängt nicht von der Ausweitung kafkascher Diskurse über die Revolution ab, sondern von der Fähigkeit, glaubhafte und durchführbare Projekte zur Umgestaltung der sozialen Strukturen *auszudenken*[3], welche die Humanisierungschancen der Conditio humana potenzieren sollen. Der Name dieser »Humanisierung der Conditio humana« ist Freiheit. Wenn auch die Freiheit nicht meßbar ist, so doch ihre Ausübung! Marx' Philosophie könnte auch in dieser Richtung weitergedacht werden.

Das Marxsche Denken erzeugt nicht von selbst und durch sich selbst strukturverändernde revolutionäre Praktiken. Es gibt eine Vielfalt sozialistischer Alternativen: Viele von diesen wurden nicht einmal bis zum Ende gedacht. Die Dogmatisierung des Denkens erniedrigt auch das soziale, revolutionäre Denken und die Innovation. Deshalb wird das philosophische Denken Marxscher Inspiration – trotz der Strategien, die angewendet wurden, das revolutionäre Denken zu verleumden und ihm die Verantwortung für die Art und Weise zuzuschreiben, in der verschiedene Machtzentren Marx zu ihrer Selbstlegitimierung gebraucht und ihn zur apologetischen Funktion des sterilen Konsens der bestehenden Zustände zurückversetzt haben – in dem Maße, in welchem es seine kritische, revolutionäre Berufung wiederfinden wird, neue Perspektiven für die Conditio humana, den Mittelpunkt jedes sozialistischen Projekts, bieten können.

Eines muß festgestellt werden: Die Marxsche Philosophie befindet sich – durch die wissenschaftstheoretisch zentrale Position der Fragen des menschlichen Daseins – nur mit *unmittelbar und ausdrücklich subjektzentrierten sozialistischen Projekten* in einer logischen Verträglichkeitsrelation.

Eine offene Dialektik

Das Vorurteil, daß Marx einfach die Hegelsche Dialektik »materialistisch« angewandt hätte, ist nicht nur vulgär vereinfachend, sondern auch falsch.

Was D. Henrich (1973) über Hegel sagt, ist gleichermaßen auch für Marx gültig: »Man wird ... vermuten müssen«, so heißt es in seinem »Hegel im Kontext«, »daß Hegel zwar ein Verfahren, das selber eigentlich eine Sequenz von Verfahren ist, gebrauchte und beherrschte«, daß er aber keinen »ausgearbeiteten Begriff« von ihnen und »dem Gesetz ihrer Abfolge und den besonderen Bedingungen ihrer Anwendung besaß«. Ebenso scheint auch Marx' Dialektik mißverstanden und mißdeutet worden zu sein.

Marx' Kritik an Hegels Dialektik ist nicht gleichbedeutend mit der bloßen Ausmerzung ihrer theologischen und staatsherrschaftsrechtfertigenden Betonungen, wie dies die meisten Vertreter der Hegelschen Linken handhaben. Aber auch im gegenteiligen Sinne läßt sich die Marxsche Kritik nicht vereinfachen und auf die leere Annahme reduzieren, daß die Dialektik von ihrem Hegelschen »Ballast« – wie Lenin behauptete – befreit werden könne, wenn sie nicht als die sich-selbst-konstituierende Struktur des absoluten Geistes, sondern als eine solche der »objektiven« (materiellen) Wirklichkeit angesehen wird.

Ich möchte hier nicht die Frage aufwerfen, ob Marx' Stellungnahme zu diesem Punkt inhaltlich richtig und entsprechend zu beurteilen ist. Hingegen möchte ich die Aufmerksamkeit auf die *formale Gestaltung* seiner Argumentation lenken, die mir äußerst bedeutsam erscheint. In seinen Frühschriften hat Marx die spekulative Dialektik als Entartung der authentischen Dialektik bezeichnet, und zwar – wie bekannt – aus folgenden Gründen:

1. Die negierte Negation, die er der »Aufhebung« gleichsetzt, hat in Hegels System eine ungerechtfertigte theoretische Würde erlangt. Hierbei werden durch Vernachlässigung oder Beseitigung andere Lösungsmöglichkeiten verhindert, die – z.B. durch Ausscheiden einer der Relaten oder durch die Erzeugung unterschiedlicher, »neuer« Formen der Weiterbewegung von Spannungen – eine Entwicklung oder einen Untergang darstellen können. Durch das Vorherrschen der Negation der Negation, d.h. der »Aufhebung«, wird die Hegelsche »absolute« Entwicklung eine fortschreitende Kreislaufbewegung des auf sich selbst zurückkommenden und sich selbst explizierenden absoluten Geistes.

2. Durch die Bedeutung, die Hegel der Negation der Negation einräumt, führt er eine stereotype Lösung der Widersprüche ein. Marx jedoch versteht die *konkrete* spezifische Lösung

bestimmter Widersprüche als eine Veränderung der Form, der Bewegung der Widersprüche, d. h. als eine von Bedingungen abhängige Menge von Lösungs*möglichkeiten*. Im Vergleich dazu ist bei Hegel immer bloß eine einzige Lösung möglich.

Marx selbst charakterisiert seine eigene Dialektik als eine der Hegelschen »entgegengesetzte«. Auf diesen Gedanken muß sowohl seinem Inhalt nach als auch hinsichtlich einer Implikation näher eingegangen werden. Wichtig ist hier nicht nur die Tatsache, daß Marx der Hegelschen spekulativen Dialektik eine Realdialektik – üblicherweise als »materialistisch« bezeichnet – gegenüberstellt. Seine Ansicht – wie man aus seinen wenigen direkten Äußerungen über Dialektik herauslesen kann – scheint vielmehr dahin gedeutet werden zu können, daß nicht nur eine *einzige andere* Dialektik, sondern *mehrere andere Dialektiken* möglich sind: Jeder Typ von Gegensätzen hat besondere eigene Lösungen. Die obige Erklärung begründet sich auf Marx' ausdrückliche Hinweise, daß wir in der Beschreibung der Wirklichkeit auf eine Vielfältigkeit konkreter Widersprüche, konkreter Lösungen, auf entsprechende unterschiedliche Entwicklungen und – füge ich hinzu – auf eine Mannigfaltigkeit von zugeordneten besonderen Dialektiken stoßen.

Der Unterschied zwischen Hegels und Marxens Dialektik soll hier noch deutlicher gemacht werden: Um sinnvoll über sich selbst entwickelnde Totalitäten sprechen zu dürfen, sind zumindest drei angegebene Momente ausdrücklich erforderlich: ein Anfangsmoment, ein End- oder Terminalmoment und *wenigstens* ein Übergangs- oder Vermittlungsmoment. Mit Hilfe dieser drei Momente ist es nun möglich, eine Entwicklungs- oder Zerfallsstruktur zu bestimmen. Ohne diese dreigliedrige Struktur ist es vom logischen Standpunkt aus unmöglich, den Ausbau der Bedeutung des Begriffs »Entwicklung« bzw. Untergang, Zerstörung usw. durchzuführen.

Wenn wir unter Entwicklung oder Untergang eine Folge von *gerichteten* Veränderungen, Transformationen: $T_1, T_2, T_3, \ldots T_n$ verstehen, welches ist dann die *minimale* begriffliche Schwelle, die es erlaubt, eine Folge von beliebigen Transformationen von einer Folge von gerichteten Transformationen zu unterscheiden? Wenn wir zwei – und nur zwei – Transformationen haben, dann können wir die Änderung als solche feststellen, können aber nicht bestimmen, ob sie (positiv oder negativ) gerichtet ist, also im Sinne der Erhaltung, Vervollkommnung (in einem bestimmten Verhältnis) oder, umgekehrt, im Sinne der Zerstörung, der Entartung der betreffenden komplexen Totalität. Erst eine dritte Veränderung erlaubt uns zu entscheiden, ob die betreffende Folge von Veränderungen eine Entwicklung oder eine Zerstörung darstellt und keine einfache Folge von gleichgültigen Änderungen ist, welche die berücksichtigte komplexe Totalität qualitativ und strukturell nicht beeinträchtigt. Die Identifizierung einer bestimmten Folge von Veränderungen durch diese *dreigliedrige, ternare Struktur* erlaubt – und *nur* sie erlaubt –, die komplexe Totalität als sich in Entwicklung oder Untergang befindend anzusehen. Diese *dreigliedrige, ternare Struktur stellt also das Minimum, die Schwelle der Konzeptualisierung, des Verständnisses oder der Intelligibilität der Entwicklung oder des Untergangs dar.*

Die Bezeichnung dieser Dreigliedrigkeit durch Hegels unmittelbare Schüler als »These – Antithese – Synthese« ist zweifelsohne eine Vereinfachung und Schematisierung. Diese Vulgarisierung vermindert jedoch keinesfalls die überwältigende Wichtigkeit der Dreigliedrigkeit im Gesamtaufbau und in den Elementarstrukturen des Hegelschen Gedankensystems und aller möglichen Dialektiken.[4]

Diese Dreigliedrigkeit entdecken wir sowohl bei Hegel als auch bei Marx. Gleichzeitig können wir den bezeichnenden Unterschied zwischen ihnen feststellen. Dieser Unterschied besteht selbstverständlich nicht in der Dreigliedrigkeit als Struktur, sondern in den Beziehungen zwischen ihren grundlegenden Momenten. Bei Hegel ist das dritte Moment ein *einziges* und folgt in seiner Einzigartigkeit *notwendig* aus den beiden (bzw. drei) vorhandenen. Bei Marx hingegen ist das dritte Moment *kein einziges*, sondern eine *Menge von möglichen Momenten*. Eine notwendige Beziehung besteht zwischen den beiden vorhergehenden Momenten und der Menge (Vielfalt) der möglichen dritten Momente. Die Elemente schlechthin dieser Menge bestehen hier *nicht* notwendig in einer Beziehung zu den übrigen zwei Momenten.

Marx – allerdings nicht theoretisch, sondern in der Praxis seiner logisch-dialektischen Verfahren – hat die Beziehung zwischen den zweiten und dritten Momenten der Entwicklungs- oder

Untergangsstruktur einer anderen Modalisierung unterzogen als Hegel, und zwar in dem oben angedeuteten Sinn der Ersetzung des Hegelschen Notwendigkeitsmodalisators durch einen Möglichkeitsmodalisator. Anders ausgedrückt: Obwohl Hegel wie auch Marx sich auf eine dreigliedrige Struktur beziehen, die aus drei Momenten gebildet ist, ist bei Hegel die Art der *Verbindung* dieser Momente eine *notwendige*, ist streng deterministisch gedacht – bei Marx dagegen ist sie eine *mögliche*, ist dadurch im Sinne eines gelockerten Determinismus probabilistisch gedeutet. In der Analyse des kapitalistischen Wirtschaftssystems operiert Marx mit dieser, mit dem Möglichkeitsmodalisator versehenen ternären Struktur. Ein einziges Beispiel: Wie bekannt, sieht Marx einen Widerspruch zwischen Produktion und Konsum im kapitalistischen Wirtschaftssystem, der sich als Krise der relativen oder scheinbaren Überproduktion äußert. Die Weiterentwicklung, die diesen Widerspruch, d. h. die Krise, lösen soll, besteht aus einer Menge von möglichen Momenten, die sich von der Wiederherstellung des Gleichgewichts zwischen Produktion und Konsum bis zur revolutionären Veränderung des kapitalistischen Wirtschaftssystems erstrecken. Welche der möglichen Lösungen sich schließlich durchsetzt, hängt vom Stand des Wirtschaftssystems, von den konkreten Bedingungen ab.[5] Um es anders auszudrücken, *das dritte* Moment der dreigliedrigen Struktur entsteht durch eine Selektion, Auswahl aus der Menge der gegebenen Möglichkeiten.

Zur Vereinfachung werde ich – unter Verwendung einer nicht ganz untadeligen Bezeichnung – vorläufig die Marxsche Dialektik als *Dialektik der offenen oder freien Synthese* bezeichnen, im Unterschied zur Hegelschen, die als eine Dialektik der geschlossenen und sich zwangsläufig durchsetzenden Synthese angesehen werden muß.[6]

Wenn diese Interpretationshypothese weiter entwickelt und bewiesen werden kann, kommen wir 1. zu einer ganz anderen Deutung der Marxschen Auffassung über historische Entwicklung, und 2. eröffnet sich eine Möglichkeit, über die Marxsche Dialektik in einer Sprache, die mit der Sprache der heutigen Wissenschaft kompatibel ist, zu sprechen.

So wird auch die revolutionäre Umgestaltung der Gesellschaft aufhören, ein Deus ex machina zu sein, die in eine streng deterministische Sozialwelt voluntaristisch und willkürlich mit

Gewalt eindringt, sondern sie erscheint als *mögliche*, mit unterschiedlicher Wahrscheinlichkeit durchführbare Strukturveränderung, als vielfältige Wege der Sozialisierungsprozesse, durch die wir Marx' Begriff des Sozialismus darstellen können.

Die hier angedeutete Möglichkeit, Marx' Dialektik *neu zu denken,* als eine Dialektik der offenen Synthese, hat sonach schwerwiegende Folgen für die Deutung der Marxschen Auffassung von Geschichte, Gesellschaft und Revolution.

Sozialismus zwischen Demokratie und Despotie

Oft stellt man Marx als Befürworter von Gewalt dar, besonders in bezug auf den Übergangsprozeß vom Kapitalismus zum Sozialismus bzw., wie er es in seinen Frühschriften bevorzugt ausdrückt, zum Kommunismus.

Angesichts des obigen Versuchs, Marx' Dialektik als eine Dialektik des Möglichen zu interpretieren, erscheint das, was für Marx »notwendigen« Übergang zum Kommunismus bedeuten könnte, als eine Mannigfaltigkeit von Möglichkeiten. Die Notwendigkeit besteht darin, einen der möglichen Auswege zu gehen, keineswegs die Behauptung eines einzigen Auswegs.

Bei Marx finden wir sehr wenige positive Kennzeichen der kommunistischen Gesellschaftsformation. Es ist höchst wahrscheinlich, daß er unter dieser Bezeichnung eine Menge von möglichen, unterschiedlichen »freien Assoziierungen« der Produzenten verstand. Eine Rekonstruktion des Bildes der »kommunistischen« Gesellschaft in Marx' Auffassung ist jedoch möglich, wenn man die Implikationen der wenigen Thesen, die er in einer positiven Formulierung aufgestellt hat, sorgfältig ausarbeitet und die ergänzenden positiven Konsequenzen, die man besonders aus seiner Kritik des »rohen Kommunismus« ziehen kann, ebenso analytisch prüft. Für die Übergangsperiode erwähnt Marx – tatsächlich nur an zwei Stellen seines Werkes – als politisches Regime: die »Diktatur des Proletariats«. Es ist hinreichend bekannt (Mihajlo Markovich hat es jüngst eingehend erklärt), daß hier »Diktatur« den Klassencharakter der Macht bezeichnet – ebenso, wie er die englische und französische parlamentarische Demokratie »Diktatur der Bourgeoisie« nannte. Bei Marx bedeutete dieser Terminus keine gewaltsame Herrschaftsstruktur wie, bis zum Extrem gesteigert, bei Stalin und den Stalinisten. Marx' illusionsfreie Überlegungen über die zukünftige Gesellschaft – seine leider erfüllten prognostischen Aussagen – sind nicht ausreichend untersucht worden. Genauer meine ich folgendes:

1. In seinem *ökonomisch-philosophischen Manuskript* von 1844 unterscheidet er »nach ihrer politischen Natur« zwei Formen der kommunistischen Gesellschaft (präziser, der »rohen« kommunistischen): »demokratisch *oder* despotisch« (Hervorhebung d. Verf.). Es ist kaum zu glauben, daß diese wesentliche Aussage in der Marx-Literatur (mit sehr wenigen Ausnahmen) so geringen Nachhall fand. Im Gegensatz zu den späteren Theorien über revolutionäre Gewalt, die ihrem Wesen nach *immer* demokratisch (volksfreundlich und den Interessen des Volkes dienend) beurteilt werden soll, gibt er zu, daß ein primitives, »rohes« Sozialisierungsprogramm der Wirtschaft an eine despotische politische Ordnung gebunden sein kann. Diese Stellungnahme ist von entscheidender Wichtigkeit für die Theorie der nachkapitalistischen Gesellschaftsformationen sowie für deren kritische Auswertung.

2. In demselben Text finden wir ausführliche und sehr kritische Überlegungen zum »rohen Kommunismus«, d. h. zu einer Gesellschaftsordnung, die das kapitalistische Privateigentum zwar abgeschafft hat, aber noch weit davon entfernt ist, eine echte kommunistische Gesellschaft zu sein – »echt« betrachtet im Lichte der Optimierung der philosophisch definierten und operational bestimmbaren Conditio humana. Diese kritisch zurückgewiesenen Eigenschaften des »rohen Kommunismus« werden unter anderem so geschildert:

   – »die Herrschaft des sachlichen Eigentums ist so groß«, daß dieser rohe Kommunismus das, »was nicht fähig ist, als Privateigentum von allen besessen zu werden«, vernichten will,
   – »der physische unmittelbare Besitz gilt ihm«, weiterhin, »als einziger Zweck des Lebens und Daseins«,
   – »die Bestimmung des Arbeiters wird nicht aufgehoben, sondern auf alle Menschen ausgedehnt«,
   – »er will auf gewaltsame Weise vom Talent etc. abstrahieren«,
   – »wie wenig diese Aufhebung des Privateigentums eine wirkliche Aneignung ist, beweist eben ... *die Rückkehr*

zur unnatürlichen Einfachheit des armen und bedürfnislosen Menschen, der nicht über das Privateigentum hinaus, sondern noch nicht einmal bei demselben angelangt ist« (Hervorhebung d. Verf.).

Das sind nur einige Beispiele dafür, wie weit das authentische Marxsche Denken einerseits von dem gedankenlosen, vulgären und konventionellen Marx-Bild entfernt ist, und andererseits, wie unbequem Marx nicht nur für die sein kann, die den Sozialismus zurückweisen, sondern auch für diejenigen, die behaupten, sozialistisch zu handeln.

Wenn ich hier einige interpretative Hypothesen angedeutet habe, dann um zu zeigen, daß nur der vereinfachte, vulgarisierte und dogmatisierte Marx bequem totgesagt werden kann. In seinem Werk aber können wir auch heute noch hochaktuelle Ansätze und Thesen finden, die es erlauben, sich mit *allen* zeitgenössischen Gesellschaftsordnungen kritisch auseinanderzusetzen, um ein menschliches Über- und Weiterleben zu erreichen.

Ich habe hier versucht, anhand ausgewählter Beispiele darzustellen, daß Marx' auf das menschliche Dasein gerichtete philosophische Einstellung, seine von diesem Horizont bestimmte Auffassung von einem Sozialismus, der sich unmittelbar an dem individuellen und kollektiven Subjekt orientiert, und seine mit dem zeitgenössischen Denken zu vereinbarende Dialektik der freien »Dritten« höchst unbequem sein können. Und eben dieser unbequeme Marx läßt sich nicht umbringen: Es ist entweder zu früh, weil seine Denkformen ihre eigenen Entwicklungsmöglichkeiten noch nicht erschöpft haben, oder es ist schon zu spät, weil sie wahrgenommen worden sind als mögliches intellektuelles Mittel, den *notwendigen Untergang* des Bestehenden zu begreifen.

Das Bestehende, das Vorhandene ist nicht nur das kapitalistische System, und es sind auch nicht nur die entarteten Formen des Sozialismus – es ist vor allem das gegenwärtige zerstörerische planetare Gleichgewichtssystem der Mächte, dieses aggressive und repressive Gleichgewicht, das auf Angst, Aggressionen und institutionalisierten oder nichtinstitutionalisierten Terrorismen errichtet ist.

Wie kann dieser Teufelskreis – als logisches Ergebnis oder

Produkt der bisherigen Geschichte – ohne nuklearen Weltkrieg gesprengt werden?

Ich gebe zu, daß diese Frage – wenigstens heute noch – keine kategorische Antwort gestattet und dadurch höchst unbequem ist. Weiter gebe ich zu, daß die gegenwärtige Struktur des Gleichgewichts der Mächte es bis heute erlaubt, das Schlimmste, die nukleare Weltkonfrontation, zu vermeiden – ohne dadurch die *Möglichkeit* zu lokalen und regionalen Waffen- bis hin zu Nuklearkonflikten zu beseitigen.

Ich kann aber die Kehrseite nicht vergessen: Diese vorwiegend bipolare Struktur hat auch mit ihren jüngsten multipolaren Inflexionen in derselben Zeit in eine andere Richtung gearbeitet. Mit ihrem zermalmenden Gewicht hat sie fehlerlos funktioniert: Die sozialen Bewegungen oder Ideenströmungen, die die Prinzipien dieses widerwärtigen »Gleichgewichts« der Kräfte (die Jaltas, die in der Weltwirtschaft und in dem gegenwärtigen Netz der internationalen politischen Verhältnisse operieren) in Frage stellten, hat sie in jedem Augenblick und *überall* in der Welt völlig absorbiert. Jenseits der schreienden Antagonismen wirken also, scheint es, Faktoren der Stabilisierung der gegenwärtigen Weltstruktur: Chile war »machbar«, ebensogut wie die Tschechoslowakei ... Beispiele jüngerer Zeit fehlen auch nicht.

Die Logik dieses Gleichgewichts der entgegenwirkenden Kräfte verlangt es, daß sich im Rahmen dieser Struktur nichts *dauerhaft* entwickeln kann, was sich nicht mit stabilisierender Wirkung auch hineinfügen läßt. Ein sozialistisches Projekt setzt also die Erarbeitung der Konstruktionsstrategien von *Gegenmächten im Weltverhältnis* voraus, die dazu bestimmt sind, die erdrückenden Zwänge der gegenwärtigen Ordnung zu neutralisieren.

Aber man muß es auch immer bis zu Ende denken: Die Angst vor der physischen Gewalt und der Vergewaltigung des Geistes verblaßt letztendlich im Vergleich mit dem tierischen Schrecken vor dem Hunger, vor chronischer Unterernährung, vor der langsamen aber unausweichlichen Auflösung der Persönlichkeit, der Werte, einer Auflösung, die von der *Permanenz der untermenschlichen Daseinsverhältnisse* verursacht ist. Die gegenwärtige Weltordnung hat sowohl die Anwesenheit und die weite Verbreitung untermenschlicher Daseinsverhältnisse wie auch Despotismen erzeugt, die ohne universelle Komplizität in der Vergangenheit nicht überleben hätten können und auch heute

nicht überleben können. Gegen diese Heilige Allianz der Machtzentren bleibt das Denken des unbequemen Marx dennoch –
zumindest – ein Versprechen möglicher Auswege.

Und gerade weil er sowohl das kapitalistische System auch in
seiner gegenwärtigen Entwicklungsstufe als auch den »rohen
Kommunismus« in Frage stellt, ist es nicht nötig, Marx »auszu-
graben«. – Er ist im Gegenteil ausgesprochen lebendig und
unbequemer denn je.

Anmerkungen

[1] Der Inhalt der Kategorie Conditio humana kann relativ befriedigend als
das Feld einer siebenfachen (heptadischen) Beziehung zwischen den Termini beschrieben werden: 1. eine Totalität von menschlichen Individuen
mit einer bestimmten *biopsychischen Struktur*, die, obwohl sie sich in
Entwicklung befindet, doch relativ stabil bleibt; 2. diese Individuen befinden sich in Wechselwirkung untereinander im Rahmen spezifischer zwi-
schenmenschlicher aktiver *Beziehungen* (einschließlich der Kommunikation); 3. sie sind eingefaßt in relativ konstante *Strukturen* von aktivem
Zusammenleben und (konfliktuellen und nichtkonfliktuellen) Kooperati-
onsverhältnissen, die spezifisch sind für bestimmte soziale Formationen,
Zivilisationen und globale Kontextualitäten; 4. welche ihrerseits als struk-
turierte Totalitäten *gegenseitig aufeinanderwirken* in verschiedenen Bezie-
hungstypen und 5. sich in Interaktion mit der erforschten und bekannten
Welt (die natürliche und künstliche Umwelt) befinden; 6. mit der Absicht
ihrer *Umgestaltung* entsprechend bestimmten Zwecken, die – in der einen
oder anderen Weise – aus der Notwendigkeit, die menschlichen Bedürfnisse zu erfüllen, resultieren; 7. eine Umgestaltung, durch welche sich der
Mensch selbst konstituiert, als Individuum-in-Kollektivität, als individuelles *und* kollektives historisches Subjekt (= mehr oder weniger bewußtes
Gestalten seiner Existenzweise).

[2] Jede der Bestimmungen, mit deren Hilfe wir versucht haben, die Kategorie
Conditio humana verständlich zu machen, ist der Gegenstand von nicht-
philosophischen Disziplinen. Das heißt: Determination 1: die menschliche
Biologie und Psychologie . . ., 2: die Anthropologie, die Kommunikations-
und Aktionswissenschaften etc., 3: die Geschichte, die Soziologie, die
Wirtschaft, die Politologie etc., 4: die technischen Wissenschaften . . ., 5:
die Physik, die Chemie, die Biologie, die Astrophysik etc., 6: die Produk-
tions-, Zerstörungs- und sozialen Technologien etc.

[3] Das Verbum »ausdenken« bzw. »bis zu Ende ausdenken« ist hier in einem
vom deutschen Sprachgebrauch abweichenden Sinn benutzt; nicht in den
üblichen Bedeutungen: »durch Denken schaffen«, »sich vorstellen«, »zu
bedenken geben« usw., sondern statt dessen: »die Implikationen bis zu den
letzten Schlußfolgerungen deutlich machen«. Ich habe diesen ungewöhnli-

chen (und vielleicht unerlaubten) Gebrauch des Verbums »ausdenken«
bevorzugt, um den vorher beschriebenen Inhalt so zu formulieren, daß
damit auch zum Ausdruck kommen kann: durch eine gezielte »Anstrengung« der Denktätigkeit alle logisch möglichen (bzw. denkbaren) Schlußfolgerungen *auszuarbeiten, darzustellen.* Dieser Wortgebrauch erschien
mir um so mehr erlaubt, als das Verbum »ausdenken« nicht nur auf eine
logische Anstrengung des Denkens, sondern auch auf ein ethisches Bemühen hinweisen kann. Diese Implikationen denken zu *wollen*, setzt eine
moralische Entscheidung voraus.

[4] In seiner feineren Analyse hat D. Henrich vier Termini in Hegels Refle-
xionslogik festgestellt. Diese Quadriplizität hebt die oben erwähnte Dreigliedrigkeit aber in keiner Weise auf. Desgleichen hat auch Dominique
Dubarle nachgewiesen – in einer Ausarbeitung, die mir die bisher geeignet-
ste Formalisierung und Axiomatisierung der Logik der Hegelschen Dialektik zu sein scheint –, daß in der Dreigliedrigkeit das zweite Moment
auch aus zwei Termini bestehen kann.

[5] Siehe K. Marx (Das Kapital, 1867): »Die Entwicklung (hier: der Ware) hebt
diese Widersprüche *nicht* auf; schafft aber die Form, worin sie sich
bewegen kann. Dies ist *überhaupt* die Methode, wodurch sich wirkliche
Widersprüche lösen.« Oder: »Der der Ware immanente Gegensatz...
dieser immanente Widerspruch erhält in den Gegensätzen der Warenmeta-
morphose seine entwickelten Bewegungsformen. Die Formen schließen
daher die Möglichkeit, aber auch *nur* die Möglichkeit der Krisen ein. Die
Entwicklung dieser Möglichkeit erfordert einen ganzen Umkreis von
Verhältnissen, die vom Standpunkt der einfachen Warenzirkulation noch
gar nicht existieren.«

[6] In den Ausführungen, die ich bisher nur angedeutet habe, jedoch nicht
weiter belegen konnte, habe ich zwei unterschiedliche dialektische Strukturen bei Hegel und Marx hervorgehoben. Wir sehen, daß *der Unterschied
in der Verwendung des jeweiligen Modalisators* für die Beziehung zwischen den Momenten der Dreigliedrigkeitsstruktur *besteht.* Ich bezeichne
daher als *Hegelsche dialektische Strukturen jene Dreigliedrigkeitsstruktur
der Beschreibung des Entwicklungs- bzw. Untergangsprozesses, deren
drittes Moment durch Einwirkung eines Notwendigkeitsmodalisators in
Kraft tritt.* Hingegen verstehe ich unter *nicht-Hegelschen dialektischen
Strukturen jene Dreigliedrigkeitsstruktur, deren drittes Moment durch
Einwirkung eines Modalisators, der kein Notwendigkeitsmodalisator ist*,
sondern durch Einwirkung eines Möglichkeitsmodalisators, *bestimmt ist.*
In der Marxschen Dialektik operiert eben diese mit einem Möglichkeitsmodalisator versehene Dreigliedrigkeitsstruktur. Das Ergebnis ist eine der
Hegelschen absoluten und streng deterministischen Dialektik *entgegengesetzte* (wie Marx selbst sagt) Dialektik, die wir jetzt beim Namen nennen
dürfen: eine relativistische und probabilistische (oder zumindest possibili-
stische) Dialektik.

Der Untergang des Kapitalismus
ist unvermeidlich
oder
Der Weg in eine
konfliktfreie Gesellschaft

»...
aber der Weg dorthin sei lang,
kurvenreich, hart. Nicht zuträglich
dem Ziel, wenn man es ständig
verlange. Daran glauben reiche.
Den Namen kennen. Das führende
Gesicht.«

*Ulrich Schacht, in: Versuch
über das Paradies.*

Richard Löwenthal

Die Lehren von Karl Marx und ihr Schicksal

Es ist heute wohl kaum noch bestritten, daß Karl Marx einer der großen Denker unseres Zeitalters gewesen ist – daß er das Bewußtsein der modernen Menschheit von ihren Existenzbedingungen und ihrer Bestimmung wesentlich beeinflußt hat. So wenig die heutige Sozialwissenschaft und Geschichtsschreibung im doktrinären Sinne »marxistisch« sind, so wenig ist ihre Gesamtleistung ohne den Beitrag von Karl Marx denkbar. Zugleich haben die Lehren von Marx den Anstoß zu ganz verschiedenen, aber jeweils in ihrer Art umwälzenden Massenbewegungen gegeben – zu den in der Grundtendenz sozialdemokratischen Bewegungen, von denen die heutigen westlichen Demokratien zum Teil mitgeschaffen und jedenfalls wesentlich umgestaltet wurden, und zu den kommunistischen Bewegungen, von denen die Parteidiktaturen Rußlands und Chinas und die Resultate ihrer weiteren Machtausdehnung ausgegangen sind; und auch im Denken einer Reihe von revolutionären Bewegungen der Entwicklungsländer schwingen Marxsche Ideen mindestens in ihrer Leninschen Umfärbung mit.

Wissenschaft und Diesseitsreligion bei Marx

Diese Vielfalt der Wirkung geht nicht nur auf die Marxsche Synthese von Ideen aus einer Vielfalt von Wurzeln, nicht nur auf die Geschlossenheit der Marxschen Zusammenschau einer Vielfalt sonst getrennter Bereiche wie Philosophie und Geschichte, Ökonomie und Politik zurück, sondern zentral auf den Dualismus der Impulse des Marxschen Denkens. Denn Marx war einerseits ein wissenschaftlicher Forscher, der viele Jahre seines Lebens dem rastlosen Streben nach immer umfassenderer, empi-

114

risch belegbarer und logisch geschlossener Erkenntnis widmete. Doch er war zugleich, ohne sich dessen klar bewußt zu sein, der Stifter einer Diesseitsreligion – einer Lehre von der Verwirklichung des Heils auf dieser Erde durch sozialen und politischen Kampf um eine vollkommene, konfliktfreie Gesellschaftsordnung. Gerade dieser Doppelcharakter der Marxschen Lehren erklärt ihre ungeheure Wirkung – aber er hat auch die Grenzen dieser Wirkung bestimmt.

Bevor ich diese Auffassung im einzelnen begründe, möchte ich etwas über die Wurzeln des Marxschen Denkens sagen. Ein oft zitierter Gemeinplatz spricht von den Einflüssen der französischen utopischen Sozialisten, der englischen klassischen Nationalökonomie und der deutschen idealistischen Philosophie. Man kommt dem Kern der Sache wohl näher, wenn man sagt, daß Marx ein Fortsetzer der Ideen des radikalen Flügels der französischen Aufklärung und der großen Französischen Revolution war, aber auch die – vornehmlich englische – Kritik an der Geschichtsfremdheit der Aufklärung aufgenommen hatte und bewußt der Hegelschen Intention einer Synthese von Rationalismus und Geschichtsdenken folgte; und er war gleichzeitig entscheidend von der Erfahrung des beginnenden Zeitalters der kapitalistischen Industrie geprägt, die in England am weitesten entwickelt war. Zugleich nahm er, ganz wie Hegel, sowohl die französische politische Revolution wie die englische industrielle Revolution zunächst vom Standort des sowohl politisch wie industriell weniger entwickelten, aber geistig aufnahmebereiten Deutschland wahr; und er teilte Hegels Erwartung, daß der Weltgeist im Begriff sei, »in ein anderes Land« weiterzuziehen – nämlich nach Deutschland. Sein Weltbild formte sich am Vorabend des Jahres 1848 und war durch die Erwartung einer deutschen Revolution geprägt, die über die Errungenschaften der Vorbilder hinausgehen würde. Erst nach deren Scheitern konzentrierte er sich auf sein wissenschaftliches Lebenswerk – und auf die ebenso langfristige Beobachtung und Beratung der sich entwickelnden internationalen Arbeiterbewegung.

Aus dem Gesagten sollte klar sein, daß bei Marx das Konzept einer diesseitigen Heilserwartung zuerst kam und daß es die strenge, unermüdliche wissenschaftliche Arbeit der späteren Jahre nicht weniger inspiriert hat als die spätere politische Aktivität. In dieser Heilserwartung wurde die aus dem radikalen

Flügel der Aufklärung stammende Vorstellung einer vollkommenen, zugleich vernünftigen und natürlichen Ordnung der Gesellschaft verbunden mit dem Glauben an eine diesem Ziel zustrebende Gesetzmäßigkeit der Geschichte. Derartige Geschichtskonzepte waren in der Tat schon in Frankreich von Condorcet, dann von St. Simon entwickelt worden; und in Deutschland hatte Hegel es unternommen, die Weltgeschichte idealistisch als einen Fortschritt im Bewußtsein der Freiheit auszulegen. Bei Marx nahm der Gedanke einer heilsgerichteten Gesetzmäßigkeit der Geschichte nun die Form an, am Anfang der Menschheit habe überall eine primitive, aber klassenlose, »urkommunistische« Gesellschaft gestanden; im Laufe der ökonomischen und sozialen Entwicklung hätten sich verschiedene, aufeinanderfolgende Formen der Klassengesellschaft gebildet; und am Ende werde wieder eine klassenlose Gesellschaft auf höchster Entwicklungsstufe stehen. Die Parallele dieser Vision zu der biblischen Heilsgeschichte mit ihren Stufen Paradies – Sündenfall – Paradies ist offenkundig.

Die »materialistische« Geschichtsauffassung

Doch bei Marx bekam diese heilsgeschichtliche Vision einen empirisch nachprüfbaren, von ihm selbst als »materialistisch« bezeichneten Hintergrund. Danach sei die *letzte* Triebkraft der geschichtlichen Entwicklung die Wechselwirkung steigender menschlicher Bedürfnisse und wachsender Produktivkräfte. Die Steigerung der Produktivkräfte erfordere nun auf jeder Stufe die Schaffung neuer Produktionsverhältnisse, das heißt zunächst die Schaffung von Klassengesellschaften – etwa der Ausbeutung von Sklaven durch Sklavenhalter, dann leibeigener Bauern durch adlige Grundbesitzer, schließlich »freier« Arbeiter durch kapitalistische Eigentümer. Der jeweilige Übergang von einer dieser Gesellschaftsordnungen zur nächsten vollziehe sich durch Klassenkämpfe – die *unmittelbare* Triebkraft der großen geschichtlichen Veränderungen. Am Ende dieser Entwicklung werde auf Grund der enormen Steigerung der Produktivkräfte in der kapitalistischen Industriegesellschaft der Übergang zu einer neuen klassenlosen Gesellschaft möglich, den der Klassenkampf des industriellen Proletariats herbeiführen werde – der ersten Klasse, die sich nur emanzipieren könne, indem sie alle Klassenherrschaft beende. Im heilsgeschichtlichen, Marx selbst nicht voll bewußten Sinne kommt so dem Proletariat bei ihm die Rolle des Erlösers zu.

In der orthodoxen Marx-Auslegung durch seine Schüler ist dieser diesseitsreligiöse Aspekt des Marxschen Geschichtsbildes niemals erkannt worden: Vielmehr ist es als die Frucht einer Philosophie des »dialektischen Materialismus« dargestellt worden. Tatsächlich hatte Marx sich nie um die Schaffung eines philosophischen Systems bemüht; er hatte vielmehr in der Hegelschen Dialektik eine höchst fruchtbare *heuristische* Methode für seine gesellschaftswissenschaftlichen und historischen Forschungen gefunden, ohne sie, wie spätere Marx-Scholastiker, für eine *Beweis*methode zu halten; und er war »Materialist« in dem Sinne, daß er diese Methode auf die Welt der sinnlichen Erfahrung anwandte. Für ein Verständnis der Marxschen Geschichtskonzeption ist es daher nicht wesentlich, auf die postumen scholastischen Rekonstruktionen seines philosophischen Systems einzugehen; wesentlich ist vielmehr, daß diese Geschichtskonzeption, ganz abgesehen von ihrem heilsgeschichtlichen Hintersinn, bedeutende wissenschaftliche Erkenntnisse enthält. Es ist nicht nur wahr, daß die Klassenstrukturen von Gesellschaften entscheidend von Stand und Art ihrer Produktivkräfte abhängen – zum Beispiel die bürokratische Struktur der klassischen asiatischen Despotien von der Bedeutung eines zentralisierten Systems künstlicher Bewässerung oder die feudale Grundherrschaft in Europa vom Vorwiegen eines anderen Typs von Landwirtschaft... oder der Übergang zum Kapitalismus mit »freien« Arbeitskräften vom Übergang zur Manufaktur, dann zur maschinellen Industrie. Es ist auch wahr, daß jedenfalls in der Geschichte des Westens, zumal seit der Renaissance, die ökonomische Dynamik der Produktivkräfte und Bedürfnisse eine Hauptquelle jener Eigendynamik der gesellschaftlichen Entwicklung gewesen ist, die sich in Klassenkämpfen und in Veränderungen des gesellschaftlichen und politischen Systems ausgewirkt hat.

Die Entdeckung dieser Zusammenhänge hat das Bild der westlichen Geschichte auch bei vielen Menschen verändert, die sich ihrer Herkunft von Marx gar nicht bewußt sind. Sie gilt freilich nicht im gleichen Maße etwa für Rußland, in dessen Geschichte dynamische Veränderungen jahrhundertelang nicht von unten aus Produktion und Gesellschaftsstruktur, sondern von außen und von oben durch die Erfordernisse der äußeren Selbstbehauptung der zaristischen Staatsmaschine angestoßen wurden; und sie gilt noch weniger in vielen heutigen »Entwicklungsländern«, die ja seinerzeit nur deshalb Opfer der westlichen Kolonialpolitik wurden, weil sie keine der westlichen vergleichbare gesellschaftliche Eigendynamik hervorgebracht hatten. Der Vergleich zeigt, daß solche Dynamik neben den ökonomisch-technischen auch an institutionelle und kulturelle Voraussetzungen gebunden ist, um deren Nachschaffung sich diese Länder heute mit mehr oder weniger Erfolg bemühen. Aber die Marxsche Leistung der Entdeckung eines wesentlichen Faktors der Dynamik der westlichen Entwicklung wird nicht dadurch verringert, daß diese Entdeckung sich nicht, wie er glaubte, als Universalschlüssel zur geschichtlichen Entwicklung überhaupt erwiesen hat: Solche anfänglichen Überschätzungen grundlegender neuer Erkenntnisse durch ihre Entdecker sind in der Wissenschaft durchaus normal.

Dynamische Theorie des Kapitalismus

Doch das Erkenntnisinteresse von Marx galt natürlich nicht nur der Dynamik der geschichtlichen Entwicklung überhaupt – es galt in besonderem Maße der Dynamik der Akkumulation des Kapitals in Gegenwart und Zukunft. In detaillierten Untersuchungen analysierte Karl Marx, wie das Kapital, das er als Mehrwert heckenden Wert definierte, sich zuerst in England die früher handwerkliche Produktion unterworfen und die moderne Industrie geschaffen, und wie der kapitalistische Handel die Produktionsweise nicht nur innerhalb der westlichen Welt, sondern auf Länder ganz anderer Zivilisation ausgedehnt und deren Traditionen und Institutionen zersetzt hatte. Dabei war er gleichzeitig unerbittlich in der Beschreibung der oft unmenschlichen Folgen kapitalistischer Ausbeutung in ihrer Heimat wie in den Gebieten ihrer oft gewaltsamen Expansion und unbegrenzt optimistisch in der Erwartung, daß die weltweite Ausbreitung einer immer produktiveren Technik einerseits, die Schaffung einer kulturellen Tabula rasa durch die Zerstörung aller Traditionen andererseits die Voraussetzungen für die kommende Überwindung des Kapitalismus in der klassenlosen Gesellschaft der

Zukunft schaffen werde. Denn Marx war ja überzeugt, daß auch diese unerhört dynamische Produktionsweise sich wie jede frühere schließlich als Schranke der Weiterentwicklung der Produktivkräfte erweisen und in dem immer zahlreicheren und weltweit ausgedehnten und vereinheitlichten Proletariat ihre eigenen Totengräber produzieren würde.

Für diesen Prozeß der Selbstüberwindung des Kapitalismus sah die Marxsche Kritik der politischen Ökonomie drei wesentliche Gesetzmäßigkeiten voraus. Einmal sah Marx die Abhängigkeit der kapitalistischen Produktion vom privaten Profitstreben der Eigentümer als notwendige Schranke der Erhöhung von Einkommen und Lebensstandard der arbeitenden Massen über ein jeweils nur in konventionellen Grenzen flexibles, zur Reproduktion der Arbeitskraft notwendiges Existenzminimum hinaus. Zweitens sah er eine historische Tendenz zum Fall der Profitrate als notwendige Folge des mit dem technischen Fortschritt steigenden Kapitalanteils an den Gesamtkosten der Produktion und als ebenso notwendige Ursache periodischen Rückgangs der Investitionen, mithin periodischer Wirtschaftskrisen. Mit der unvermeidlichen Verschärfung der Wirtschaftskrisen aber erwartete er eine geschichtliche Tendenz zur Zunahme der »industriellen Reservearmee« von Arbeitslosen und damit zur Zunahme der Elendsschicht innerhalb des Proletariats wie der Existenzunsicherheit seiner Gesamtheit. Drittens erwartete er auf Grund der erkennbaren Tendenz zur Konzentration des Kapitaleigentums in immer weniger Händen eine Fortsetzung des Ruins der selbständigen Mittelschichten, mit dem der Siegeszug des industriellen Kapitals begonnen hatte, und also eine zunehmende Polarisierung der Gesellschaft zwischen einer schwindenden Minderheit von Kapitalisten auf dem einen und einer zunehmenden Mehrheit von besitzlosen und verelendeten Proletariern auf dem anderen Pol, die nur mit der revolutionären Expropriation der Expropriateure durch das zunehmend der eigenen Lage und Interessen bewußte Proletariat enden könne.

Ich will hier nicht auf die Begründung der Marxschen Ausbeutungstheorie und die ihr zugrundeliegende Werttheorie eingehen. So umstritten diese immer geblieben ist, so unbestritten ist die zentrale Rolle des Profitstrebens in der kapitalistischen Produktion. Für den Voraussagewert der Marxschen ökonomischen

Analyse kam es nun darauf an, wieweit sich die Unvermeidlichkeit zunehmender Verschärfung der zyklischen Krisen, zunehmender Polarisierung der Gesellschaftsstruktur und zunehmenden Massenelends aus der zentralen Rolle des Profitstrebens ableiten ließen, und wieweit sie sich in der Wirklichkeit bestätigt haben.

Am leichtesten ist die Frage nach der Gültigkeit der »Konzentrationstheorie« als Theorie der gesellschaftlichen Polarisierung zu beantworten. Die Ableitung der Verringerung der Zahl selbständiger, mittelständischer und bäuerlicher Eigentümer aus den Gesetzen der kapitalistischen Produktion war logisch korrekt und hat sich empirisch bestätigt. Doch die erwartete soziale Polarisierung ist aus einer Reihe von Gründen nicht eingetreten. Anstelle der unabhängigen Mittelständler sind zum Teil abhängige, aber relativ gesicherte Zuliefer- und Reparaturbetriebe getreten. Der Verringerung der Anzahl der selbständigen kapitalistischen Konkurrenten steht die breite Verteilung des Aktienbesitzes unter Personen gegenüber, deren Anteil an der Kontrolle des Unternehmens eine juristische Fiktion, deren Anteil am Profit aber real ist. Der Anteil der Industriearbeiter an der Bevölkerung nimmt in allen entwickelten Industrieländern (oder nach dem Modewort postindustriellen Ländern) stetig ab zugunsten des Büropersonals, der Dienstleistungsgewerbe und der öffentlichen Dienste. Kurzum, wir haben eine Tendenz zur Konzentration wirtschaftlicher Macht *ohne* eine Tendenz zur gesellschaftlichen Polarisierung.

Die Marxsche Erwartung der notwendigen Verschärfung der zyklischen Krisen beruhte zum Teil auf der Wahrnehmung der Krisen seiner Zeit, zum Teil auf der werttheoretisch begründeten Erwartung, die Profitrate werde mit fortschreitender Kapitalanlage nicht nur periodisch innerhalb des Zyklus, sondern auch historisch von einem Zyklus zum anderen fallen. In der Tat ist der Zusammenhang der *zyklischen* Schwankungen der Profitrate mit dem Krisenzyklus auch von der nichtmarxistischen modernen Ökonomie in der Form des Keynesschen Begriffs der »marginalen Effizienz des Kapitals« und der Störung des Gleichgewichts von Sparen und Investieren durch ihre Schwankungen übernommen worden. Doch eine *historische* Gesetzmäßigkeit des langfristigen Sinkens der Profitrate hat sich nicht bestätigt; vielmehr haben wir abwechselnd etwa 25jährige Perioden milderer und schärferer Zyklen gehabt. Vor allem aber hat die von Marx nicht vorausgesehene Einführung einer staatlichen Politik, die mit den fiskalischen Mitteln von Keynes »Vollbeschäftigung« und stetiges Wirtschaftswachstum anstrebte, in dem Vierteljahrhundert nach dem Zweiten Weltkrieg das Phänomen der zyklischen Krisen auf marginale Rezessionen reduziert. Die zunehmend schwere Depression des letzten Jahrzehnts beruht auf strukturellen Veränderungen wie Energie- und Rohstoffmangel, Umweltproblemen und Verschiebungen der weltwirtschaftlichen Arbeitsteilung, die mit keynesianischen Methoden der Globalsteuerung nicht wirksam zu bekämpfen sind, aber auch keinen spezifischen Zusammenhang mit der Dynamik des Profitstrebens haben und die Staatswirtschaften der sogenannten »sozialistischen« Länder nicht verschonen.

Die Marxsche Voraussage zunehmenden Massenelends hing logisch von den Erwartungen zunehmender gesellschaftlicher Polarisierung und sich verschärfender Krisen ab. Sie hat sich daher ebensowenig bestätigt wie diese. Im Zeichen des »Wohlfahrtsstaates« hat sich der Lebensstandard der Industriearbeiter und der arbeitenden Bevölkerung im allgemeinen in der westlichen Welt so beispiellos gehoben, daß man in den Industrieländern mit kapitalistischem oder gemischtwirtschaftlichem Eigentum praktisch aufgehört hat, von einem »Proletariat« zu sprechen – außer wenn man das »Subproletariat« benachteiligter Randgruppen, gewöhnlich aus rassischen oder nationalen Minderheiten, meint. Dies letztere ist in einer Reihe von Ländern ein ernstes Problem – aber nicht im Sinne der Marxschen Voraussage. Weit entfernt, ein revolutionäres Bewußtsein zu entwickeln, ist die Arbeiterklasse in allen westlichen Industrieländern auch dort zunehmend gesellschaftlich integriert, wo sie traditionell kommunistisch wählt oder bis vor kurzem noch wählte. Der sogenannte Eurokommunismus in den lateinischen Ländern wiederholt mit einer gewissen historischen Verspätung die Entwicklung der Sozialdemokratie im übrigen Westeuropa zur Reformpolitik im Rahmen des demokratischen Staates.

Proletarische Revolution und proletarische Diktatur

In den politischen Lehren von Karl Marx haben wir zwischen zwei Komponenten zu unterscheiden: einem utopisch-revolutionären Konzept, das im »Kommunistischen Manifest« und in der Revolution von 1848 entwickelt und auch in späteren, nicht-revolutionären Zeiten als theoretisches Fernziel festgehalten wurde; und einem Konzept für die Rolle der sich entwickelnden, nationalen und internationalen Arbeiterbewegung in der nicht-revolutionären Gegenwart, das Marx in den sechziger Jahren des 19. Jahrhunderts in der Ersten Internationale und der Folgezeit praktizierte.

Das politische Grundkonzept von Marx beruht auf der Auffassung, daß jeder Staat das Machtinstrument einer herrschenden Klasse zur Niederhaltung der von ihr ausgebeuteten Klassen sei: In der klassenlosen Gesellschaft des Urkommunismus habe es keinen Staat gegeben, und in der künftigen klassenlosen Gesellschaft werde es keinen geben. Alle kapitalistischen Staaten seien daher mit Notwendigkeit Diktaturen der Bourgeoisie, unabhängig davon, ob ihre politische Form monarchisch oder republikanisch, diktatorisch wie im Frankreich Napoleons III. oder parlamentarisch wie in England sei. Nur die Machtergreifung des Proletariats könne diese bürgerliche Klassenherrschaft beenden, aber auch sie werde nicht sofort einen klassenlosen und staatsfreien Zustand herbeiführen: Zwischen der kapitalistischen und der klassenlosen Gesellschaft liege notwendig die Periode der revolutionären Umwandlung der einen in die andere, und diese Umwandlung könne nur durch die Diktatur der proletarischen Mehrheit über die Reste der ausbeutenden Klassen herbeigeführt werden.

Der Begriff der Diktatur des Proletariats stammt nicht von Marx, sondern aus der Tradition der französischen kommunistischen Verschwörungen von Babeuf in der großen Revolution und von Blanqui zu Marxens Zeiten. Bei diesen bedeutete er politisch die Diktatur der disziplinierten, zentralistisch organisierten Partei, die sie zu schaffen versuchten; und in diesem Sinne hat ihn auch der mit Blanqui befreundete russische revolutionäre Verschwörer Tkatschew übernommen und hat ihn später Lenin unter Berufung auf Marx verwirklicht. Aber bei Marx selbst hatte der Begriff der Diktatur des Proletariats *nicht* den Sinn der Parteidiktatur: Marx definierte die erwartete Diktatur durch ihren Klasseninhalt, hatte aber ziemlich unbestimmte Vorstellungen über ihre politische Form, die sich im Laufe seines Lebens wiederholt änderten. Ursprünglich dachte er an eine proletarische Analogie zur diktatorischen Phase der »bürgerlichen« Französischen Revolution unter Robespierre und dem Wohlfahrtsausschuß, der ja nicht die Diktatur einer organisierten Partei war. In der Revolution von 1848, an der Marx aktiv in den Reihen der radikalen Demokraten und als Förderer der entstehenden deutschen Arbeiterbewegung teilnahm, hat er den Mitgliedern des »Bundes der Kommunisten«, dessen Führung er vorher übernommen hatte, die gleiche Art von Aktivität empfohlen, da nach seiner Meinung die Kommunisten eine Art intellektueller Sauerteig in der Massenbewegung, aber »keine besondere Partei neben oder gegenüber den anderen Arbeiterparteien« sein sollten, wie es schon in seinem »Kommunistischen Manifest« hieß. Im Frühjahr 1850, nach der Niederlage der Revolution, übte Marx in einer Adresse der Zentralbehörde des Kommunistenbundes Selbstkritik, daß er den Zusammenhalt des Bundes in der Revolution vernachlässigt habe; es ist das erste und einzige Dokument, in dem er die Schlüsselrolle der revolutionären Partei betont hat – vielleicht unter dem Einfluß der blanquistischen Emigranten, mit denen er damals nach seiner Rückkehr ins Londoner Exil zusammenarbeitete. Aber schon wenige Monate später löste er den Bund der Kommunisten auf, weil er zur deklamierenden Sekte geworden war, die sich in der nachrevolutionären Wirklichkeit nicht mehr zurecht fand.

In der Ersten Internationale von 1864 bis 1872 hat Marx versucht, alle angeschlossenen Arbeiterorganisationen zu beeinflussen, aber es niemals unternommen, eine auf seine Ideen eingeschworene Partei zu gründen. Dagegen verherrlichte er 1871 im Namen des Generalrats der Internationale in seiner Schrift über den »Bürgerkrieg in Frankreich« die Pariser Kommune als das erste wirkliche Beispiel einer »Diktatur des Proletariats«. Doch die Kommune war alles andere als eine Parteidiktatur – ihre frei gewählten Organe bestanden aus einer Mehrzahl unabhängiger Parteien, unter denen die Blanquisten eine Minderheit waren. Was Marx an ihr vorbildlich fand, waren außer den sozialen Maßnahmen und dem Kampfgeist der Versuch, in den Händen der gewählten Arbeiter gesetzgebende und ausführende Gewalt zu vereinigen, dabei auf jede professionelle Bürokratie zu verzichten und die gewählten Vertreter selbst jederzeit abwählbar zu halten: Es war dieses Modell einer radikalen, direkten Demokratie, das Lenin 1917 als Vorbild der Sowjets proklamierte –

und das er nach der Machtergreifung durch deren Unterordnung unter seine bolschewistische Partei rasch abschaffte. Schließlich hat nach Marxens Tod sein lebenslanger Arbeits- und Kampfgefährte Friedrich Engels die demokratische Republik als die natürliche politische Form einer »Diktatur des Proletariats« im Marxschen Sinne bezeichnet.

Natürlich blieb Karl Marx bis zu seinem Tode vor hundert Jahren ein Revolutionär nicht nur im sozialen, sondern auch im politischen Sinne des Wortes – aber eben nicht der Propagandist, noch weniger der organisatorische Vorläufer einer revolutionären Parteidiktatur. Unter den sozialistischen Denkern, die sich im frühen 20. Jahrhundert auf ihn beriefen, stand Rosa Luxemburg mit ihrem Glauben an die revolutionäre Spontaneität der Massen ihm näher als Kautsky auf der einen – oder Lenin auf der anderen Seite. Und selbst Marxens Überzeugung von der Unvermeidlichkeit einer gewaltsamen politischen Revolution, einer bewaffneten Machtergreifung des Proletariats, zur Verwirklichung des sozialistischen Ziels hat er schon 1872, im Augenblick der Auflösung der Ersten Internationale, auf Länder mit starkem staatlichen Militär- und Polizeiapparat wie das bonapartistische Frankreich und das Bismarcksche Deutschland eingeschränkt: In seiner berühmten Amsterdamer Rede nach dem Haager Spaltungskongreß gab er der Überzeugung Ausdruck, daß in Ländern ohne stehendes Heer und zentralisierte Polizei, wie England, Amerika und vielleicht auch Holland, ein demokratischer Sieg der Arbeiterbewegung ohne gewaltsame Revolution vorstellbar sei.

Marx und die wirkliche Arbeiterbewegung

Damit kommen wir zu dem anderen Teil des Marxschen politischen Konzepts, das seine Vorstellung von den langfristigen Aufgaben der Arbeiterbewegung in nichtrevolutionären Situationen bestimmte. Es beruhte, bei allem Internationalismus und aller Überzeugung von der Wichtigkeit eines theoretisch begründeten Zielbewußtseins, auf der Erkenntnis, daß die Arbeiterbewegung unter den Bedingungen verschiedener Länder notwendig verschiedene Erfahrungen macht und verschiedene Kampfformen entwickelt. Trotz des großen Einflusses, den Marx auf Grund seiner enormen Kenntnis der politischen und sozialen Verhältnisse, seines internationalen Horizonts und der Geschlossenheit seiner theoretischen Konzepte etwa auf die Dokumente der Ersten Internationale von ihrer Gründung an auszuüben vermochte, hat er daher niemals versucht, so grundverschiedenen angeschlossenen Organisationen wie den jeder Parteibildung feindlichen, aber organisatorisch starken englischen Gewerkschaften seiner Zeit, den zunächst proudhonistisch politikfernen, später bakunistisch revolutionären und immer organisatorisch schwachen Syndikalisten der romanischen Länder, den Schweizer Sozialdemokraten deutscher Zunge und den zunächst am Anschluß an die Internationale durch Verbot verhinderten deutschen Lassalleanern und »Eisenachern« mit Hilfe organisatorischer Manipulationen ein einheitliches Programm und eine gemeinsame Strategie aufzuzwingen: Er verließ sich darauf, daß die eigene Erfahrung dieser Bewegungen sie einander und den von ihm theoretisch als richtig erkannten Zielvorstellungen näherbringen würde und sah es als seine Aufgabe an, diesen Prozeß zuerst durch Betonung der gemeinsamen Grundinteressen in Gang zu bringen und später durch Beratung und Diskussion ohne Versuch der Ausübung von Kommandogewalt zu erleichtern.

Eine Reihe von Biographen, die mehr mit den Ausbrüchen von Marxens persönlicher Intoleranz, Wut und Verachtung gegenüber »Rivalen« in seiner Korrespondenz als mit der Praxis seines politischen Verhaltens in der Internationale vertraut sind, haben das Bild eines machtgierigen Eiferers gezeichnet, dessen orthodoxe Unduldsamkeit und Sendungsbewußtsein ihn zum notwendigen Vorläufer Lenins und Stalins gemacht habe. Sie haben dabei die persönlichen Mängel seines in der Tat wenig liebenswerten Charakters in ihrer geschichtlichen Bedeutung überschätzt und die intellektuelle und politische Leistung eines großen Denkers in oft absurder Weise unterschätzt – und sie haben der bolschewistischen Diktatur einen unverdienten Ahnherrn zugesprochen. Marx hat natürlich, wie alle andersdenkenden Führer, immer wieder versucht, in der Internationale seine Absichten so weit wie möglich mit Argumenten durchzusetzen; aber er hatte keine eigene Partei oder organisierte Fraktion in ihren Reihen, und er konnte und wollte schon deshalb nicht versuchen, ihr seine besonderen Ansichten aufzuzwingen. Vor allem war ihm die Wahrung der Einheit der internationalen

Assoziation dieser verschiedenartigen Bewegungen für deren künftige Entwicklung wichtiger als die schnelle Durchsetzung seiner eigenen Theorie. Die schließliche Spaltung nach der Niederlage der Pariser Kommune war nicht die Folge der Intoleranz von Marx, sondern der rastlosen Verschwörertätigkeit Bakunins, der wirklich eine internationale Fraktion aufbaute und zugleich die Internationale durch seine bedenkenlose Zusammenarbeit mit dem russischen Zerstörungsfanatiker Netschajew kompromittierte. Es war diese Entwicklung, die Marx 1872 nur den Weg der Spaltung und Auflösung übrigließ, um die Zukunft der Arbeiterbewegung zu sichern.

Die Offenheit des Marxschen Denkens für eine Vielfalt von Formen der neuen Bewegung, bei aller Kritik an dem, was er als deren jeweilige nationale Vorurteile ansah, hat sich auch im letzten Jahrzehnt seines Lebens immer wieder gezeigt. So hat er die Entwicklung der beiden Quellflüsse der deutschen Sozialdemokratie, des von Lassalle begründeten Allgemeinen Deutschen Arbeitervereins und der von August Bebel und Wilhelm Liebknecht geschaffenen Organisation, mit deren Führern er freundschaftlich verbunden war, zu ihrer Vereinigung in Gotha 1875 verfolgt und diese Parteigründung begrüßt, während er gleichzeitig die Zielvorstellungen des Gothaer Programms intern hart kritisierte. So hat er aber auch den russischen Revolutionären der Narodnaja Wolja, die nicht durch einen doktrinären Zerstörungswillen wie Bakunin, sondern durch das völlige Fehlen demokratischer Betätigungsmöglichkeiten in den siebziger Jahren auf den Weg des Terrors getrieben wurden, die aber gleichzeitig das Ziel freier Wahlen nach dem Sturz des Zarismus proklamierten, seinen Respekt gezeigt. Es war in einem Brief an ihre Vorkämpferin Vera Sassulitsch, daß Marx die berühmten Worte schrieb, seine Lehre sei »kein passe-partout«, kein Universalschlüssel für die Strategie und Taktik der sozialistischen Bewegungen aller Länder und unter allen Bedingungen.

Ich habe zu zeigen versucht, wie sich in der Marxschen Lehre Elemente eines diesseitigen Erlösungsglaubens mit Elementen einer zum Teil bahnbrechenden wissenschaftlichen Analyse vermischten und durchdrangen. Das galt auch für Marxens politische Aktivität: Er wollte der entstehenden sozialistischen Arbeiterbewegung, von deren historischer Bedeutung er tief überzeugt war, ein klares Bild von ihrer über alle Verschiedenheiten hinweg gemeinsamen Aufgabe und von einem gemeinsamen Ziel der gesellschaftlichen Umwälzung geben – wenn man will, ihr eine gemeinsame Vorstellung vom anzustrebenden Heil vermitteln. Aber er sah sich immer nur als den Lehrer dieser Bewegung, nie als einen Führer im organisatorisch-politischen Sinne: Er wollte ihr Prophet sein, nicht der Messias – der Messias der Menschheit war nach seiner Vorstellung die Arbeiterklasse selbst. Eben hier liegt der grundsätzliche Unterschied zwischen der Diesseitsreligion von Marx einerseits, der totalitären Bewegung und dem totalitären Staat andererseits, die Lenin auf dieser Diesseitsreligion aufbaute. Das Wesen der totalitären Bewegung ist die Bindung der Erlösungshoffnung an eine bestimmte Partei unter einem bestimmten Führer: Der Träger der Erlösungserwartung ist nicht mehr ein objektives soziales Gebilde, eine Klasse oder Nation, sondern eine Partei und eine Person – der Messias bekommt einen Eigennamen. Darum war das diesseitsreligiöse, utopische Element der Marxschen Lehre gewiß eine Voraussetzung der späteren Entwicklung zur bolschewistischen Diktatur, aber keine *hinreichende* Voraussetzung; der totalitäre Staat war eine *mögliche* Folge der Marxschen Lehre, aber keine *notwendige* und gewiß keine von ihrem Schöpfer beabsichtigte Folge.

Das Schicksal der Marxschen Lehre

Damit sind wir bei der Frage nach der geschichtlichen Wirkung der Marxschen Lehre. Wir hatten in ihr die beiden grundlegenden Komponenten einer quasi-religiösen Heilsverheißung im Diesseits einerseits, einer wissenschaftlichen Leistung von umwälzender Originalität und Tragweite andererseits unterschieden; wir hatten auch gezeigt, wie beide Elemente sich in der politischen Konzeption von Marx vermengten. Es ist natürlich, daß die beiden Elemente verschiedene geschichtliche Schicksale gehabt haben.

Das typische Schicksal von bahnbrechenden wissenschaftlichen Entdeckungen ist, daß sie zunächst oft auf heftigen Widerspruch der Fachgelehrten stoßen. Einer Phase der schrittweisen Durchsetzung folgt typisch ihre Integration in den Gesamtbestand des Wissens, von dem sie immer weniger unterschieden werden. Schließlich werden sie im Laufe der wissenschaftlichen Entwicklung ganz oder teilweise überholt und werden Bestandteil der Wissenschaftsgeschichte.

Diesseitsreligionen haben oft einen stürmischen Glaubensaufschwung als Folge einer länger dauernden gesellschaftlichen Krise. Aber weil sie an die Bedingungen einer bestimmten Phase der Geschichte gebunden sind und weil sie ein Paradies auf Erden verheißen, das nicht verwirklicht werden kann, haben sie notwendig eine begrenztere Lebensdauer als jene kulturgestaltenden Religionen, die in der Transzendenz des diesseitigen Lebens verankert sind. Früher oder später verblassen sie überall dort, wo ihre revolutionäre Verwirklichung nicht versucht wird, zu einem bloßen Hintergrund des Alltagslebens; doch können neue gesellschaftliche Krisen unter Umständen zu einem »Revival«, einem Neuaufleben der diesseitsreligiösen Hoffnung führen, die freilich noch kurzlebiger ist als der ursprüngliche Glaubensaufschwung. Wo aber der Versuch einer revolutionären Verwirklichung gemacht und nach oft schweren Opfern schließlich als offenkundig mißlungen erkannt wird, verlieren sie ihre Glaubwürdigkeit und erstarren zur zynischen Phrase.

Die wissenschaftlichen Entdeckungen

Diese typischen Verläufe lassen sich auch an den Marxschen wissenschaftlichen Entdeckungen einerseits, an den Marxschen Heilsverheißungen andererseits verfolgen. Die Marxschen Ideen über die Rolle von Produktivkräften, Produktionsverhältnissen und Klassenkämpfen in der Dynamik der Geschichte haben nach anfänglichem starken Widerstand eine immense Wirkung auf die Geschichtswissenschaft und Soziologie der Gegenwart ausgeübt, weit über den Kreis jener hinaus, die sich als Anhänger des »Marxismus« bekennen. Doch während sich die Marxschen Fragestellungen auf diesen Gebieten als höchst fruchtbar erwiesen, stießen die Versuche dogmatischer, »marxistischer« Antworten auf um so mehr Widerstand, je mehr die Forschung diesen Fragestellungen folgte.

Wir haben schon auf die Verschiedenheit des Geschichtsverlaufs in nichtwestlichen Kulturen hingewiesen, denen die für den Westen charakteristische Dynamik fehlte, und damit auf die von Marx unterschätzte Bedeutung kultureller und institutioneller Faktoren. Und so gewiß die zum Teil brillanten zeitgeschichtlichen Schriften von Marx zeigen, daß er von einer engen These des Vorrangs ökonomischer *Motive* im menschlichen Verhalten weit entfernt war, so gewiß zeigt der neuere Geschichtsverlauf, einschließlich der Geschichte der Arbeiterbewegung und des Wirtschaftslebens, daß er sowohl die Rolle des Nationalismus wie den Wirkungsbereich des Staates in modernen Gesellschaften weit unterschätzt hat. So ist der Durchsetzung der grundlegenden historischen und soziologischen Erkenntnisse von Marx und ihrer Integration in die allgemeine Wissenschaftsentwicklung notwendig auch die Erkenntnis ihrer Grenzen gefolgt.

In der ökonomischen Wissenschaft ist die Marxsche Werttheorie nie breit akzeptiert worden, doch der Begriff des Kapitalismus als einer historischen Wirtschaftsformation, in der das Profitstreben eine einzigartige Dynamik entfaltet hat, ist weitgehend anerkannt. Die von Marx bekämpfte harmonistische Interpretation dieses Wirtschaftssystems, wonach ein Minimum staatlicher Eingriffe in den Marktmechanismus ein Maximum ungestörten Funktionierens des Wirtschaftssystems sichere, ist zwar nicht aus der wissenschaftlichen Diskussion verschwunden, aber äußert sich mehr in der Predigt ihrer Anhänger als in der Praxis der Regierungen kapitalistischer Länder, abgesehen von ihrem wenig erfolgreichen Revival unter dem Namen des »Monetarismus«. Doch so gewiß die keynesianische Alternative zu dieser Harmonielehre in einigen Grundeinsichten mit der Marxschen Lehre vom Krisenzyklus übereinstimmt, ohne daß Keynes sich anscheinend dieser Übereinstimmung bewußt war, so gewiß hat die auf Keynes und die schwedischen Nationalökonomen zurückgehende Wirtschaftspolitik der Globalsteuerung mit geldpolitischen und fiskalischen Mitteln die Marxsche Krisenlehre überholt. Während Marx die ökonomischen Steuerungsmöglichkeiten des Staates auch bei Fortbestehen des kapitalistischen Eigentums an den Produktionsmitteln nicht voraussah, hat er erst recht nicht die ganz neuen Krisenursachen voraussehen können, die mit der physischen Begrenzung des Wachstums der Produktion durch wiederholte Erschöpfung von Energie- und Rohstoffquellen und durch mit dem Wachstum zunehmende Umweltschäden verbunden sind. In der Tat liegt eine der größten nach-Marxschen Umwälzungen unseres Denkens darin, daß an die Stelle seiner Erwartung der kommenden Fesselung der Produktivkräfte durch das kapitalistische Eigentum und seiner

Hoffnung auf deren Entfesselung im Sozialismus heute die allgemeine Sorge getreten ist, daß mit der bisher schrankenlosen Entfesselung der Produktivkräfte im Kapitalismus eine zunehmende, unvorhergesehene Entfesselung von Destruktivkräften aufgetreten ist.

Das politische Konzept

Marxens politisches Konzept von der Rolle des Proletariats hat zum Erwachen des Selbstbewußtseins der Arbeiterbewegung in vielen Ländern wesentlich beigetragen und auch zu ihrem Bekenntnis zum Internationalismus, der schon 1889, bald nach seinem Tode, in der Gründung einer neuen Internationale demokratisch-sozialistischer Parteien seinen Ausdruck fand; auch das Verständnis dieser Parteien für die Notwendigkeit der Zusammenarbeit mit unabhängigen Gewerkschaftsorganisationen als Vertretern der unmittelbaren Tagesinteressen der Arbeiter ist durch seine Gedanken gefördert worden. Doch seine Vorstellung, daß unter den Bedingungen kapitalistischer Produktionsverhältnisse jeder Staat, unabhängig von seiner politischen Form, notwendig ein Instrument der Diktatur der Bourgeoisie sei, entstammte einer Zeit vor der vollen Entwicklung der modernen Demokratie, in der die entwickelten europäischen Staaten entweder kein allgemeines, gleiches Wahlrecht oder keine dem gewählten Parlament verantwortlichen Regierungen hatten. Die politischen Arbeiterparteien konzentrierten sich daher, je breiteren Anhang sie gewannen, desto mehr auf die Aufgabe, den Kampf um die sozialen Rechte der Arbeiter mit dem Kampf um die Demokratie des gleichen Wahlrechts zu verbinden – um den »Volksstaat«, um den von Marx verachteten Ausdruck des Gothaer Programms zu gebrauchen; und sie sahen sich als revolutionär nur insofern und solange, wie ihnen die vollen demokratischen Rechte verweigert wurden. Im Maße, wie der »bürgerliche Staat« ihnen soziale und sei es selbst unvollständige demokratische Rechte gewährte, fingen die meisten dieser »sozial-demokratischen« Parteien denn auch an, sich mindestens teilweise mit den nationalen Interessen dieses Staates zu identifizieren – eine Entwicklung, die 1914 in der Bewilligung der Kriegskredite für den Ersten Weltkrieg durch ihre Mehrheit gipfelte, die von der Minderheit von revolutionär gesinnten Marxisten als Verrat an den Grundsätzen des internationalen Sozialismus angesehen wurde und die zum zeitweisen Zusammenbruch und zur Spaltung der Zweiten Internationale führte.

Zugleich ist die Marxsche Zielvorstellung einer Diktatur der proletarischen Mehrheit, die – wie schon erwähnt – nicht mit einer konsequenten Vorstellung von deren politischer Form verbunden war, von der Geschichte in doppelter Weise ad absurdum geführt worden. Auf der einen Seite hat in den entwickelten Industrieländern der Anteil des eigentlichen Proletariats an der Bevölkerung von einem gewissen Punkt an abgenommen, und schon vorher hat die Vorstellung von der kommenden Revolution in diesen Ländern nicht einen aktiven *Willen* zur Machtergreifung, sondern lediglich die *Erwartung* eines künftigen Zusammenbruchs der kapitalistischen Gesellschaftsordnung herbeigeführt, um mit dem Ausbau der demokratischen Institutionen und der zunehmenden Integration der Arbeiterschaft in die entwickelte Industriegesellschaft mehr und mehr zu verblassen. Auf der anderen Seite ist der Wille zur Revolution vor allem in unterentwickelten und undemokratischen Ländern lebendig geblieben, in denen die Arbeiterklasse eine offensichtliche Minderheit und ihre Partei politisch unterdrückt war, wie in Rußland; und dort hat die kommunistische Revolution, die sich auf Marx berief, ebenso wie später in anderen unterentwickelten Ländern zur totalitären Parteidiktatur einer Minderheit geführt, die Marx weder vorausgesehen noch gewollt hatte.

Die Heilserwartung und ihr Schwinden

Nach diesem Überblick über das Schicksal der wissenschaftlichen Analysen und Prognosen und der politischen Konzepte von Marx ist es an der Zeit, die abschließende Frage nach dem Schicksal der Marxschen Diesseitsreligion, nach dem Erbe der Heilserwartung des weltlichen Propheten Karl Marx zu stellen. In den kommunistisch regierten Ländern, auch und gerade in Rußland und China, wo die größten und blutigsten Umwälzungen im Namen dieses Glaubens stattgefunden haben, ist er heute tot: Ihre regierenden Parteien orientieren sich zwar noch immer an einem dogmatisierten Weltbild, das sie für »marxistisch« halten, aber sie erwarten nicht mehr das Kommen der vollkommenen, konfliktfreien kommunistischen Gesellschaft, für deren

131

Verwirklichung in der Sowjetunion Chruschtschow noch 1961 das Jahr 1980 als Termin setzte und um derentwillen Mao Tsetung noch in der »großen proletarischen Kulturrevolution« von 1966 die Entwicklung Chinas um mehr als ein Jahrzehnt zurückwarf.

In der Arbeiterbewegung der westlichen Industrieländer hat diese Heilserwartung mit der Durchsetzung der Demokratie als politisches System und der Ersetzung des von Marx analysierten Kapitalismus durch eine staatlich gesteuerte Mischform des Wirtschaftens mit einem hohen Grad von sozialer Sicherheit seit langem ihre Virulenz verloren – zuerst in den sozialdemokratischen Parteien, dann stillschweigend in der Anpassung der verbleibenden kommunistischen Massenparteien an die demokratische Ordnung und schließlich in deren auch offizieller Bekehrung zu einem nicht mehr revolutionären »Eurokommunismus«. Freilich hat sich fast gleichzeitig mit dem Beginn dieser letzten Entwicklung Ende der sechziger Jahre im Westen ein erstaunliches »Revival« dieser auf Marx bezogenen diesseitigen Heilserwartung nicht in der Arbeiterschaft, aber in der studentischen Protestbewegung vollzogen und hat neben begeisterten und zum Teil gewalttätigen Demonstrationen auch eine Flut neo-marxistischer Literatur produziert. Doch diese neo-marxistische Jugendbewegung hat keine Ansatzpunkte zur politischen Veränderung der Gesellschaft gefunden; und sie hat sich als höchst kurzfristig erwiesen – nicht etwa, weil die nächste junge Generation mit den bestehenden Verhältnissen zufriedener wäre, sondern weil sie den in der Aufklärung wurzelnden Glauben an eine diesseitige Erlösung durch eine im Namen der Vernunft proklamierte Utopie nicht mehr teilt: Im Zeichen der doppelten Angst vor dem Untergang der Menschheit durch einen Nuklearkrieg oder durch eine fortschreitende Vergiftung der Umwelt neigt sie dazu, die schrankenlose Entwicklung der Produktivkräfte nicht als Weg zum Heil, sondern zur Katastrophe zu sehen.

Karl Marx hat dieser Generation mit ihrer tiefen Skepsis gegenüber der menschlichen Vernunft und dem industriellen Fortschritt nichts mehr zu sagen. Dasselbe gilt auch für die neuesten Bewegungen in der unterentwickelten Dritten Welt. Dort haben zwei Generationen lang viele revolutionäre Bewegungen, die nationalistische und sozialistische Ideen zu einem Programm der raschen, vom Westen unabhängigen Modernisierung zu verbinden suchten, ihre geistige Nahrung von einer leninistisch umgefärbten Form des Marxismus bezogen. Doch die meisten sind dabei gescheitert; und heute sehen wir einerseits entstehende, neue Industrieländer, die den revolutionären Weg verweigert haben, und andrerseits Länder, die auf diesem oder anderen Wegen bisher an den Schwierigkeiten der Modernisierung gescheitert sind und in denen neue, anti-modernistische Bewegungen sich von jenem Vorbild einer Modernisierung nach westlichem Muster abwenden, von dem auch der Marxismus eine Variante ist. Die Schranke gegen jeden Einfluß von Marx auf die anti-modernistischen, etwa vom islamischen Fundamentalismus inspirierten Bewegungen der Dritten Welt, wie gegen seinen Einfluß auf die alternativen Bewegungen der heutigen Jugend ist seine Herkunft aus dem Rationalismus der westlichen Aufklärung.

Wir Älteren freilich, die wir die Lehren des Denkers Marx einmal kritisch aufgenommen haben, ohne seine Diesseitsreligion zu teilen, werden weder vergessen, was die Wissenschaft, auch die sogenannte »bürgerliche Wissenschaft«, von seinem Bild der Menschheitsgeschichte gelernt, noch was die junge Bewegung der einst rechtlosen Industriearbeiter durch seine Botschaft an Selbstvertrauen und Zusammenhalt gewonnen hat. Und wir werden nicht auf die Lehre verzichten, die wir aus der Auseinandersetzung mit Marx gezogen haben: daß nämlich die Menschheit daran festhalten muß, auch ohne diesseitige Heilserwartung ihren Weg in die Zukunft mit Vernunft zu suchen.

Ernest Mandel

Emanzipation, Wissenschaft und Politik bei Karl Marx

Der Mensch als »des Menschen höchstes Wesen«

Marxens geistige Tätigkeit, die mit seiner praktischen bald zu einer homogenen, bis zum Ende seines Lebens andauernden Einheit verschmolz, ging von der Notwendigkeit der Emanzipation aus. Sie war in diesem Sinn ein Produkt der Freiheitsgedanken, die seit der Aufklärung – oder besser: seit der Reformation – über die Französische Revolution und ihre Erben, über die revolutionären Demokraten der zwanziger und dreißiger Jahre des 19. Jahrhunderts, über die Junghegelianer und die ersten sozialistischen Gruppen, in Europa und Amerika unter den verschiedensten Formen zum Durchbruch kamen. Sie kann zusammengefaßt werden in dem Anliegen, »alle Verhältnisse umzuwerfen, in denen der Mensch ein erniedrigtes, ein geknechtetes, ein verlassenes, ein verächtliches Wesen ist« (Zur Kritik der Hegelschen Rechtsphilosophie, MEW: 385).

Diesem Emanzipationsziel ist Marx sein Leben lang treu geblieben. Er hat es weder beim Übergang von der kleinbürgerlichen zur proletarischen Demokratie und zum Kommunismus noch bei der Herausbildung der Theorie des historischen Materialismus und dem Einsteigen in die revolutionäre Praxis aufgegeben. Wir finden es in allen seinen Hauptwerken wie in jenen von Friedrich Engels, vom »18. Brumaire des Louis Bonaparte«, von den »Grundrissen« und dem »Kapital« bis zum »Bürgerkrieg in Frankreich« und der »Kritik des Gothaer Programms«.[1] Das Anliegen ist der wissenschaftlichen und politischen Tätigkeit sozusagen vorgelagert. Maximilien Rubel (1957) nennt es ein moralisches Anliegen, andere sprechen von einem philosophischen Ansatz. Wie dem auch sei, diese Frontstellung genügt, um

134

den von zahlreichen Marx-Kritikern erhobenen Vorwurf, der Marxismus käme einer Verabsolutierung, einer Hypostase der Geschichte gleich, ad absurdum zu führen.[2] Hat sich doch Marx wiederholt über alle diejenigen lustig gemacht oder geärgert, die ihre Ketten anbeten, nur weil es historisch geschaffene Ketten seien ...

Es scheint eher angebracht, von einem axiomatischen Ausgangspunkt zu sprechen, der auf die Formel gebracht werden kann: Nur der Mensch sei des Menschen höchstes Wesen. Zumindest konnte diese Formel anthropologisch begründet werden. Ein orthodoxer, d. h. im Geiste Marxens »handelnder« Marxist bleibt gebunden an die Verpflichtung, alle unmenschlichen gesellschaftlichen Verhältnisse zu bekämpfen. Er könnte dieser Verpflichtung nur enthoben werden, wenn der Beweis erbracht wäre, daß unmenschliche Verhältnisse die Vermenschlichung des Menschen als eines angeblich schlechten Menschen begünstigen, was offensichtlich absurd ist. Wenn man die Hölle auf die Erde bringt, ist dies kein Grund, sich in ihr häuslich einrichten oder sie gar als notwendiges Durchgangsstadium zum Paradies zu proklamieren. Millionen von Menschen könnten dies psychisch und praktisch sowieso nicht bewältigen. Sie erleben die Hölle als Hölle; und keine Mystifikation kann auf die Dauer verhindern, daß sie dagegen aufbegehren. Es ist eine elementare Pflicht, an ihrer Seite gegen die Unmenschlichkeit zu kämpfen. Das ist die Verpflichtung, die Marx sein Leben lang leitete und die uns alle leiten sollte.

Weit davon entfernt, uns von dieser Verpflichtung zu entbinden, geben ihr die Theorie des historischen Materialismus und die Parteinahme für das Proletariat im laufenden Klassenkampf der bürgerlichen Gesellschaft nur eine zusätzliche Begründung. Diese wissenschaftliche Erkenntnis besagte, daß die Geschichte aller zivilisierten Gesellschaften bis jetzt die Geschichte von Klassenkämpfen war und ist; und daß diese Geschichte sich um materielle Interessen dreht (die Verteilung des gesellschaftlichen Produkts zwischen notwendigem Produkt und Mehrprodukt). Sie führt Einkommen und Privilegien aller Herrschenden sowie die Herrschaft selbst letzten Endes auf von Produzenten erzwungene Mehrarbeit und den damit verknüpften Kampf um die Erweiterung oder Einschränkung dieser Mehrarbeit zurück. Sie stellt fest, daß diese Klasseneinteilung der Gesellschaft ein unvermeidliches Durchgangsstadium der Geschichte sei, das die Entwicklung der Produktivkräfte fördere, ohne die eine wirklich menschliche klassenlose, auf Bedürfnisbefriedigung fundierte Gesellschaft unmöglich sei. Sie kommt so zu dem parallelen Ergebnis, daß die ausgebeuteten Klassen wohl periodisch gegen ihre Ausbeutung rebellieren und sogar oft die Errichtung dieser klassenlosen Gesellschaft anstreben, unter vorkapitalistischen oder frühkapitalistischen Verhältnissen jedoch dieses Ziel wegen des Fehlens einer genügend entwickelten materiellen und deshalb auch geistigen und moralischen Basis nicht erreichen konnten.

Sie kommt deshalb zum Schluß, daß der moderne Kapitalismus durch die Entfaltung der riesigen Produktivkräfte zum ersten Mal in der Geschichte die Grundlagen für die allgemeine Emanzipation, d. h. für die klassenlose Gesellschaft, schafft. Aber diese Emanzipation setzt voraus die Aufhebung des Privateigentums, der Warenproduktion und der Marktwirtschaft sowie der auf ihnen begründeten Konkurrenz, des privaten Bereicherungstriebs und des verallgemeinerten Egoismus. Die Verwirklichung dieser Ziele ist nur möglich, wenn der sozialistische (kommunistische) Kampf für sie verschmilzt mit dem tatsächlich ablaufenden Kampf einer materiell daran interessierten, geistig dafür vorbereiteten und gesellschaftlich dazu neigenden Klasse, d. h. einer Klasse, die potentiell fähig ist, »alle Räder stillstehen« zu lassen, wenn sie es will, und die Organisation der Produktion als assoziierte Produzenten selbst zu übernehmen.

Diese Klasse ist das moderne Proletariat, die Klasse der Lohnabhängigen, die zu dieser Aufgabe durch ihre Stellung in der bürgerlichen Gesellschaft und die Entwicklung des Kapitalismus mit allen seinen Gegensätzen vorbereitet wird, aber auch durch eine hohe kollektive Organisationsfähigkeit und kollektive Solidarität, wozu sie der Kapitalismus selbst erzieht.

Die Marxsche Formel, daß die Emanzipation des Proletariats die Emanzipation der gesamten Menschheit darstelle, darf nicht dahin mißverstanden werden, daß vom Moment dieser Erkenntnis an für Marx die Emanzipation des Proletariats an die Stelle der Emanzipation der Menschheit tritt. Schon allein Marx' leidenschaftliche Stellungnahme für die Emanzipation der amerikanischen Negersklaven oder für unterdrückte Nationen wie die Polen und die Iren, seine Identifizierung mit den aufständischen

Tai-Pings in China und Sepoys in Indien[3] – alles gesellschaftliche Gruppen, die keineswegs unter dem Begriff Proletariat subsumiert werden können – genügt, um diese Schlußfolgerung zu begründen. Proletarische Emanzipation ist *absolute Vorbedingung* für gesamtmenschliche Emanzipation, aber nur Vorbedingung, nicht Ersatz. Sollte die historische Erfahrung beweisen, daß für die Arbeiterklasse »stellvertretend« agierende Parteien neue Ausbeutungsformen einführen, neue unmenschliche Zustände schaffen, dann müssen diese genauso rücksichtslos bekämpft werden wie kapitalistische oder vorkapitalistische, auch wenn man diese »sozialistische« Ausbeutung und Unterdrückung als historisch fortschrittlich gegenüber der kapitalistischen ansieht. Ist dieser Schluß als dem Marxschen Denken entsprechend gerechtfertigt, obwohl unseres Wissens Marx sich nie explizit zu diesem Problem geäußert hat? Diese Berechtigung folgt aus dem dialektischen und nicht mechanischen, dem zweigleisigen und nicht-linearen Fortschrittsbegriff, der quer durch alle Schriften Marxens läuft.

Als konsequente Materialisten haben Marx und Engels ein Meßinstrument des materiellen Fortschritts der Menschheit ausgearbeitet, den Entwicklungsstand der Produktivkräfte, meßbar an der durchschnittlichen gesellschaftlichen Arbeitsproduktivität. In diesem Sinne ist es durchaus tunlich, von fortschrittlichen Gesellschaftsformationen zu sprechen oder aufeinanderfolgende Produktionsweisen aufgrund dieses Kriteriums als »fortschrittlich« oder »rückschrittlich« zu beurteilen. Wenn in einer bekannten Stelle des »Anti-Dühring« Engels feststellt, die antike Sklaverei sei fortschrittlich gewesen, weil ohne sie die große Entfaltung der antiken Kunst, Philosophie und Wissenschaft nicht möglich gewesen wäre, so bleibt dies auf Grund der heutigen Erkenntnisse ein wissenschaftlich begründetes Urteil. Aber aus dieser materiellen Grundlage des Fortschrittsbegriffs haben Marx und Engels keineswegs Schlüsse gezogen, die das Aufbegehren der vorkapitalistisch oder frühkapitalistisch ausgebeuteten und unterdrückten Gesellschaftsklassen als »gegen den Fortschritt gerichtet« verurteilten. Im Gegenteil, sie nahmen Partei für die Sklavenaufstände gegen die Sklaverei, für die Bauernaufstände in der alten asiatischen Produktionsweise, für die Bauernkriege des auslaufenden Mittelalters, für die aufständischen, maschinenstürmenden Arbeiter des Frühkapitalismus.

Ohne die geringen historischen Chancen oder die geschichtliche Ausweglosigkeit dieser Kämpfe zu verkennen oder zu unterschlagen, sahen sie die Berechtigung dieses Aufbegehrens in der allgemeinen Berechtigung jedes menschlichen Kampfes gegen unmenschliche Zustände.

Weiterhin liegt in der historischen Kontinuität des Kampfes gegen gesellschaftliche Ausbeutung eine gewaltige Tradition der Kampf- und Organisationsformen sowie der revolutionären Gedanken, Ideale, Träume, Hoffnungen begründet, aus denen der proletarische Emanzipationskampf sich unvermeidlich nährt und aus denen er sogar unmittelbar hervorgeht und ohne die seine Entfaltung unvergleichlich schwieriger gewesen wäre, als sie es so war. Länder ohne vorproletarische revolutionäre Tradition – es gibt sie glücklicherweise kaum – oder mit nur geringer derartiger Tradition sind Länder mit einer unerhört schwer sich entwickelnden politischen Arbeiterbewegung.[4]

In der Behandlung des Maschinismus in Band I des Marxschen »Kapital« kommt dieser doppelgleisige Fortschrittsbegriff besonders stark zur Geltung. Entgegen allen romantischen, seichten, moralisierenden Kritikern des Kapitalismus unterstreicht Marx kühl und sachlich diesen riesigen materiellen Fortschritt und die riesige befreiende Potenz des Maschinismus, d. h. die Potenz zur Aufhebung der menschlichen Zwangsarbeit. Im Zeitalter der beginnenden Automation und sich entfaltender Mikro-Elektronik sind dies geradezu prophetisch klingende Aussagen. Aber sich gleichzeitig gegen die positivistischen, zynischen oder problemblinden Apologeten bürgerlicher Herkunft wendend, weist Marx den Unterschied auf zwischen Potenz und Wirklichkeit und unterstreicht die unmenschlichen Auswirkungen der Maschinerie im Kapitalismus (vgl. die die Erwerbslosigkeit stimulierende Anwendung der Mikro-Elektronik heute). Er verknüpft die *spezifisch kapitalistische* Anwendung des fixen Kapitals und des Fabriksystems mit den *kapitalistisch bestimmten* Formen von Technologie und Industrie, die sich nur entfalten können, indem sie die beiden Quellen menschlichen Reichtums gefährden, untergraben und potentiell zerstören: die Natur und die menschliche Arbeitskraft. Weil der unter dem fortschrittlichen Kapitalismus arbeitende Arbeiter ein verstümmelter, entfremdeter, geknechteter, elender Arbeiter ist, deshalb ist seine Rebellion gegen diese Zustände genauso fortschrittlich wie der Kapitalismus selbst, genauso eine Triebkraft des wirtschaftlichen und gesellschaftlichen Fortschritts und der Wirtschafts- und Gesellschaftsgeschichte, auch wenn sie nicht unmittelbar und sogar nicht mittelfristig zur tatsächlichen Aufhebung der unmenschlichen Zustände führt. Und was für Marx für den Kapitalismus (und für vorkapitalistische Gesellschaften) offensichtlich ist, träfe in seinem Geiste voll und ganz auf nachkapitalistische Gesellschaften zu.

Auf dem Weg zum wissenschaftlichen Sozialismus

Die Entwicklung des wissenschaftlichen Sozialismus als Wissenschaft hat ihre eigene innere Gesetzmäßigkeit, die mit der Logik der Emanzipation nicht notwendigerweise identisch ist. Wissenschaft ist streng objektiv und kann nicht irgendwelchen außerwissenschaftlichen Projekten untergeordnet werden. Sie sammelt, sichtet, ordnet, deutet Daten, die sie sich erst mal aneignen muß. Sie versucht diesen Stoff zu verstehen, zu erklären und auf seine spätere Entwicklung hin zu untersuchen. Ohne sich selbst zur Bedeutungslosigkeit zu degradieren, kann sie weder Daten unterschlagen noch fälschen, noch »unangenehme« Tatsachen und unvorhergesehene Entwicklungen unter den Teppich kehren.

Wissenschaft arbeitet nie mit absoluter Gewißheit, sondern setzt theoretische Hypothesen, die an Hand neuer Daten und neuer Entwicklungen immer wieder kritisch durchleuchtet werden müssen. Sie ist also grundlegend zweifelnd, wie Marx dies prägnant ausdrückte, als man ihn nach seinem bevorzugten Wahlspruch fragte: de omnibus est dubitandum. Es steckt kein Körnchen von Dogmatismus in dieser Geisteshaltung, obwohl der Zweifel stets nur die (vorläufigen) Ergebnisse der Forschung betrifft, nie die Wahrheits*potenz* der Forschung selbst. Ergebnisse, die an Hand ihrer praktischen Auswirkungen und im Lichte ihrer Voraussagen beurteilt werden, müssen bestätigt oder verändert werden. Es ist demnach ein *optimistischer Zweifel*, sich stützend auf die unbegrenzten Möglichkeiten gesellschaftlicher, menschlicher Praxis (»die zweite Natur des Menschen«), letzten Endes wie das Emanzipationsstreben zurückzuführen auf anthropologische Grundlagen.

Jede wissenschaftliche Theorie kann sich an Hand später ent-

deckter oder später aufkommender Daten als teilweise oder
völlig falsch erweisen. Nur muß man diesen Schluß nicht voreilig
treffen, vielmehr bedenken, ob er auf vorläufigen oder auf mehr
oder weniger endgültigen Daten fußt (vgl. die *falsche* Schlußfolgerung, die in den fünfziger und den frühen sechziger Jahren aus
der langen Nachkriegsprosperität gezogen wurde, der Spätkapitalismus habe die Gefahr von Massenerwerbslosigkeit endgültig
überwunden und Überproduktionskrisen seien in der bürgerlichen Gesellschaft nicht – oder nicht mehr – systemimmanent).[5]
Man darf sich durch Impressionismus nicht dazu verleiten lassen, Teilerkenntnisse in Frage zu stellen, ohne sich darüber
Gedanken zu machen, was diese Revision für die Gesamter-
kenntnis (etwa einer Geschichtsepoche, einer Produktionsweise,
einer Gesellschaftsklasse, eines historischen Phänomens wie des
Staates usw.) bedeutet.
Der Unterschied zwischen wirklicher Wissenschaft (inkl. des
wissenschaftlichen Sozialismus) und dem Positivismus oder reinem Empirismus liegt nicht in der Mißachtung empirischer
Daten durch die erstere und ihrer Anerkennung durch den
letzteren. Er liegt in der ständigen Bemühung der Wissenschaft,
eine durch innere Kohärenz gekennzeichnete Erklärung relevan-
ter Daten *in ihrer Gesamtheit*, u. a. durch das Aufdecken ihrer
inneren Gesetzmäßigkeit, ihrer *Entwicklungsgesetze*, zu liefern.
Der Empirismus ist gekennzeichnet u. a. durch Problemblindheit und Oberflächlichkeit der Betrachtung. In der Wirtschafts-
wissenschaft erkennt der Empiriker nur das unmittelbar Sichtba-
re (Preise, Einkommen usw.) an und glaubt, daß eine Wertlehre
wie die Arbeitswertlehre, die sich die Frage stellt, was denn die
Preisdynamik auf lange Sicht bestimme und reguliere, »dogma-
tisch« und »irrelevant« sei. Kein Naturwissenschaftler würde es
wagen, auf so oberflächliche Weise an Daten etwa der Physik
oder der Biologie heranzugehen. Dabei fällt der Positivist meistens auch auf die Nase, wenn es um die Deutung empirischer
Daten geht, wie z. B. der gewaltigen Steigerung des Goldpreises
in den letzten Jahren, die einfach aus der Inflation des Papiergel-
des tautologisch »erklärt« und nicht auf die unterschiedliche,
langfristige Dynamik der durchschnittlichen Arbeitsproduktivität in den Goldminen einerseits, im verarbeitenden Gewerbe und
in der Landwirtschaft andererseits, zurückgeführt wird (vgl.
Mandel 1982: Kap. 16).

Marx war ein Wissenschaftler im wahrsten Sinne des Wortes. Er hat seine wissenschaftlichen Theorien, auf dem Gebiet der Nationalökonomie (Wertlehre, Mehrwerttheorie, Geldtheorie, Kapitaltheorie, Lohntheorie, Theorie der Bewegungsgesetze der kapitalistischen Produktionsweise, Krisentheorie usw.) wie auf dem Gebiet der Soziologie und der Geschichte (Theorie des historischen Materialismus, Klassen-, Staats- und Revolutionstheorie usw.) auf einem mühsamen Studium aller verfügbaren Daten der Wissenschaft seiner Zeit aufgebaut. Wie er selbst sagte, war ihm nichts mehr zuwider als ein Pseudowissenschaftler, der, um eine These zu beweisen, wissentlich Daten unterschlägt oder Fakten leugnet: »Einem Menschen aber, der die Wissenschaft einem nicht aus ihr selbst, wie irrtümlich sie immer sein mag, sondern von außen, ihr *fremden äußerlichen Interessen* entlehnten Standpunkt zu *akkomodieren* sucht, nenne ich ›gemein‹« (Theorien über den Mehrwert, urspr. Ausg. von K. Kautsky, II: 312 f.).

Die Stärke des wissenschaftlichen Sozialismus liegt ohne Zweifel in der Tatsache, daß er ein emanzipatorisches Ziel – die Befreiung des Proletariats, der Arbeit und der gesamten Menschheit von allen menschenunwürdigen Bedingungen – als aus einer wirklichen Gesellschafts- und Geschichtsbewegung entspringend setzt. Aus den wissenschaftlich bewiesenen und durch zwei Jahrhunderte Geschichte bestätigten inneren Gegensätzen der kapitalistischen Produktionsweise, die kein Staat, keine Religion, kein Terror, keine »Konsumgesellschaft«, keine »Verdummung der Massen« aufheben kann, ergibt sich einerseits eine Kette aufeinanderfolgender Systemkrisen wirtschaftlicher, gesellschaftlicher, kultureller, politischer, militärischer, moralischer, ideologischer Art, die ihrerseits durch die geschichtliche Entwicklung bestätigt wird, andererseits eine historische Tendenz zur Selbstorganisation der Lohnarbeit (der Lohnabhängigen), eine der prägnantesten Voraussagen, die sich aus Marx' Analyse der Klassengesellschaft im allgemeinen und der kapitalistischen Gesellschaft im besonderen ableiten läßt. Man braucht nur zu untersuchen, wie viele gewerkschaftlich organisierte Lohnarbeiter es im Jahre 1847/48 gab, wie viele im Jahre 1900, wie viele im Jahre 1948 und wie viele heute, um die Richtigkeit dieser Aussage zu erkennen (wer sonst hat das in der Mitte des 19. Jahrhunderts vorausgesehen?). Es gibt heute kein Land in der

Welt, auch nicht die kleinste Insel im Pazifik, wo die Lohnarbeit besteht, ohne daß sich daraus der unvermeidliche elementare Klassenkampf zwischen Kapital und Arbeit ergibt, ohne daß die Lohnabhängigen elementare Selbstverteidigungs- und Kampforganisationen zu schaffen versuchen.

Der Sturz des Kapitalismus, der Übergang zu einer klassenlosen Gesellschaft, das Ersetzen der Zwangsherrschaft durch eine freie Assoziation von Produzenten *können* aus dieser Selbstorganisation und diesem unvermeidlichen elementaren Klassenkampf des modernen Industrieproletariats hervorgehen. Dadurch erhält das Emanzipationsprojekt zum ersten Mal in der Geschichte ein revolutionäres Subjekt, das über die objektive und subjektive Fähigkeit verfügt, es in die Wirklichkeit umzusetzen. Daß es sich hier nur um eine Fähigkeit und nicht um eine Unvermeidlichkeit handelt, braucht nicht weiter hervorgehoben zu werden. Sonst wäre ja die erzieherische, organisatorische, Klassenbewußtsein und Klassenorganisation stimulierende Tätigkeit von Sozialisten, angefangen mit Marx und Engels selbst, weitgehend unnötig und jedenfalls unwichtig. Der Untergang des Kapitalismus ist unvermeidlich: Das ist die einzige Gewißheit, die sich aus der Marxschen Analyse der inneren Gegensätze des Kapitalismus ergibt. Nach der Erfahrung zweier Weltkriege, zweier Weltwirtschaftskrisen vom Umfang jener der Jahre 1929 bis 1933 und der heutigen scheint uns das tendenziell kaum zweifelhaft. Aber dieser Untergang kann zu zwei völlig entgegengesetzten Ergebnissen führen: vorwärts zum Sozialismus, rückwärts zur Barbarei. Nach der Erfahrung mit dem Faschismus, mit Auschwitz und mit Hiroshima, im Zeitalter des Rüstungswettlaufs mit nuklearen Waffen und der wachsenden Bedrohung des Öko-Systems, ist das bestimmt keine demagogische Formel, sondern eine fürchterliche mittelfristige Gefahr.

Die Relevanz des Proletariats (und der proletarischen Revolution) als revolutionäres Subjekt gründet sich ihrerseits auf eine Reihe streng wissenschaftlicher Prämissen: die wachsende Polarisierung der Gesellschaft zwischen Lohnabhängigen und einer sinkenden Zahl von Lohnarbeit ausbeutenden Groß-, Mittel- und Kleinkapitalisten; die Tendenz der Lohnarbeiter, zur überwältigenden Mehrheit der aktiven Bevölkerung zu werden; die Tendenz zu ihrer wachsenden inneren Homogenität in bezug auf Einkommen, Lebensstandard, Arbeitsbedingungen, ihrer wachsenden gewerkschaftlichen Organisation und dem wachsenden Umfang ihrer wenigstens periodisch aufkommenden Massenkämpfe.

Bis zu diesem Punkt überschneiden sich das Emanzipationsprojekt und die Ergebnisse der wissenschaftlichen Analyse der Bewegungsgesetze der bürgerlichen Gesellschaft praktisch vollständig. An diesem Punkt *können* sie auseinanderklaffen. Sollte anstelle des weiteren Heranreifens der objektiven Vorbedingungen für die sozialistische Revolution ein wachsendes Verfaulen dieser Bedingungen einsetzen, d. h. sollte es sich langfristig (vom konjunkturellen Auf und Ab abgesehen) erweisen, daß in den meisten, wenn nicht allen hochindustrialisierten kapitalistischen Staaten die Zahl der Lohnabhängigen nicht mehr zunimmt, sondern abnimmt, daß ihr Gewicht in der Gesellschaft immer geringer wird, daß ihre Fähigkeit, die Wirtschaft tatsächlich zu paralysieren und dann in eigener Regie zu übernehmen und zu verwalten, beständig sinkt, daß ihr Organisationsgrad zurückgeht (z. B., daß es im Jahre 2000 weniger gewerkschaftlich organisierte Lohnabhängige geben wird als 1948 oder gar 1900), daß ihre Kampffähigkeit verschwindet – und dies über Jahrzehnte hinaus –, dann müßte man den Schluß ziehen, daß die Schaffung einer sozialistischen klassenlosen Gesellschaft unmöglich wird. Dann ist der Rückfall in die Barbarei unvermeidlich. Denn niemand hat bisher den Beweis erbracht, daß es ein anderes revolutionäres Subjekt als das moderne Proletariat in der heutigen Gesellschaft gebe, das sowohl über die objektive Macht als auch über das subjektive Interesse und das wenigstens potentielle Bewußtsein verfügt, den Kapitalismus zu stürzen und eine tatsächlich klassenlose Gesellschaft ohne Privateigentum, Warenproduktion, Geld, Bereicherungstrieb, Konkurrenz und Nationalstaat aufzubauen.

Aber der wissenschaftliche Beweis, daß der Sozialismus unmöglich geworden sei – ein Beweis, der bisher nicht erbracht wurde, durch die Geschichte und die empirischen Daten nicht bestätigt ist und u. E. auf Jahrzehnte hinaus auch nicht bestätigt werden wird –, führt keineswegs zum Aufgeben des Emanzipationsstrebens. Vor 2000 Jahren haben sich Sklaven immer wieder gegen die Sklaverei erhoben, obwohl dies unter den gegebenen Bedingungen nicht zu einer Gesellschaft von Freien führen konnte. Sollten wir in der Zukunft in eine barbarische Gesellschaft

143

zurückfallen, so wird es weiterhin Aufbegehren gegen die Sklaverei und alle unmenschlichen Zustände geben. Es wäre dann Elementarpflicht der Marxisten, Seite an Seite mit diesen Sklaven zu kämpfen, ihre Kampfziele zu präzisieren, ihre Kampfformen so wirksam wie möglich zu gestalten, ihren Kampfwillen zu stählen, jeden Funken der Rebellion gegen Erniedrigung, Entwürdigung, Unterdrückung, Ausbeutung, Folter, zur Flamme anwachsen zu lassen – und dieses Aufbegehren ist *unvermeidlich*: Das lehrt uns die gesamte Geschichte der Menschheit. Auch wenn die Wissenschaft beweisen könnte, daß der wissenschaftliche Sozialismus in seinem Kampfziel auf eine Utopie und ein unrealisierbares Projekt hinausläuft, würde er die elementaren Kämpfe zur teilweisen und zeitweiligen Emanzipation der Unterdrückten befruchten und stimulieren. Auch in diesem Extremfall – der unseres Erachtens nicht eintreffen wird – hätte Marx nicht umsonst gedacht, geforscht, entdeckt, gekämpft.

In einem bekannten Passus seines Vorworts zum *Finanzkapital* hat Rudolf Hilferding die These der Trennung zwischen Wissenschaft und sozialistischem *Engagement* bis zum Paradox fortgeführt. Karl Korsch hat ihm darauf schärfstens geantwortet, zum größten Teil zu Recht; aber teilweise hat er den Bogen doch überspannt.[6]

Es stimmt, daß es kein solches Unding wie eine »proletarische Wissenschaft« gibt, sondern nur ihren eigenen, von allen Klassenbedingungen abgehobenen Gesetzen gehorchende Wissenschaft *tout court*. Was wäre sonst die Wissenschaft in einer klassenlosen Gesellschaft? Aber es stimmt ebenfalls, daß, vor allem auf dem Gebiet der Geisteswissenschaften (besser gesagt: der Gesellschaftswissenschaften, d. h. aller Wissenschaften, die sich mit Aspekten des Menschen beschäftigen, also auch der Psychologie und der Medizin), die in der Wissenschaft tätigen Menschen in einer Klassengesellschaft gesellschaftlich bestimmte Menschen sind: daß ihre Gedanken nicht nur »reinwissenschaftliche« Quellen haben, sondern auch klassengesellschaftlich bedingten Vorurteilen unterliegen, daß sie klassengesellschaftlich bedingte Scheuklappen tragen.[7] In dem Maße, wie dies der Fall ist (d. h. theoretisch, empirisch und praktisch *bewiesen* werden kann; sonst ist es seinerseits ein ideologisches Vorurteil, ein falsches Bewußtsein), sind ihre Gedanken eben nicht wissenschaftlich oder nur teilweise wissenschaftlich, muß sich der

144

wissenschaftliche Forscher bemühen, die wissenschaftliche Saat von der ideologischen Spreu zu trennen. Oder anders gesagt: Es gibt keine »bürgerliche« Wissenschaft; aber es gibt wohl Wissenschaft von »bürgerlichen« Ideologen, d. h. Wissenschaft verbunden mit unwissenschaftlicher Ideologie. Insofern sie wissenschaftlich ist, ist sie nicht bürgerlich; insofern sie bürgerlich ist, ist sie nicht wissenschaftlich.

Daß ein in der bürgerlichen Ideologie, in der bürgerlichen Gedankenwelt und den bürgerlichen Werten gefangener und befangener Wissenschaftler fähig gewesen wäre, eine streng wissenschaftliche und vollständige Mehrwert-, Klassen- und Staatstheorie auszuarbeiten, ist deswegen mindestens problematisch. Das ist kaum ein Objekt abstrakter Spekulation. Die Geschichte hat bewiesen, daß es nicht geschehen ist. Die Empirie beweist, daß nur der völlige Bruch mit der bürgerlichen Gesellschaft, ihrer Ideologie und ihren Gedankenformen, ihre Parteinahme für das Proletariat Marx und Engels zur Herausbildung einer streng wissenschaftlichen Mehrwert-, Klassen- und Staatstheorie befähigt hat. In dem Sinne gibt es einen unzerstörbaren dialektischen Nexus, wenn nicht notwendigerweise zwischen Wissenschaft und Emanzipation, so doch zwischen Emanzipation und Wissenschaft, wenigstens in der Klassengesellschaft. Gesellschaftswissenschaft und erst recht Naturwissenschaft können sich getrennt von jedem Emanzipationsprojekt entfalten. Aber bisher hat sich nur der Gesellschaftswissenschaft und Emanzipationsprojekt *vereinigende* Marxismus als fähig erwiesen, eine alle unmenschlichen Zustände radikal aufdeckende, auf den Begriff bringende und erklärende Wissenschaft kohärent zu entfalten.

Der »Kategorische Imperativ« marxistischer Politik

In einem gewissen Sinne stellen die Marxschen »Thesen über Feuerbach« als Abschluß der »Deutschen Ideologie« den Geburtsakt des Marxismus dar. Sie gipfeln in dem Satz: »Die Philosophen haben die Welt nur verschieden *interpretiert,* es kommt darauf an, sie zu *verändern*.« Mit diesem Satz schlägt das Marxsche Denken von einer anthropologisch bedingten Verpflichtung (einem anthropologisch bedingten Emanzipationsprojekt) in eine praktisch-politische Aufgabenstellung um. Die

Veränderung der Welt kann nur durch konkrete, wirklich bestehende Menschen verwirklicht werden: Dies sind durch ihr gesellschaftliches Sein bedingte, in der bürgerlichen (und anderen Klassengesellschaften) an bestimmte Gesellschaftsklassen gebundene Menschen. Die praktische Aufgabe der Aufhebung der Knechtung des Menschen wird dadurch zu einer *praktisch-klassenpolitischen Aufgabe*: die Bedingungen erkennen, unter denen eine oder mehrere Gesellschaftsklassen diese Emanzipation in der Tat verwirklichen können.

Während sich demnach Emanzipation marginal von der Wissenschaft trennen könnte – d. h. als Projekt weiter bestehen bliebe, auch wenn die Wissenschaft bewiese, daß sie nicht vollständig und dauerhaft realisierbar wäre –, kann sie sich für Marx und einen Marxisten nie von Politik trennen und die Politik auch nie von ihr, wenigstens wenn wir den Begriff »Politik« in dem weitesten Sinne des Wortes gebrauchen: jede Tätigkeit, die auf eine *kollektive* Einflußnahme im Sinne der Veränderung von Staat und Gesellschaft (bis zur klassenlosen Gesellschaft und zum Absterben des Staates) hinausläuft. Denn jede unpolitische emanzipatorische Tätigkeit ist immer nur eine emanzipatorische Tätigkeit einzelner oder kleiner Gruppen, bleibt deshalb elitär und klammert die Fähigkeit der Selbstbefreiung breitester Massen aus, auch wenn sie eine »Propaganda der Tat« bezweckt.

Die historische Erfahrung hat bewiesen, daß nur das revolutionäre Handeln der breiten Massen in vorrevolutionären und revolutionären Situationen dazu befähigt, alle die Menschen knechtende Bedingungen radikal umzustürzen und sich selbst dabei radikal zu verändern.[8] Das ist Politik – revolutionäre Politik –, die durch kontinuierliches Handeln und deshalb kontinuierliche Organisation auch in nicht-revolutionären Zeiten systematisch und langfristig vorbereitet werden muß. Und alles, was über den Rahmen von Versuchen individueller oder Kleinst-gruppen-Emanzipation (die in einer bürgerlichen Gesellschaft zum Scheitern verurteilt sind) hinausgeht, ist deshalb Politik, emanzipatorische, sozialistische Politik.

Im allgemeinen wird das Praxis-Kriterium als Mittel zur Beurteilung sozialistischer Politik – Politik abgeleitet vom wissenschaftlichen Sozialismus – hervorgehoben. Dies ist auch angebracht, da nur die Praxis darüber entscheiden kann, ob eine bestimmte politische Tätigkeit (»Strategie und Taktik«, um diese ziemlich

abgedroschenen Begriffe zu gebrauchen) und die ihr zugrunde-
liegenden wissenschaftlichen Hypothesen (»Analysen und Perspektiven«) uns näher an das Ziel heranbringen, d. h. wirksam
sind. Es gibt kein anderes Mittel der Beurteilung einer bestimmten Politik als die Beurteilung ihrer Ergebnisse. Das Kriterium
der Praxis fußt demnach auf jenem der *zielbezogenen Wirksamkeit*.

Aber welches ist dieses Ziel, und in welchem Zeitrahmen muß
die Wirksamkeit gemessen werden? Hier stoßen wir schon auf
größere begriffliche und analytische Schwierigkeiten. Ist das Ziel
einfach »der nächste Schritt vorwärts«? Aber was geschieht,
wenn dieser tatsächlich erreichte »nächste Schritt« sich als ein
viel größeres Hindernis auf dem Wege zum »übernächsten
Schritt vorwärts« erweist, als dies vorher erkannt (vorausgesehen) wurde?

Ist das Ziel einfach die »Veränderung der Umstände« oder
gleichzeitig auch die Selbstveränderung des revolutionären Subjekts, um dem durch die *3. These über Feuerbach* aufgezeigten
Widerspruch zwischen mechanischem Materialismus und reinem Voluntarismus zu entgehen? Ist »der nächste Schritt vorwärts« einfach dem Erreichen des Endziels gleichzusetzen oder
wenigstens unterzuordnen? Damit haben wir die ganze komplexe Problematik von Reform und Revolution, von Minimal- und
Maximalprogramm, und die vermittelnde Kategorie des *Übergangs*, der Übergangsziele (-losungen, -programme) aufgeworfen. Bekanntlich ist die organisierte Arbeiterbewegung an dieser
Problematik seit einem Jahrhundert zutiefst zerstritten bzw.
zeitweilig gespalten, und es sieht nicht danach aus, daß die
bisherige politische Praxis ein entscheidendes Kriterium geliefert
hat, um diesen Streit ein für allemal zu schlichten.

Totaler Verzicht auf Manövrieren, auf Taktieren, auf zeitweilige
Kompromisse und Rückzüge hat sich in der bisherigen Praxis
des proletarischen Klassenkampfes – der marxistischen Politik –
als unrealistisch und unrealisierbar bewiesen. Es bedeutet, einem
schwerbewaffneten Gegner mit gebundenen Händen zu begegnen. Aber das Umgekehrte ist ebenso wahr. Uferloses Taktieren,
unbegrenzte Kompromißbereitschaft, prinzipienlose Manöver,
dauernde Rückzüge, fatalistisches Sich-Anpassen an die »Kräfte-
verhältnisse« (die immer »ungünstig« sind) bei totalem Aus-
klammern der Selbsttätigkeit, der Initiative, der Aktion, der

eigenen Klasse, führen zu nichts bzw. führen uns dem Ziel keinen Millimeter näher, führen zu dauernden Niederlagen.
Marxistische Realpolitik hat mit »reinem Machiavellismus«, d. h. mit vulgärer Realpolitik nicht viel gemein, wenn auch nur deshalb, weil das emanzipatorische Ziel nicht ein kleinkariertes, sondern ein radikales ist: *alle* Verhältnisse umzuwerfen, in denen der Mensch ein erniedrigtes, ein geknechtetes Wesen ist. Lenin (1921), Trotzki (1938), Rosa Luxemburg (1919) und viele andere marxistische Politiker haben deshalb knapp und prägnant die These aufgestellt, nur solche Taktik, nur solche Kompromisse, nur solche Manöver führen zum Ziel, die das *allgemeine* Niveau des Klassenbewußtseins des Proletariats, seinen revolutionären Geist, seinen Kampfwillen und seine Fähigkeit zu siegen, heben und nicht senken.[9]

So muß auch Lenins Formel verstanden werden, es gäbe »eine kommunistische Ethik... aber unsere Moral ist dem proletarischen Klassenkampf total untergeordnet«. Wir akzeptieren diese Formel durchaus, denn im Kampf größerer Gesellschaftsgruppen, und schon ganz bestimmt antagonistischer Gesellschaftsklassen, hat bisher niemand *absolute* allgemeingültige und von jeder Seite konsequent angewandte Moralprinzipien respektiert oder sogar nur vorgeschlagen. Wer das Gegenteil behauptet, ist entweder ein Ignorant oder ein Heuchler.

Aber die *allgemeine* Formel der Subsumtion sozialistischer Interessen unter die des proletarischen Emanzipationskampfes steckt nur den *abstrakten* Rahmen ab für die Beurteilung politischer Handlungen. Sie erlaubt es keineswegs, sofort und unvermittelt eine *konkrete* Beurteilung konkreter Entscheidungen abzuleiten. Denn wenn die *Dialektik* und nicht die mechanische Einheit von Mittel und Ziel, von Theorie und Praxis erkannt ist, ergibt sich eine *relative Unbestimmtheit*, eine relative Vorläufigkeit des Urteils, was denn konkret dem proletarischen Klassenkampf nutzt, mit dem unvermeidlichen Zwang einer periodischen Revision der (vorläufigen) Erfahrung, der (immer vorläufigen) Bestandsaufnahme der Folgen einer bestimmten Handlungsweise.

Daß dies nur an praktischen Ergebnissen meßbar ist, bleibt unbeanstandet. Aber praktische Ergebnisse welcher Art, mit welchen Prioritäten, in welchem Zeitrahmen? Und wer hat das Recht zu urteilen? Und mit welchen Kriterien?

Paradoxerweise kann man, analog zu einem bekannten Satz von Jean Jaurès, schließen: *Ein bißchen* »sozialistische Ethik« scheint vom proletarischen Klassenkampf wegzuführen; *viel mehr* »sozialistische Ethik« führt zum proletarischen Klassenkampf, zur endzielbezogenen »Strategie und Taktik«, zu einer strengwissenschaftlich begründeten Klassenpolitik, zur Selbstbefreiung der »real existierenden Arbeiterklasse« (der Klasse der Gesamtzahl aller Lohnabhängigen) zurück. Das ist der schwache Punkt der sonst ausgezeichneten Arbeit von William Ash »Marxism and Moral Concepts«, die in unkritisch-apologetischer Weise um den »heißen Brei« des Problems der *proletarischen* Demokratie und der proletarischen Selbstorganisation – im Osten wie im Westen –, d. h. um das Problem der Bürokratisierung von Arbeiterorganisationen, herumschleicht, ohne ihn zu berühren, geschweige denn auszulöffeln.

Von diesem Gesichtspunkt aus gesehen ist die von manchen Marxisten benützte Formel der »Einheit von Mittel und Ziel« mindestens verwirrend, ungenau und deshalb auch falsch (z. B. Lukács 1974). Sie setzt eine mechanische Einheit voraus, wo es sich um eine Einheit von Widersprüchen handelt, die nach ihren Ergebnissen in aufeinanderfolgendem Zeitrahmen beurteilt werden muß. Gewisse Mittel *können* nicht zum Ziel führen, weil sie ihm zu sehr widersprechen (weil sie, um die soeben benutzte Leninsche Formel nochmals zu zitieren, das durchschnittliche oder allgemeine Klassenbewußtsein der Werktätigen senken). Andere Mittel, die zu zeitweiligen Teilerfolgen führen, haben langfristige Auswirkungen, die so verheerend sind, daß niemand sie gewählt hätte, wenn er von ihnen vorher gewußt hätte (vgl. die langfristigen Auswirkungen der Stalinschen Zwangskollektivierung der Landwirtschaft auf die Gesellschaftseinstellung und Arbeitsmoral der Bauern, die bis zum heutigen Tage, d. h. ein halbes Jahrhundert später, noch nicht überwunden sind).

Meistens steckt hinter pseudo»realpolitischen« Kurzschlüssen bei sich auf den Marxismus beziehenden Politikern nicht nur, wie bei bürgerlichen Ideologen, eine ausgesprochene Problemblindheit, sondern auch eine erstaunliche Unfähigkeit kritischwissenschaftlicher Analyse. Wenn z. B. Rudolf Hanke schreibt, die beschleunigte Industrialisierung Rußlands in den späten zwanziger Jahren war »nur« möglich durch die Bürokratie (vgl. Briefwechsel Brandler–Deutscher, *Unabhängige Kommunisten*, hrsg. v. Hermann Weber, Berlin 1981), so ist das eine reine *petitio principis* und keineswegs eine wissenschaftlich bewiesene Erkenntnis, es sei denn, man geht von dem rein-apologetischen Historizismus aus, alles, was geschehen ist, war der einzig rationale, denn einzig mögliche Ausweg aus dem gegebenen Knäuel an Widersprüchen (war dann vielleicht Hitler auch der »einzig mögliche« Ausweg aus der Krise der Weimarer Republik oder aus der deutschen Wirtschaftskrise der Jahre 1930–33?).

Der Marxismus sieht Geschichte dagegen in den meisten (allerdings nicht in allen) Situationen als einen *Fächer verschiedener Möglichkeiten*, wobei auch kleine Verschiebungen der ökonomischen, gesellschaftlichen, politischen, organisatorischen Bedingungen verschiedener Gesellschaftsklassen und -schichten zu völlig verschiedenen Ergebnissen führen *können*. Sonst wäre revolutionäre Politik ja, um es zu wiederholen, unbedeutend oder gar verlorene Mühe.

Niemand hat bisher den Beweis geliefert, daß eine auf das Jahrzehnt 1923–33 umverteilte, statt auf die Jahre 1928–32 konzentrierte, »ursprüngliche sozialistische Akkumulation«, wie sie die Linke Opposition mit ihren großen Wirtschaftsexperten Eugen Preobraženski und Pjatakov vorgeschlagen hatte, nicht zu einem völlig anderen Ergebnis geführt hätte, weil es eine »ursprünglich sozialistische Akkumulation« ohne Zwangskollektivierung und Terror gegen die Bauern (nur mit ertragbarer Besteuerung der reichen Bauern und der Privathändler) und ohne Herabsetzung des Lebensstandards der Arbeiter gewesen wäre, d. h. ohne die fürchterlichen gesellschaftlichen Spannungen der Jahre 1930–33, die dann zum Massenterror und zum *Ježovschtschina* führten. Und eine solche Industrialisierung hätte sich auch gesellschaftspolitisch und verwaltungspolitisch auf die Arbeiterklasse und nicht auf die Bürokratie stützen, sie hätte zu einem Wiederaufleben wirklicher Rätedemokratie und nicht nur zur totalitären Diktatur der Bürokratie führen können.

Die Problematik politischer Varianten führt nicht nur vorwärts zum Verständnis des notwendigen politischen Pluralismus in der Arbeiterbewegung, gerade weil nur die Praxis beweisen kann, wer recht hat und wer unrecht (weder »die Partei« noch »das« Zentralkomitee, noch »der« Vorsitzende oder »der« Generalsekretär haben »immer recht«; nur der Pluralismus gewährleistet rasche Korrektur unvermeidlicher Fehler), d. h. sie führt zum

Verständnis des *organischen Nexus* zwischen proletarischer, sozialistischer Demokratie und Aufbau des Sozialismus, der nicht eine ethische, sondern eine *eminent politische Verpflichtung* darstellt. Sie gipfelt auch in dem berühmten Satz von Friedrich Engels in seinem Brief an August Bebel: »Die Partei *braucht* die sozialistische Wissenschaft, und diese kann nicht leben ohne Freiheit der Bewegung.«

Mit anderen Worten: Die Autonomie der Wissenschaft, die Freiheit der Wissenschaft, rücksichtslos alle Widersprüche einer bestehenden Lage und ihrer Entwicklung aufzudecken, ohne irgend etwas zu beschönigen oder totzuschweigen, was »der Partei« nicht paßt, mit streng wissenschaftlichen Wahrheitskriterien und streng wissenschaftlichem Wahrheitsgehalt, ist nicht ein Luxus für »bessere Zeiten«. Sie ist *absolute Vorbedingung sozialistischer Politik* nicht etwa in dem Sinne, daß die »Gebildeten«, die »Kompetenten« sozialistische Politik anstelle der »rohen Masse« diktieren sollten. Keineswegs. Aber wohl in dem Sinne, daß sie der »rohen Masse« all die analytischen Momente zu liefern haben, die für *richtige* Entscheidungen unumgänglich sind.[10]

Diese ganze Problematik führt so letzten Endes zum Emanzipationsthema zurück. Die besondere Natur der sozialistischen Revolution und der klassenlosen Gesellschaft, die nur als bewußtes Projekt verwirklicht werden können und sich nicht rein »organisch« aus der Entwicklung der bürgerlichen Gesellschaft herausschälen lassen; die besondere Natur des Proletariats selbst, das zum ersten Mal in der Geschichte als ökonomisch unterdrückte und nicht bereits ökonomisch vorherrschende Klasse die Gesellschaft umzugestalten hat (und dazu auch die politische Macht erobern muß), bedingt, daß dieses Ziel nur durch Selbstorganisation und Selbstaktivität der breiten proletarischen Massen erreicht werden *kann*.

Dies widerspricht keineswegs dem Leninschen Plan einer Vorhutspartei, der durch die gesellschaftliche Differenzierung des Proletariats und seines Bewußtseins wie durch die Diskontinuität von Massentätigkeit bedingt ist. Aber es beinhaltet wohl, wie Lenin dies im Jahre 1907 ausgedrückt hat, daß ein solcher Plan nur verwirklicht werden kann im *konkreten Kontext* einer tatsächlich revolutionären Gesellschafts*klasse,* die in ihrer Mehrheit für ein bestimmtes Programm, für eine bestimmte Strategie, für eine bestimmte Politik gewonnen (und nicht administrativ dazu gezwungen) wird.

Emanzipation, Wissenschaft und Politik spielen so auf jeder Ebene des Marxismus zusammen: auf der der »reinen« Theorie, auf der der angepaßten Theorie und auf der der tagespolitischen Praxis. Nur eine solche Politik entspricht marxistischen Kriterien, die im kleinen wie im großen das Klassenbewußtsein, das Selbstvertrauen und die Fähigkeit zur Selbsttätigkeit *breiter Massen* heben. Der Geist des Marxismus ist am besten zusammengefaßt in der zweiten Strophe der *Internationale:*

> »Es rettet uns kein höh'res Wesen,
> Kein Gott, kein Kaiser, kein Tribun,
> Uns aus dem Elend zu erlösen,
> Das können wir nur selber tun.«

Anmerkungen

[1] Zwei Zitate genügen:

»Sobald die Arbeit in unmittelbarer Form aufgehört hat, die große Quelle des Reichtums zu sein, hört und muß aufhören die Arbeitszeit sein Maß zu sein und daher der Tauschwert (das Maß) des Gebrauchswerts. Die Surplusarbeit der Masse hat aufgehört Bedingung für die Entwicklung des allgemeinen Reichtums zu sein, ebenso wie die Nichtarbeit der Wenigen für die Entwicklung der allgemeinen Mächte des menschlichen Kopfes. Damit bricht die auf dem Tauschwert ruhende Produktion zusammen, und der unmittelbare materielle Produktionsprozeß erhält selbst die Form der Notdürftigkeit und Gegenständlichkeit abgestreift. *Die freie Entwicklung der Individualitäten,* und daher nicht das Reduzieren der notwendigen Arbeitszeit um Surplusarbeit zu setzen, sondern überhaupt die Reduktion der notwendigen Arbeit der Gesellschaft zu einem Minimum, der dann *die künstlerische, wissenschaftliche etc. Ausbildung der Individuen durch die für* sie alle freigewordene Zeit und geschaffene Mittel entspricht« (Grundrisse, 1953: 593. – Unsere Hervorhebung).

»Als Fanatiker der Verwertung des Werts zwingt er rücksichtslos die Menschheit zur Produktion um der Produktion willen, daher zu einer Entwicklung der gesellschaftlichen Produktivkräfte und zur Schöpfung von materiellen Produktionsbedingungen, welche allein die reale Basis einer höheren Gesellschaftsform bilden können, *deren Grundprinzip die volle und freie Entwicklung* jedes Individuums ist« (Kapital I, MEW 23: 618. – Unsere Hervorhebung).

Wie unsinnig erscheint im Lichte dieses und unzähliger anderer Zitate die abgedroschene Behauptung, Marx, die Marxisten, die Sozialisten oder die Kommunisten wollten die Menschheit in einen »Ameisenhaufen von Arbeitssklaven« verwandeln...

2 Das beste Beispiel ist Karl Poppers »The Open Society and its Enemies« (London 1945).

3 Das bedeutet natürlich keineswegs, daß sich Marx und Engels nicht auch in Fragen breiterer Emanzipation als nur der Arbeiterklasse geirrt hätten. Engels' Ablehnung des Rechtes auf nationale Selbstbestimmung und nationale Existenz der kleinen slawischen Völker hält einer objektiven Kritik nicht stand (vgl. Roman Rosdolsky, Friedrich Engels und das Problem der ›geschichtslosen Völker‹, Archiv für Sozialgeschichte, Bd. 4, 1964). – Dasselbe gilt für Marxens Ansicht, der Verlust Kaliforniens durch die »faulen Mexikaner« sei ein Fortschritt.

4 Es ist interessant festzuhalten, daß reaktionäre, anti-sozialistische Ideologen – wie der russische Dissident Igor Chafarévitch (Le Phénomène Socialiste, Paris 1977) – keinerlei Verständnis haben für die sozialistische Parteinahme für den Befreiungskampf *aller* ausgebeuteten Klassen in der Geschichte, unabhängig von der Tatsache, ob dieser Kampf unmittelbare Erfolgschancen hatte oder nicht. Dabei behaupten sie, moralische Prinzipien zu vertreten. Ist es moralisch, sich neutral zu verhalten gegenüber dem Aufbegehren von Sklaven gegen die Sklaverei oder es sogar zu verurteilen? War der Aufstand des Warschauer Gettos vielleicht nicht berechtigt? Welche »negativen« Auswirkungen hat er denn gehabt?

5 Wir könnten unzählige Autoren zitieren. Es genügt, auf John Strachey (Contemporary Capitalism, 1956), Herbert Ehrenberg (Zwischen Markt und Marx, 1974) und Baran/Sweezy (Monopoly Capital, 1966) hinzuweisen. – Siehe dagegen E. Mandel, Der Spätkapitalismus (1972).

6 Rudolf Hilferding, Das Finanzkapital, S. 10 der ursprünglichen Ausgabe, Verlag der Wiener Volksbuchhandlung, Wien 1909: »Die Aufdeckung der Determination des Klassenwillens ist nach marxistischer Auffassung die Aufgabe wissenschaftlicher, das heißt aber Kausalzusammenhänge beschreibender (sic) Politik. Wie die Theorie, so bleibt auch die Politik des Marxismus frei von Werturteilen.« Und weiter: »Aber die Einsicht in die Richtigkeit des Marxismus, die die Einsicht in die Notwendigkeit des Sozialismus einschließt, ist durchaus keine Abgabe von Werturteilen und ebensowenig eine Anweisung zu praktischem Verhalten... Es ist ganz gut möglich, daß jemand, von dem schließlichen Sieg des Sozialismus überzeugt, sich dennoch in den Dienst seiner Bekämpfung stellt.« Ähnliche Ansichten wurden bereits vorher von Karl Kautsky (Ethik und materialistische Geschichtsauffassung) vertreten. – Siehe dazu Karl Korsch, Marxismus und Philosophie (²1930).

7 Das wohl beste Beispiel ist das eines der größten Denker aller Zeiten, Aristoteles, der sich der von der Sklavengesellschaft, in der er lebte,

inspirierten Ideologie über die »Nichtmenschlichkeit« (oder sollten wir im Nazi-Stil sagen: des »Untermenschtums«?) der Sklaven nicht entziehen konnte.

[8] »...daß sowohl zur massenhaften Erzeugung dieses kommunistischen Bewußtseins wie zur Durchsetzung der Sache selbst eine massenhafte Veränderung der Menschen nötig ist, die nur in einer praktischen Bewegung, in einer *Revolution* vorgehen kann; daß also die Revolution nicht nur nötig ist, weil die *herrschende* Klasse auf keine andre Weise gestürzt werden kann, sondern auch weil die stürzende Klasse nur in einer Revolution dahin kommen kann, sich den ganzen alten Dreck vom Halse zu schaffen und zu einer neuen Begründung der Gesellschaft befähigt zu werden« (Deutsche Ideologie, MEW 3:70).

[9] W. I. Lenin, Der »Linksradikalismus«, die Kinderkrankheit des Kommunismus. (Hier zitiert nach der französischen Ausgabe der »Ausgewählten Werke in zwei Bänden«, II: 741 f., Editions en Langues Etrangères, Moskau 1947); Leo Trotzki, Ihre Moral und die Unsre (1938); Rosa Luxemburg: Was will der Spartakusbund? (1918), in: Gesammelte Werke, Berlin (-Ost) 1974.

[10] Wir sind uns selbstverständlich darüber im klaren, daß wir mit diesen Begriffen keinerlei Zauberformel gefunden haben, mit der alle Probleme politischer Praxis gelöst werden können, sondern nur den allgemeinen Rahmen abgesteckt haben, in dem eine solche Lösung gesucht werden kann.

Leo Kofler

Die Bewußtseinsanthropologie im Materialismus von Karl Marx

> Sie wissen es nicht,
> aber sie tun es.
>
> Karl Marx

Arbeit und Bewußtsein

Anthropologie im Rahmen marxistischer Theoriebildung wird von den meisten Theoretikern des Marxismus verworfen. Dies hat seine durchaus verständlichen Gründe.

Erstens zeigt die traditionelle und das heißt bürgerliche Anthropologie die Neigung, den Menschen aus dem historischen Raum, in dem er einer ständigen Veränderung seiner Daseinsweise unterworfen ist, herauszulösen und ihm ein metaphysisch-unveränderliches »Wesen« zu unterstellen. Ein solches unveränderliches »Wesen« als Bedingung für die menschliche Veränderlichkeit (!) nehmen zwar auch wir an, es bleibt aber in der marxistischen Sicht rein formal, d. h., es bleibt Bedingung, hat aber keinerlei Einfluß auf die Geschichte und auf den in ihr agierenden Menschen (vgl. meine Schrift »Aggression und Gewissen« u. a.).

Zweitens wird der Mensch abseits aller materiellen Zusammenhänge, etwa nach dem Vorbild Schelers, rein idealistisch als Geistwesen interpretiert. Und wo die moderne biologistische Variante à la Gehlen sich durchsetzt, entsteht nur ein neuer, idealistisch (z. B. ethisch oder elitär) verbrämter Vulgärmaterialismus von einem, wenn auch intelligenten, so doch höchst fragwürdigen Ideenkonstrukt. Die Gefahr liegt darin, daß sich marxistische Theoretiker finden, die diesem Biologismus, ihn variierend, auf den Leim gehen, weil er ihnen »materialistisch« erscheint.

Der Aufweis einer marxistisch-dialektischen Anthropologie müßte diesem Beitrag vorausgehen, was jedoch der (vorgeschriebene) Raum verbietet. Der anthropologischen Gegebenheiten im

Historischen Materialismus gibt es viele – z. B. der Arbeit, der teleologischen Setzung, der Bewußtseinsbestimmtheit, der Vergesellschaftung usw. Entscheidend bleibt hierbei die Tatsache der anthropologischen Bewußtseinsgebundenheit – »Transzendentalität« – des Sozialwesens Mensch und aller seiner materiellen wie ideellen Äußerungen. Entscheidend deshalb, weil sich der Mensch, auch nach Marx, durch diese Bewußtseinstatsache und damit dialektisch identisch durch Telos, Arbeit, Begriff und Sprache geradezu definiert.

Gegen alle Mißverständlichkeit und Ungenauigkeit in der Rezeption der Marxschen Theorie sei klargestellt, daß hier nicht von dem Bewußtsein als der ideologischen Inhaltlichkeit der historischen Gesellschaften die Rede ist, sondern von der prinzipiellen anthropologischen Fähigkeit zu denken, damit sich Ziele zu setzen, im Dienste dieser Ziele zu arbeiten, soziale Beziehungen einzugehen, Begriffe zu bilden und zu sprechen. Die gelegentliche Behauptung, daß es bereits vor dem Menschen Arbeit und Sprache gegeben hat, kann nur in das Reich des biologistisch befangenen Sophismus verwiesen werden. Denn wenn sich der Mensch durch Bewußtsein, Arbeit und Sprache definiert, dann beginnt er logischerweise genau an jenem Schnittpunkt der Entwicklung, an dem Arbeit und Sprache erstmalig auftreten.

Zugleich muß alle anthropologische Begrifflichkeit als eine überhistorisch-formale verstanden werden, d. h. als eine solche, die zwar bestimmte Möglichkeiten menschlichen Verhaltens bedingungslos voraussetzt, jedoch von sich aus historische Inhalte welcher Art immer niemals hervorbringt. Verantwortlich für die Erzeugung dieser Inhalte sind ausschließlich die historischen Bedingungen selbst. Im Zuge der Ausarbeitung meiner anthropologischen Ansichten habe ich bereits vor vielen Jahren unterstrichen: »Eine ›reine‹ anthropologische Existenz des Menschen unabhängig von seinem geschichtlichen Sein ist daher für den dialektischen Begriff eine nicht durchführbare Vorstellung.«

Die anthropologische Problematik des Bewußtseins setzt sich im Historischen Materialismus fort.

Auch der praktisch (»ökonomisch«) tätige Mensch kann anthropologisch nicht anders gedacht werden denn als ein mit Hilfe des Kopfes tätiger, d. h. als bewußtseinsbegabter Mensch. Dazu bemerkt Engels im »Ludwig Feuerbach«: »In der Natur sind es ... lauter bewußtlose blinde Agentien, die aufeinander einwirken... Dagegen in der Geschichte der Gesellschaft sind die Handelnden lauter mit Bewußtsein begabte, mit Überlegung oder Leidenschaft handelnde, auf bestimmte Zwecke hinarbeitende Menschen; nichts geschieht ohne bewußte Absicht, ohne gewolltes Ziel.«

Aber es sind dies zugleich die augenblicklichen Bedürfnisse und Verhältnisse, die das Individuum bewegen, sich dieses oder jenes Ziel zu wählen. In erster Linie erweist sich die zielgerichtete Tätigkeit als ein Element der unmittelbaren Praxis, in zweiter Linie als eines abgeleiteter Interessen, nämlich ideologischer. Bemerkenswert ist hieran, daß selbst die gesellschaftliche Bedingtheit der Zielwahl und des Handelns, das auf ihr beruht, ein allgemeines, für *alle* Gesellschaft und *alle* Geschichte gültiges anthropologisches »Gesetz« darstellt, das eben wegen seiner anthropologisch-formalen Gemeingültigkeit in seiner Wirksamkeit weder gesteigert noch abgeschwächt werden kann, sondern »schlechthin« oder »überhaupt« zutrifft. Erst die Geschichte selbst füllt es mit konkretem und unendlich differenziertem Inhalt; erst die Geschichte selbst ist für die tatsächlichen Auswirkungen dieses anthropologischen »Gesetzes« verantwortlich. Aber diese »Geschichte selbst« ist wiederum nichts anderes als die unter ursächlichen Bedingungen, die von ihr selbst gesetzt werden, vollzogene Realisierung der anthropologisch-formalen Möglichkeiten, die dem Menschen *als solchem* mitgegeben sind, ihn als solchen, in seinem anthropologischen Wesen definieren. Diese Dialektik von Anthropologisch-Formalem und Historisch-Inhaltlichem voll zu begreifen stößt erst die Tür auf zum wirklichen und allseitigen Verständnis des Historischen Materialismus.

Wenn Marx in seinem berühmten Vergleich zwischen dem Baumeister und der Biene auf den grundsätzlichen, ein nicht bloß quantitatives, sondern absolut qualitatives Faktum ausdrückenden Unterschied zwischen Mensch und Tier hinweist, so ist ihm hierbei der Baumeister oder der tätige Mensch (der »Arbeiter«), aber auch ebenso der Sklave oder der Leibeigene oder der Zunftgeselle völlig gleichgültig; sie bilden in dem gemeinten Zusammenhang nur beispielhafte Symbole für jegliches Individuum in seiner Tätigkeit. Er verweist hier auf anthropologische Sachverhalte. In dieser Sicht liest sich das bekannte Zitat anders denn als ein im bloßen ökonomietheoretischen Zusammenhang stehendes, was es *auch* ist. Wir geben es ganz wieder. Man achte hierbei besonders auf den Ausdruck »von vornherein«, was soviel besagen will wie prinzipiell, übergeschichtlich oder in unserer Sprache formal:

»Was aber von vornherein den schlechtesten Baumeister vor der besten Biene auszeichnet, ist, daß er die Zelle in seinem Kopfe gebaut hat, bevor er sie in Wachs baut. Am Ende des Arbeitsprozesses kommt ein Resultat heraus, das beim Beginn desselben schon in der Vorstellung des Arbeiters, also schon ideell vorhanden war. Nicht daß er nur eine Formveränderung des Natürlichen bewirkt; er verwirklicht im Natürlichen zugleich seinen Zweck.«

Diese Stelle aus dem ersten Band des »Kapital« drückt darüber hinaus noch mehr als einen anthropologischen Tatbestand aus, nämlich zusätzlich noch eine theoretische Perspektive, die den gesamten Historischen Materialismus im Kern charakterisiert und den wir hier gegen alle jene hervorheben, die den wirklichen qualitativen Gegensatz zum mechanistischen Vulgärmaterialismus noch immer nicht verstanden haben: Das wirklich bedeutende in der Marxschen Konzeption des Historischen Materialismus ist nicht so sehr seine einfache Gegnerschaft zu jeglichem Idealismus – obgleich diese wichtig genug ist –, sondern etwas völlig Neues in der modernen Geschichte des Geistes, nämlich die dialektische Aufhebung des Gegensatzes von einseitigem, undialektischem Idealismus und einseitigem, undialektischem Materialismus gegeneinander. Die Dialektik von »ideellen Vorstellungen« und tätig-ökonomischen »Formveränderungen des Natürlichen«, diese dialektische Einheit von Ideellem und Materiellem ist es, die den Marxschen Materialismus ausmacht.

Die tätige Verwirklichung des in der »Vorstellung« (Marx) vorschwebenden praktischen Zieles ist die Arbeit. Das Tier kennt keinen bewußten Zweck und daher auch nicht die Arbeit. Das »Materielle« an der Arbeit besteht in dreierlei: 1. muß sich die Arbeit nach den Arbeitsobjekten richten, 2. nach den Hilfsmitteln, mit denen sie die Naturgegenstände zu ihren Objekten macht und umformt, den Werkzeugen (»Produktivkräften«), und 3. nach den Beziehungen, die die Individuen in der Arbeit eingehen. Hierbei ist, in Abgrenzung gegen ein noch immer anzutreffendes Mißverständnis, das Stehenbleiben bei den gegenständlichen Bedingungen der Arbeit als dem angeblich letzten bestimmenden Faktor, als ein Rückfall in den mechanischen Materialismus zu klassifizieren, als eine krasse Verletzung der Dialektik von Ideellem und Materiellem. Während die Werkzeuge und die zwischenindividuellen Bedingungen historisch gewordene Faktoren sind, handelt es sich bei den gegenständlichen Bedingungen, sofern wir auf ihre noch urwüchsige, nicht bereits selbst bearbeitete Gestalt stoßen, um konstante Faktoren, die in ihrer Beziehung zum Menschen anthropologische Bedeutung annehmen.

Ihr anthropologischer Charakter läßt sich bereits daran erkennen, daß sie dem gesellschaftlichen Sein vorausgehen und bloße formale Möglichkeiten darstellen. Aus ihnen läßt sich (wie die alten naturwissenschaftlichen Materialisten glaubten) die gesellschaftliche Dynamik nicht ableiten. Es gehört zu den wichtigsten Entdeckungen des Historischen Materialismus, daß die ökonomische Gesetzlichkeit nirgends den Rahmen der gesellschaftlichen Verhältnisse überschreitet, ja, daß beide identisch sind. Deshalb löst Marx die dem Schein nach dinghaft bestimmten Verhältnisse in rein gesellschaftliche Verhältnisse auf oder noch radikaler: in »Gedankenformen« (Kapital I, 1947: 81). Dies nicht begriffen zu haben produzierte die heillosesten Vorwürfe gegen marxistische Theoretiker, hier z. B. gegen Lukács.

Da heißt es: »Der Fetischcharakter der Ware wird so primär als Vorgang der Bewußtseinsverfälschung... begriffen, statt als wirkliches Beherrschtwerden der Warenproduzenten durch die Dinge, die sie selbst gemacht haben.« (Theorie und Ideologie, Argument-Sonderband, Berlin 1979: 50)

Die These von der Herrschaft der »Dinge«, auch jener, die wir selbst gemacht haben, bedeutet einen Rückfall in die schlechthin vulgärste Form des Materialismus. Für den wissenschaftlichen Umkreis des Historischen Materialismus gibt es nichts, was nicht Ausdruck des Verhältnisses *bewußtseinsbegabter* Individuen untereinander ist, also nichts, was nicht »ideologisch« wäre. Unter anderem zählt Marx auch die Bewegungsgesetze der kapitalistischen Ökonomie zu den, wie er im »Kapital« wörtlich sagt, »ideelen Daseinsbedingungen«. Noch genauer: Nach Marx erscheinen die ökonomischen Kategorien als feste »Naturformen« – »Dinge«, die uns beherrschen, nach der Vorstellung des Autors des obigen Zitats –, wo sie in Wahrheit doch nur *Gedankenformen* darstellen (Quelle: s. o.).

Marx gelingt eine solche Interpretation, indem er die ökonomischen Dingverhältnisse als kategoriale Phänomene der Verdinglichung (er spricht ausdrücklich von »Kategorien«), das bedeutet der ideologischen Entartung sozialer Beziehungen in der Arbeit zu »Dingen« (Geld, Kapital, Maschine, Ware, Wert, Profit, Bodenrente), theoretisch auflöst. Stets sind es die »in der gesellschaftlichen Produktion ihres Lebens« von den Menschen eingegangenen Verhältnisse, und das sind stets »ideelle« Verhältnisse oder »Gedankenformen«, innerhalb deren Grenzen sich Verdinglichung konstituiert. Stets handelt der Mensch ideell, »seinem Zweck gemäß«.

Worauf es uns in diesem Zusammenhang vor allem ankommt, das ist die ideelle Beschlossenheit (die »Transzendentalität«) aller gesellschaftlichen, damit auch ökonomischen Vorgänge im Bewußtsein, womit wir auf einen grundlegenden anthropologischen Tatbestand stoßen.

Mit welcher Konsequenz Marx die »Gegenstände« als Objekte der Arbeit dieser selbst gegenüber zurücktreten läßt, erkennt man besonders deutlich, wenn er sagt: »Nicht was gemacht wird, sondern wie, mit welchen Arbeitsmitteln gemacht wird, unterscheidet die ökonomischen Epochen.« Das »Was«, das Ding, hat keine Macht über den Menschen. »Im Arbeitsprozeß bewirkt also die Tätigkeit des Menschen durch die Arbeitsmittel eine von vornherein bezweckte Veränderung des Gegenstandes.« Von »vornherein« bezweckte! »Ist die Arbeit«, so Marx, »zunächst ein Prozeß zwischen Mensch und Natur, ein Prozeß, worin der Mensch seinen eigenen Stoffwechsel mit der Natur durch seine eigene Tat vermittelt, regelt, kontrolliert«, und »unterwirft er das Spiel ihrer Kräfte seiner eigenen Botmäßigkeit«, so ist diese »seine eigene Tat« nur möglich als gesellschaftliche Tat, denn der Mensch ist, wie Marx sagt, ein Wesen, »das nur in Gesellschaft sich vereinzeln kann«. Das anthropologische Prinzip, durch das der Mensch in eine notwendige und unauflösliche Beziehung zum Mitmenschen gerät, liegt in der bereits aufgewiesenen anthropologischen Identität von Bewußtsein und Arbeit, wodurch sich der Mensch definiert. Die Menschen bedienen sich der »Möglichkeit«, die hier nicht als konkrete, einem bestimmten historischen Prozeß entstammende Möglichkeit verstanden wird, sondern eben als formale, die z. B. auch die Mehrarbeit unter kapitalistischen Bedingungen ermöglicht: »Die Gunst der

Naturbedingungen liefert immer nur die *Möglichkeit*, niemals die Wirklichkeit der Mehrarbeit.« (Von mir kursiviert.)

Daß Marx auch das Vergesellschaftungsprinzip nicht bloß historisch, sondern grundlegend anthropologisch einschätzt, beweisen solche Formulierungen, die sich auf keine ganz bestimmten, historisch gewordenen Gesellschaftsformationen beziehen, sondern auf *alle* Geschichte, auf die Geschichte überhaupt: »In der Produktion ihres Lebens wirken die Menschen nicht allein auf die Natur, sondern auch aufeinander. Sie produzieren nur, indem sie auf eine bestimmte Weise zusammenwirken und ihre Tätigkeit gegeneinander austauschen.« Auf welche »bestimmte« Weise die Menschen zusammenwirken und welche »Gesellschaftsform« er meint, sagt Marx nicht und kann es auch nicht sagen, denn sein Gedankengang meint nichts weniger als den anthropologischen Tatbestand des Vergesellschaftungscharakters *aller* Produktion.

Sinne, Trieb und Selbstverwirklichung

Die von Marx radikal hervorgehobene und in ihrem Wesen als anthropologisch zu definierende Bewußtseinsgebundenheit ausnahmslos aller Phänomene der gesellschaftlich-historischen Existenz des Menschen läßt auch die an sich rein biologische und den Menschen vom Tier nur graduell unterscheidende Tatsache der Sinne nicht aus. In Zuordnung zum Gesamtbild, das wir uns anthropologisch vom Menschen machen, stellen die Sinne die Werkzeuge der Trieb- und Bedürfnisbefriedigung dar. Jedoch gerade als Werkzeuge, als Mittel der Befriedigung kommen sie beim Menschen anders als beim instinktgesteuerten Tier in Gebrauch, nämlich mittels der bewußtseinsmäßigen Reflexion.

Was im Anschluß einer falschen Deutung des Marxschen Begriffs der »Entwicklung der Sinne« richtiggestellt werden muß, ist folgendes. Einerseits, daß das Sinnennetz einen streng anthropologisch-formalen Charakter aufweist: Die Möglichkeit z. B., den Tastsinn in einem Konflikt zur Erzeugung von Schmerz zu benützen, fällt nicht zusammen mit der historischen Ursache der Absicht, Schmerz zu erzeugen. Andererseits und eben wegen dieser formalen anthropologischen Wesenheit der Sinne ist ihr prinzipiell unveränderlicher Charakter hervorzuheben. Was sich an den Sinnen verändert und »entwickelt«, das sind nicht sie selbst, sondern wie bei allen anthropologischen Bedingungen und Möglichkeiten ihrer Existenz ihre Anwendung, die gesellschaftliche Ursachen hat. Die Dialektik von anthropologisch-unveränderlichen Möglichkeiten und historisch-veränderlicher Wirklichkeit menschlicher Existenz wird am Phänomen der Sinne ganz besonders deutlich.

Spricht demgemäß Marx von der »Entwicklung« der Sinne, so meint diese Aussage nichts anderes, als daß der geschichtlich agierende Mensch es in Ablösung der historischen Perioden vornehmlich und in Auseinandersetzung mit der Umwelt lernt, die Sinne (Sinnlichkeit) in der Liebe – man beachte die Variation der Formen in der Promiskuität, der Polygamie, Polyandrie, Einehe, Homosexualität, lesbischen Liebe und Askese, bei welchen Formen die Sinne in ihrer formal-biologischen Konsistenz stets dieselben bleiben –, in der Kunst, in der Technik bis hin zu den extremsten Ausformungen in der Phantasie, der Intuition, Spekulation und Ekstase in einer immer differenzierteren Weise zu gebrauchen. Oder was dasselbe aussagt: mittels der Einbeziehung der Sinnestätigkeit in die bewußtseinsmäßige Reflexion entsprechend bestimmten teleologischen Setzungen die Inhalte dauernd zu verändern.

Gerade mit dem letzteren Unterfangen, vor der einseitig historischen Interpretation biologisch-anthropologischer Voraussetzungen zu warnen, ist aufs engste die entgegengesetzte Warnung vor dem biologistischen Mißbrauch anthropologischer Einsichten verknüpft. Nicht selten werden biologisch-anthropologische Einsichten dazu benützt, um gesellschaftliche Phänomene zu erläutern. Dies ist auch bei marxistischen Theoretikern festzustellen. Das passiert ihnen zwar meist ungewollt und im Zuge einer unzureichenden erkenntnistheoretischen Begründung der Ansprüche der marxistischen Theorie. Der Rückfall in den anthropologisierenden Biologismus bildet jedoch keine geringere Gefahr für eine Theorie, die in letzter Konsequenz der Praxis dienen will, als die Leugnung der Notwendigkeit und Möglichkeit einer anthropologischen Grundlegung. Ein falsch verstandener Materialismus, nämlich ein biologistisch-mechanistischer, steht am Ende. Der naturwissenschaftliche Materialismus, scheinbar längst abgetan, hat sich nur von der Physik auf die Biologie verlagert.

Marx selbst geht in der anthropologischen Bestimmung des Menschen noch weiter. Gebraucht Marx in den »Grundrissen« wie auch im »Kapital« den Begriff des »Spiels« als Ausdruck der vielseitigen und jeglicher arbeitsteiligen Vereinseitigung entgegenstehenden »Lebenskräfte«, so tut er dies nicht nur in einem positiven Sinne, sondern in einer durchaus anthropologischen Bedeutung. Mit der Einführung des Begriffs des Spiels deutet Marx jene andere, zum Ökonomischen dialektisch vermittelte Ebene an, die der Ebene der repressiven Arbeit entgegensteht: die des Erotischen. Denn der Mensch lebt nicht von der Arbeit allein, sondern auch vom erotischen Brot (Genuß), das der Arbeit, indem sie sich in dessen Dienst stellt, erst ihren Sinn verleiht. Arbeit für sich, isoliert von den erotischen Bedürfnissen, hat gar keinen Sinn, auch die neutral als »Tätigkeit« definierte nicht und erst recht nicht die repressive.

Die Betätigung der »geistigen und körperlichen Lebenskräfte«, wie Marx im »Kapital« sagt und mit dem »Spiel« gleichsetzt, trifft den Begriff der Libido Freuds genauer als dieser selbst, denn Freud faßt ihn zu einseitig in einer auf das Sexuelle fixierten Weise. Hiermit erfährt die Marxsche Anthropologie, die der Ökonomie und dem Historischen Materialismus sachlich und logisch (»formal«) vorausgeht, jene Erweiterung und Abrundung, die den eigentlichen Anlaß für eine Weiterentwicklung der Anthropologie auf einer identisch marxistischen und bewußtseinstheoretischen Grundlage bietet.

Neben dem Begriff des »Spiels« stehen im Zentrum der Marxschen Anthropologie die Begriffe des »Gattungswesens« und der »Selbstverwirklichung«. Beide Begriffe werden oft empiristisch-positivistisch gefaßt, indem ihnen das Zusammenfallen der geäußerten Interessenlage des Proletariats mit dem Gesamtinteresse der ihm zustrebenden Gesellschaft, was auf den Begriff des »Gattungsinteresses« hinausläuft, unterstellt wird.

Bereits in den sechziger Jahren hat Ralf Dahrendorf, ein Kritiker des Marxismus, insistiert, daß das geäußerte Interesse des Proletariats mit seinem wirklichen Interesse identisch ist. Eine solche Aussage will in Frontstellung gegen Marx besagen, daß es so etwas wie ein »Gattungsinteresse«, das sich hinter dem geäußerten Alltagsinteresse des Proletariats verbirgt, gar nicht gibt.

Sofern dieses »Gattungsinteresse« nicht mit Hilfe einer differen-

zierten anthropologischen Ableitung, die auf dem Begriff des
»Spiels« basiert, definiert wird, sondern ökonomistisch und
praktizistisch aus der vorhandenen Leidenslage des Proletariats
deduziert wird, ist das daraus erfließende, geäußerte Interesse
niemals als das »richtige« und der »Selbstverwirklichung« entge-
gengehende nachzuweisen – wozu noch kommt, daß unter dem
ideologischen und konsumverführerischen Einfluß der kapitalistischen Gesellschaft tatsächlich das geäußerte Interesse dem
»menschlichen« entgegengesetzt ist. Außerhalb der dialektisch-
anthropologischen Bezüglichkeit von »Spiel«, »Selbstverwirklichung« und »Gattungsinteresse« ist es prinzipiell durchaus
möglich, Klassenantagonismus, Herrschaft, Ausbeutung, Mehrwert, Profit und vieles andere – bewußt oder unbewußt anthropologisch – als dem menschlichen Leben, ja, dem Menschen
selbst angemessen auszugeben, was oft genug geschieht (zumeist
in Verbindung mit der Setzung von Egoismus, Aggression und
natürlicher Mangelhaftigkeit des Menschen – z. B. Gehlen – als
anthropologischen Wesensmerkmalen). Warum sollen von der
positivistischen oder bürgerlich-anthropologischen Warte aus
besehen Klassengesellschaft und Herrschaft des Menschen über
den Menschen einen geringeren Geltungswert besitzen als klassenlose Gesellschaft und Selbstverwirklichung?! Ohne eine marxistische Anthropologie kommen wir nicht weiter.

Erst Arbeit macht frei

Auch das Verhältnis von Arbeit und Freiheit faßt Marx ganz
nach dem Zuschnitt einer formalen Anthropologie auf. Für Marx
stellt sich die Sachlage so dar, daß alle Arbeit, ungeachtet der
geschichtlich möglichen »sklavischen«, d. h. unfreien Formen
das Moment der Freiheit anthropologisch in sich schließt. Wir
zitieren zum Beweis die »Grundrisse«: »Du sollst arbeiten im
Schweiß deines Angesichts! war Jehovas Fluch, den er Adam
mitgab. Und so als Fluch nimmt A. Smith die Arbeit. Die ›Ruhe‹
erscheint ihm als der adäquate Zustand, als identisch mit Freiheit
und Glück. Daß das Individuum ›in seinem normalen Zustand
von Gesundheit, Kraft, Tätigkeit, Geschicklichkeit, Gewandt-
heit‹ auch das Bedürfnis einer normalen Portion von Arbeit hat,
und von Aufhebung der Ruhe, scheint A. Smith ganz fernzulie-
gen. Allerdings erscheint das Maß der Arbeit selbst äußerlich

gegeben durch den zu erreichenden Zweck und die Hindernisse, die zu seiner Erreichung durch die Arbeit zu überwinden. Daß aber die Überwindung von Hindernissen an sich Betätigung von Freiheit – und daß ferner die äußeren Zwecke den Schein bloß äußerer Naturnotwendigkeit abgestreift erhalten und als Zwecke, die das Individuum selber erst setzt, gesetzt werden – also Selbstverwirklichung, Vergegenständlichung des Subjekts [gemeint ist hier Entäußerung in Produkten, L.K.], daher reale Freiheit, deren Aktion eben die Arbeit, ahnt A. Smith ebensowenig. Allerdings hat er recht, daß die historischen Formen als Sklaven-, Fronde-, Lohnarbeit die Arbeit stets repulsiv, stets als äußere Zwangsarbeit erscheinen und ihr gegenüber die Nichtarbeit als ›Freiheit und Glück‹.«

Der Unterschied zwischen dem anthropologisch gemeingültigen »Bedürfnis einer normalen Portion von Arbeit« und den »historischen Formen als Sklaven-, Fronde-, Lohnarbeit«, also zwischen dem formal-anthropologischen und dem historisch-inhaltlichen Begriff der Arbeit, tritt hier klar hervor. Die Arbeit ist für Marx ebenso wie für Hegel ihrem ursprünglichen anthropologischen Prinzip gemäß »bildendes, formierendes Tun«, d. h. Freiheit. Zur Unfreiheit wird sie erst in ihrer historischen Dimension.

An diesem Punkt der Rezeption des Marxschen Textes ist einer Strömung unter den Marxisten zu widersprechen, die z. B. hervorragend von Agnes Heller vertreten wird. Es wird hier – lapidar und scheinbar problemlos – den marxistischen Anthropologen unterstellt, sie würden, wohlgemerkt als Anthropologen und nicht als Soziologen oder Ökonomen, die Frage aufwerfen, »was Arbeit ist«. Tatsächlich wird diese Frage im Bereich marxistisch-anthropologischer Betrachtung gar nicht gestellt. Vielmehr wird hier die explizit anthropologische, d. h. von allen »historischen Formen als Sklaven-, Fronde-, Lohnarbeit« (Marx) abstrahierende Frage gestellt, was menschliche Tätigkeit *überhaupt* für einen logischen und faktischen Sinn gewinnt, und dies nicht für sich, sondern in Beziehung auf die Erfüllung libidinöser Bedürfnisse überhaupt; oder, um mit Marx zu reden, auf die »Selbstverwirklichung des Subjekts« (s. obiges Zitat).

Die Antwort lautet, daß im Bereich der – gedachten oder wirklichen – Übereinstimmung von Tätigkeit (»Arbeit«) und Libido eine Verhaltensform sichtbar wird, die »Spiel« genannt werden kann; dies ungeachtet der Tatsache, daß es im konkreten historischen Raum viele Formen des Spiels gibt, die einer eigenen Untersuchung wert wären. Dieser hier so gefaßte Begriff des »Spiels« abstrahiert in anthropologischer Absicht von allen historisch gewordenen Formen des Spiels, sofern er feststellbar den verschiedenen Formen der repressiven Arbeit entgegengesetzt ist, somit eine libidinöse Aufgabe erfüllt – und dies in völliger Übereinstimmung mit Marx.

Wir haben die Frage gestellt, was menschliche Tätigkeit »überhaupt« für einen Sinn meint. Die Beifügung des Wortes »überhaupt« verweist auf eine nicht bloß erlaubte, sondern in der Anthropologie unerläßliche Gebräuchlichkeit. Dasselbe findet sich in der jahrhundertealten Geschichte der Philosophie, wenn hier bekanntlich vom »Bewußtsein überhaupt« gesprochen wird. Gemeint ist damit, daß in Abstraktion von psychologischen und historischen, insgesamt inhaltlichen Bewußtseinskategorien die Frage zu beantworten ist, wie »Bewußtsein überhaupt« sich zur »Realität überhaupt« verhält. Vom Standpunkt des Marxismus haben Engels und Lenin eine eingehende Antwort auf diese Frage gegeben. Im übrigen kann die Antwort idealistisch oder materialistisch, sensualistisch, empiristisch oder agnostizistisch ausfallen; in jedem Falle handelt es sich um eine sinnvolle Abstraktion.

Was die Anthropologie betrifft, kann im Verlauf der weiteren Untersuchung gezeigt werden, wie das anthropologische Motiv der dialektischen Identität von Tätigkeit und Selbstverwirklichung oder Libido unter konkreten historischen Bedingungen der entfremdeten Arbeit weicht und wie die entfremdeten Formen des Libidinösen sich beim Arbeiter, Kleinbürger und Bürger in unterschiedlicher Weise durchsetzen. Das »Spiel« in seiner originären, d. h. mit dem Menschen und seinen Bedürfnissen identischen anthropologischen Bedeutung nimmt seinerseits, aber nur in Restbeständen (besonders im Alltagsleben), eine historische Gestalt an. Es rückt an den Rand des Lebens und wird ebenso wie die Phantasie wegen der in ihnen unverwüstlichen libidinösen Ansprüche zum Sekundären und Nebensächlichen herabgesetzt, vielfach sogar, wenn der Widerspruch zu den repressiven Anforderungen der Gesellschaft zu offenbar wird, verleumdet.

Auch das Marxsche Wort von der Setzung des Menschen »als Menschen« meint nichts anderes als einen Menschen, der im Kontext der »Selbstverwirklichung« sich artikuliert. Marx denkt hierbei an keinen bestimmten, durch bestimmte historische und gesellschaftliche Umstände erzeugten Menschen, sondern an einen in seiner anthropologisch-humanistischen (»spielenden«) Wesenheit begriffenen. Das ganze Zitat lautet: »Setze den Menschen als Menschen und sein Verhältnis zur Welt als ein menschliches, so kannst du Liebe nur gegen Liebe austauschen, Vertrauen nur gegen Vertrauen.«

Schon lange vor Marx hat Schiller, nicht ohne (was naheliegend ist) auf ihn Einfluß zu nehmen, den Menschen als »von Natur« der Freiheit verhaftet aufgefaßt, weshalb er fordern kann: »Der Mensch war Natur und muß wieder Natur werden.« Die Aufhebung solcher Gedankengänge in den Marxismus zählt zu den hervorragendsten theoretischen Aufgaben unserer Zeit. Abseits der Anthropologie läßt sich der Hang des Menschen zur Freiheit entweder nur subjektivistisch wie z. B. bei Camus – »ich kann nur meine eigene Freiheit beweisen« – oder metaphysisch wie bei Jaspers, der diese Bezeichnung selbst gebraucht, ableiten. Und das bedeutet: nur rückwärtsgewandt.

»Nur der Mensch produziert nach dem Maße der Schönheit«

Wenn schließlich die Identität von Mensch, Arbeit und Freiheit auf ihren radikalsten anthropologischen Ausdruck gebracht werden soll, so ist es wiederum kein anderer als Marx, der den »Entwurf« dazu mit dem Satz geboten hat: »Nur der Mensch produziert nach dem Maße der Schönheit.« Ähnliches trifft auf den Begriff der »Leidenschaft« zu, den Engels gebraucht: Es sind »die Handelnden lauter... mit Überlegung und Leidenschaft handelnde... Menschen«. Zu beidem einige Bemerkungen.

Es muß verstanden werden, daß der Mensch deshalb nach dem Maße der Schönheit produziert, weil Schönheit der extremste Ausdruck des Erotischen ist. Im Bereich der durch das Bewußtsein vermittelten menschlichen Existenz ist Schönheit wiederum deshalb der extremste Ausdruck des Erotischen, weil sie der Anstrengung des Tätigseins entgegensteht, »nutzlos« ist, das heißt, das Libidinöse abrundet und vollendet, ohne unmittelbare Notwendigkeit zu besitzen. Das Schöne gehört zu den Bedürfnissen, die den Umkreis des Nützlichen verlassen, in der Zwecksetzung menschlichen Handelns unter bestimmten Bedingungen der Lebensnot als verzichtbar erscheinen. Ein durch zufälliges Vorhandensein von Papier von einem in der Wüste verirrten Wanderer rasch zusammengefalteter Trinkbecher erhebt nicht den Anspruch der angenehmen Form, der Schönheit.

Dagegen strebt der Mensch im bereits einigermaßen ausgeglichenen Alltag nach ästhetischer Gestaltung der Gebrauchsgegenstände, sei es, daß er sie selbst herstellt, sei es, daß er sie erwirbt. Selbst in den frühen Epochen der »primitiven« Urzeit finden sich solche Gegenstände in großer Zahl vor, die wir als schön empfinden.

Der Grund für diese erotische Grundform menschlichen Verhaltens, der Schönheit, liegt in der Fähigkeit des Menschen begründet, die Produkte welcher Art immer zu reflektieren und auf ihre nicht nur »nützliche«, sondern auch *erotische* Dienstbarkeit hin zu prüfen und zu beurteilen. Ein geschmückter Mensch ist angenehmer als ein ungeschmückter. »Angenehm« aber heißt so viel wie: den bewußtseinsmäßig-erotischen Erlebnisumkreis bereichernd. Und niemand kann bestreiten, daß wir es hierbei mit einem anthropologischen Grundphänomen zu tun haben. Der Marxsche Hinweis auf das Produzieren nach dem Maße der Schönheit, wodurch sich seiner Meinung der Mensch vor allen übrigen Lebewesen auszeichnet, impliziert somit eine Aussage von radikal anthropologischer Bedeutung.

Mit alledem ist mitgedacht, daß die Bewußtseinstatsache der Schönheit im marxistischen System deshalb von größter Wichtigkeit ist, weil sie allem Mechanismus, Ökonomismus und Biologismus widerspricht, d. h. das Menschenbild auf jene Ebene der Vielseitigkeit und Fülle hebt, auf der allein die Begriffe der »Selbstverwirklichung«, des »Gattungsmäßigen« und des »Fortschritts« voll verstanden und für die Praxis ausgeschöpft werden können; dies sowohl für die politische Praxis wie für die Gestaltung des Alltagslebens.

Arbeit und Charakter

Ähnlich wie mit dem Begriff der Schönheit steht es mit jenem der Leidenschaft.

Das teleologische, sich in aller Tätigkeit Ziele und Zwecke

setzende Prinzip jeglicher Bewußtseinsaktivität drängt das praktisch oder ideologisch handelnde Individuum dahin, das Ziel, für das es sich entschieden hat, mit allen zur Verfügung stehenden Mitteln und Kräften zu realisieren. Während jedoch die Zielwahl unter dem Zwang begrenzter, sozial bestimmter kausaler Möglichkeiten, die in ihrer Gesamtheit die »Bedingungen« ausmachen, der Willkür entzogen ist – daraus resultiert vor allem die bekannte ökonomische Gesetzmäßigkeit –, bleiben die Mittel, ungeachtet auch ihrer Gebundenheit an ebendieselben Möglichkeiten, mehr oder weniger variant. Letzteres deshalb, weil es neben den äußeren, an den gesellschaftlichen Umständen selbst orientierten objektiven Mitteln auch solche gibt, die ausschließlich dem Subjekt angehören (z. B. Willensstärke oder Willensschwäche, größere oder geringere Geschicklichkeit, worauf Marx hinweist usw.) und deshalb einer größeren Zufälligkeit unterworfen sind.

Zwischen den im subjektiven Bereich zur Verfügung stehenden Mitteln wie Urteilskraft, Intensität, Kritik oder Moralität endgültig und entschieden zu wählen, erfordert den Einsatz der ganzen Persönlichkeit, eine »Haltung«, die wir »Leidenschaft« nennen. Thomas Mann bemerkt im »Zauberberg«: »Leidenschaft das ist: um des Lebens willen leben.« Dieses Leben ist wiederum nichts anderes als der leidenschaftliche Wille zur Selbsterhaltung und Selbstverwirklichung. »Selbstvergessenheit« läßt Thomas Mann die kluge Frau Chauchat sagen. Meint Friedrich Engels, daß die Menschen stets mit Leidenschaft handeln, wenn sie sich ernsthaft ein Ziel vorgenommen haben, so vergessen sie sich scheinbar selbst im Dienste der Verwirklichung dieses Zieles, das jedoch zugleich ihrem »Leben« dienstbar bleibt.

Prinzipiell ist Leidenschaft aller Tätigkeit eigen, ob der bloß »nützlichen« oder erotischen (wozu auch Kunst und Wissenschaft gehören), zu der jene vermittelt ist. In der arbeitsteiligen Eigentumsgesellschaft trennen sich die Mittel vom Zweck (Schiller), wird die Tätigkeit zur repressiven »Arbeit« und rationell-leidenschaftslos. Dagegen ist jegliche Mittel und Zweck identifizierende, das ist schöpferische Tätigkeit erst und im eigentlichen Sinne eine leidenschaftliche und als solche eine das Individuum bis in seine alltäglichen Bedürfnisse hinein befriedigende. Der Hinweis von Friedrich Engels auf die Leidenschaftlichkeit eines jeden Handelns verweist, des genaueren besehen, auf eine allgemeine, über die konkreten historischen Verhältnisse und ihre Deformationsformen hinwegblickende anthropologische Abstraktion. Es ist gewiß Engels und Marx bekannt gewesen, daß z. B. die Fließbandarbeit (d. h. in ihre Zeit übersetzt, extrem arbeitsteilige Arbeit) der Leidenschaft entbehrt.

Wie Schönheit, so macht somit auch die Leidenschaft einen anthropologischen Tatbestand aus, auf dessen Beachtung zu verzichten zu einer Vereinseitigung und Verarmung der marxistischen Theorie führen muß.

Um noch zum Schluß einen weiteren Punkt anzuführen: Im Lichte der marxistischen Bewußtseinsanthropologie erscheint auch verständlich die Bevorzugung des intuitivistischen Mystizismus Bachofens gegenüber dem »langweilig trockenen«, wie Marx gelegentlich sagt, Rationalismus Mac Lenans durch Engels in der Einleitung zu seinem »Deutschen Bauernkrieg«. Es bricht hier der Gegensatz zwischen einer, wenn bei Bachofen auch noch metaphysisch vergorenen Dialektik einerseits und einem bei Mac Lenan aus seinem Beruf als Jurist erklärbaren empiristischen Positivismus auf. Der Hinweis von Marx auf die »langweilig trockene« Schreibweise vieler Theoretiker zielt nicht auf den bloßen äußeren Stil, nicht auf eine bloß ästhetische Formgestaltung (wie sie etwa Ranke für die Geschichtsschreibung in Erwägung gezogen hat), sondern faßt die inhaltliche Aussagekraft ins Auge, die sich in dem Gegensatz: anthropologisch-dialektisch und empiristisch-positivistisch verfängt.

Aus alledem geht hervor, daß das anthropologisch (und nicht ideologisch) begriffene Bewußtsein eine den Menschen primär definierende Qualität darstellt, wodurch sich eine Anthropologie gleichsam als Vortheorie zum Marxismus begründet. Daß wir hierbei auf die Identität von Bewußtsein und Arbeit, des weiteren von Bewußtsein, Telos, Arbeit, Vergesellschaftung, Begriff und Sprache stoßen, haben wir dargelegt. Wir haben hierbei nichts anderes getan, als streng nach der theoretischen Auffassung von Marx zu verfahren.

Peter von Oertzen

Historisch-politische Möglichkeit
bei Max Weber und Karl Marx

Theorie und Praxis

Der von Marx und Engels begründete sogenannte »wissenschaftliche Sozialismus« hat sich ungeachtet seines Anspruchs, wirkliche kritische, empirisch begründete, streng logisch argumentierende Wissenschaft zu sein, nie als bloße Analyse oder Theorie verstanden. Die theoretische »Kritik der politischen Ökonomie« war immer auch eine praktische Kritik, ein Moment der auf die Umwälzung der gesellschaftlichen Verhältnisse, auf die »Revolution« gerichteten sozialistischen Bewegung. Mit diesem Anspruch war aber zugleich das Problem des Verhältnisses von Theorie und Praxis zu einem theoretischen Problem der Marxschen wissenschaftlichen Lehren selbst geworden.

Dem traditionellen historisch-politischen Idealismus, für den die großen historischen Individuen – sei es als Agenten des Weltgeistes, sei es als Repräsentanten der Völker – die Rolle der historischen Subjekte spielen, mag die Lösung dieses Problems relativ einfach erscheinen; für den historischen Materialismus ist dies anders. Denn »die Produktionsweise des materiellen Lebens bedingt den sozialen, politischen und geistigen Lebensprozeß überhaupt. Es ist nicht das Bewußtsein der Menschen, das ihr Sein, sondern umgekehrt ihr gesellschaftliches Sein, das ihr Bewußtsein bestimmt« (Marx, Vorwort zu: Kritik der politischen Ökonomie). Die »reale Basis«, »die ökonomische Struktur der Gesellschaft« ist demgemäß auch der Hauptgegenstand der Marxschen wissenschaftlichen Kritik, ihrer Analysen und Prognosen.

Wie dieser reale, im wesentlichen ökonomische Gesellschaftsprozeß, dessen »Naturgesetzlichkeit« Marx oft genug betont

171

hat, mit der empirisch feststellbaren »Rolle der Persönlichkeit in der Geschichte«, mit der Freiheit menschlicher Entscheidung und mit der unleugbaren Bedeutsamkeit von Ideen und ideellen Überzeugungen für die sozialen und politischen Verhaltensweisen der Menschen theoretisch in Übereinstimmung zu bringen sei, oder anders ausgedrückt: welche Rolle der »subjektive Faktor« im »objektiven«, von den ökonomischen Bedingungen »in letzter Instanz« (Engels, Brief an Bloch) bestimmten Geschichtsprozeß zu spielen habe, hat die marxistische Theorie selbst und ihre Kritiker demgemäß seit eh und je beschäftigt.

Die herkömmliche »bürgerliche« antimarxistische Polemik hat sich die Lösung einfach gemacht, indem sie in Marx den Forscher und den Revolutionär und im Marxismus »Wissenschaft« und »Eschatologie« auseinandersortiert und für miteinander unvereinbar erklärt hat. Aber auch ein so profunder Marx-Kenner wie Iring Fetscher hat noch kürzlich wieder einmal den »geschichtsphilosophischen Determinismus« im Marxismus diagnostiziert und kritisiert (wobei er in bezug auf viele traditionsreiche und weitverbreitete marxistische Strömungen nicht einmal unrecht hat).

Marx selbst hat freilich von der »Deutschen Ideologie« und den »Feuerbachthesen« an bis zum »Kapital« stets auf dem untrennbaren – dialektischen – Zusammenhang von Theorie (Anschauung) und Praxis, von zu verändernden gesellschaftlichen Umständen und verändernder menschlicher Tätigkeit insistiert. (Wer das in bezug auf den Marx des »Kapital« nicht glauben mag, der lese im 5. Kapitel des 1. Bandes die Passage über den spezifisch menschlichen Charakter der Arbeit als einer von Ideen bestimmten, Zwecke verwirklichenden Tätigkeit.) Und der alte Engels hat allen ökonomistischen und deterministischen Mißverständnissen die zwar grobschlächtige, aber doch deutliche Rede von der »Wechselwirkung« zwischen den materiellen und den ideellen Faktoren in der Geschichte entgegengesetzt; und er hat mit Nachdruck auf das eigentliche Subjekt der Geschichte verwiesen, auf den handelnden Menschen: »Wir machen unsere Geschichte selbst«, aber, so fügt Engels hinzu, »unter sehr bestimmten Voraussetzungen und Bedingungen« (Brief an Bloch).

Unter diesen spielen die ökonomischen eine besondere Rolle. Diese Rolle wurzelt nicht etwa in einem höheren Grade der

»Realität«, in einem metaphysischen oder ontologischen Vorrang der ökonomischen Struktur. Sondern die ausschlaggebende Rolle der Ökonomie in Gesellschaft und Geschichte ist schlicht und einfach, wie es Engels in seiner Rede am Grabe von Karl Marx ausgedrückt hat, in der »bisher unter ideologischen Überwucherungen versteckten einfachen Tatsache« begründet, »daß die Menschen vor allen Dingen zuerst essen, trinken, wohnen und sich kleiden müssen, ehe sie Politik, Wissenschaft, Kunst und Religion usw. betreiben können«.

Die »objektive Möglichkeit«

In groben Umrissen ist das Problem von Theorie und Praxis im Marxismus damit klargestellt: Die Wissenschaft des historischen Materialismus und der kritischen politischen Ökonomie analysiert jene »bestimmten Voraussetzungen und Bedingungen«, insbesondere die ökonomischen, und umschreibt insoweit den Spielraum und die Möglichkeiten individuellen und kollektiven menschlichen Handelns; wobei die Erkenntnis dieser Möglichkeiten, z. B. in Gestalt des wissenschaftlich geklärten »proletarischen Klassenbewußtseins«, Motive und Richtung des menschlichen Handelns wesentlich beeinflußt. Das Marxsche wissenschaftliche Denken, insbesondere wenn es Prognosen über die zukünftige gesellschaftliche Entwicklung enthält, ist insofern eine klassische Ausprägung jener sozialwissenschaftlichen Denkfigur, die von Merton als »sich selbst erfüllende« oder »sich selbst zerstörende Prophetie« bezeichnet worden ist. Der damals marxistische Schriftsteller Ernst Lewalter hat vor über 50 Jahren diesen Sachverhalt auf die einprägsame Formel gebracht: »Solange es Menschen gibt, die ihr Handeln nach der Marxschen Überzeugung einrichten, solange ist Marx nicht ›widerlegt‹ – denn eben dies war ja seine Überzeugung, daß es solche Menschen geben werde.«
Diese Erkenntnis ist freilich bei Marx und Engels nur ansatzweise formuliert und nie ausführlich dargestellt worden; und aus dem Denken des Nach-Marxschen Marxismus ist sie für lange Zeit fast vollständig verdrängt worden. Erst Georg Lukács hat in seinen Studien über marxistische Dialektik (Geschichte und Klassenbewußtsein, 1923) – zusammen mit Karl Korsch und anderen – das Problem der Dialektik von Theorie und Praxis als

theoretisches Problem wieder in aller Schärfe gestellt: Für »die Gewißheit des Untergangs des Kapitalismus, die Gewißheit der – am Ende – siegreichen proletarischen Revolution... kann es keine ›materielle‹ Gewähr geben. Sie ist uns nur methodisch – durch die dialektische Methode – garantiert. Und auch diese Garantie kann nur durch die Tat... erprobt und erworben werden. Einen Marxisten der Gelehrtenstubenobjektivität kann es ebensowenig geben, wie eine ›naturgesetzlich‹ garantierte Sicherheit des Sieges der Weltrevolution.«

Diese pathetische Bekräftigung der dialektischen Einheit von Theorie und Praxis hat auf den ersten Blick eine gewisse strukturelle Ähnlichkeit mit der existenzphilosophischen Kategorie der »Entschlossenheit«, oder mit jener Grund-losen Aktion, jener aus dem Nichts heraus sich selbst schaffenden Tat, mit der zu allen Zeiten heroische Revolutionäre versucht haben, sich selbst – und zugleich die Verdammten dieser Erde – am eigenen Zopf aus dem Sumpf der Ausbeutung und der Unterdrückung herauszuziehen. Die Marxsche Dialektik von Theorie und Praxis dieser Ähnlichkeit wegen als eine Variante des Existentialismus zu begreifen, wäre jedoch ein grobes Mißverständnis. Die Situation, in welcher der Marxist entschlossen handelt, die Möglichkeit, die er handelnd ergreift (oder verfehlt – auch die Barbarei statt des Sozialismus ist eine Möglichkeit), ist eine »objektive Möglichkeit«. Die marxistische Kategorie der »objektiven Möglichkeit« bezeichnet keinen abstrakten Handlungsspielraum, sondern eine konkrete gesellschaftlich-geschichtliche Lage, die in ihrer Gestalt und in ihren Chancen, die in ihren »sehr bestimmten Voraussetzungen und Bedingungen« wissenschaftlich analysiert werden kann und muß. Die objektive Möglichkeit für eine Gesellschaftsordnung ohne Ausbeutung, Unterdrückung und Entmündigung aufzufinden und nachzuweisen und damit zugleich dem Kampf für die Verwirklichung dieser Möglichkeit seine Richtung zu geben, ist die theoretische Pointe des wissenschaftlichen Sozialismus.

Die geschichtliche Komponente

Es scheint mir kein Zufall zu sein, daß an jener Stelle seines Buches, an der Lukács die marxistische Kategorie der »objektiven Möglichkeit« zu entfalten beginnt, sich ein kurzer Hinweis auf das wissenschaftliche Werk seines großen Lehrers Max Weber findet. In der Tat hat dieser bedeutendste bürgerliche Sozialwissenschaftler unseres Jahrhunderts nicht nur viele konkrete Anregungen von Marx aufgenommen, sondern steht auch in Ansatz und Richtung seines Denkens der universal-historischen Gesellschaftstheorie Marxens viel näher, als es den Anschein hat. Seine Auseinandersetzung mit der Kategorie der historisch-politischen Möglichkeit scheint mir daher durchaus geeignet zu sein, die Diskussion dieser Kategorie im Marxismus zu vertiefen und weiterzuführen.

Max Weber hat unser Thema vor allem im Rahmen seiner Auseinandersetzung mit dem großen Historiker Eduard Meyer behandelt, besonders in dem zweiten Teil seines Aufsatzes über »Objektive Möglichkeit und adäquate Verursachung in der historischen Kausalbetrachtung«. Dabei brauchen wir uns mit der expliziten historischen und sozialwissenschaftlichen Methodologie Webers nicht ausdrücklich zu beschäftigen. Weber hat sich in seiner konkreten Forschungsarbeit niemals durch seine methodologischen Überlegungen einengen lassen. Auch in unserem Falle gewinnt er, sowie er auf die Sache kommt, sofort einen Ausgangspunkt, den wir ohne weiteres akzeptieren können: Die Geschichtsschreibung geht darauf aus, den Strom der geschichtlichen Ereignisse in ihrer ursächlichen Verknüpfung, als eine Folge von verursachenden und verursachten Momenten zu begreifen und darzustellen. Freilich, den gesamten unendlich verzweigten Kausalnexus zu erfassen, ist unmöglich. Der Historiker muß sich auf die historisch »bedeutenden« Ereignisse und ihre ursächliche Verknüpfung beschränken. Was aber ist »bedeutend«?

Webers Antwort lautet: »Bedeutend« ist eine historische Tatsache dann, wenn ihr Fortfallen oder ihre Abänderung nach unserem Urteil einen wesentlich anderen Verlauf der geschichtlichen Ereignisse zur Folge gehabt haben würde. Oder anders ausgedrückt: Ein historisches Ereignis ist dann »bedeutend«, wenn in einer bestimmten geschichtlichen Situation auch noch andere »Möglichkeiten« als die schließlich Wirklichkeit gewordenen bestanden haben, und wenn das besagte Ereignis den Ausschlag für diese Möglichkeit und gegen jene anderen gegeben hat. (Weber bedient sich dabei dreier von Eduard Meyer beigebrachter geschichtlicher Beispiele und fragt mit ihm nach der historischen »Bedeutung« der Schlacht bei Marathon für die hellenische Kulturentwicklung, des Bismarckschen Entschlusses zum Krieg von 1866 für die deutsche Einigung und der vielberufenen zwei Schüsse vor dem Berliner Schloß am 18. 3. 1848 für den Ausbruch der Revolution.) Den deterministischen Einwand, Geschichte kenne keine Möglichkeiten, weist Weber unter Hinweis auf die Praxis aller wirklichen Geschichtsschreibung ohne ausführlichere Begründung, aber trotzdem überzeugend zurück: »In jeder Zeile, jeder historischen Darstellung ... stecken ›Möglichkeitsurteile‹ oder richtiger: müssen sie stecken, wenn die Publikation ›Erkenntniswert‹ haben soll.«

Wahrscheinlichkeit, Möglichkeit und Verursachung

Was aber ist eine Möglichkeit, und wie können wir sie feststellen? Jener vage Begriff der »Möglichkeit«, den wir verwenden, wenn wir unser subjektives Nichtwissen ausdrücken wollen (»Ist der Zug schon weg?« »Es ist möglich!«), ist für die historische Kausalbetrachtung unbrauchbar. Es muß sich um »objektive Möglichkeiten« handeln. Zur Klärung dieses Problems bezieht Weber sich auf die Arbeiten des Physiologen Johannes von Kries über Wahrscheinlichkeit, Möglichkeit und Verursachung, die vor allem für die Statistik und für das Strafrecht Bedeutung gewonnen hatten. Ich skizziere im folgenden ganz kurz die von Kriesschen Ergebnisse in den Grundzügen und in der vereinfachten Form, in der Weber sich ihrer bedient.

Von Kries geht von dem Axiom aus, daß jedes tatsächliche Ereignis »durch die Gesamtheit der zuvor bestehenden Verhältnisse mit Notwendigkeit herbeigeführt« werde. Demgegenüber scheint jede Aussage über eine Wahrscheinlichkeit oder Möglichkeit nur eine subjektive Ungewißheit, niemals aber eine *objektive* Möglichkeit bezeichnen zu können. Dieser Einwand gilt aber nur, wenn wir die einzelnen konkreten Bedingungen des fraglichen Erfolges, nicht jedoch, wenn wir »irgendwelche allgemeinen, generell bezeichneten Bedingungen« ins Auge fassen. (Von Kries und auch Weber verwenden die Begriffe »Ursache« und »Bedingung« als gleichbedeutende, und ich folge ihnen darin.) Das Wissen von der ersteren Art von Bedingungen nennt von Kries »ontologisch«, das von der zweiten Art »nomologisch«. Bei Beschränkung auf einen »nomologischen« Inhalt ist

176

eine Aussage über objektive Möglichkeiten also sinnvoll. Schlagendes Beispiel für einen solchen Sachverhalt ist das Würfeln. Aufgrund unserer genauen Kenntnis der allgemeinen Bedingungen (zentrischer Schwerpunkt des Würfels, kubische Form, gleichmäßige Oberfläche usf.) und bei völliger Unkenntnis der konkreten Bedingungen des jeweiligen einzelnen Wurfes können wir sagen, es sei das Fallen jeder Zahl von »eins« bis »sechs« »objektiv möglich«. Da unser ontologisches Wissen (außer in der isolierenden naturwissenschaftlichen Versuchsanordnung) fast immer lückenhaft ist, liegt die praktische Bedeutung solcher »nomologisch« begründeten Möglichkeitsurteile für unsere Erwartungen und Einschätzungen auf der Hand. Nur in den seltensten Fällen freilich lassen sich die generellen Bedingungen eines Erfolges so genau erfassen wie beim Glücksspiel, »dessen Möglichkeiten« sich dementsprechend auch nach den Methoden der Wahrscheinlichkeitsrechnung quantitativ bestimmen lassen. Im allgemeinen bleibt das Möglichkeitsurteil vage und darf nur sehr behutsam gefällt werden.

Bei der Erhellung des Begriffs »Verursachung« geht es von Kries mit Hinblick auf die Problematik strafrechtlicher Verantwortlichkeit um die Frage, wann eine bestimmte Wirkung einer bestimmten Ursache (in der Regel einer handelnden Person) »zugerechnet« werden könne. Die Frage, ob eine Bedingung für eine bestimmte Folge *überhaupt* kausal gewesen sei, kann relativ einfach durch die Überlegung beantwortet werden, ob der fragliche Erfolg auch ohne die besagte Bedingung eingetreten sein würde. Damit ist freilich das Problem der Zurechnung einer Folge zu einem einzelnen ursächlichen Moment noch nicht gelöst; denn der Komplex der kausalen Bedingung ist prinzipiell unbegrenzt. Hier tritt die Unterscheidung von »zufälliger« und »adäquater« Verursachung ein. Ein betrunkener Kutscher, der vom Wege abkommt, mit dem Wagen in ein Gewitter gerät, wobei der Reisende vom Blitz erschlagen wird, war unzweifelhaft kausal für den Tod des Passagiers, denn ohne die Trunkenheit wäre er am Gewitter vorbeigefahren. Dennoch ist diese Art der Verursachung eine gänzlich andere, als wenn der Kutscher in angetrunkenem Zustand in den Graben gefahren wäre und der Reisende sich dabei den Hals gebrochen hätte. Denn generell, nach allgemeinen Erfahrungsregeln, schließt das fahrlässige Verhalten des Kutschers zwar die Möglichkeit eines Unfalls ein, nicht aber die Möglichkeit eines Blitzschlages; denn der Blitz »hätte« den Wagen auch auf seinem gewöhnlichen Wege treffen können. Anders ausgedrückt, wir beurteilen also eine bestimmte Bedingung danach, ob sie generell »geeignet sei« (wie die Juristen sagen), ob sie die »Tendenz« habe, einen bestimmten Erfolg herbeizuführen. Im Falle der Bejahung sprechen wir von »adäquater«, im entgegengesetzten Falle von »zufälliger« Verursachung. Soweit von Kries.

Der Prozeß der gedanklichen Abstraktion

Wie verwendet Weber nun in seiner Auseinandersetzung mit Eduard Meyer die durch von Kries erarbeiteten Kategorien? Ausgangspunkt seiner Überlegungen ist, wie bereits erwähnt, die Behauptung, daß die »Bedeutung eines historischen Ereignisses« davon abhänge, in welchem Grade sie zwischen verschiedenen »objektiven« geschichtlichen Möglichkeiten entscheidet. (So entscheidet – nach den von Weber wiedergegebenen Beispielen Eduard Meyers – die Schlacht bei Marathon neben anderen Faktoren zwischen der uns bekannten »diesseitig gewendeten, freien hellenischen Geisteswelt« und der objektiven Möglichkeit der »Entfaltung einer theokratisch-religiösen Kultur«, so der Entschluß Bismarcks zum Kriege gegen Österreich 1866 zwischen der Einigung Deutschlands und der objektiven Möglichkeit des Fortbestehens der Vielstaaterei; und in dieser Entscheidung liegt die historische »Bedeutung« jeder Ereignisse.) Solche Möglichkeiten können nicht an den geschichtlichen Tatsachen und ihrem gegebenen Zusammenhang als solchen abgelesen werden; ihre Konzipierung erfordert einen Prozeß der gedanklichen Abstraktion, die sich in Isolierung und Generalisierung der kausalen Einzelkomponenten vollzieht. Das uns auf Grund unseres – »ontologischen« – historischen Tatsachenwissens Gegebene wird in seine »Bestandteile« zerlegt. Diese Bestandteile werden nun nach »allgemeinen Erfahrungsregeln« (die »aus der eigenen Lebenspraxis und Erkenntnis von dem Verhalten anderer« geschöpft sind), d. h. auf Grund unseres »nomologischen« Wissens dahin beurteilt, ob sie dazu »tendierten« oder »geeignet gewesen« wären, eine andere als die tatsächlich eingetretene Folge herbeizuführen, *wenn* wir uns die in Frage stehenden historischen Fakten wegdenken oder verändert denken.

178

Den naheliegenden Einwand, daß eine solche – doch rein abstrakt/gedankliche – Ermittlung von »Möglichkeiten« allzu leicht in das Gebiet der bloßen Phantasterei abgleiten könne, weist Weber entschieden zurück. Die Feststellung der kausalen Bedeutungs*losigkeit* eines historischen Faktums sei durch den Nachweis, daß die objektive Möglichkeit einer anderen Entwicklung als der tatsächlichen auch bei seiner Eliminierung oder Veränderung *nicht* bestanden habe, verhältnismäßig einfach zu treffen. Aber auch das positive Möglichkeitsurteil kann, Webers Meinung nach, durchaus auf den – in der Tat prekären – Versuch verzichten, das, was geworden »wäre«, in allen Einzelheiten zu konstruieren. Es ist trotzdem verschiedener Grade der Bestimmtheit fähig. Es kommt nur darauf an, den in Frage stehenden Komplex historischer Bedingungen, um dessen »mögliche« Folgen es geht, sorgfältig zu isolieren. Danach ist dann zu prüfen, wie groß der Kreis der »möglicherweise hinzutretenden denkbaren weiteren Bedingungen« ist, der jenen Effekt unberührt gelassen haben würde, und wie groß der Kreis jener Bedingungen, bei deren Hinzutreten uns ein anderer Erfolg als wahrscheinlich gelten würde.

Bis hier folgt Weber eindeutig und in voller sachlicher Übereinstimmung den von Kriesschen Bestimmungen des Begriffs der objektiven Möglichkeit, und seine Darlegungen sind, wenn auch nicht gerade immer sehr flüssig und leicht verständlich, so doch in sich widerspruchslos. Kurz vor dem Abschluß seiner Studie – etwas unvermittelt anmutend – führt er nun auch noch das von Kriessche Begriffspaar von »adäquater« und »zufälliger« Verursachung ein. Die daran anknüpfenden Erwägungen Webers sind jedoch – auch und gerade von seinen eigenen sowie von den durch von Kries definierten Voraussetzungen her – nicht sehr schlüssig, und auch das von Weber in diesem Zusammenhang herangezogene historische Beispiel ist eher verwirrend als klärend. Wir können diesen Teil des Weberschen Gedankenganges also auf sich beruhen lassen. Andererseits spielt aber die Kategorie der »Adäquatheit« menschlichen Handelns im Denken Webers ganz allgemein eine bedeutende Rolle. Ihr müssen wir daher noch etwas nachgehen.

Wir wollen zu diesem Zweck noch einmal kurz zu der von Kriesschen Unterscheidung zwischen »adäquater« und »zufälliger« Verursachung zurückkehren. Was ist ihr objektiver Sinn? Weshalb rechnen wir dem betrunkenen Kutscher die Folgen seines Handelns in dem einen Falle zu, in dem anderen aber nicht? Doch wohl deshalb, weil sie in dem einen Falle voraussehbar waren und in dem anderen nicht. Denn nur »adäquate« Folgen sind voraussehbar; oder anders ausgedrückt: Der Handelnde kann von seinem Tun nur jene Ergebnisse sinnvollerweise erwarten, die dieses sein Tun – gemäß seinem nomologischen Wissen, gemäß allgemeinen Erfahrungsregeln – hervorzubringen »geeignet« ist. Zufällig verursacht ist demgemäß also ein Ereignis, das *vom Handelnden her* nicht voraussehbar gewesen ist. Dieser Gesichtspunkt spielt in der Weberschen Auseinandersetzung mit Meyer keine Rolle, obwohl die von Kriesschen Erörterungen das eigentlich nahelegen. Webers Behandlung der Differenz zwischen »adäquater« und »zufälliger« Verursachung bleibt – so scheint mir – aber unter anderem gerade deswegen unzulänglich, weil Weber zuerst das historische Ereignis und erst danach seine kausalen Bedingungen ins Auge faßt. Zugespitzt ausgedrückt: Die Kategorie der Möglichkeit dient ihm zur Erhellung des historischen Ursachenzusammenhangs, nicht die Kategorie der Verursachung zur Erhellung des Spielraums der historisch-politischen Möglichkeiten. Diese Sicht ist für den kausal erklärenden Historiker durchaus legitim; aber sie birgt die Gefahr in sich, daß die eigentliche und einzige causa der Geschichte, nämlich der handelnde Mensch, nicht in ihrer ganzen Wirklichkeit in den Blick kommt. (Die Art und Weise, in der Weber alle denkbaren Faktoren des Geschehens unterschiedslos unter dem Begriff der »Bedingung« zusammenfaßt, zeigt diese Gefahr deutlich.)

Kehren wir zum Problem der Möglichkeit zurück und betrachten wir es nicht so sehr unter dem Gesichtspunkt des nach kausalen Bedeutungen forschenden Historikers als vielmehr unter dem des handelnden historischen Subjekts, des politischen Menschen also. Unter diesen Umständen gewinnen die Kategorien der »adäquaten« und der »zufälligen« Verursachung eine neue und veränderte Bedeutung. Ergebnisse, die dem Historiker

»adäquat« verursacht erscheinen, d. h. von Bedingungen verursacht, die nach allgemeinen Erfahrungsregeln – des Historikers – geeignet waren, jene Ergebnisse hervorzurufen, brauchen, ja, werden dem Handelnden selbst keineswegs immer so erschienen sein. Und: zwischen den »objektiven Möglichkeiten« der Handelnden von Marathon und denen Bismarcks bestanden offenbar qualitative Differenzen, die, so meine ich, in dem Grade der Voraussehbarkeit der Ergebnisse ihres Handelns wurzeln.

Zur Klärung dieses hier angedeuteten Problems bietet das Webersche Werk weitere wesentliche Ansätze. Der Begriff »adäquat verursacht« kommt bei Weber – schon in dem Aufsatz über Roscher und von Kries – noch in einer anderen Bedeutung vor, als in der Abhandlung über Meyer. Besagt er hier, daß ein Ergebnis menschlichen Handelns auf Grund unseres nomologischen Wissens kausal zu erwarten gewesen sei, so dort, daß es sich um ein nach den Maßstäben rationaler Deutung »zureichend« motiviertes Verhalten gehandelt habe. In der entwickelten soziologischen Theorie Webers finden sich diese beiden Begriffe dann in der Unterscheidung zwischen »kausaladäquaten« und »sinnhaft adäquaten« Vorgängen wieder. Da nun aber – auch und gerade für Weber – das menschliche, und zwar das soziale, am Verhalten anderer orientierte Handeln die Causa des gesellschaftlich-geschichtlichen Prozesses ist, so bleibt ihm die enge faktische Verflochtenheit der beiden Sachverhalte bei aller prinzipiellen Trennung der Begriffe nicht verborgen. Die Möglichkeit kausal adäquater Zurechnung des Handelns ist direkt von dem Grade sinnadäquater Motivierung bei den Handelnden abhängig. Oder ganz banal ausgedrückt: Ich kann meine Erwartungen, meine Möglichkeiten desto genauer bestimmen, je mehr ich die Handlungen der anderen vorhersehen kann; dies aber kann ich desto mehr, je mehr deren Handeln »zureichend« motiviert und ihre Motivation infolgedessen meiner Deutung zugänglich ist.

Daß diese Implikationen der Weberschen Kategorien nicht nur methodologische Bedeutung haben, sondern das Webersche Werk in seinem inhaltlichen Kern berühren, haben vor mehr als 50 Jahren bereits Siegfried Landshut und Karl Löwith festgestellt (der erstere in seinem Buch »Kritik der Soziologie« und der letztere in seiner meiner Meinung nach noch heute grundlegenden Untersuchung über »Max Weber und Karl Marx«). Danach hat Weber seine gesamte historische und soziologische Forschungsarbeit bis in die Methodologie und theoretische Kategorienlehre hinein unter dem Gesichtspunkt vollzogen, die Wurzeln des von ihm für zentral gehaltenen Prozesses der gesellschaftlichen Rationalisierung aufzudecken. Genauso wie das Werk von Marx ist auch das Werk von Weber nicht nur empirisch begründete historisch-soziologisch-ökonomische Einzelwissenschaft, sondern darüber hinaus eine umfassende universal-historische Gesellschaftstheorie, ein Versuch, die soziale Existenz des Menschen von seiner gegenwärtigen Situation her, von seinem Leben in der kapitalistischen Wirtschaft und im modernen bürokratischen Staat her zu interpretieren.

Marx freilich wollte sich nicht damit begnügen, die Welt nur zu interpretieren, ihm kam es darauf an, sie zu verändern. Weber hingegen fragt – auch in seinem Umgang mit der Kategorie der historischen Möglichkeit – eben nicht vom Standpunkt des Handelnden aus: Was ist *mir* möglich? Und so kommt ihm eine fundamentale Unterscheidung, nämlich die zwischen variablen und – relativ – konstanten historischen Bedingungen, zwischen Bedingungen, deren Veränderung dem Handelnden möglich ist, und solchen, die der Veränderung durch menschliches Handeln weitgehend entzogen sind, gar nicht in den Blick.

Dabei ist die Dialektik von Theorie und Praxis in seinem Denken objektiv durchaus mit angelegt. In dem Verhältnis von »kausaladäquaten« und »sinnhaft-adäquaten« sozialen Vorgängen, in dem Zusammenhang von Rationalität, Verstehbarkeit und Beeinflußbarkeit menschlichen Handelns ist der Hinweis auf die praktische Bedeutung seiner eigenen und einer jeden anderen kritischen Gesellschaftstheorie sichtbar enthalten: Der Prozeß fortschreitender gesellschaftlicher Rationalisierung, wenn er denn der Leitfaden ist, vermittels dessen die Weltgeschichte begriffen werden kann, ist auch ein Prozeß zunehmender, immer planmäßiger genutzter, gesellschaftlicher Handlungsmöglichkeiten; und die Erkenntnis dieses Prozesses ist demgemäß gleichzeitig eine notwendige praktische Vorbedingung für die Ausschöpfung dieser Möglichkeiten.

182

Wirklich thematisiert hat Weber diesen Zusammenhang freilich nicht, und er hat ihn schon gar nicht zum Ausgangspunkt seiner Betrachtungen zur praktischen Politik gemacht. Im Angesicht der fühllosen Ratio der (kapitalistischen) arbeitsteiligen Industriewirtschaft, des »stählernen Gehäuses« einer allbeherrschenden Bürokratie und einer entgötterten Welt blieb Weber als letzter Schild gegen die aufkommende Verzweiflung nur die stoische Haltung einer illusionslosen Pflichterfüllung. Marx und der Marxismus hingegen interpretierten und interpretieren die Gesellschaft, wie Landshut es treffend ausgedrückt hat, »unter dem Aspekt ihrer möglichen Veränderbarkeit«.

Aber diese Veränderbarkeit ist keine idealistisch durch Wille und Vorstellung gesetzte, und die Möglichkeiten der Veränderung sind keine abstrakten subjektiven, sondern konkrete objektive Möglichkeiten, deren Inhalte und Grenzen durch die empirisch begründete, wissenschaftliche Gesellschaftskritik festgestellt werden. Diese Feststellung beansprucht der Marxismus zu leisten. Die Frage nach den objektiven geschichtlichen Möglichkeiten, besser: nach *der* objektiven geschichtlichen Möglichkeit, nämlich nach der Möglichkeit der »Revolution« ist sein Ausgangs- und sein Zielpunkt. Er stellt, wie wir gesehen haben, den handelnden Menschen, und zwar den bewußten, zwecksetzenden, vernünftig handelnden Menschen in den Mittelpunkt der Geschichte. Die Menschen sind »Schausteller und Verfasser ihrer eigenen Geschichte«; sie, und sie allein, »produzieren«, nicht nur ihren Lebensunterhalt, sondern auch ihre Ideen, ihre gesellschaftlichen Verhältnisse und ihre Geschichte. (So hat es Marx im »Elend der Philosophie« plastisch formuliert.)

Aber wie wir im Anschluß an die Engelsschen Aussagen in seinem Brief an Bloch bereits festgestellt haben, tun diese Menschen das jeweils nicht frei, sondern unter bestimmten gesellschaftlichen Bedingungen, Bedingungen, die dadurch nicht weniger objektiv sind, daß die Menschen selbst sie im Laufe des gesellschaftlichen Prozesses hervorgebracht haben. Diese Objektivität hat – nach Engels – zwei Aspekte: erstens den Vorrang des Ökonomischen, der in dem grundlegenden Charakter der materiellen Lebenserhaltung begründet ist, und zweitens den Vorrang des »Ensembles« der gesellschaftlichen Verhältnisse, des »Ganzen« der Gesellschaft gegenüber dem einzelnen. Der Spielraum der jeweiligen historisch-politischen Möglichkeiten, das heißt immer: die Handlungsfreiheit der tätigen Menschen, ist durch die objektiven gesellschaftlichen Verhältnisse begrenzt, und deren harten Kern stellt die jeweilige ökonomische Struktur dar.

Es ist wieder Engels gewesen, der diesen Sachverhalt verdeutlicht und am historischen Objekt plastisch sichtbar gemacht hat (in seiner berühmten Schrift »Die Entwicklung des Sozialismus von der Utopie zur Wissenschaft«). Zusammengefaßt verläuft der Engelssche Gedankengang folgendermaßen: Jede höhere Zivilisation beruht auf Arbeitsteilung. Erst wenn bestimmte Menschengruppen sich ausschließlich dem Handwerk widmen, andere der Kunst, wieder andere dem Kultus, der Verwaltung, der Regierung oder der Verteidigung, sind wirtschaftlicher Fortschritt, geistige Entwicklung sowie differenzierte soziale und politische Organisation möglich. Das setzt freilich voraus, daß alle gesellschaftlichen Spezialisten von den Urproduzenten, den Bauern und Hirten mit ernährt werden können. In allen alten Zivilisationen bis an die Schwelle der industriellen war nun die Produktivität der Wirtschaft so niedrig, daß Hunderttausende von Sklaven, Leibeigenen oder Bauern hart arbeiten mußten, um wenige Tausende von Handwerkern, Händlern, Bürokraten, Adligen, Priestern und Fürsten zu unterhalten. Am Wohlstand, an der Macht, an der geistigen Kultur der privilegierten, herrschenden Minorität hatten sie keinen Anteil und konnten sie keinen haben. Alle alten Zivilisationen waren also »Klassengesellschaften«, beruhten auf der wirtschaftlichen Ausbeutung, der politischen Unterdrückung und der geistigen Unmündigkeit der landarbeitenden Massen, und zwar notwendigerweise.

Erst die vom Kapitalismus in die Wege geleitete industrielle Revolution hat diese Notwendigkeit im Grundsatz aufgehoben. Die Produktivität der menschlichen Arbeit ist derart ungeheuerlich gestiegen, die Fülle der Güter und das Angebot an freier Zeit sind so groß geworden, daß jeder einzelne heute zu Wohlstand, Beteiligung am politischen Leben und Bildung gelangen kann. Ausbeutung, Unfreiheit und Unmündigkeit, d. h. die materiellen Grundlagen der Klassenherrschaft sind – wenigstens ökonomisch betrachtet – heute in den industriell fortgeschrittenen Ländern überflüssig geworden. Die reale Freiheit und Gleichheit aller Menschen, die klassenlose Gesellschaft, ist zum ersten Mal in der menschlichen Geschichte wirklich möglich. Oder anders gesagt: Bisher mußte die Idee einer neuen, der sozialistischen Gesellschaftsordnung eine Utopie bleiben, war das Streben nach ihr dazu verurteilt, an der unübersteigbaren Schranke der materiellen Verhältnisse zu scheitern. Erst jetzt ist der Sozialismus eine »objektive Möglichkeit« – freilich nur, wenn und insofern die materiellen Verhältnisse ihr eine tatsächliche Grundlage geben.

Sozialismus oder Barbarei

Der historische Prozeß, der hier von Engels unter dem Gesichtspunkt der gesellschaftlichen Arbeitsteilung, der Klassenbildung und der wachsenden Produktivität der menschlichen Arbeit betrachtet wird, hat aber nun nicht nur die objektive Möglichkeit des Sozialismus geschaffen, sondern gleichzeitig auch die objektive Möglichkeit der Erkenntnis dieser Möglichkeit. Diesen Zusammenhang aufzudecken und einsichtig zu machen ist das eigentliche Ziel der Lukácsschen Studie. Ihm ist der Marxismus »die Selbsterkenntnis der kapitalistischen Gesellschaft«. Oder, wie Karl Korsch es ausgedrückt hat, das Prinzip der materialistischen Dialektik besteht in der Einsicht, »daß alle wissenschaftliche Theorie nur das Erzeugnis der historischen Bewegung selber ist«.

»So kam die bürgerliche Ökonomie erst zum Verständnis der feudalen, antiken, orientalen, sobald die Selbstkritik der bürgerlichen Gesellschaft begonnen«, schreibt Marx selbst in seinem wissenschaftstheoretischen Haupttext, der »Einleitung zur Kritik der politischen Ökonomie«. Denn »die sogenannte historische Entwicklung beruht überhaupt darauf, daß die letzte Form die vergangenen als Stufen zu sich selbst betrachtet«; und schließlich: »Weltgeschichte existierte nicht immer; die Geschichte als Weltgeschichte Resultat«. Der gesellschaftlich-geschichtliche Prozeß hat nicht nur den Kapitalismus in allen seinen materiellen Möglichkeiten geschaffen, einschließlich der Möglichkeit, ihn zu überwinden, sondern auch und in einem die Möglichkeit der Erkenntnis dieses Prozesses und seines Resultates.

In der »Selbsterkenntnis der kapitalistischen Gesellschaft« entdecken die Menschen, die »an sich« schon seit je ihre Geschichte selbst gemacht haben, nun auch »für sich« ihre Rolle als »Schausteller und Verfasser ihrer eigenen Geschichte«. Und indem sie dies entdecken, vermögen sie ihre Rolle neu zu schreiben und zu spielen. Dies ist, wie Engels sagte, »der Sprung aus dem Reich der Notwendigkeit in das Reich der Freiheit«.

So hegelsch das auch klingt – und es ist Hegel, wenngleich vom Kopf auf die Füße gestellt –, so ist es doch alles andere als eine metaphysische Setzung, sondern vielmehr das Ergebnis empirischer historisch-sozialwissenschaftlicher Forschung. Nicht allein die wachsende Produktivität der menschlichen Arbeit, welche die bisherige Arbeitsteilung und Klassenspaltung der Gesellschaft überflüssig macht, sondern auch die veränderte Form der gesellschaftlichen Organisation begründet – wissenschaftlich prüfbar – die »objektive Möglichkeit« einer Gesellschaft ohne Ausbeutung, Unterdrückung und Unmündigkeit.

Waren alle vergangenen Stufen der gesellschaftlichen Entwicklung, auch die alten Hochkulturen, noch beherrscht von der »Naturwüchsigkeit« der Verhältnisse zwischen den Menschen und zwischen Mensch und Natur, so herrscht im Kapitalismus – zum ersten Male in der Geschichte – »das gesellschaftlich, historisch geschaffene Element« (Marx, Einleitung). Der Prozeß der »Rationalisierung« der Zivilisation hat nicht nur die Beherrschbarkeit, sondern auch die Erkennbarkeit der Welt durch die Menschen real geschaffen. Freilich auch die Möglichkeit ihrer totalen Zerstörung. Bei Max Weber ist dies nur angedeutet, im Marxismus ist es ausformuliert: »Sozialismus oder Untergang in der Barbarei«, beides sind objektive Möglichkeiten. Die Menschen müssen sich entscheiden.

Hubertus Mynarek

Zur Religionskritik von Karl Marx

Staat und Gesellschaft schaffen Religion

Es hört sich an wie das majestätische Brüllen eines Löwen, wie gewaltiger, den Einsturz des Götterhimmels begleitender und besiegelnder Donner. Die Rede ist von Marxens Religionskritik, wie sie uns am konzentriertesten und wuchtigsten in der Einleitung »Zur Kritik der Hegelschen Rechtsphilosophie« im Rahmen der zwei ersten und einzigen Nummern der »Deutsch-Französischen Jahrbücher« (1844) entgegentritt. Mit prophetischer Sprachkraft, brillanter Formulierungskunst, Funken sprühender und Blitze schleudernder Leidenschaft proklamiert Marx in diesem Text das Ende der Religion, Gottes, der Götter.

Der Größe und Bedeutung dieses Textes tut der Umstand keinen Abbruch, daß Marx überzeugt ist, für Deutschland sei durch Ludwig Feuerbach »die Kritik der Religion im wesentlichen beendigt«; daß also alle nach Feuerbach kommenden Religionskritiker, auch er – Marx – selbst, im Grunde nur noch Ergänzungen zu dieser fundamentalen Kritik liefern könnten. Tatsächlich basiert Marx auf der Religionskritik Feuerbachs, und tatsächlich stellt Marxens eigene Religionskritik eine Ergänzung zu der Feuerbachs dar. Aber – und darauf kommt es an – es ist eine Ergänzung von ungeheurer geschichtlicher Sprengkraft, weil sie den Blick der Religionswissenschaft, ja, weit darüber hinaus auch den der Intellektuellen und der Arbeitermassen für ganze Jahrzehnte auf eine neue Dimension des religiösen Phänomens lenkt: auf die sozioökonomische, auf die wirtschaftlichen, gesellschaftlichen und schließlich politischen Bedingungen der Entstehung, Entfaltung und Gestaltung von Religion. Erst durch das

Auftreten Sigmund Freuds, dessen Wirken schwerpunktmäßig schon ins 20. Jahrhundert fällt, erst durch Freuds psychoanalytische Erklärung der Religion geriet die wesentlich von Marx miteingeleitete sozioökonomische Betrachtungsweise derselben wieder ein wenig ins Hintertreffen, was jedoch nur für Westeuropa und Amerika, nicht für die Sowjetunion und – nach dem Zweiten Weltkrieg – ihre Satelliten in Osteuropa zutrifft.

Drei gewaltige, aufeinander aufbauende Marksteine und Wendepunkte der modernen Religionskritik stellen Feuerbach, Marx und Freud dar. Feuerbach läutete die *anthropologische* Wende der Religionswissenschaft ein, schuf also jene Grundlage, ohne die die *sozioökonomische* Religionskritik von Marx und die *pyschoanalytische* Freuds haltlos in der Luft schweben müßten. Er glaubte entdeckt zu haben, »daß das Geheimnis der Theologie die Anthropologie ist«, daß das Wesen Gottes das transzendente Wesen des Menschen, »das Bewußtsein Gottes… das Selbstbewußtsein des Menschen, die Erkenntnis Gottes die Selbsterkenntnis des Menschen« ist. Feuerbach stöberte alle möglichen Inhalte der gottgläubigen Psyche des Menschen auf, analysierte sie und kam zu dem Schluß, daß Gott nichts anderes sei als die besten Vorstellungen, Werte, Ideale und Eigenschaften, die diese Psyche besitzt und selber gebildet hat. »Was dem Menschen Gott ist, das ist sein Geist, seine Seele, und was des Menschen Geist, seine Seele, sein Herz, das ist sein Gott: Gott ist das offenbare Innere, das ausgesprochene Selbst des Menschen; die Religion die feierliche Enthüllung der verborgenen Schätze des Menschen, das Eingeständnis seiner innersten Gedanken, das öffentliche Bekenntnis seiner Liebesgeheimnisse.«

Die (christliche) Theologie sah sich hier, noch in der ersten Hälfte des 19. Jahrhunderts, einer unerhörten Provokation gegenüber. Gott, der Absolute, von dem sie den Menschen und die gesamte Natur sowie sich selbst und ihre Existenzberechtigung ableitet, sollte plötzlich eine Projektion des Menschen sein, sozusagen das Beste vom Menschen, aber abgelöst von sich selbst, vom eigenen menschlichen Wesen, und in einen imaginären Himmel hinaufverlagert; »das Bewußtsein des unendlichen Wesens nichts anderes als das Bewußtsein des Menschen von der Unendlichkeit seines Wesens«, so daß »in dem unendlichen Wesen, dem Gegenstande der Religion, dem Menschen nur sein eigenes unendliches Wesen Gegenstand ist«.

Noch hatte die Theologie den Schlag, den ihr Feuerbach zugefügt hatte, nicht verwunden, noch reagierte sie hektisch, nervös, gereizt, ja, überreizt auf sein grundlegendes, 1841 zum ersten Mal erschienenes religionskritisches Hauptwerk »Das Wesen des Christentums«, da erfolgte – nur drei Jahre später – bereits der zweite in Gestalt der ökonomischen und sozialen (Weg-) Erklärung der Religion durch Karl Marx. Zweifellos finden sich bereits bei Feuerbach – besonders in seinen »Grundsätzen der Philosophie der Zukunft« (1843) – Gedanken, die das abstrakte Gattungswesen Mensch, jenes neue Absolutum der Feuerbachschen Religionsphilosophie, durch die Erwähnung der geschichtlichen, gesellschaftlichen, ökonomischen und praxisbezogenen Dimension der menschlichen Individuen auflockern und konkretisieren, die auch seinen Zentralbegriff der Sinnlichkeit sozusagen noch stärker verleiblichen und materialisieren. Marx vermerkt dies in einem Brief an Feuerbach vom 11. 8. 1844 auch mit Dankbarkeit. Feuerbach habe »dem Sozialismus eine philosophische Grundlage gegeben«, sagt er da.

Aber etwas später wird er in seinen »Thesen über Feuerbach«, die allerdings erst nach seinem Tod durch Engels veröffentlicht werden konnten, den Unterschied zu ihm stärker herausstellen: »Feuerbach löst das religiöse Wesen in das *menschliche* Wesen auf. Aber das menschliche Wesen ist kein dem einzelnen Individuum innewohnendes Abstraktum. In seiner Wirklichkeit ist es das Ensemble der gesellschaftlichen Verhältnisse« (6. These über Feuerbach). Feuerbach, so sagt Marx innerhalb derselben These weiter, gehe »auf die Kritik dieses wirklichen Wesens nicht ein« und sei »daher gezwungen: 1. von dem geschichtlichen Verlauf zu abstrahieren und das religiöse Gemüt für sich zu fixieren, und ein abstrakt-*isoliert*-menschliches Individuum vorauszusetzen...«. Noch stärker betont Marx als »Hauptmangel alles bisherigen Materialismus«, auch des Feuerbachschen, »daß der Gegenstand, die Wirklichkeit, Sinnlichkeit, nur unter der Form des *Objekts oder der Anschauung* gefaßt wird; nicht aber als *sinnlich menschliche Tätigkeit, Praxis*; nicht subjektiv... Er begreift daher nicht die Bedeutung der ›revolutionären‹, der ›praktisch-kritischen‹ Tätigkeit... In der Praxis muß der Mensch die Wahrheit, i. e. Wirklichkeit und Macht, Diesseitigkeit seines Denkens beweisen« (1./2. These über Feuerbach). Alles in allem hatte also Feuerbach in seiner anthropologischen

Auflösung der Religion eine Lücke gelassen, die erst Marx auszufüllen vermochte. Der erstere hatte zwar anschaulich und in immer neuen Wendungen das Phänomen der religiösen Projektion beschrieben, aber die Ursache, die Frage, warum der Mensch auf diese Weise projiziere, nicht hinreichend geklärt bzw. für diese Projektion lediglich die ontologische (seinsmäßige) Kluft zwischen menschlichem Individuum und menschlicher Gattung sowie den erkenntnistheoretischen Widerspruch von Herz (Gemüt, Gefühl) und Kopf (Denken, Verstand) verantwortlich gemacht.

Im Grunde begnügt sich Feuerbach in bezug auf die Entstehungsfrage der religiösen Projektion mit einer Forderung: »Es muß also nachgewiesen werden, daß dieser Gegensatz, dieser Zwiespalt von Gott und Mensch, womit die Religion anhebt, *ein Zwiespalt des Menschen mit seinem eigenen Wesen ist*.« Marx haut zwar in seiner Einleitung zur Kritik der Hegelschen Rechtsphilosophie zunächst in dieselbe Kerbe: »Das Fundament der irreligiösen Kritik ist: *Der Mensch macht die Religion*, die Religion macht nicht den Menschen. Und zwar ist die Religion das Selbstbewußtsein und das Selbstgefühl des Menschen, der sich selbst entweder noch nicht erworben oder schon wieder verloren hat.« Doch fügt Marx sogleich – in der Stärke der Akzentuierung des nun folgenden Aspekts weit über Feuerbach hinausgehend – hinzu: »Aber *der Mensch*, das ist kein abstraktes, außer der Welt hockendes Wesen. Der Mensch, das ist *die Welt des Menschen*, Staat, Sozietät. Dieser Staat, diese Sozietät produzieren die Religion, ein *verkehrtes Weltbewußtsein*, weil sie eine *verkehrte Welt* sind.«

Hier liegt also nach Marx die Total- und Alleinursache für die Entstehung des – von Feuerbach so beredt und in tausenderlei Wendungen charakterisierten – Zwiespalts des Menschen mit seinem eigenen Wesen: Es sind der Staat und die Gesellschaft und die in ihnen herrschenden ungerechten Produktionsverhältnisse, d. h. die Identität von Staat, Gesellschaft und »verkehrter Welt«, die ihrem Charakter entsprechend ein »verkehrtes Weltbewußtsein«, d. h. die Religion, erzeugen. Und zwar erzeugen sie es nach Marx mit logischer Notwendigkeit, weil die sozioökonomischen Verhältnisse bürgerlich-kapitalistischer Staaten und Gesellschaften mit soviel Unrecht gegenüber den sozial Schwächeren, gegenüber dem Proletariat konstitutiv verbunden sind, daß diese Staaten und Gesellschaften sich gezwungen sehen, sich anders, eben besser, darzustellen, als sie tatsächlich sind. Und diese Verbesserungs-, Erhöhungs-, Verschleierungs-, Rechtfertigungs- und Verbrämungsfunktion übernimmt Marx zufolge eben die Religion; sie geht darin auf, diese Rolle zu spielen. Das ist ihr ganzer Existenzgrund, ihr gesamtes Wesen, ihre (Un-)Natur.

Deshalb die fast wie ein Hymnus klingende, aber eben negativ gemeinte Charakterisierung der Religion durch Marx: »Die Religion ist die allgemeine Theorie dieser Welt, ihr enzyklopädisches Kompendium, ihre Logik in populärer Form, ihr spiritualistischer Point-d'honneur, ihr Enthusiasmus, ihre moralische Sanktion, ihre feierliche Ergänzung, ihr allgemeiner Trost- und Rechtfertigungsgrund. Sie ist die *phantastische Verwirklichung* des menschlichen Wesens, weil das *menschliche Wesen* keine wahre Wirklichkeit besitzt. Der Kampf gegen die Religion ist also mittelbar der Kampf gegen *jene Welt*, deren geistiges *Aroma* die Religion ist... Die Religion ist der Seufzer der bedrängten Kreatur, das Gemüt einer herzlosen Welt, wie sie der Geist geistloser Zustände ist. Sie ist das *Opium* des Volks.«

Aus der Genesis folgt das Postulat, aus der so von Marx umschriebenen Entstehungsgeschichte der Religion die moralisch-politische Forderung und Verpflichtung zur praktischen, radikalen Veränderung der bestehenden Verhältnisse: »Der Mensch, der in der phantastischen Wirklichkeit des Himmels, wo er einen Übermenschen suchte, nur den *Widerschein* seiner selbst gefunden hat, wird nicht mehr geneigt sein, nur den *Schein* seiner selbst, nur den Unmenschen zu finden, wo er seine wahre Wirklichkeit sucht und suchen muß... Die Aufhebung der Religion als des *illusorischen* Glücks des Volkes ist die Forderung seines *wirklichen* Glücks. Die Forderung, die Illusionen über seinen Zustand aufzugeben, ist die *Forderung, einen Zustand aufzugeben, der der Illusionen bedarf*. Die Kritik der Religion ist also im *Keim* die *Kritik des Jammertales*, dessen *Heiligenschein* die Religion ist. Die Kritik hat die imaginären Blumen an der Kette zerpflückt, nicht damit der Mensch die phantasielose, trostlose Kette trage, sondern damit er die Kette abwerfe und die lebendige Blume breche. Die Kritik der Religion enttäuscht den Menschen, damit er denke, handle, seine Wirklichkeit gestalte wie ein enttäuschter, zu Verstand gekommener Mensch, damit er sich um sich selbst und damit um seine wirkliche Sonne bewege. Die Religion ist nur die illusorische Sonne, die sich um den Menschen bewegt, solange er sich nicht um sich selbst bewegt.«

Insofern betrachtet Marx die Kritik der Religion als »die Voraussetzung aller Kritik«. Doch dürfe man sich damit nicht begnügen, vielmehr müsse die Kritik der Religion übergehen in eine Kritik des Rechts, der Politik, überhaupt aller Gestalten menschlicher, gesellschaftsbedingter Selbstentfremdung. »Es ist also die *Aufgabe der Geschichte,* nachdem das *Jenseits der Wahrheit* verschwunden ist, die *Wahrheit des Diesseits* zu etablieren. Es ist zunächst die *Aufgabe der Philosophie,* die im Dienste der Geschichte steht, nachdem die *Heiligengestalt* der menschlichen Selbstentfremdung entlarvt ist, die Selbstentfremdung in ihren *unheiligen Gestalten* zu entlarven. Die Kritik des Himmels verwandelt sich damit in die Kritik der Erde, die *Kritik der Religion* in die *Kritik des Rechts,* die *Kritik der Theologie* in die *Kritik der Politik*.«

Aber auch hierbei, d. h. bei der theoretischen Kritik trotz ihrer von Marx außerordentlich betonten Wichtigkeit, dürfe man nicht stehenbleiben. Vielmehr müsse sich die Theorie mit der Praxis verbünden, eine dialektische Einheit mit ihr bilden: »Die Waffe der Kritik kann allerdings die Kritik der Waffen nicht ersetzen, die materielle Gewalt muß gestürzt werden durch materielle Gewalt, allein auch die Theorie wird zur materiellen Gewalt, sobald sie die Massen ergreift... Der evidente Beweis für den Radikalismus der deutschen Theorie, also für ihre praktische Energie, ist ihr Ausgang von der entschiedenen *positiven* Aufhebung der Religion. Die Kritik der Religion endet mit der Lehre, daß der *Mensch das höchste Wesen für den Menschen sei,* also mit dem *kategorischen Imperativ, alle Verhältnisse umzuwerfen,* in denen der Mensch ein erniedrigtes, ein geknechtetes, ein verlassenes, ein verächtliches Wesen ist.«

Die Einheit von Theorie und Praxis, die Marx fordert, läuft praktisch auf das Zusammenspiel von Philosophie und Proletariat hinaus. Es ist zwar »der *Philosoph*, in dessen Hirn die Revolution beginnt«. Aber diese kann sich nur durch das Proletariat verwirklichen und vollenden. »Wie die Philosophie im Proletariat ihre *materiellen,* so findet das Proletariat in der Philosophie seine *geistigen* Waffen, und sobald der Blitz des Gedankens gründlich in diesen naiven Volksboden eingeschlagen ist, wird sich die Emanzipation der *Deutschen zu Menschen* vollziehen ... Die *Emanzipation des Deutschen* ist die *Emanzipation des Menschen*. Der *Kopf* dieser Emanzipation ist die *Philosophie*, ihr *Herz* das *Proletariat*. Die Philosophie kann sich nicht verwirklichen ohne die Aufhebung des Proletariats, das Proletariat kann sich nicht aufheben ohne die Verwirklichung der Philosophie.«

Das Proletariat aber muß nach Marx die Aufhebung des Privateigentums erkämpfen, weil dieses gleichbedeutend ist mit der bisherigen Weltordnung: »Wenn das Proletariat die *Auflösung der bisherigen Weltordnung* verkündet, so spricht es nur das *Geheimnis seines eigenen Daseins* aus, denn es *ist* die *faktische* Auflösung dieser Weltordnung. Wenn das Proletariat die *Negation des Privateigentums* verlangt, so erhebt es nur zum *Prinzip der Gesellschaft*, was die Gesellschaft zu *seinem* Prinzip erhoben hat, was in *ihm* als negatives Resultat der Gesellschaft schon ohne sein Zutun verkörpert ist«, nämlich die Enteignung des Kleineigentums der einfachen Warenproduzenten durch das Kapital.

Revolution und Religion

So weit in den Grundzügen die Marxsche Religionskritik. Was ist an dieser Kritik richtig, was falsch? Wie stellt sie sich – vor allem auch im Hin- und Rückblick auf eine bereits mehr als hundertjährige Wirkungsgeschichte des Marxismus – dem heutigen Religionswissenschaftler dar? Hat Marx das Gesamt- oder zumindest Zentralphänomen der Religion und seinen Ursprung wirklich erklärt und durchschaut?

Wir erwähnten bereits, daß Marx, wiewohl kein Religionswissenschaftler, sondern vornehmlich Theoretiker der Ökonomie und Politik, wesentlich dazu beigetragen hat, daß der sozioökonomische und politische Entstehungs- und Wesensaspekt der Religion zu einem Forschungsschwerpunkt der Religionswissenschaft geworden ist. Und in der Tat: Wer könnte nach Marx noch darüber hinwegsehen, daß Religion in Geschichte und Gegenwart der jeweiligen gesellschaftlichen Gruppe, dem Clan, dem Stamm, dem Volk, dem Staat die Legitimierung und Sanktionierung, die Rechtfertigung, Verbrämung und weihevolle

Erhöhung lieferte und liefert; daß sie den Wohlstand der Reichen, der besitzenden Klasse zu garantieren und den Armen, Ausgebeuteten den gerechten Ausgleich im Jenseits zu verheißen hatte und hat; daß sie, um mit S. Freud zu sprechen, die »Vorspiegelung (Illusion)« herstellen muß, »daß ein Oberhaupt da ist... das alle Einzelnen der Masse mit der gleichen Liebe liebt«, weil ohne diese Vorspiegelung die betreffende Religion zerfiele. Nicht bloß fast schon altehrwürdig zu nennende Religionen wie der Katholizismus, sondern auch neue religiöse Bewegungen wie die fälschlich so genannten Jugendreligionen folgen heute noch dieser Gesetzlichkeit, derzufolge mit den psychosozialen Verhältnissen der Gesellschaft nicht fertigwerdende Mitglieder einer Gruppe oder Institution einen Führer, ein Oberhaupt, ein personifiziertes Leitbild vorgesetzt bekommen müssen. Selbst von sich aus anti- oder a-religiöse Systeme bestätigen diese Gesetzlichkeit, um ihr Legitimationsdefizit auszufüllen: Der Stalin-Kult, der Hitler-Kult, der Mao-Kult u. a. sind Beispiele dafür, Beispiele für eine quasi- oder pseudoreligiöse Staatsideologie. Religion, der religiöse Faktor als Lückenbüßer und Bedürfniserfüller für gesellschaftlich, wirtschaftlich, politisch zu kurz Gekommene; als ideologisches Stabilisierungsinstrument des Staates, das ihm autoritär beeinflußbare Persönlichkeiten heranbildet, als Aufrechterhalter bestehender gesellschaftlicher Unterschiede; als Lieferant entsprechender, die etablierten Verhältnisse unterstützender und rechtfertigender Denk- und Verhaltensmuster wie etwa das vom quasinaturnotwendigen »Oben und Unten« gesellschaftlicher Klassen; als Systemverstärker und -zementierer; als Staatskitt und gesellschaftsbefriedende und -beruhigende Kraft – auf all dies und so manches andere sozioökonomisch bedingte Phänomen der Religion trifft Marxens Charakteristik derselben voll zu. Sie trifft dennoch nicht das Ganze des mit Religion Gemeinten. Sie trifft es deshalb nicht, weil Marx eine »pars-pro-toto-Setzung« beging, etwas (an der Religion) richtig Gesehenes für das Ganze ausgab, es so verallgemeinerte, daß es zur Alleinursache und zum Gesamtwesen des Religiösen degenerierte. Sein »Ökonomismus«, seine Totalerklärung nicht bloß der Religion, sondern auch der Kunst, der Literatur, der Ethik, der Philosophie, der Wissenschaft, des Rechts usw. allein aus sozioökonomischen Faktoren, wird der Komplexität dieser Gebiete, ihrer Entstehungsgründe und ihres Wesens, nicht gerecht. Religion ist eben nicht bloß – muß es jedenfalls nicht unbedingt und immer sein – der passiv-statische Ausdruck des Elends, der »Heiligenschein dieses Jammertales«, sie kann – wenn auch in den selteneren Fällen – aktiver Aufstand gegen das Elend, dynamisch-effektiv-praktische Kritik am Jammertal sein. Die Geschichte gibt uns diesbezüglich zwar nicht viele, aber doch genügend Beispiele an die Hand. Es gab eben auch die »Revolution aus Religion«, den »Revolutionär aus Religiosität«, in Deutschland beispielsweise einen Thomas Müntzer, der als zutiefst religiöser Prophet und Mystiker der praktische Organisator der ersten großen deutschen Emanzipationsbewegung war, dessen religiös-mystische Energie das Vehikel sozial-organisatorischer Praxis darstellte, der nach dem Neomarxisten E. Bloch das »rasendste Revolutionsmanifest aller Zeiten« geschrieben hat. Friedrich Engels hält Müntzer für »den Mittelpunkt der ganzen revolutionären Bewegung« des Deutschen Bauernkrieges.

Gerade eine Gestalt wie die Müntzers ist auch für die (Herleitungs-)Theorie der Religion von nicht geringer Bedeutung. Zwar kommt gerade und besonders marxistischen Historikern der letzten Jahrzehnte das Verdienst zu, entscheidende Forschungsergebnisse für die geschichtliche Rehabilitierung und gerechtere Würdigung dieses Mannes beigebracht zu haben. Aber angesichts der religiös-revolutionären Existenz Müntzers und seines eben erwähnten Manifests an die Mansfelder Bergknappen dürfte es doch sehr schwerfallen, die verkürzende Deutung der Religion als »das Opium des Volks« (K. Marx, der diese Bezeichnung von H. Heine, B. Bauer oder M. Heß übernommen hat) aufrechtzuerhalten. Religion ist ein viel zu komplexes, uneinheitliches Gebilde, als daß sie *nur* als Vertröstungsmittel für das Volk hingestellt werden dürfte, auch wenn sie leider gerade diese Rolle in den mannigfachsten Variationen, meisterlicher Perfektion und häufiger als jede andere gespielt hat.

Und auch der Bauernkrieg selbst, diese nach Marx »radikalste Tatsache der deutschen Geschichte«, ist nicht zu denken ohne den religiösen Vitalimpuls eines zunächst noch reformatorisch-revolutionären Luther, der den religiösen Enthusiasmus der Volksmassen mit den christlichen Motiven für die Herbeiführung von Gleichheit und Gerechtigkeit durchtränkte. Durch Religion, genauer: durch seine Glaubenserfahrung, war Luther befreit und zum Befreier geworden, hatte er einen gewaltigen Einfluß und ungeheure religiöse wie politisch-gesellschaftliche Macht und Autorität erlangt, die er dann leider in seiner nachfolgenden reaktionären Phase gegen die Bauern und die revolutionären Führer ihres Aufstandes, vor allem gegen Müntzer, in Anwendung brachte. Aber die Geschichte steht ja staunend vor so manchem Umschlag der Psyche eines Revolutionärs in die eines Reaktionärs. Jedenfalls sieht auch Marx die Bedeutung der religiösen Gestalt Luthers für die erste Revolution auf deutschem Boden nicht einfach negativ, wenn er erklärt: »Deutschlands *revolutionäre* Vergangenheit ist nämlich theoretisch, es ist die *Reformation*. Wie damals der *Mönch*, so ist es jetzt der *Philosoph*, in dessen Hirn die Revolution beginnt.«

Katholische Priester, die heute engagiert und mit Einsatz ihres Lebens für die Befreiung der fatal ausgebeuteten Volksschichten in Südamerika eintreten, ohne auf Verdikte und Strafen von seiten des Staates und ihrer kirchlichen Hierarchie zu achten; ein Camilo Torres, der »Revolution als Aufgabe des Christen« definiert und betont: »Ich habe die Vorrechte und Pflichten eines Priesters aufgegeben, aber ich habe deshalb nicht aufgehört, ein Priester zu sein. Ich glaube, aus Nächstenliebe habe ich mich der Revolution verschworen. Ich habe es aufgegeben, die Messe zu lesen, um in der Lage zu sein, den Nächsten zu lieben auf dem irdischen Feld der Wirtschaft und der sozialen Spannungen«; ein Martin Luther King, der zwar nicht für eine gewalttätige Revolution, wohl aber mit nicht geringerer innerer Kraft als Camilo Torres für »Gewaltlosigkeit in allen Bereichen menschlicher Konflikte« eintritt – sie alle beweisen zumindest die Ambivalenz der Religion, sozusagen die doppelseitige Tatsache, daß der Zwiespalt, die Widersprüche in den ökonomischen Grundlagen einer Gesellschaft zu beidem führen können, zur gottergebenen Passivität und Akzeptanz der herrschenden Verhältnisse wie aber auch zum aktiven und keineswegs immer unwirksamen Kampf gegen bestehende Ungerechtigkeit.

Einen Augenblick lang scheint ebenfalls in Marxens Religionskritik dieser Gedanke aufzuleuchten, daß Religion nicht nur »der Ausdruck des wirklichen Elends«, sondern auch »die Protestation gegen das wirkliche Elend« sei. Aber er scheint diesen Gedanken wieder zu verwerfen, verfolgt ihn jedenfalls nicht weiter, und die sofort folgenden Bezeichnungen der Religion

(»Seufzer der bedrängten Kreatur«, »Gemüt einer herzlosen Welt«, »Geist geistloser Zustände«) scheinen in die Richtung zu weisen, daß er den protestierenden Aspekt der Religion für unbedeutend, ineffektiv, unzulänglich, ohnmächtig hält. Auf jeden Fall könne Religion, so oder so betrachtet, ohnehin nur zu einem »illusorischen Glück« hinführen, stehe also der Emanzipation des Menschen zu seinem wahren Glück im Wege.

So muß denn aufs große und ganze gesehen festgestellt werden, daß im Rahmen der Religionskritik von K. Marx für die anti-kapitalistischen, anti-konservativen, anti-imperialistischen, sozialistischen und revolutionären Elemente im komplexen Wesen der Religion kein Platz vorhanden ist. Und auch alle dogmatischen Marxisten tun sich bis zum heutigen Tag schwer mit einer einigermaßen plausiblen Erklärung dieser für ihre Theorie so widerspenstigen Elemente. Der Kampf vieler junger Christen für den Frieden, teilweise auch für eine nicht mehr von kapitalistischen Ausbeutungsmechanismen stigmatisierte Natur wird zwar wegen des Bedarfs an Bundesgenossen praktisch akzeptiert, theoretisch jedoch nicht aufgearbeitet oder als Mißverständnis interpretiert.

Dabei erweisen nicht bloß die Ketzer, die im Rahmen der immer gründlicheren Etablierung eines religiösen Systems zwangsläufig auftreten, sondern schon die Stifter großer Religionen einen engen Zusammenhang zwischen Religion und Emanzipation von bestehenden ungerechten sozioökonomischen Verhältnissen, selbst wenn ihre ursprünglichen Intentionen und Aktionen nicht primär gegen diese gerichtet sind. Wir können hier nicht näher darauf eingehen, aber es läßt sich detailliert erhärten, daß z. B. Buddha und Jesus, in gewisser Weise auch Mohammed, aus einem je anders gemeinten und erlebten Transzendenzbewußtsein heraus religiös-, teilweise auch gesellschaftlich-emanzipatorische Tiefenwirkungen ausgelöst und ausgeübt haben. Auch das früheste Christentum war zunächst eine nonkonformistische Bewegung, für die Anpassung und Anlehnung an ungerechte Herrschaftsverhältnisse keinen maßgeblichen Orientierungs- und Bezugswert mehr darstellten, für die vielmehr die Kategorien »Herrschaft«, »Gewalt«, »Unterdrückung« u. ä. ihre erstrangige Bedeutung usprünglich verloren hatten.

Um nur noch ein letztes Beispiel aus der jüngsten Geschichte gegen Marxens Religionsdeutung anzuführen: Auch die in vielen

Hinsichten alle Symptome einer echten Revolution »von unten«, von der Basis her, aufweisende Solidaritätsbewegung in Polen wäre ohne die religiöse Vitalenergie des polnischen Volkes nicht zustande gekommen.

Die anthropologische und die utopische Komponente

Diese Kritik an der Religionskritik von K. Marx führt uns zu folgendem Schluß: Die wirtschaftliche und gesellschaftliche Formation einer Epoche prägt (weitgehend) die Religion, sie erschafft sie aber nicht. Religion tritt in allen Phasen der menschlichen Geschichte auf, sie inkarniert sich sozusagen in die verschiedensten menschlichen Gesellschaften mit den verschiedenartigsten Produktions- und Konsumverhältnissen. Aber sie geht in ihnen nie restlos auf. Dieser Tatbestand deutet auf eine *anthropologische* und eine *utopische* Komponente der Religion hin. Die Tatsache, daß sich Religion in den mannigfaltigsten Gestalten durch alle Epochen menschlicher Geschichte trotz deren verschiedenartigsten sozioökonomischen Bedingtheiten und Bestimmtheiten durchhält; daß sie auch in den Ländern des Ostblocks trotz weitgehender Abschaffung bzw. Sozialisierung des Privateigentums und trotz Aufbietung eines umfassenden atheistischen Erziehungs- und Schulungsapparats nicht ausstirbt, sich dort teilweise sogar regeneriert und reintensiviert; daß sie, immer oder fast immer dann, wenn sie schon totgesagt wird, explosiv in manchen Persönlichkeiten oder Gruppen aufbricht – diese Tatsache scheint Religion doch als eine *anthropologische Konstante*, als eine feste, basale Eigenschaft des Menschen auszuweisen. Als solche fällt sie mit dem Menschen als Sinn und Sinnerfüllung, als die eigene Identität, aber auch umfassende Solidarität und Kommunikation, Gleichheit und Gerechtigkeit für alle suchenden Wesen zusammen. Da diese Suche durch keine (bisherige) sozioökonomische Organisation menschlichen Zusammenlebens befriedigt worden ist, weist sie auch ein *kritisches* und ein *utopisches*, zukunftsweisendes Element auf.

Eine solche Sinnsuche ist mehr als (theoretische) Philosophie, ist religiös, wenn sie wirklich *existentiell*, d. h. die menschliche Existenz in ihrem Grunde betreffend und in Frage stellend, und *engagiert* ist, d. h. von einem menschlichen Individuum als es »unbedingt angehend« (P. Tillich) erfahren wird. Deswegen hat der Verfasser dieses Beitrags andernorts Religion als umfassenden, ganzheitlichen, sinnsuchenden und grenzüberschreitenden Vitalimpuls des Menschen definiert. Es war Marx' Fehler, dieses umfassende Wesen der Religion nicht zu sehen, sie mit dem zeitgenössischen Christentum in seiner Verquickung von Thron und Altar und mit dem Glauben an einen persönlichen Gott gleichzusetzen. Es entging ihm dabei, daß es große »Religionen ohne Gott«, ohne den himmlischen »Übermenschen« als »Widerschein seiner selbst«, d. h. des Menschen, gibt, wie z. B. den ursprünglichen Buddhismus; daß »religiös« »weder ein System (ist), das notwendigerweise mit einem Gottesbegriff oder mit Idolen operiert, noch gar ein System, das den Anspruch erhebt, eine Religion zu sein, sondern jedes von einer Gruppe geteilte System des Denkens und Handelns, das dem einzelnen einen Rahmen der Orientierung und ein Objekt der Verehrung bietet. In diesem weitgefaßten Sinn ist in der Tat keine Gesellschaft der Vergangenheit, der Gegenwart und selbst der Zukunft vorstellbar, die nicht ›religiös‹ wäre. Diese Definition von ›religiös‹ sagt nichts über den spezifischen Inhalt aus« (E. Fromm).

In dem eben umschriebenen Sinn ist paradoxerweise sogar das, was Marx für das Proletariat anstrebt, Religion. Der neue Orientierungsrahmen, den er der Arbeiterklasse vorzeichnet, die Ziele, die er ihren Bestrebungen steckt, sind in der Sicht der Soziologie ein religiöses Sinngefüge, ein Integrationssystem. »Wo diese Funktion der Integration wirklich erfüllt wird, muß der Soziologe von Religion sprechen, auch bei säkularen Ideologien und Riten« (O. H. von der Gablentz). Auch ein »Objekt der Verehrung« reichte Marx dem Proletariat dar: »Die Religion der Arbeiter«, sagt er, »ist eine Religion ohne Gott, weil sie die Göttlichkeit des Menschen wiederherzustellen versucht.« »Hatten die Götter früher über der Erde gewohnt, so waren sie jetzt das Zentrum derselben geworden.« »Die Kritik der Religion endet mit der Lehre, daß der Mensch das höchste Wesen für den Menschen sei.« Im Grunde haben wir es an diesen Stellen mit der im Hegelschen Sinn positiven Aufhebung der Religion (des Christentums, des persönlichen Gottesglaubens) in eine neue Religiosität (der Verehrung der Göttlichkeit des ökonomisch und gesellschaftlich befreiten Menschen) zu tun. Und in der Tat begegnen uns in verschiedenen Marxschen Schriften ein Enthusiasmus, eine Begeisterung, ein grenzüberschreitendes,

Solidarität stiftendes neues Lebensgefühl, eine Passion, eine Leidenschaft für die neue Göttlichkeit und Religion des durch Arbeit und Kampf sich emanzipierenden Proletariats, alles Merkmale also, die auch jede engagierte Religiosität, die sogenannte »dynamische Religion« in der Begriffssprache H. Bergsons, auszeichnen. Marx spürte, daß die Revolution des Proletariats außer der vorbereitenden kühlen Kopfarbeit und der trockenen Entschlossenheit des Willens zu ihrem Gelingen einer weiteren Komponente noch besonders bedurfte: Hinzu kommen mußte die ganze Ladung menschlicher positiver Gefühle, die gemütsmäßige Totale des Menschen. Deshalb Marx: »Keine Klasse der bürgerlichen Gesellschaft kann diese Rolle [nämlich die der Befreiung der ganzen Gesellschaft, m. Hinzufügg.] spielen, ohne ein Moment des Enthusiasmus in sich und in der Masse hervorzurufen, ein Moment, worin sie mit der Gesellschaft im allgemeinen fraternisiert und zusammenfließt, mit ihr verwechselt und als deren *allgemeiner Repräsentant* empfunden und anerkannt wird, ein Moment... worin sie wirklich der soziale Kopf und das soziale Herz ist.« Dieser Enthusiasmus, dieses umfassende Engagement für eine große, vom Subjekt, dem einzelnen, einer Gruppe oder Klasse, als absolut angesehene Sache ist – psychologisch und tiefenpsychologisch betrachtet – Religiosität! Und Marx war der Künder, der Prophet dieser neuen Religion des Proletariats. Offensichtlich hat er das Opium in seiner Kennzeichnung der Religion als »Opium des Volks« doch nicht so sehr auf diese als auf den »Gott-Überbau« bezogen. Jedenfalls sehen auch Neomarxisten bzw. dem Marxismus nahestehende Denker von heute religiöstheologische Implikationen bei Marx. »Auch im Werk von Marx [sind], wie immer unbewußt, jedoch logisch von seinem Gehalt unablösbar, theologische Postulate entscheidend« (M. Horkheimer).

Gerade in Marxens Zukunftsvision, in seinem durch ökonomisch-politische Schicksalslosigkeit ausgezeichneten »Reich der Freiheit«, ist das religiös-utopische Element kaum zu übersehen. Denn sein »Kommunismus ist als vollendeter Naturalismus Humanismus, als vollendeter Humanismus Naturalismus, er ist die wahrhafte Auflösung des Widerstreites zwischen dem Menschen mit der Natur und mit dem Menschen, die wahre Auflösung des Streites zwischen Existenz und Wesen, zwischen Vergegenständlichung und Selbstbetätigung, zwischen Freiheit und

Notwendigkeit, zwischen Individuum und Gattung. Er ist das aufgelöste Rätsel der Geschichte...«

Daß Marx diese klassenlose Gesellschaft zu undifferenziert und mit dem umfänglichen Spektrum menschlicher Sinnbedürfnisse zu wenig vermittelt gesehen hat, haben gerade marxistische Revisionisten wie Garaudy, Machovec, Kolakowski und vor allem Bloch nachgewiesen. Nach dem letzteren treten in einer nicht mehr antagonistischen Gesellschaft, die alle weltlichen Geschicke fest in der Hand hält, »die Unwürden der Existenz desto fühlbarer hervor, vom Kiefer des Todes herab bis zu den Lebensebben der Langeweile, des Überdrusses. Die Boten aus Nichts haben ihre bloßen Valeurs aus der Klassengesellschaft verloren, tragen ein neues, jetzt weitgehend unvorstellbares Gesicht.« »Stärker als je« treten dann »die echten, wertvollen, uns angemessenen Sorgen vor, die Frage dessen, was wirklich im Leben nicht stimmt.« Zweifellos hat Marx zu wenig daran gedacht, daß der menschliche Sinn-Trieb um so intensiver werden kann, je mehr die ökonomische Bedürfnisschicht im Menschen gestillt ist. Mag sein, daß gerade sein mystisch-utopischer Enthusiasmus für das klassenlose Reich der Freiheit ihn nicht ganz die Problematik sehen ließ, die aus dem letztlich nicht überbrückbaren Zwiespalt zwischen den hohen Ansprüchen unseres Sinnsuchens und den eher mäßigen Teilantworten erwächst, die wir auf die letzten Sinnfragen des Universums und der Menschheit stets nur geben können. Auf jeden Fall ist ebenfalls hier kritisch gegen Marx zu vermerken, daß diese zwiespältige Sinnstruktur des Menschen auch nicht einfach den Widerschein, die Widerspiegelung der Disparatheit in der sozioökonomischen Dimension zwischen dem, was sein soll, und dem, was ist, darstellt. Der Mensch – das ist einer der bleibenden Beiträge der erst nach Marx aufgetretenen tiefenpsychologischen Strömungen – hat Identitäts- und Sinnprobleme, die durch keinen noch so optimalen ökonomischen Zustand einer Gesellschaft schon automatisch aufgehoben sind, die aber auch durch keinen noch so schlechten unbedingt hervorgerufen werden.

Ökologische Religion als Widerlegung der Opium-These

Nach den Korrekturen, die hundert Jahre Marx-Forschung an seinem Werk anbringen mußte, bleiben aber trotzdem zwei große Verdienste dieser Persönlichkeit in religionswissenschaftlicher Hinsicht bestehen, bestehen auch als permanente Verpflichtungen für uns: 1. den von Marx in den Mittelpunkt seiner Religionskritik gestellten sozioökonomischen Aspekt der Religion bei der eigenen Methode der Erforschung religiöser Phänomene stets entscheidend mitzuberücksichtigen; alle ideologischen Verschleierungs- und Verbrämungsfunktionen der Religion für Staat und Gesellschaft unbestechlich zu analysieren; das von ihr so oft produzierte »falsche Bewußtsein« systematisch zu entlarven; 2. auf der Ebene der Religionspraxis unsere eigene Religiosität bzw. die der Gruppe, der wir angehören, oder – allgemeiner gesprochen – unser existentielles Engagement als nach Sinn und Integration der Summe unserer Lebenserfahrungen Strebende von selbstsüchtigen Interessen zu befreien. Im Rahmen einer von ökonomischen, gesellschaftlichen und politischen Krisen immer schlimmeren Ausmaßes heimgesuchten Welt des ausgehenden zweiten Jahrtausends könnte eine neue Religiosität, die selbstlos wäre, die ein (partikulare) Interessen überwindendes (universales) Über-Interesse an der Rettung unseres Planeten hätte, die bereit wäre, machtsuchtlos und »kommunistisch« alles für alle zu geben und hinzugeben, einen entscheidenden, positiven ökonomisch-ökologisch-politisch-gesellschaftlichen Veränderungseffekt darstellen. Das wäre dann die Religion, die keiner mehr als »Opium« bekämpfen könnte, als Beruhigungspille oder verschleierndes Trostrezept angesichts der tristen Verhältnisse. Die Frage, ob Religion eine Illusion im metaphysischen Sinne, in bezug auf ihre transzendenten Vorstellungen sei, wäre dann zweitrangig angesichts des Umstands, daß sie im Hinblick auf die Selbstlosigkeit ihrer Hingabe an alle und aufgrund des redlichen Totaleinsatzes gegen alle Herrschaft von Menschen über Menschen in Kirche, Staat und Gesellschaft einen *eigenständigen, originären Primärimpuls* darstellte, der nicht mehr als »ideologischer Überbau«, als himmlische »Spiegelung« und Verklärung der bestehenden Unrechtsverhältnisse diskreditiert und diskriminiert werden könnte. Eine solche Religion könnte man zusammenfassend als *ökologische* bezeichnen. Sie wäre die heute notwendige vierte Phase der Religion und Religionskritik nach der *anthropologischen* Feuerbachs, der *sozioökonomischen* von Marx und der *psychoanalytischen* Freuds.

Jürgen Seifert

Karl Marx und die Freiheitsrechte

Marxismus und Freiheitsrechte gelten weithin als unvereinbar. Stimmt es denn nicht, daß es in den Ländern, die von sich behaupten, der Sozialismus sei in ihnen eine Realität, unmöglich ist, Freiheitsrechte wie die Meinungsfreiheit, die Versammlungsfreiheit und die Vereinigungs- und Koalitionsfreiheit ohne administrative Bevormundung wahrzunehmen? Waren für Karl Marx Freiheitsrechte nicht Teil eines bloß juristischen Überbaus über der ökonomischen Struktur der Gesellschaft? Sind auf diesem Hintergrund die positiven Äußerungen von Marx zu den Freiheitsrechten – so wurde auch bei uns in der nun zu Ende gehenden ökonomistischen Marx-Renaissance gefragt – nicht nur taktisch-politische Äußerungen oder gar letzte Reste idealistischen Denkens?

Ich werde im folgenden gegenüber solchen Positionen versuchen, an Hand der Analyse einiger *Texte* den Stellenwert der Freiheitsrechte in der Marxschen Theorie herauszuarbeiten.

Der Zusammenhang zwischen politischer
und sozialer Befreiung im Marxschen Denken

»Wo der politische Staat seine wahre Ausbildung erreicht hat, führt der Mensch nicht nur im Gedanken, im Bewußtsein, sondern in der *Wirklichkeit*, im Leben ein doppeltes, ein himmlisches und ein irdisches Leben, das Leben im *politischen Gemeinwesen*, worin er sich als *Gemeinwesen* gilt, und das Leben in der *bürgerlichen Gesellschaft*, worin er als *Privatmensch* tätig ist, die andern Menschen als Mittel betrachtet, sich selbst zum Mittel herabwürdigt und zum Spielball fremder Mächte wird« (Marx, Zur Judenfrage, MEW 1: 354 f.).

Wenn Marx in diesem Text vom politischen Staat spricht, der »seine wahre Ausbildung erreicht hat«, meint er die politische Emanzipation auf Grund der bürgerlichen Revolutionen. Für ihn ist der Austausch von Tauschwerten im Rahmen der entstehenden kapitalistischen Produktionsweise die reale Basis von Gleichheit und Freiheit. Doch zur wahren Ausbildung des politischen Staates bedurfte es der »Abschüttelung des politischen Jochs« (MEW 1: 369) durch die Amerikanische und die Französische Revolution.

Die Konstituierung des politischen Staates ist für Marx ein Akt der politischen Befreiung. An die Stelle von Privilegien, von verbrieften Sonderrechten, tritt das allgemeine und abstrakte Gesetz. Dazu gehört der im politischen Bereich mit besonderen Rechten ausgestattete Staatsbürger. Marx übernimmt für diesen die französische Bezeichnung *citoyen*. Die politische Emanzipation bezeichnet Marx als »großen Fortschritt«, dennoch bleibt sie für ihn eine »Halbheit« (ebd.: 361). In allen Fragen seiner materiellen Existenz wird der Mensch nicht als *citoyen*, sondern als egoistischer Mensch genommen. Der eigentliche und wahre Mensch ist der Bürger nur als »Privatmensch«. Für den Bürger in diesem Sinne übernimmt Marx die andere französische Bezeichnung *bourgeois*. Zur politischen Emanzipation gehört die Trennung von Staat und Gesellschaft und vom Bürger als Staatsbürger (»Gemeinwesen«) und vom Bürger als »Privatmensch« (als egoistisches Individuum der bürgerlichen Gesellschaft). Diese Trennung besteht nicht nur im Gedanken, sondern in der Wirklichkeit.

Marx entwickelt dies, anknüpfend vor allem an Hegel, in der Auseinandersetzung mit Bruno Bauer. Bauer hatte die Juden aufgefordert, für die politische Emanzipation zu arbeiten. Marx stellt sich nicht dagegen. Ihm geht es vielmehr darum, nachzuweisen, daß die staatsbürgerliche Emanzipation nur eine Halbheit ist, wenn sie nicht hinführt zu dem, was Marx die »menschliche« (später heißt es auch: die »soziale« oder »ökonomische«) Emanzipation nennt. Für Marx ist die politische Emanzipation nur ein erster Schritt, ein Stück Brot, wo es um den ganzen Laib geht. Deshalb sagt er: Die politische Emanzipation »ist zwar nicht die letzte Form der menschlichen Emanzipation überhaupt, aber sie ist die letzte Form der menschlichen Emanzipation *innerhalb* der bisherigen Weltordnung« (MEW 1: 356).

Diese geschichtsphilosophische Auffassung, die davon ausgeht, daß die politische Emanzipation Stufe und Bedingung der sozialen Emanzipation ist, das heißt, Voraussetzung zu einer Gesellschaft ohne Lohnarbeit und Klassenherrschaft, bedeutet zugleich, daß die Marxschen Argumente zugunsten der *politischen* Freiheitsrechte weder auf Taktik zu reduzieren noch auf die Phase des Kampfes der Arbeiterklasse um die politische Macht einzugrenzen sind.

Politische Freiheitsrechte sind »Lebenselement« der Marxschen Arbeiterpartei

»Zum Teil sind diese Menschenrechte *politische* Rechte, Rechte, die nur in der Gemeinschaft mit andern ausgeübt werden. Die *Teilnahme am Gemeinwesen*, und zwar am *politischen* Gemeinwesen, am *Staatswesen*, bildet ihren Inhalt. Sie fallen unter die Kategorie der *politischen Freiheit*, unter die Kategorie der *Staatsbürgerrechte* [...] – Es bleibt der andere Teil der Menschenrechte zu betrachten, die *droits de l'homme*, insofern sie unterschieden sind von den *droits du citoyen*« (Marx, Zur Judenfrage, MEW 1:364).

Der Unterscheidung zwischen Staat und Gesellschaft, zwischen *citoyen* und *bourgeois* entspricht die Unterscheidung zwischen Menschen- und Bürgerrechten *(droits de l'homme et du citoyen)*, die Marx aus der französischen Erklärung der Menschen- und Bürgerrechte von 1793 übernimmt.

Menschenrechte sind bei Marx nicht (wie es heute üblich ist) ein Oberbegriff für die persönlichen Freiheitsrechte einerseits und die politischen und demokratischen Freiheitsrechte andererseits. Die *droits de l'homme*, von denen Marx hier spricht, sind die Freiheit des Menschen, »alles tun zu dürfen, was den Rechten eines anderen nicht schadet« (Franz. Verfassung von 1793, Art. 6).

Diesen Rechten stellt Marx die »*politischen* Rechte, die nur in der Gemeinschaft mit anderen ausgeübt werden können«, gegenüber. Politische Freiheitsrechte im Marxschen Sinn sind nicht nur die eigentlichen Staatsbürgerrechte (wie Gleichheit vor dem Gesetz, gleiches Wahl- und Stimmrecht, gleicher Zugang zu öffentlichen Ämtern, Petitionsrecht), sondern auch die Rechte, die die Freiheit der Kommunikation sichern (wie Meinungs- und

Pressefreiheit, Kunst- und Wissenschaftsfreiheit, Vereinigungs-, Koalitions- und Versammlungsfreiheit), und das Streikrecht. Marx beschränkt sich, weil es auf solche Bürgerrechte im Zusammenhang der Auseinandersetzung mit Bruno Bauer nicht ankommt, auf eine knappe Definition: »Die *Teilnahme am Gemeinwesen*, und zwar am *politischen* Gemeinwesen, am *Staatswesen* bildet ihren Inhalt. Sie fallen unter die Kategorie der *politischen Freiheit*.« Auf Grund dieser Rechte, die dem Bürger die Teilnahme am Gemeinwesen ermöglichen, gilt dieser als »Gemeinwesen« (MEW 1: 355). Marx sagt: »gilt«; denn der wirkliche Mensch ist für ihn das egoistische Individuum. Für den wirklichen Menschen werden die materiellen Lebensverhältnisse durch ihre Position in der bürgerlichen Gesellschaft bestimmt. Der Kaufmann bleibt Kaufmann, wenn er sich politisch äußert, in einer Partei arbeitet oder in ein politisches Amt gewählt wird. Dem Arbeiter, der alsbald in einer Gewerkschaft seine Interessen und die anderer Arbeiter vertritt oder Abgeordneter in einem Parlament wird, bleibt (wenn solche Wahlämter nicht verbeamtet werden) Arbeiter; er hat nur die Subsistenzmittel eines Arbeiters. Deshalb spricht Marx vom Dasein als Staatsbürger als einem »himmlichen Leben«; der politische Mensch ist »nur der abstrahierte, künstliche Mensch«, eine »moralische Person«.

Die politischen Rechte, die es dem Menschen ermöglichen, sich als »Gemeinwesen« zu betätigen, bleiben abstrakt, sie verändern nicht unmittelbar die materielle Existenz des »wirklichen« Menschen. Immerhin wird »in der Gestalt des *abstrakten citoyen*« der »*wahre* Mensch« bereits anerkannt (ebd.: 370).

Nun wird eingewandt: Das alles steht doch nur in den Frühschriften von Marx. Aber Marx hat die Auffassung von der »Verdoppelung« des Menschen in den Staatsbürger und den Privatmenschen der bürgerlichen Gesellschaft nicht aufgegeben. Mit Engels zusammen schrieb er in der »Deutschen Ideologie«: »Den Arbeitern liegt soviel am Staatsbürgertum, d. h. am aktiven Staatsbürgertum, daß sie da, wo sie es *haben*, wie in Amerika, gerade ›verwerten‹, und wo sie es nicht haben, es erwerben wollen« (MEW 3: 198). Kurz vor dem Revolutionsjahr 1848 nennt Marx »die *bürgerlichen Revolutionen*« eine der »Bedingungen der *Arbeiterrevolution*«, wendet sich gleichzeitig – wie früher – dagegen, die bürgerliche Revolution als »Endzweck« zu betrachten (MEW 4: 352).

Für Marx sind die politischen Freiheitsrechte, insbesondere die »Preßfreiheit« und die »Assoziationsfreiheit«, »neue Waffen«, die das Proletariat auch »zu benutzen wisse« (ebd.: 183 f.). Friedrich Engels spricht 1865 vom »Interesse der Arbeiter, die Bourgeoisie in ihrem Kampfe gegen alle reaktionären Elemente zu unterstützen« (MEW 16: 76; vgl. auch MEW 4: 317).

Marx und Engels haben diese Position nach zwei Seiten hin verteidigt. Einerseits sagten sie zu den Anarchisten, die meinten, durch Überspringen der Phase der politischen Emanzipation unmittelbar zur sozialen Emanzipation kommen zu können: »Die politischen Freiheiten, das Versammlungs- und Assoziationsrecht, die Preßfreiheit, das sind unsere Waffen; und wir sollen die Arme verschränken und Abstention spielen, wenn man sie uns nehmen will?« (MEW 17: 416). Andererseits wandten sie sich gegen Tendenzen in der Lassalleschen Partei, sich mit Bismarck gegen die liberale Bourgeoisie zu verbünden, und gegen Tendenzen, einen »Kreuzzug gegen den Liberalismus« zu predigen (MEW 16: 79 in Verbindung mit MEW 4: 191 f.). Wenn die Bourgeoisie die politischen Freiheitsrechte aufgebe, »selbst dann wird der Arbeiterpartei nichts übrigbleiben, als die von den Bürgern verratene Agitation für bürgerliche Freiheit, Preßfreiheit, Versammlungs- und Vereinsrecht trotz der Bürger fortzuführen« (MEW 17: 77). Diese Freiheiten waren für Marx und Engels nicht das »Endziel« oder der »Endzweck« der proletarischen Bewegung. Die Freiheitsrechte sind »Waffen«, Instrument der Arbeiterpartei, »ihr eigenes Lebenselement«, die »Luft, die sie zum Atmen nötig hat« (ebd.: 77).

*Kritik an Marx: Ohne persönliche Freiheit
keine politische Freiheit*

»Keines der sogenannten Menschrechte geht also über den egoistischen Menschen hinaus, über den Menschen, wie er Mitglied der bürgerlichen Gesellschaft, nämlich auf sich, auf sein Privatinteresse und seine Privatwillkür zurückgezogenes und vom Gemeinwesen abgesondertes Individuum ist. [...] Das einzige Band, das sie zusammenhält, ist die Naturnotwendigkeit, das Bedürfnis und das Privatinteresse, die Konservation ihres Eigentums und ihrer egoistischen Person« (Marx, Zur Judenfrage, MEW 1: 366).

Solche Sätze, häufig aus dem Zusammenhang der Marxschen Argumentation gerissen, haben Anteil daran, daß die wichtigen Äußerungen von Marx und Engels über die Freiheitsrechte vielfach nicht wahrgenommen wurden. Alle diejenigen, die selbst nicht unterscheiden zwischen den politischen Freiheitsrechten *(droits du citoyen)* und den Freiheiten des isolierten Individuums als Menschenrechte im engeren Sinn *(droits de l'homme)*, fanden hier einen zitierfähigen Beweis dafür, wie negativ Marx die Menschenrechte insgesamt (Menschenrechte als *droits du citoyen et de l'homme*) eingeschätzt hat.

Doch die »sogenannten Menschenrechte«, von denen Marx in diesem Satz spricht, sind, das ergibt sich aus dem Zusammenhang, nur die persönlichen Rechte des unabhängigen und isolierten Individuums der bürgerlichen Gesellschaft, wie religiöse Gewissensfreiheit, Eigentumsfreiheit (einschließlich der Gewerbefreiheit) und die Freiheit der Person, insbesondere die Freiheit, alles tun zu dürfen, was den Rechten eines anderen nicht schadet. Zu diesen persönlichen Rechten gehören systematisch auch die Freiheit des Hauses und der Korrespondenz (Unverletzlichkeit der Wohnung und des Brief-, Post- und Fernmeldegeheimnisses) und die Bestimmungen, die festlegen, daß Verhaftungen nur auf Grund von Gesetzen und in einem gesetzlich geregelten Verfahren stattfinden können *(habeas corpus*-Rechte). Für Marx garantieren diese persönlichen Rechte nichts anderes als die »Freiheit des egoistischen Menschen und die ›Anerkennung‹ der *zügellosen* Bewegung der geistigen und materiellen Elemente, welche seinen Lebensinhalt bilden« (MEW 1: 369; vgl. MEW 2: 123).

Marx untersucht nicht den Zusammenhang zwischen den persönlichen und den politischen Freiheitsrechten. Bei den persönlichen Rechten stehen für ihn die Freiheit des Eigentums und des Gewerbes im Vordergrund. Das »politische Gemeinwesen«, konstatiert Marx, wird »zum bloßen *Mittel* für die Erhaltung dieser sogenannten Menschenrechte herabgesetzt«, der »citoyen zum Diener des egoistischen homme«, der »bourgeois für den *eigentlichen* und *wahren* Menschen genommen« (MEW 1: 366). *Bourgeois* im Gegensatz zum *citoyen* umfaßt begrifflich auch den Proletarier, auch wenn Marx ausdrücklich nur die Differenz zwischen dem »Kaufmann und dem Staatsbürger«, dem »Taglöhner und dem Staatsbürger« und dem »Grundbesitzer und dem Staatsbürger« erwähnt (ebd.: 355). Dennoch war es zur damaligen Zeit (1844) vor allem der Bourgeois als *Besitzer von Produktionsmitteln*, der die durch die Menschenrechtserklärung verbürgten Rechte geltend machen konnte und dem sie in erster Linie zugute kamen.

Das weist auf drei Fragen hin, die teilweise bisher nicht gesehen wurden:

– Mußte zum einen die unterschiedliche Bedeutung von *bourgeois* als »Privatmensch« (im Unterschied zum *citoyen)* und Bourgeois als Besitzer von Produktionsmitteln (im Gegensatz zum Proletarier) nicht die Rezeption der Marxschen Texte in dem von ihm gemeinten Sinn erschweren?

– Hat zum andern die faktische Identität zwischen dem *bourgeois* als demjenigen, dem durch die *droits de l'homme* persönliche Rechte garantiert werden, und dem Bourgeois als dem Besitzer von Produktionsmitteln nicht dazu beigetragen, daß Marx die politische Bedeutung der »bürgerlichen Freiheiten« auch für diejenigen unterschätzt hat, die als Proletarier keine Produktionsmittel besitzen?

– Setzt schließlich nicht die Wahrnehmung politischer Freiheitsrechte das Bestehen persönlicher Freiheitsrechte voraus? Denn ohne Freiheit der Person *(habeas corpus),* ohne Unverletzlichkeit der Wohnung und des Brief-, Post- und Fernmeldegeheimnisses kann es keine freie Willensbildung auf der Grundlage eines allgemeinen Stimmrechts geben. Die Einschränkung oder gar Abschaffung persönlicher Freiheitsrechte kann auch die Wahrnehmung der politischen Freiheitsrechte beeinträchtigen und die Staatsbürgerrechte aushöhlen.

Freiheitsrechte gegenüber sozialistischer
Staatsmacht (Luxemburg)

»Freiheit nur für die Anhänger der Regierung, nur für Mitglieder einer Partei – mögen sie noch so zahlreich sein – ist keine Freiheit. Freiheit ist immer Freiheit der Andersdenkenden. Nicht wegen des Fanatismus der ›Gerechtigkeit‹, sondern weil all das Belebende, Heilsame und Reinigende der politischen Freiheit an diesem Wesen hängt und seine Wirkung versagt, wenn die ›Freiheit‹ zum Privilegium wird« (Luxemburg, Die Russische Revolution, 1922: 109; GW 4: 359).

Rosa Luxemburg schrieb diese Sätze in Frontstellung gegen Lenin (und das, was später Leninismus genannt wurde) für ihren Freund Paul Levi, um diesen zu überzeugen. Rosa Luxemburg hatte – wie nur wenige in der Vorkriegssozialdemokratie – die Marxsche Parole des Kampfes um die »demokratische Republik« verbunden mit dem Kampf um das Ziel der proletarischen Bewegung, den Sozialismus. Nach der russischen Revolution 1917 setzte sie diesen Kampf fort, betonte jetzt jedoch, die politischen Freiheitsrechte sind keine Sache, die beschränkt ist auf die Phase des Kampfes der Arbeiterbewegung um die Eroberung der politischen Macht. Auch und gerade für die Übergangsphase fordert sie die »Freiheit des Andersdenkenden«.

Entscheidend sind für sie zwei Argumente: Zum einen sagt sie, »ohne eine freie, ungehemmte Presse, ohne ungehindertes Vereins- und Versammlungsleben« ist »gerade die Herrschaft breiter Volksmassen undenkbar« (ebd.: 108 bzw. 358). Zum anderen warnt sie davor, daß »die ›Freiheit‹ zum Privilegium wird«.

Von der Bedeutung »unbeschränkter politischer Freiheit« für die »Aktivität und Selbstverantwortung der Massen« (GW 4: 361) ist im Text mehrfach die Rede. Für Rosa Luxemburg ist »die breiteste politische Freiheit« sogar »die einzige heilende Sonne« sowohl gegen »lumpenproletarisches Unwesen« (ebd.) als auch gegen eine »Handvoll sozialistischer Diktatoren«, die den »Unterbau einer sozialistischen Wirtschaft« dem »braven Volk« als »fertiges Weihnachtsgeschenk« vermachen wollen (ebd.: 116 bzw. 363). Das erste Argument wird von Rosa Luxemburg instrumentell begründet. Es geht ihr nicht um Prinzipien, um den »Fanatismus der Gerechtigkeit«, sondern um das »Belebende, Heilsame und Reinigende der politischen Freiheit«. Das zweite Argument taucht nur in einem Nebensatz auf und ist vielleicht deshalb in seiner ganzen Bedeutung bisher nicht erkannt: »Die Abschaffung der wichtigsten demokratischen Garantien eines gesunden öffentlichen Lebens und der politischen Aktivität der arbeitenden Massen« (ebd.: 107 bzw. 358) macht die politische Freiheit wieder zu einem Privileg. Das Problem der Rückumwandlung eines allgemeinen Freiheitsrechtes in ein Privileg war für Rosa Luxemburg so ungeheuerlich, daß sie offenbar meinte, diesen Gedanken nicht weiter ausführen zu müssen. Für Rosa Luxemburg, die sich im Marxschen Denken auskannte wie kaum ein anderer, besagt das Wort Privileg unendlich viel:

Privileg heißt Preisgabe eines »großen Fortschritts«, das ist ein Schritt zurück, ein Schritt noch vor die Errungenschaften der Amerikanischen und Französischen Revolution, vor die Trennung des vollausgebildeten politischen Staates und des egoistischen Individuums. Dieser Schritt zurück bedeutet Abschaffung der politischen Emanzipation, noch bevor die ökonomische Emanzipation erreicht ist, zu der die politische Befreiung eine – jedenfalls für Marx – unerläßliche Stufe ist. Die ökonomische Emanzipation wird in der demokratischen Republik erkämpft. Deshalb schreibt Rosa Luxemburg:

»Wir unterschieden stets den sozialen Kern von der politischen Form der *bürgerlichen* Demokratie, wir enthüllten stets den herben Kern der sozialen Ungleichheit und Unfreiheit unter der süßen Schale der formalen Gleichheit und Freiheit – nicht um diese zu verwerfen, sondern um die Arbeiterklasse dazu anzustacheln, sich nicht mit der Schale zu begnügen, vielmehr die politische Macht zu erobern, um sie mit neuem sozialem Inhalt zu füllen. Es ist die historische Aufgabe des Proletariats, wenn es zur Macht gelangt, anstelle der bürgerlichen Demokratie sozialistische Demokratie zu schaffen, nicht jegliche Demokratie abzuschaffen« (Die Russische Revolution, 116 bzw. 363).

Auch für Rosa Luxemburg erfordert die sozialistische Umwälzung im Rahmen einer sozialistischen Demokratie »energische, entschlossene Eingriffe in die wohlerworbenen Rechte und wirtschaftlichen Verhältnisse der bürgerlichen Gesellschaft« (ebd.). Doch entscheidend bleibt für sie: Diese sozialistische Umwälzung und Herrschaft der Arbeiterklasse »besteht in der Art der *Verwendung* der Demokratie, nicht in ihrer Abschaffung« (ebd.). Davon weiß sie »alle Maßregeln des Druckes« gegen diejenigen zu unterscheiden, die sich gegen die Arbeiterregierung »auflehnen«. Zu solchen Maßregelungen gehören, schreibt sie, »Entziehung politischer Rechte, wirtschaftlicher Existenzmittel etc.«, sie sind »geboten, um den Widerstand mit eiserner Faust zu brechen« (ebd.: 107 bzw. 358). Das nennt sie »sozialistische Diktatur«. Doch auf einem losen Blatt ohne Einordnungshinweis finden wir die zutreffende Kategorie »Belagerungszustand«: »Jedes dauernde Regiment des Belagerungszustand führt unweigerlich zur Willkür, und jede Willkür wirkt depravierend auf die Gesellschaft« (GW 4: 361). »Diktatur im Gegensatz zur Demokratie« ist »*bürgerliche* Diktatur« (ebd.: 362).

»Zwischen der kapitalistischen und der kommunistischen Gesellschaft liegt die Periode der revolutionären Umwandlung der einen in die andre. Der entspricht auch eine politische Übergangsperiode, deren Staat nichts andres sein kann als die *revolutionäre Diktatur des Proletariats*« (Marx, Kritik des Gothaer Programms, MEW 19: 28).

Marx schrieb diese Sätze an Freunde in der deutschen Arbeiterpartei, die im Vereinigungsprogramm mit den Lassalleanern sich bereit fanden, den Kampf um den »freien Staat« als politischen Slogan zu akzeptieren. Marx, für den der Begriff »Diktatur der Bourgeois« die Klassenherrschaft der bürgerlichen Klasse kennzeichnete, hatte schon 1852 in einem Brief die Quintessenz seiner Theorie in den Sätzen zusammengefaßt: »1. daß die *Existenz der Klassen* bloß an *bestimmte, historische Entwicklungskämpfe der Produktion* gebunden sei; 2. daß der Klassenkampf notwendig zur *Diktatur des Proletariats* führe; 3. daß diese Diktatur selbst nur den Übergang zur *Aufhebung aller Klassen* und zu einer *klassenlosen Gesellschaft* bilde« (MEW 28: 508).

Dieser Brief zeigt, daß Marx den Diktaturbegriff nicht im staatsrechtlichen Sinn verwandt hat, sondern – wie wir heute sagen – in einem soziologischen Sinn. Diktatur besagt in diesem Zusammenhang nur, die Klassenherrschaft der bürgerlichen Klasse wird durch die Klassenherrschaft des Proletariats abgelöst, die wiederum zu einer Aufhebung von Klassen und Klassenherrschaft führen soll. Da für Marx Klassenherrschaft durch das Instrument des Staates ausgeübt wird, lag es für ihn nahe, nicht nur über die Klassenherrschaft, sondern auch über den Staat zu sagen, in einer »Übergangsperiode« ist der Staat »revolutionäre Diktatur des Proletariats«.

Diese Aussage besagt nichts über die staatsrechtliche Form, in der die Klassenherrschaft ausgeübt wird. Deshalb konnte Friedrich Engels sagen, die »demokratische Republik« ist die »spezifische Form für die Diktatur des Proletariats« (MEW 22: 235).

Der Begriff »Diktatur des Proletariats« hat deshalb eine so verhängnisvolle Bedeutung erlangt, weil das Zugleich von »demokratischer Republik« und »Diktatur des Proletariats« dadurch aufgegeben wurde, daß man Diktatur des Proletariats als Gegensatz von Demokratie verstand. Der soziologische Begriff der Diktatur des Proletariats wurde zum staatsrechtlichen Diktaturbegriff. Revolutionäre Diktatur des Proletariats, schrieb Lenin 1918 in einer Kritik an Karl Kautsky, der eine wenig klare Unterscheidung zwischen Diktatur als »Zustand« und Diktatur als »Regierungsform« einführte, »ist eine Macht, die durch die Gewalt des Proletariats gegenüber der Bourgeoisie erobert wurde und behauptet wird, eine Macht, die an keinerlei Gesetze gebunden ist« (Lenin, Die proletarische Revolution und der Renegat Kautsky, W 28: 234; vgl. auch Staat und Revolution, W 25: 424 ff.).

Diktatur, die an keinerlei Gesetze gebunden ist, ist staatsrechtliche Diktatur *ohne* den befristeten Charakter der Diktatur bei den Römern, ohne das entscheidende Merkmal der zeitweiligen Außerkraftsetzung persönlicher und politischer Rechte im Ausnahmezustand (Belagerungszustand oder Notstandsfall). Im Prinzip ist die Diktatur des Proletariats auch bei Lenin befristet, aber diese Befristung verliert sich in den Nebeln der Zukunft einer klassenlosen Gesellschaft ohne Staat.

Die Entgegensetzung von Demokratie und Diktatur des Proletariats, die Lenin und Trotzki vollzogen haben, hat dazu geführt, daß die Eingriffe in »wohlerworbene Rechte und wirtschaftliche Verhältnisse der bürgerlichen Gesellschaft« (Luxemburg, a.a.O.: 116 bzw. 363) nicht mehr als Mehrheitsbeschlüsse in Gremien der demokratischen Republik vollzogen wurden. Die Beseitigung oder Einschränkung beispielsweise der Freiheit des Eigentums an Produktionsmitteln durch ein generelles und abstraktes Gesetz, das in einem Gremium der demokratischen Republik beschlossen ist, dient zwar der Aufrechterhaltung der Klassenherrschaft des Proletariats (Diktatur im soziologischen Sinn), ist jedoch keine Beseitigung oder Aufhebung von Demokratie durch eine Diktatur im staatsrechtlichen Sinn. Die bei gewaltsamer Gegenwehr, im Bürgerkriegsfall oder bei Sabotage erforderlichen »Freiheitsbeschränkungen für die Unterdrücker« (Lenin, Staat und Revolution, W 25: 475), müssen dagegen in der Form der staatsrechtlichen Diktatur, d. h. als befristete Notstandseingriffe erfolgen.

Wird diese Unterscheidung nicht aufrechterhalten, so führt das dazu, daß unter dem Zeichen einer zum Mythos gewordenen Diktatur des Proletariats Freiheitsrechte unbefristet und für jedermann suspendiert, beeinträchtigt oder umgemodelt werden. Zunächst mit dem Ziel, die soziale Revolution gegenüber der Bourgeoisie durchsetzen oder gegenüber der Konterrevolution verteidigen zu müssen, werden dann Freiheitsrechte faktisch nicht nur vorübergehend, sondern unbefristet liquidiert.

Lenin wußte, daß Staat für Marx auch in den Händen des Proletariats immer Staat im bürgerlichen Sinn bleibt, daß der Staat auch im Kommunismus als »bürgerlicher Staat« eine »gewisse Zeit fortbesteht« (W 25: 485). Doch er hat daraus nicht die Schlußfolgerung gezogen, daß jede staatsrechtliche Diktatur, auch wenn sie »proletarisch« genannt wird, immer »bürgerlich« bleibt. Rosa Luxemburg dagegen kommt der von mir vorgetragenen Unterscheidung nahe (die sich auf die von A. R. L. Gurland entwickelte Lehre vom soziologischen und staatsrechtlichen Diktaturbegriff stützt), wenn sie darauf besteht, daß Diktatur des Proletariats »in der *Anwendung* der Demokratie, nicht in ihrer Abschaffung« besteht, und wenn sie das »dauernde Regiment des Belagerungszustandes« als »Terror« bezeichnet (a.a.O.: 116 bzw. 363 u. 361).

Freiheitsrechte und die Rücknahme von Staatsgewalt

»Die *Kommune* – das ist die Rücknahme der Staatsgewalt durch die Gesellschaft als ihre eigne lebendige Macht, an Stelle der Gewalt, die sich die Gesellschaft unterordnet und sie unterdrückt; das ist die Rücknahme der Staatsgewalt durch die Volksmassen selbst, die an Stelle der organisierten Gewalt der Unterdrückung ihre eigne Gewalt schaffen; das ist die politische Form ihrer sozialen Emanzipation an Stelle der künstlichen Gewalt [...] der Gesellschaft, von ihren Feinden zu ihrer Unterdrückung gehandhabt« (Marx, Erster Entwurf zum ›Bürgerkrieg in Frankreich‹, MEW 17: 543).

»Erst wenn der wirkliche individuelle Mensch den abstrakten Staatsbürger in sich zurücknimmt und als individueller Mensch in seinem empirischen Leben, in seiner individuellen Arbeit, in seinen individuellen Verhältnissen, *Gattungswesen* geworden ist, erst wenn der Mensch seine ›forces propres‹ als *gesellschaftliche* Kräfte erkannt und organisiert hat und daher die gesellschaftliche Kraft nicht mehr in der Gestalt der *politischen* Kraft von sich trennt, erst dann ist die menschliche Emanzipation vollbracht« (Marx, Zur Judenfrage, MEW 1: 370).

214

Marx schrieb den ersten Text, als er nach gewaltsamer Zerschlagung der Pariser Kommune 1871 für die Erste Internationale einen Heldengesang und eine Totenklage (Karl Korsch) verfaßte, die allerdings zugleich eine Streitschrift gegen seine Gegner in der Internationale war. Gegenüber den Anhängern von Bakunin und von Proudhon, die die Kommune als Beispiel für föderative oder kommunale Dezentralisation, also als Ergebnis des Kampfes gegen Überzentralisation ansahen, setzte Marx den Satz: »Die Kommune – das ist die Rücknahme der Staatsgewalt durch die Gesellschaft.« Kommune wird von Marx interpretiert als die Negation des »Schmarotzerauswuchs ›Staat‹« (MEW 17: 341), als Republik, »die nicht nur die monarchische Form der Klassenherrschaft beseitigen sollte, sondern die Klassenherrschaft selbst« (ebd.: 338). Für Marx war es eine Selbstverständlichkeit, daß die Kommune der »Republik die Grundlage wirklich demokratischer Einrichtungen« verschaffte. Aber die demokratische Republik war für Marx nicht »Endziel«, sondern Hebel für die proletarische Bewegung, »um die ökonomischen Grundlagen umzustürzen, auf denen der Bestand der Klassen und damit Klassenherrschaft ruht« (ebd.: 342). Um diese spezifische Einschätzung deutlich zu machen, sagt Marx über die »wirklich demokratischen Einrichtungen«: Diese Dinge »ergaben sich nebenbei und von selbst« (ebd.). Niemand soll den politisch-rechtlichen Bereich als Ziel des proletarischen Kampfes ansehen, sondern nur als ein »rationelles Zwischenstadium«, das jedoch auf die »humanste Weise durchlaufen« werden sollte (ebd.: 546). Dabei stand für Marx und Engels fest, daß »die Arbeiterklasse nur zur Herrschaft kommen kann unter der Form der demokratischen Republik« (MEW 22: 235).

Der von Marx unternommene Versuch, die Kommune als »Rücknahme der Staatsgewalt durch die Volksmassen selbst« zu interpretieren, verdient deshalb besondere Aufmerksamkeit, weil er zeigt, in welcher Weise Marx, auch nachdem er die Bewegungsgesetze des Kapitals untersucht hatte, an den beiden Kategorien der politischen und der ökonomischen Emanzipation festhält (s. a. MEW 17: 545 u. 342). Es entsteht sogar der Eindruck, als wolle Marx durch neue Formulierungen das noch sehr abstrakte Programm des Schlußsatzes »Zur Judenfrage« konkretisieren. Nicht nur der individuelle Mensch nimmt den abstrakten Staatsbürger in sich zurück, sondern die Gesellschaft oder die »Volksmassen« die Staatsgewalt. Die Staatsmaschine wird nicht mehr »vervollkommnet«, die Revolution wirft vielmehr »diesen ertötenden Alp« ab (ebd: 539) und trennt damit die »gesellschaftliche Kraft nicht mehr in der Gestalt der *politischen* Kraft von sich« (MEW 1: 370).

Es kommt hier nicht darauf an, ob eine solche Rücknahme der Staatsgewalt in der Kommune real vollzogen wurde. Es geht Marx um die Tendenz. Als Schritte nannte Marx die Abschaffung des stehenden Heeres und seine »Ersetzung durch das bewaffnete Volk«, die Ersetzung aller öffentlichen Ämter (in Verwaltung und Polizei, in Justiz und Schulen) durch Beauftragte, die von den Betroffenen gewählt und jederzeit abgesetzt werden können und die (wie alle Stellen des öffentlichen Dienstes) »für *Arbeiterlohn* besorgt werden (MEW 17: 338 f.). Kurz: Die »Tätigkeit der Staatsparasiten« wird »abgeschafft« (ebd.: 546), »berechtigte Funktionen« sollen »nicht von einer über der Gesellschaft stehenden Körperschaft, sondern von den verantwortlichen Dienern dieser Gesellschaft ausgeübt werden« (ebd.: 597). Das alles sollte trotz der bestehenden Kriegslage erfolgen.

Heute werden die Marxschen Vorstellungen über eine »Rücknahme der Staatsgewalt« und des »abstrakten Staatsbürgers« in den Staaten und Parteien, die der Leninschen Marx-Auslegung folgen, nur als Fernziel angesehen, das unter den gegenwärtigen politischen und gesellschaftlichen Umständen, insbesondere angesichts der politischen Macht der Konterrevolution nicht realisiert werden kann. Das bedeutet nach der Marxschen Theorie, daß die Trennung zwischen Staat und Gesellschaft, zwischen *citoyen* und *bourgeois* (der in diesem Sinn – wie nachgewiesen – den Nichtsbesitzer von Produktionsmitteln umfaßt), auch in den Staaten des »real existierenden Sozialismus« weiterbesteht.

Solange jedoch eine von der Gesellschaft abgehobene politische Gewalt (Staat, Partei etc.) existiert, solange besteht auch die Trennung des Menschen in den Staatsbürger und den egoistischen Privatmenschen. Solange diese Aufspaltung des Menschen besteht, solange ist jede Beseitigung der Freiheitsrechte allgemein oder für bestimmte Gruppen ein Schritt zurück hinter den »großen Fortschritt« der politischen Emanzipation. Werden Freiheitsrechte auf bestimmte politisch-gesellschaftliche Gruppen beschränkt (z. B. Mitglieder einer Partei) oder werden Freiheitsrechte uminterpretiert zu »sozialistischen Grundrechten« im Sinne staatlicher »Instrumente, um die sozialistische Einheit von Staat und Bürgern bewußt herzustellen« (»Marxistisch-leninistische Staats- und Rechtstheorie«, Berlin 1975: 260), so führt das notwendig zu einer Ersetzung des generellen und abstrakten Gesetzes durch neue Sonderrechte und zu einer gleichsam vorbürgerlichen Indienstnahme des Bürgers durch politische Kräfte.

Sozialismus ist nicht reduzierbar auf Recht,
doch die sozialistische Bewegung braucht Freiheitsrechte

»Die Arbeiterklasse [...] kann in der juristischen Illusion der Bourgeoisie ihre Lebenslage nicht erschöpfend zum Ausdruck bringen. Sie kann diese Lebenslage nur vollständig selbst erkennen, wenn sie die Dinge ohne juristisch gefärbte Brille in ihrer Wirklichkeit anschaut« (Engels, Juristen-Sozialismus, MEW 21: 494).
Die Marxsche Theorie wurde entwickelt in Abgrenzung zu zwei anderen Tendenzen in der europäischen Arbeiterbewegung. Sozialismus – das war für Marx und Engels klar – werde nicht verwirklicht auf einem »juristischen ›Rechtsboden‹«, der nur anders »zusammenkonstruiert« sei, als es »der der Bourgeois war«. Sozialismus sei aber auch nicht zu erreichen, wenn man anfange, »das juristisch-politische Gebiet ganz zu verlassen und allen politischen Kampf für unfruchtbar zu erklären« (ebd.: 493).
Diese Frontstellung nach zwei Seiten führte einerseits dazu, daß Marx gegenüber denjenigen, die in »Illusionen über das konstitutionelle Staatswesen« (MEW 1: 387) befangen blieben oder sich abmühten, den »Sozialismus auf Grundrechte zu reduzieren« (MEW 21: 508), das »Endziel« in den Vordergrund stellte und nicht abließ zu betonen, daß kein politisches System als solches »Endzweck« der proletarischen Bewegung sei. Andererseits zeigt die Heftigkeit, mit der Marx und Engels den Kampf gegen jene führten, die auf den politischen Kampf überhaupt verzichten wollten, für wie verhängnisvoll sie einen solchen Irrweg ansahen.
Dieser Konstellation entspricht in der Marxschen Theorie der gestufte Zusammenhang zwischen politischen Freiheitsrechten

und ökonomischer Emanzipation: Politische Freiheitsrechte sind das Lebenselement der Arbeiterbewegung; die auf soziale Emanzipation gerichtete Bewegung kämpft um die Freiheitsrechte und verteidigt diese; ihr eigentliches Ziel ist jedoch mit der Kategorie der politischen Freiheit nicht mehr oder nicht vollends zu fassen; dennoch gibt sie, solange es politische Gewalt gibt, die politische Freiheit nicht preis.

Sowohl die Leninsche Theorie mit dem Primat der Diktatur des Proletariats als staatsrechtliche Diktatur als auch das Primat der politischen Demokratie, das sich in der Sozialdemokratie herausbildete, stellt Positionen auf der *politischen* Ebene so in den Vordergrund, daß die soziale (oder ökonomische) Emanzipation in einer ungewissen Zukunft verschwinden.

Es ist hier nicht der Ort zu prüfen, ob für diesen welthistorischen Vorgang gesellschaftliche Gründe ausschlaggebend waren oder ob diese Entwicklung in der Marxschen Theorie selbst begründet liegt. Immerhin haben im deutschen Sprachraum einzelne, anknüpfend an Rosa Luxemburg, den spezifischen Zusammenhang von politischer Freiheit und sozialer Befreiung zu wahren gesucht: Paul Levi, Karl Korsch (bis 1923), Max Adler, A. R. L. Gurland, Otto Kirchheimer, Franz Neumann, Ossip K. Flechtheim, Ernst Bloch (vor und nach seiner stalinistischen Phase) und (mancher wird es nicht glauben) Wolfgang Abendroth.

Die Preisgabe des Zusammenhangs von politischer und sozialer Befreiung finden wir besonders markant in dem angeblich »marxistischen« Kampfruf der Weimarer Zeit: »Demokratie, das ist nicht viel, Sozialismus ist das Ziel.« Sie zeigt sich auch im Liebäugeln mit dem Faschismus in der Hoffnung, »nach Hitler kommen wir« oder in den verhängnisvollen Versuchen, »Faschismus zu provozieren«, um auf diese Weise die Verhältnisse zum Tanzen zu bringen.

Freiheitsrechte und Produktivkräfte

Begriffe wie Menschenrechte, Bourgeois und Diktatur des Proletariats wurden von Marx mit mehrfacher oder mißverständlicher Bedeutung gebraucht. Manches, das Marx nicht oder nicht genügend beleuchtet hat, konnte von Rosa Luxemburg im Sinne von Marx entwickelt werden. Doch gerade diese entscheidenden Passagen der Kritik von Rosa Luxemburg an Lenin waren in

Staaten, die sich auf Marx berufen, meist bis fünfzig Jahre nach ihrem Tod unterdrückt. Dieser Umgang mit marxistischer Kritik bestätigt die Richtigkeit der Luxemburgischen Kritik.

Heute ringen Landsleute von Rosa Luxemburg – meist ohne auf sie Bezug zu nehmen – in einem beharrlichen Kampf um politische Freiheitsrechte. Es ist nicht zufällig, daß gerade in den »sozialistischen« Ländern, in denen die politische Emanzipation zusammen mit Freiheitsrechten eine gewisse Tradition hat, die Arbeiterschaft besonders hart erneut um das kämpft, was für Marx die Bedingung der sozialen Emanzipation ist: um Freiheitsrechte, um die preisgegebene politische Emanzipation.

Marx hat mit großen Anstrengungen den Zusammenhang zwischen der politischen und der sozialen Emanzipation offenzuhalten versucht. Dieses spezifische Verhältnis wurde weitgehend verschüttet. Deshalb gelten Marxismus und Freiheitsrechte als unvereinbar.

Bei dem Bemühen, gegen diese Verkehrung anzugehen, läßt uns die Erfahrung hoffen, daß die Rücknahme der politischen Freiheit immer wieder ihre eigenen Gegenkräfte produziert hat. Das kann ein Hinweis auch dafür sein, daß das Außerkraftsetzen der Freiheitsrechte langfristig die Entwicklung von Produktivkräften hemmt.

Helmut Hirsch

Marx und die Frauen

Frauen- statt Männerherrschaft!

Ist es wirklich schon ein halbes Jahrhundert her, seitdem Kurt Tucholsky gefragt hat: »Geht's denn nicht einfach?« und sich selbst antwortete: »Doch, es geht auch einfach.« Sein Kopfschütteln und -nicken galt dem Schwulst der Podiumsredner. Es gilt aber auch für Professoren. Hier ist der Schluß eines französischen wissenschaftlichen Beitrags über »Feminismus und Androkratie«: »Die gewährte oder erzwungene Abdankung der Androkratien, welche die Welt beherrschen, ist ohne Zweifel die Bedingung für den Herrschaftsantritt der *Frau*, die Gynäkokratie, die ursprünglich in einem legendären Matriarchat vorhanden war und als jene Übergangsära konzipiert werden kann, die – falls man Marx glauben will – den Anfang der endlich sozialen Menschheit und der endlich menschlichen Gesellschaft kennzeichnen wird.« Gewiß doch, verehrter und lieber Kollege von der Universität Paris, der Sie für mich *der* Marx-Kenner geblieben sind. Versuchen wir nur, uns ohne umständliche, gehobene Sprachweise über das Gold zu verständigen, das Sie zu Marxens Haltung in der Frauenfrage geschürft haben und auszumünzen bemüht sind!

Maximilien Rubel (der Eingeweihte weiß, es handelt sich um ihn) geht in seinen »Heften« vom April/Mai 1976 von gewissen wild klingenden Tönen der heutigen Frauenbewegung aus. Sie deuten an, daß neue Auffassungen vom Menschengeschick in der abendländischen Kultur entstehen. In einer Kultur, deren Um-den-Mann-Kreisen sicher viel mit der katastrophalen Weltlage zu tun hat, in der wir stecken und röcheln. Wer vom Glauben an die »Arbeiterbewegung des marxistischen Gehorsams« geheilt sei und für den Sozialismus kämpfe, meint Rubel, sei zu glauben und hoffen geneigt, daß ein neues Zeitalter für Massenaktionen heraufdämmere. Es könne zur Verwirklichung eines Traums führen, den Marx und die von ihm respektierten Utopisten genährt hätten. Sehe man im Erwachen der Frauenbewegung mehr, als deren Befürworter zuzugeben schienen, dann könne man sich bloß über die Grenzen wundern, die ihre Vorkämpferinnen – oder wenigstens die meisten von ihnen – für das zögen, worum es ihnen in ihrem Kampf ginge. »Sie fordern die Gleichheit der Geschlechter auf fast allen Gebieten der Existenz, wo bis zu diesem Tag das männliche Wesen eine Oberherrschaft behauptet hat. Dabei bemerken sie nicht, daß die Eroberung dieser Gleichheit gleichbedeutend wäre mit dem feierlichen Anerkennen der Verewigung des männlichen Geists, dessen Herrschaft den Stoff der Geschichte des Menschengeschlechts bildet.« Was erziele im Grund ein solcher Sieg?

Dem Manne gleich sein wollen heiße, sagt Rubel, »den Dauerzustand der männlichen Vormacht wollen, die endgültige, nicht mehr rückgängig zu machende Männerherrschaft, deren Werte und Zwecke sich der Gesamtheit der geschichtlichen Gesellschaften aufgedrängt haben, ohne der Weiblichkeit einen andern existentialen Ausweg zu gewähren als die Rolle der erotischen Mechanik und der Gebärfunktion«. Die Gleichheit der Geschlechter werde erst an dem Tag sinnvoll sein, wo das männliche Geschlecht die unmenschliche Ausübung seiner Herrschaftsmoral aufgegeben haben werde, die aus dem Proletarier den Komplizen des Bourgeois und aus dem weiblichen Sklaven den Komplizen des Herrenmenschen gemacht habe. »Denn es ist in Wahrheit diese universelle Mittäterschaft, die bislang und noch immer die Klassenkämpfe zum Scheitern bringt, von denen Marx das Wunder der vollständigen Emanzipation, das Ende der menschlichen Vorgeschichte erwartete.«

Wie gelangt der »Marxologe« der Sorbonne eigentlich (unverkennbar via Erich Fromm) zu dieser bemerkenswerten Sicht? In dem erwähnten Beitrag bezieht er sich auf ein paar von Marx durchgesehene, stark verbesserte Manuskriptseiten. Sie kamen in Moskau nahe dem Zeitpunkt ans Licht, zu dem Tucholsky sein Selbstgespräch über Einfachheit führte, und waren ursprünglich dazu bestimmt, ein verschollenes Manuskript zu ergänzen. Da wir gewissermaßen einen wenig umfangreichen Knochenfund

221

vor uns haben zu einem nicht mehr vorhandenen Skelett, läßt dessen Gesamtform sich nicht genau bestimmen. Erst ein ganz erhaltenes Werk würde uns hinreichend Klarheit verschaffen. Im vorliegenden Fall befassen sich damit lediglich zwei Absätze des insgesamt 16 Druckseiten füllenden Zusatzes. Der längere Abschnitt enthält ganze 31 Zeilen.

Dort versetzt Marx das Verhältnis der Geschlechter einmal ins Spannungsfeld von Bedürfnissen. Es zeigt an, wie weit ein Mensch dem andern zum Bedürfnis wird. Das heißt, wie weit der einzelne ein »Gemeinwesen«, Teil einer Gemeinschaft ist. Sodann zeigt dieses Verhältnis, wie weit der Geschlechtstrieb, »das *natürliche* Verhalten des Menschen«, sozusagen gesittet, »menschlich« (im Gegensatz zum Tierischen) ist. Die Umkehrung dieser gedanklichen Gleichung lautet: »Wie weit das *menschliche* Wesen« ihm zur »Natur«, zur Menschennatur, geworden ist. Somit wird das Sexualverhalten zum Gradmesser der Gesittung erhoben. Im Stil des Vormärz: »Aus diesem Verhältnis kann man also die ganze Bildungsstufe des Menschen beurteilen.«

Ausgerechnet Sex als eine Art Kulturbarometer? mag jemand stirnrunzelnd einwerfen. Warum nicht die Liebe zwischen Eltern und Kindern; das Verhalten von Verwandten, Freunden, Nachbarn untereinander oder (wie bei den alten Griechen) die Behandlung der Fremden, der Feinde usw.? »Das unmittelbare, natürliche, notwendige Verhältnis des Menschen zum Menschen ist das *Verhältnis* des *Mannes* zum *Weibe*.« Tja! Ohne es, müssen wir Marx zustimmen, gäbe es weder kulturell meßbare Eltern noch Kinder usw.

Stellt Marx in dem skizzierten Absatz eine zeitlose, philosophisch-gesellschaftswissenschaftliche Maß-Formel auf, so befaßt er sich in den unmittelbar vorangehenden Sätzen einerseits als Geschichtsforscher und Zeitgeschichtsschreiber mit Vergangenheit und Gegenwart. Schlüsselbegriff ist dieses Mal das Eigentum. (Das gesamte auf uns gekommene Manuskriptstück ist »Privateigentum und Kommunismus« überschrieben worden.) Er verwirft das »Verhältnis zum Weib«, bei dem »als dem Raub und der Magd der gemeinschaftlichen Wollust« eine »unendliche« Erniedrigung sich zugeselle. Beim Ganzabdruck des Funds von 1932 in seiner 5773 Seiten umfassenden, dreibändigen Pléiade-Ausgabe, mit der er Marx in dessen erstem Asylland ein würdiges Denkmal gesetzt hat, hätte Rubel wohl an dieser Stelle und nicht auf der vorhergehenden Seite die einem andern Zusammenhang entnommene Fußnote anbringen sollen, wo Marx erklärt, die Prostitution sei nur ein besonderer Ausdruck der allgemeinen Prostituierung des Arbeiters. Weil die Prostitution eine Beziehung sei, die nicht allein den Prostituierten, sondern auch den, der prostituiert, umfasse – dessen Degradierung sogar noch größer sei –, falle auch der Kapitalist usw. in diese Kategorie.

Anderseits verdammt Marx eine kommunistische Zukunftsvorstellung von Weibergemeinschaft. Mit einem (dem Kenner des Junghegelianismus vertrauten) Denk-Trapezakt stellt er sie als einfache Weiterbildung der kapitalistischen Prostitution dar. Der kommunistische Vorschlag, dem Privateigentum »das allgemeine Privateigentum« entgegenzustellen, spreche sich in der »tierischen Form aus, daß der *Ehe* (welche allerdings eine *Form des exklusiven Privateigentums* ist) die *Weibergemeinschaft,* wo also das Weib zu einem *gemeinschaftlichen* und *gemeinen* Eigentum wird«, entgegengesetzt werde. Man dürfe sagen, daß der Weibergemeinschaftsgedanke das »*ausgesprochene Geheimnis* dieses noch ganz rohen und gedankenlosen Kommunismus« sei. »Wie das Weib aus der Ehe in die allgemeine Prostitution, so tritt die ganze Welt des Reichtums, d. h. des gegenständlichen Wesens des Menschen, aus dem Verhältnis der exklusiven Ehe mit dem Privateigentümer in das Verhältnis der universellen Prostitution mit der Gemeinschaft.« Soweit der »Skelettrest« – das Bruchstück aus Marx' Pariser Manuskript.

Weibergemeinschaft

Nicht lange nach Entstehen des von Rubel auf seine französischen Vorbilder hin untersuchten und fürs Programm einer vorübergehenden Frauenvorherrschaft eingesetzten, doch wenig bekannten Dokuments kam das von Marx als Hauptverfasser geprägte »Kommunistische Manifest«. In ihm wurden die genannten und sonstige vormärzliche Äußerungen Marxens erweitert und geschliffen zusammengefaßt. Es sollte nach anfänglichen Fehlschlägen – die Bibel ausgenommen – eine weitere Verbreitung erhalten als »je ein andres Buch« (Hermann Weber). Deswegen sind reichlichere Auszüge unerläßlich.

»Die Bourgeoisie hat dem Familienverhältnis seinen rührend-sentimentalen Schleier abgerissen und es auf ein reines Geldverhältnis zurückgeführt«, liest man an einer Stelle. An einer andern: »Aufhebung der Familie! Selbst die Radikalsten ereifern sich über diese schändliche Absicht des Kommunisten. Worauf beruht die gegenwärtige, die bürgerliche Familie? Auf dem Kapital, auf dem Privaterwerb. Vollständig entwickelt existiert sie nur für die Bourgeoisie; aber sie findet ihre Ergänzung in der erzwungenen Familienlosigkeit der Proletarier und der öffentlichen Prostitution.«

Danach diese plötzlich die Vergemeinschaftung der Frauen als bürgerliche Erfindung hinstellende Fanfare: »Aber Ihr Kommunisten wollt die Weibergemeinschaft einführen, schreit uns die ganze Bourgeoisie im Chor entgegen. Der Bourgeois sieht in seiner Frau ein bloßes Produktions-Instrument. Er hört, daß die Produktions-Instrumente gemeinschaftlich ausgebeutet werden sollen und kann sich natürlich nicht[s] ander[e]s denken, als daß das Los der Gemeinschaftlichkeit die Weiber gleichfalls treffen wird. Er ahnt nicht, daß es sich eben darum handelt, die Stellung der Weiber als bloßer Produktions-Instrumente aufzuheben. Übrigens ist nichts lächerlicher als das hochmoralische Entsetzen unsrer Bourgeois über die angebliche offizielle Weibergemeinschaft der Kommunisten. Die Kommunisten brauchen die Weibergemeinschaft nicht einzuführen, sie hat fast immer existiert. Unsre Bourgeois, nicht zufrieden damit, daß ihnen die Weiber und Töchter ihrer Proletarier zur Verfügung stehen, von der offiziellen Prostitution gar nicht zu sprechen, finden ein Hauptvergnügen darin, ihre Ehefrauen wechselseitig zu verführen. Die bürgerliche Ehe ist in Wirklichkeit die Gemeinschaft der Ehefrauen. Man könnte höchstens den Kommunisten vorwerfen, daß sie an der Stelle einer heuchlerisch versteckten eine offizielle, offenherzige Weibergemeinschaft einführen wollen. Es versteht sich übrigens von selbst, daß mit Aufhebung der jetzigen Produktions-Verhältnisse auch die aus ihnen hervorgehende Weibergemeinschaft, d. h. die offizielle und nichtoffizielle Prostitution verschwindet.« Leider vermögen wir uns heute nicht mehr auszumalen, mit welchem Entzücken (oder Entsetzen) solche Hiebe mit der Narrenpeitsche von denen aufgenommen worden sind, die mit den französischen Romanen und Abhandlungen über Liebe und Ehe nicht vertraut waren.

Der Sohn eines nicht unbegüterten Trierer Bürgers hat zu unserer Genugtuung (denn ohne jugendliche Empörung über altes Unrecht gäb's keinen Fortschritt) dem Besitzbürgertum neben der Ausbeutung der Proletarier – die finanzielle und sexuelle Ausnutzung sowie den Austausch der Frauen vorgehalten. Er wollte sie zukünftig vor jeder Ausplünderung beschützt wissen. Wie aber verhielt der Prophet der allgemeinen Befreiung sich zur Freiheit seiner eigenen Person und zur Freiheit der von ihm Geliebten?

Nun, während der siebenjährigen Verlobungszeit hat der Berliner Student anscheinend mehr als einmal um seine Verlobte in Trier gezittert und sie vor lauter Angst verdächtigt. »Ach, Karlchen«, beteuerte Jenny v. Westphalen ihm einmal, »ich habe nie gegen Dich gefehlt, nie, nie, und dennoch vertraust Du mir nicht, aber seltsam, daß man Dir gerade diesen nannte, der kaum in Trier gesehen worden, gar nicht bekannt sein kann, während man mich doch oft und viel, belebt und munter in Gesellschaft mit Männern aller Art in Unterhaltung gesehen hat.«

»Karlchen« hingegen, nein, »mein süßer Brutus mit der Antoniusseele«, wie sein intimster Berliner Freund, der Gymnasiallehrer Karl Friedrich Köppen, ihn in einem langen, von persönlichen, politischen und literarischen Anspielungen funkelnden Brief Anfang Juni 1841 ansprach, hat offenbar einem ihm und Köppen befreundeten Leutnant etwas anvertraut, das über eine Unterhaltung hinausgegangen sein könnte. »Seit unserm Abschiede und seitdem ich bis in die speziellsten Spezialitäten weiß, warum wir am Tage Deiner Abreise nur fünf Minuten zusammen waren und ich ›Zeit hatte zu warten‹, daß Du [. . .] noch [. . .] Zeit [. . .] hattest, bin ich indes so resigniert, daß ich auf frischer Tat ruhig weiterschreiben will«, hat Köppen darüber gescherzt. Die mit Tinte unkenntlich gemachte, hier mit Auslassungspunkten durchschossene Passage haben die Sachbearbeiter der neuen Moskauer/Ost-Berliner Marx-Engels-Gesamtausgabe (ME-GA^2) durch Anwendung moderner Methoden um ein paar Worte lesbarer gemacht, als es zu Beginn der dreißiger Jahre ging. Das Ausstreichen und das Fehlen des Köppen-Briefschlusses wird den einstigen Aufbewahrern und Herausgebern der Korrespondenz anzulasten sein.

Wir würden hier die Namen Eduard Bernstein und August Bebel hinzufügen, hätte mein Ost-Berliner Kollege, Dr. Harald Wessel (in dessen Büchern voreilige Fehlschlüsse selbstredend nie erscheinen), mir nicht am 28. Oktober 1980 in der »Weltbühne« warnend zugerufen: »Moral: Sogar zum Spekulieren gehört Sachkenntnis.« Es ging dabei um die lebenslange Haushälterin der Marxens, Helena Demuth. Von ihr nehmen westliche Forscher wie Werner Blumenberg und David McLellan an, sie habe Marx einen unehelichen Sohn geboren.

Fritz J. Raddatz, der sich als Literat versteht, bemerkt in seiner Marx-Biographie mit einer Vorsicht, die jedem Fachhistoriker Ehre machen würde, im Wenn-Ton: »...ist Henry Frederick Demuth der Sohn von Karl Marx, so hat der Verkünder des neuen Menschen fast sein Leben lang in der Lüge gelebt; hat seinen einzigen überlebenden Sohn verschmäht, gedemütigt, ausgesetzt.« Und ferner: »Werner Blumenberg sagt zwar, ›allen sozialistischen Führern um 1900 war bekannt, daß Marx der Vater Frederick Demuths... war‹ – er führt aber nicht einen einzigen Beleg an; es gibt nämlich keinen.« Wer 1952 in einem Essay (»Karl Marx als Publizist«) – wenn auch zum Verdruß des Gewährsmanns – auf diese Vaterschaft hingewiesen und 1980 in einem Buch (»Marx und Moses«) hinzugesetzt hat, daß die Information von Paul Frölich herrührte, der sie von Clara Zetkin bekam, und daß Prof. Karl A. Wittfogel von dem Historiker Dr. Max Beer die nämliche, diesem von Engels erteilte Auskunft erhielt: der wird daran erinnern müssen, daß die für eine historische Tatsache erforderlichen unabhängigen und glaubwürdigen Zeugen für Blumenbergs Behauptung nicht mehr fehlen.

Doch zurück zur Brautzeit! Dank der MEGA^2 – auch sie trotz ernster Vorbehalte eine säkulare Leistung – können wir Jenny selbst zur Treue ihres Verlobten anhören. Die Zeugenvernehmung ist dadurch ermöglicht worden, daß der zunächst heimlich Verlobte im Herbst 1841 der Braut aus Bonn eine Liebschaft gestanden und die Betrogene nachträglich ihr mehr oder weniger großzügiges Einverständnis dazu gegeben hat.

»Aber nie, nie warst Du ja noch so lieb und zärtlich«, stellte Jenny in ihrem Brief vom 13. September fest, »und, ach, Liebchen, gelt, es bleibt auch so, und Du küssest kein andres Mädchen so wie mich, und, Karlchen, ich bin Dir nicht bös', daß Du das Fräuchen so geküßt hast, ich bin auch selbst ein bißchen froh, wenn Du froh warst, so lieb' ich Dich; aber die höchste Seligkeit, die ich kaum für mich selbst zu ahnen, auszudenken wage, die andern gönnen zu müssen, nein, Karl, das kann ich nicht. Ach, Karl, nicht wahr, jetzt bleibst Du mir auch immer und immer treu und machst auch, daß ich bald Dein Fräuchen werde. Ach, Liebchen, ich will Dir ja auch jeden Wunsch von den Augen ablesen und immer sinnen und sorgen, Dir Freude zu machen. Karlchen, eigentlich solltest Du mich nicht von Cöln aus abholen. Zu Haus, glaub' ich, macht das Skrupel...« Wenn auch »Textverluste« durch Beschädigung der Briefpapierränder nicht mehr gutzumachen waren und Marx' »Beichte« als solche »nicht überliefert« ist: Läßt sich übersehen, daß der eine Partner – mit dem Witz von George Orwells »Farm der Tiere« – gleicher war als der andere? War Marx nicht selbst der 1845/46 in der »Deutschen Ideologie« beschriebene junge Bürger, der sich, wenn er konnte, von der eigenen Familie unabhängig machte und dadurch praktisch die Familie auflöste, womit die Ehe als solche aber noch nicht angetastet wurde? Jene bürgerliche Ehe, »worin die Langeweile und das Geld das Bindende ist«, wie dort behauptet wurde. (Ob Langeweile eheliche Bande kittet, nicht lockert, müßten wir Stendhal oder Balzac fragen.)

Sirach 42.9–10

Aufmerksame Leser werden einwerfen: Die Ungleichheit der Verlobten lag vor den Spötteleien und Befreiungssprüchen des Verheirateten. Wurde es nachher nicht anders? Hören wir hierzu Margarete Mitscherlich-Nielsen! In ihrer Einleitung zu dem Buch »Die Töchter von Marx« versichert sie, »daß die Familie Marx typisch patriarchalisch strukturiert und von viktorianischen Sittenvorstellungen beherrscht war«. Mit 17 Jahren, geht es weiter, »verliebte sich Eleanor in Lissagaray, ... ein aus Frankreich ausgewiesener ... Sozialist«. Er war »16 Jahre älter als sie« und wurde »von den Eltern Marx als möglicher Schwiegersohn abgelehnt«. Marx verbot »Tussy mehr oder weniger die Beziehung zu Lissagaray, so daß sie ihn, wenn überhaupt«, nur »äußerst selten« sehen konnte. »Die Beziehung zu ihm blieb dennoch neun Jahre bestehen.«
Anschließend bringt die Frankfurter Psychoanalytikerin Auszüge aus der recht unzulänglichen Ost-Berliner Übertragung des

Marxschen Ultimatums an den Liebhaber, der rund zwei Jahre danach der Ehemann seiner Tochter Laura wurde. Die beiden sollten eines Tages Selbstmord begehen – genau wie Eleanor (Tussy), die nach dem Tod ihres Vaters eine nicht legalisierte Ehe einging und an ihr zerbrach. Am 13. August 1866 – Laura ist dann immerhin 21, Paul Lafargue drei Jahre älter – bekommt dieser folgenden Brief (hier mit zeitstilkundiger Unterstützung von Christiane Giesen nach der Amsterdamer Kopie des französischen Originals bezüglich seiner Übersetzung verbessert).

Nach einer knappen, in den korrekten Schlußworten wiederholten Verbeugung – »Mein lieber Lafargue, Sie werden mir die nachstehenden Bemerkungen gestatten« – kommt ein Doppelpunkt und darauf ein Vier-Punkte-Diktat.

»1. Wenn Sie Ihre Beziehungen zu meiner Tochter fortsetzen wollen, wird es notwendig sein, Ihre Art, ›den Hof zu machen‹ nicht fortzusetzen. Sie wissen sehr wohl, daß es noch keine feste Verpflichtung gibt, daß alles noch in der Schwebe ist. Und selbst wenn sie in aller Form Ihre Verlobte wäre, dürften Sie nicht vergessen, daß es sich um eine langwierige Angelegenheit handelt. Die Gewohnheiten einer allzu großen Intimität wären um so mehr fehl am Platz, als die beiden Liebenden während einer notwendigerweise verlängerten Periode der harten Prüfung und des Fegefeuers am selben Ort wohnen werden. Ich habe mit Schrecken die Wandlungen Ihres Benehmens von einem Tag zum andern während des geologischen Zeitraums einer einzigen Woche beobachtet. Meiner Ansicht nach äußert sich die wahre Liebe in Zurückhaltung, Bescheidenheit und sogar in der Schüchternheit des Liebenden gegenüber seinem Idol, und ganz und gar nicht in leidenschaftlichem Sich-gehen-lassen und im Vorzeigen einer verfrühten Vertraulichkeit. Wenn Sie Ihr kreolisches Temperament vorschützen, ist es meine Pflicht, mit meiner Vernunft zwischen Ihr Temperament und meine Tochter zu treten. Falls Sie sie aus der Nähe nicht in der Art zu lieben verstehen, wie sie dem Londoner Breitengrad entspricht, werden Sie sich damit abfinden müssen, sie aus der Entfernung zu lieben. Können Sie gut zuhören, dann brauche ich das nicht näher zu erläutern.« Wie zurückhaltend und schüchtern der Schreibende als Liebhaber ehemals gewesen war, erfährt Paul nicht.

»2. Vor der endgültigen Regelung Ihrer Beziehungen zu Laura brauche ich seriöse Aufklärung über Ihre wirtschaftliche Lage.

Meine Tochter bildet sich ein, daß ich über Ihre Angelegenheiten Bescheid wüßte. Da täuscht sie sich. Ich habe diese Frage nicht aufs Tapet gebracht, weil es meiner Meinung nach Ihre Sache war, die Initiative zu ergreifen. Sie wissen, daß ich mein ganzes Vermögen dem revolutionären Kampf geopfert habe. Ich bedaure es nicht. Im Gegenteil. Wenn ich meine Laufbahn noch einmal beginnen müßte, ich täte dasselbe. *Nur würde ich nicht heiraten.* Soweit es in meiner Macht ist, will ich meine Tochter vor den Klippen retten, an denen das Leben ihrer Mutter zerbrochen ist. Da diese Angelegenheit ohne mein unmittelbares Zutun (eine Schwäche meinerseits!) und ohne den Einfluß meiner Freundschaft für Sie auf das Verhalten meiner Tochter niemals so weit gediehen wäre, lastet eine persönliche Verantwortung schwer auf mir. Was Ihre augenblickliche Situation angeht, so sind die Auskünfte, die ich nicht eingeholt, sondern ohne mein Zutun erhalten habe, in keiner Weise beruhigend. Aber ich halte mich damit nicht auf. Was Ihre allgemeine Lage betrifft, so weiß ich, daß Sie noch Student sind, daß Ihre Laufbahn in Frankreich durch das Ereignis in Lüttich [Lafargues Beteiligung an einer Straßendemonstration in Lüttich kostete ihn zwei Jahre Ausschluß von der Pariser Hochschule] halb zerbrochen ist; daß Ihnen das unentbehrliche Instrument für Ihre Akklimatisierung in England, die Sprache, noch fehlt; und daß im besten Fall *Ihre Chancen* ganz und gar problematisch sind. Beobachtung hat mich davon *überzeugt*, daß Sie von Natur aus nicht arbeitsam sind, trotz Ihrer zeitweiligen Ausbrüche einer fieberhaften Geschäftigkeit und guten Willens. Unter diesen Umständen werden Sie auf fremde Hilfe angewiesen sein, um mit meiner Tochter vom Ufer zu stechen. Hinsichtlich Ihrer Familie weiß ich gar nichts. Angenommen, sie lebt in gehobenen Verhältnissen, das beweist noch nicht ihre Bereitschaft, für Sie Opfer zu bringen. Ich weiß nicht einmal, mit welchen Augen sie Ihr Heiratsprojekt betrachtet. Ich benötige – ich wiederhole es – positive Aufhellung all dieser Punkte. Übrigens *können* Sie, ein *erklärter* Realist, nicht erwarten, daß ich die Zukunft meiner Tochter als Idealist behandle. Ein so positiver [gemeint ist offensichtlich positivistischer H. H.] Mensch wie Sie, der die Poesie am liebsten abschaffen möchte, wird nicht zum Schaden meines Kinds Poesie machen wollen.« Der strategischen Überlegung wird eine taktische nachgeschickt.

»3. Um jeder falschen Auslegung dieses Briefs zuvorzukommen, erkläre ich Ihnen, daß – sollten Sie sich versucht fühlen, schon heute die Ehe einzugehen – Ihnen dies nicht gelingen würde. Meine Tochter würde sich weigern. Ich selbst würde protestieren. Sie müssen ein gemachter Mann sein, ehe Sie an Heirat denken, und es wird einer langen Zeit der Prüfung bedürfen – für Sie und für Laura.«

Zu guter Letzt die Ausschaltung jeglicher Öffentlichkeit. Geheimdiplomatie, ein Notenwechsel zwischen zwei sehr ungleichen Mächten, soll den Konflikt entscheiden.

»4. Ich würde wünschen, daß das Geheimnis dieses Briefs unter uns bleibt. Ich erwarte Ihre Antwort. Ganz der Ihre, Karl Marx.«

Der Trompetenstoß von der bürgerlichen Ausnutzung der Ehe als Gelderwerb dröhnt noch in unseren Ohren. Auch der Lehrsatz, wonach die Höhe der erreichten Kulturstufe daran zu messen ist, wie Mann und Weib miteinander verkehren, ist nicht vergessen. Nun sollen die beiden direkt betroffenen Frauen nicht in die Verhandlung der miteinander ringenden Männer einbezogen werden, wird dem Ehekandidaten nichts übriggelassen, als Vorschriften zu befolgen!

Es ist sicher nicht leicht, spöttische Bemerkungen oder heftige Anklagen zu unterdrücken. Dennoch sind sie nicht angebracht. Einmal ist Marx' Meisterschaft in Beobachtung und Darstellung bewundernswert. Sodann: Als er seine Drohungen losließ, stand ihm, wie schon so oft, das Wasser am Hals. Zwischen zwei Karbunkelanfällen bald von Rheuma oder Influenza, bald – bei monatelangem täglichen Erbrechen – von Gallenbeschwerden geplagt; »rein auf das Pfandhaus lebend«, ohne ausreichenden Kredit vom Lebensmittel-, Schreibwarenhändler usw. darauf angewiesen, immer wieder von Engels Unterstützung zu erbitten, mußte Marx bei der Aussicht neuer unmittelbarer und mittel- oder gar langfristiger Belastungen in Panik geraten. Zudem drängten seine engsten Ratgeber ihn in die eingeschlagene undemokratische und ultimative Richtung. Jenny stöhnte Engels ihre Besorgnis vor: ».. besonders wenn die Mädchen sich verlieben und verloben und gar mit Franzosen und medical students«. Engels empfahl dem bedrängten Freund, den »Haustyrann« zu spielen, d. h. sich kurzerhand durchzusetzen.

Über das Private hinaus – das Zeitklima darf auch nicht übersehen werden. Der preußische Staatsmann, dessen kraftvollster Gegner auf die Dauer das geistige Haupt der Sozialdemokratie war, exerzierte gerade am preußisch-italienisch-österreichischen Blitzkrieg sein »Gesetz« vor: »Keine Sentimentalität, entscheidend ist zunächst stets das, was zweckmäßig ist.« Zweckmäßig war in diesem Fall das Die-Pistole-auf-die-Brust-Setzen. Wie Marx bald Engels anzeigte, erzielte er von Vater Lafargue prompt »sehr günstige ökonomische Bedingungen«.

Ist der Bart ab?

Bis hierher haben wir ziemlich zeitgebundene Äußerungen Marxens zur Frauenbewegungstheorie und -praxis herangezogen. Ehe sechs Jahre herum waren, haben die Verfasser des »Manifests« freimütig zugegeben, daß es inzwischen »stellenweise veraltet« war. Vielleicht dachten sie im stillen dabei auch an ihre ironischen Fußtritte gegen die bürgerlichen Schwiegerväter und Ehemänner. (Wir könnten zur weiteren Erläuterung des Verführungsthemas die schmähliche Behandlung des Moses Hess von seiten seiner beiden alten Genossen hinzusetzen.)
Für die Übersicht über einen längeren Zeitraum eignete sich vorzüglich Marxens Stellung zu einer emanzipierten, den ständigen Schlägen schwiegerelterlicher, ehelicher, familiärer Hände entkommenen Frau. Sieht man von der Familie Marx ab, so gibt es bei keinem anderen weiblichen Wesen in seinem Leben reichlicheres Material. Wir meinen die Gräfin Sophie v. Hatzfeldt. Ein Großteil davon ist 1981 in dem ihr gewidmeten Buch behandelt worden. Der umfangreichste Brief von Marx an Sophie, nicht weniger als zwölf Seiten lang, bis zu diesem Augenblick (Anfang Oktober 1982) unveröffentlicht, wird demnächst von Hans Pelger und mir in der »International Review of Social History« und im Marx-Jubiläumsjahr, leicht erweitert, in den »Schriften aus dem Karl-Marx-Haus, Trier« publiziert werden.
Wenn wir selbst dort noch keine Schilderung des ganzen Verhältnisses der beiden Korrespondenten bringen, dann deshalb, weil wir noch nicht in der Lage waren, den Nachlaß der Gräfin systematisch zu durchforschen. Das hier wiederzugeben, was bereits zusammengestellt ist, verbietet aber der zur Verfügung stehende Platz. Verraten werden darf immerhin, daß Marx für Sophies Fähigkeiten wie für ihre Schwächen scharfe Augen besaß

und seine Einstellung der jeweiligen politischen Notwendigkeit (wie er sie sah) anzupassen verstand. Eine summarische Verurteilung wäre bei einer solchen Fall-Studie noch unzulässiger als bei dem oben von uns Skizzierten.

Ist der Bart ab? Diese Frage wird unwillkürlich von jedem aufgeworfen, der sich kritisch mit seinem Marx-Bild beschäftigt – sei's im stillen Kämmerlein, wo nicht in einer Strafanstalt des Ostens, sei's im Westen, wo die Luft noch freier, wenn auch immer schwerer zu atmen ist. Die Antwort wird »Ja« sein, sobald wir das durch Verheimlichung und unerträglichen Druck verstärkte dogmatische Element vor uns haben, das von Marx über Lenin, Stalin und dessen Nachfolger – um nur an Rußlands Imperium zu denken – um so mehr Menschenmassen geschädigt hat, je mehr die Bildungsstufe – übrigens auch die Fülle der Bart- und Haartracht – abgenommen hat. Dem Tyrannen, wegen der mangelnden Macht war es anfänglich oft nur ein zeitweiliger häuslicher, journalistischer oder organisatorischer Diktator, kann als Leitbild unter denkenden Menschen keine Zukunft beschert sein. Sollten seine Anhänger auch noch lange nach Millionen zählen – wie diejenigen des Papstes, der noch vor einigen Jahrzehnten in Lasha thronte, oder des Dalai Lamas von Rom, mag er auch demnächst wie Erzbischof Marcinkus ein Yankee sein.

Mit »Nein« wird der Kritische antworten, wenn er Vitalität, Dynamik, Einfallsreichtum; Wissen, Erfassen des Wesentlichen, Ausdrucksfähigkeit; Unbestechlichkeit, Unbeugsamkeit, Unermüdlichkeit; zeitgenössische und fortdauernde Wirkung auf Freund und Feind anvisiert. Nicht zuletzt zählen hierbei die über hundert Seiten feststehender, aufrüttelnder Tatsachen zum Elend arbeitender Frauen und Kinder (meistens wohl weiblicher) im »Kapital« wie das Eintreten in der Internationalen Arbeiter-Assoziation (Mitte September 1871) für »weibliche Zweiggesellschaften« innerhalb der Arbeiterbewegung. Nicht daß Marx gegen gemischte Gruppen gewesen wäre. Er berücksichtigte lediglich, daß in den Ländern, wo die Industrie viele Frauen beschäftigte, diese lieber unter sich zu Aussprachen zusammenkamen.

Wie viele »ismen« und »kratien« im heraufkommenden Jahrhundert sich mit Marxschen Erwartungen verknüpfen lassen, bleibe dahingestellt. Alles fließt ...

232

Das Leben im politischen Gemeinwesen
oder
Marx und die Folgen

»Ich wollte dazu nur noch sagen, daß es Marx eigentlich darauf ankam, daß auf der Welt kein Mensch mehr
hungert. In diesem wie in jenem Sinne. Ja, das war es,
was ich dazu noch sagen wollte.«
Max Horkheimer.
Aus dem Hörsaal zitiert von Volkmar Erbes,
in: Die blauen Hunde.

Hermann Weber

Marx und die Gesellschaft der Zukunft
Zur Sozialismusvorstellung im »Kommunistischen Manifest« und zum heutigen »realen Sozialismus«

»Wissenschaftlicher Sozialismus«

Der »reale Sozialismus« der kommunistisch regierten Länder beruht nach den Aussagen seiner Ideologen auf den Theorien von Marx. Mit dem Zusatz »real« bestätigen die Verantwortlichen dieser Systeme freilich indirekt den kaum zu übersehenden Unterschied zwischen überlieferten Vorstellungen vom Sozialismus und der Praxis der heutigen kommunistisch regierten Staaten. Erst recht hat die kommunistische Opposition – in der Sowjetunion von Trotzki und Bucharin bis Medwedjew, in der DDR von Harich bis Havemann – immer wieder betont, daß zwischen dem Sozialismus-Modell von Marx und dem »realen Sozialismus« ein grundsätzlicher Gegensatz besteht; Ziel der kommunistischen Opposition war daher die Veränderung des bürokratischen Staatssozialismus im Sinne der Marxschen Ideen.

Allerdings zeigt sich bei näherer Betrachtung, daß die Vorstellungen von der neuen, sozialistischen Gesellschaft bei Marx (und erst recht im Marxismus) alles andere als konkret und anschaulich gewesen sind. Das hängt einmal damit zusammen, daß Marx selbst keine »Zukunftsutopie« entwickeln wollte, zum andern aber auch mit der Ambivalenz vieler Thesen von Marx und erst recht von Marxisten verschiedener Couleur.

Wie Engels später im »Anti-Dühring« berichtete[1], sahen Marx und er im Sozialismus nicht mehr die Entdeckung genialer Köpfe oder eine moralische Forderung, sondern das notwendige Ergebnis des Kampfes zweier geschichtlich entstandener Klassen, des Proletariats und der Bourgeoisie. Marx und Engels betrachteten es nicht als ihre Aufgabe, Rezepte für ein vollkommenes

System der Gesellschaft zu entwerfen oder ideale Zustände auszusinnen, sondern den Verlauf der Wirtschaftsgeschichte zu untersuchen, aus dem die Klassen und ihr Widerstreit entstanden waren, und aus den ökonomischen Verhältnissen die Mittel zur Lösung des Konflikts abzuleiten, an dessen Ende die neue Gesellschaft stehen sollte.

Aus dieser stark vom Fortschrittsglauben des 19. Jahrhunderts geprägten Sicht, aus der auch die bedenkliche These hervorging, die Menschheit stelle sich immer nur Aufgaben, die sie auch lösen könne, erwartete man also eine gewisse Selbstregulierung der Zukunftsgesellschaft, wenn nur erst einmal die Grundlagen geschaffen seien. Detaillierte Überlegungen über das Funktionieren des Sozialismus schienen so überflüssig. Freilich verbarg sich hinter der Ablehnung konkreter Zukunftsbeschreibungen auch ein recht einfacher Grund. Marx wollte seinen wissenschaftlich verstandenen Sozialismus gerade vom utopischen Sozialismus seiner Vorgänger, etwa Fourier und Saint Simon, abheben und hat daher nicht nur deren – teilweise recht phantastische – Modelle verworfen, sondern sich auch geweigert, die erstrebte Gesellschaft systematisch darzustellen. Einen weiteren Grund hat später Engels genannt: »Aber wir haben kein Endziel. Wir sind Evolutionisten, wir haben nicht die Absicht, der Menschheit endgültige Gesetze zu diktieren. Vorgefaßte Meinungen in bezug auf die Organisation der zukünftigen Gesellschaft im einzelnen? Davon werden Sie bei uns keine Spur finden« (MEW 22: 542). Daher ist in der Marxschen Theorie die Kritik der bestehenden Verhältnisse auch weit ausgereifter und umfassender und die Strategie zur Überwindung dieser Gesellschaft klarer entwickelt als die programmatische Zielsetzung.

Grob skizziert, ist die Theorie von Marx in drei verschiedene Teilbereiche zu untergliedern: 1. die Kritik am Kapitalismus (vor allem also die Politische Ökonomie), 2. die Methode des Historischen Materialismus und 3. programmatische Aussagen zur Übergangs- und zur Zukunftsgesellschaft. Während der Anspruch einer »wissenschaftlichen« Theorie, den Marx erhob, wenigstens ansatzweise in den beiden erstgenannten Bereichen zu finden ist, haben Kritiker schon früh im dritten Bereich – trotz Marxens eigener Vorbehalte – utopische, so sogar chiliastische Züge ausmachen wollen.

Reduziert man freilich Marx' Ideen von der Gesellschaft der Zukunft auf das von ihm selbst entwickelte Programm, so fällt auf, daß es weitgehend von seiner Methode (Historischer Materialismus) bestimmt und von der Kritik am Kapitalismus direkt abgeleitet wird. Die Schwäche ist daher auch weniger die einer visionären Utopie als vielmehr eine zu allgemein gehaltene und daher unterschiedlich auslegbare Zukunftsvorstellung. Eine Rekonstruktion dieses Zukunftsmodells ist – trotz der Marxschen Vorbehalte – möglich. Zumindest können die Faktoren, die für Marx die sozialistische Entwicklung bestimmten, mit dem »realen Sozialismus« verglichen werden. Die Ideen von Marx sollen hier zunächst am Beispiel des »Kommunistischen Manifests« skizziert werden, weil die Kontraste schon dabei deutlich werden. Das »Kommunistische Manifest« als die Schrift, die von allen Werken von Marx (und Engels) am weitesten verbreitet ist, die zur Popularisierung der eigenen Ideen gedacht war, mußte auch die Vorstellungen der Zielsetzung herausarbeiten, ohne in Utopismus zu verfallen. Das »Manifest« bildete die Nahtstelle zwischen dem »Frühmarxismus«, der die Selbstentfremdung des Menschen in der modernen Welt enthüllte, und dem »klassischen Marxismus«, der das kapitalistische Wirtschaftssystem zu analysieren suchte, um es überwinden zu können.

Das »Manifest« vereint beide Fragestellungen; hier ist der Kern des »Marxismus« formuliert, wie ihn Marx und Engels verstanden: als Methode, mit welcher die reale Welt des Menschen erkannt und verändert werden soll; als Theorie, die ihre Wurzeln im radikalen Humanismus hat. Marx forderte die Veränderung der bestehenden Gesellschaftsordnung, wobei er nachzuweisen suchte, daß die Zerstörung der kapitalistischen Verhältnisse notwendig und der Aufbau einer neuen, besseren Gesellschaft möglich sei.

Zwei Aussagen, die Marx bereits vor der Niederschrift des »Manifests« (1844 bzw. 1845) machte, zeigen seine Leitmotive klar: In der 11. These über Feuerbach heißt es, die »Philosophen haben die Welt nur verschieden interpretiert, es kömmt drauf an, sie zu verändern« (MEW 3: 7). Diese »Philosophie in Aktion« wird ergänzt durch das humanistische Bekenntnis. In Marx' »Kritik der Hegelschen Rechtsphilosophie« steht der bemerkenswerte Satz: »Die Kritik der Religion endet mit der Lehre, daß der Mensch das höchste Wesen für den Menschen sei, also mit dem kategorischen Imperativ, alle Verhältnisse umzuwerfen, in denen der Mensch ein erniedrigtes, ein geknechtetes, ein verlassenes, ein verächtliches Wesen ist« (MEW 1: 385).

Unter diesen Prämissen ist das »Kommunistische Manifest« (und der Vorentwurf von Engels, die »Grundsätze des Kommunismus«) zu sehen. Die Entstehungsgeschichte des »Manifests« macht dies deutlich; da sie bekannt ist, braucht sie hier nur skizziert zu werden.

Entstehungsgeschichte

Im Unterschied zu den früheren Werken von Marx und Engels, die entweder zur »Selbstverständigung« geschrieben waren oder der Polemik dienten, war die erste Zusammenfassung der sozialistischen Grundthesen, das »Manifest«, Programm einer Bewegung, einer Organisation, des »Bundes der Kommunisten«. Dieser Bund war ein Zweig der frühen deutschen Arbeiterbewegung. Er ging hervor aus dem in Paris als republikanische Geheimorganisation gegründeten »Bund der Gerechten«.

Engels wurde Delegierter des Londoner Kongresses vom Sommer 1847. Auf diesem Kongreß wurde der »Bund der Gerechten« in den »Bund der Kommunisten« umbenannt und aus der geheimen Verschwörergemeinschaft eine demokratische Propagandagesellschaft gebildet. Die Einwirkung Engels' auf den Kongreß ist schon im Artikel 1 des Statuts deutlich zu erkennen: »Der Zweck des Bundes ist der Sturz der Bourgeoisie, die Herrschaft des Proletariats, die Aufhebung der alten, auf Klassengegensätzen beruhenden bürgerlichen Gesellschaft und die Gründung einer neuen Gesellschaft ohne Klassen und ohne Privateigentum.« Das Statut erschien unter dem Motto: »Proletarier aller Länder, vereinigt Euch!« Dieser internationalistische Schlachtruf, mit dem dann auch das »Kommunistische Manifest« ausklingen sollte, wurde – zweifellos auf Vorschlag Engels' – anstelle des alten Wahlspruchs »Alle Menschen sind Brüder« des »Bundes der Gerechten« zum Fanal der neuen Bewegung. Das Statut wurde den Gemeinden zur Prüfung vorgelegt und auf dem zweiten Kongreß endgültig angenommen.

Der erste Kongreß hatte beschlossen, eine monatlich erscheinende Zeitung zu gründen. Die erste und einzige Nummer der »Kommunistischen Zeitschrift« erschien dann auch im September 1847 in London. In ihrem Programmartikel stehen – konträr zum »realen Sozialismus« – die Sätze: »Wir sind keine Kommunisten, welche die persönliche Freiheit vernichten und aus der Welt eine große Kaserne machen wollen. Es gibt freilich Kommunisten, welche es sich bequem machen und die persönliche Freiheit, die nach ihrer Meinung der Harmonie im Wege steht, leugnen und aufheben wollen, wir aber haben keine Lust, die Gleichheit mit der Freiheit zu erkaufen...«[2]

Der erste Kongreß in London hatte auch über ein kommunistisches »Glaubensbekenntnis« beraten, konnte aber keine Einigung erzielen. In Opposition zu Moses Hess schrieb Engels dann eine neue Fassung des Glaubensbekenntnisses, eben seine »Grundsätze des Kommunismus«, die Vorarbeit zum »Kommunistischen Manifest«. Auf dem zweiten Londoner Kongreß des Bundes Ende 1847 wurden Marx und Engels dann beauftragt, den endgültigen Text für ein »Kommunistisches Manifest« zu schreiben, das schließlich im Februar 1848 gedruckt vorlag.

Das »Manifest« und Engels' »Grundsätze«

Ein Vergleich des »Manifests« mit Engels' »Grundsätzen des Kommunismus« (die später in seinem Nachlaß gefunden und 1914 von Bernstein herausgegeben wurden) ist gerade für die Zukunftsvorstellung interessant. Sprachlich wie gedanklich überragt das »Manifest« die »Grundsätze« erheblich, doch ist Engels' Schrift populärer und verständlicher gehalten.

In seinen »Grundsätzen des Kommunismus« begann Engels mit der Frage: »Was ist Kommunismus?«, und er antwortete: »Der Kommunismus ist die Lehre von den Bedingungen der Befreiung des Proletariats.« Engels hielt sich formal an die Fragestellung, die in einem Entwurf des Glaubensbekenntnisses der Zentralbehörde des »Bundes der Kommunisten« gegeben wurde.

Im »Kommunistischen Manifest« wird dagegen nuanciert erklärt, daß die theoretischen Leitsätze der Kommunisten nicht auf Ideen und Prinzipien beruhen. »Sie sind nur allgemeine Ausdrücke tatsächlicher Verhältnisse eines existierenden Klassenkampfes, einer unter unsern Augen vor sich gehenden geschichtlichen Bewegung.« Während Engels in den »Grundsätzen« den

Schwerpunkt mehr auf die positive Beantwortung der Frage legte, was der Kommunismus sei, wird im »Manifest« (wie in der »Deutschen Ideologie«) stärker herausgestellt, daß der Kommunismus nicht auf Prinzipien beruht, sondern von Tatsachen ausgeht.

Bei den folgenden Fragen ging Engels vor allem auf das Proletariat, seine Entwicklung und den Unterschied zwischen modernen Arbeitern und ihren Vorgängern ein. Dann folgen die Probleme der industriellen Revolution und des Übergangs zur neuen Gesellschaft. So stellt Engels die Frage, ob die Aufhebung des Privateigentums auf friedlichem Wege möglich sei. Er vertritt in den »Grundsätzen« die Ansicht, eine friedliche Umgestaltung »wäre zu wünschen«. Verschwörungen seien nicht nur nutzlos, sondern schädlich, Revolutionen könnten »nicht absichtlich und willkürlich gemacht werden«, sondern seien überall Folgen von Umständen, »welche von dem Willen und der Leitung einzelner Parteien und ganzer Klassen durchaus unabhängig« seien. Allerdings arbeiteten die Gegner der Kommunisten auf eine Revolution hin, weil sie »die Entwicklung des Proletariats in fast allen Ländern gewaltsam« unterdrückten.

Der letzte Gesichtspunkt ist im »Kommunistischen Manifest« dominierend, die Entwicklung des Kommunismus auf friedlichem Wege wird erst gar nicht thematisiert. Allerdings bleibt zu bemerken, daß Engels bei der Beantwortung der 17. Frage – ob die Abschaffung des Privateigentums mit einem Schlag möglich sei – ebenfalls von der »aller Wahrscheinlichkeit nach eintretenden Revolution des Proletariats« sprach und bei der 18. Frage sogar auf den Verlauf der Revolution einging.

Bei dieser Prognose kam Engels zu Schlußfolgerungen, die auch im »Manifest« getroffen wurden. Eine demokratische Staatsverfassung sei notwendig, die »direkt oder indirekt die politische Herrschaft des Proletariats« herstellen würde. (Im »Manifest« heißt es, daß »der erste Schritt« in der »Arbeiterrevolution die Erkämpfung der Demokratie ist«.)

Ein Problem, das im »Manifest« nur am Rande gestreift wird, behandelte Engels ausführlicher. Er stellte fest, die Revolution könne in einem Lande allein nicht siegen. Seit der Schaffung des Weltmarktes seien die zivilisierten Länder einander ähnlich. »Die kommunistische Revolution wird daher keine bloß nationale, sie wird eine in allen zivilisierten Ländern, d. h. wenigstens in England, Amerika, Frankreich und Deutschland gleichzeitig vor sich gehende Revolution sein.«[3]

Die Zukunftsgesellschaft

In den »Grundsätzen des Kommunismus« stellt Engels die Frage: »Welcher Art wird diese neue Gesellschaft sein müssen?« Als wesentliche Kennzeichen führt er an, sie werde »den Betrieb der Industrie und aller Produktionszweige überhaupt aus den Händen der einzelnen, einander Konkurrenz machenden Individuen nehmen« müssen. Alle Produktionszweige sollten »durch die ganze Gesellschaft, das heißt für gemeinschaftliche Rechnung, nach gemeinschaftlichem Plan und unter Beteiligung aller Mitglieder der Gesellschaft« betrieben werden. Das Privateigentum müsse abgeschafft werden, an seine Stelle solle »die gemeinsame Benutzung aller Produktionsinstrumente und die Verteilung aller Produkte nach gemeinsamer Übereinkunft oder die sogenannte Gütergemeinschaft treten«.

Die erstrebte gemeinschaftliche, unter Beteiligung aller konzipierte Planung bedeutet also die Verfügungsgewalt, die Mitbestimmung aller an der Produktion Beteiligten; die Verteilung nach gemeinsamer Übereinkunft sollte den gerechten Anteil am sozialen Reichtum bringen. Zusammen mit dem gemeinsamen Eigentum an den Produktionsmitteln würden so nach der im Marxismus üblichen Klassendefinition[4] die Klassenunterschiede überwunden werden. Doch während Engels in den »Grundsätzen« diese Zukunftsgesellschaft etwas genauer skizziert, wird im »Manifest« Gütergemeinschaft nicht mehr erwähnt, nur allgemein von der Aufhebung der Klassen gesprochen und von einer »Assoziation, worin die freie Entwicklung eines jeden die Bedingung für die freie Entwicklung aller ist«.

Engels schildert hingegen näher (Frage 20) die erwartete Zukunft: Durch die Produktion, die nach den Bedürfnissen der ganzen Gesellschaft geplant werde, könnten die Wirtschaftskrisen verschwinden. »Statt Elend herbeizuführen, wird die Überproduktion über die nächsten Bedürfnisse der Gesellschaft hinaus die Befriedigung der Bedürfnisse aller sicherstellen, neue Bedürfnisse und zugleich die Mittel, sie zu befriedigen, erzeugen. Sie wird die Bedingung und Veranlassung neuer Fortschritte sein, sie wird diese Fortschritte zustande bringen, ohne daß dadurch, wie bisher, jedesmal die Gesellschaftsordnung in Verwirrung gebracht werde. Die große Industrie, befreit von dem Druck des Privateigentums, wird sich in einer Ausdehnung entwickeln, gegen die ihre jetzige Ausbildung ebenso kleinlich erscheint wie die Manufaktur gegen die große Industrie unserer Tage. Diese Entwicklung der Industrie wird der Gesellschaft eine hinreichende Masse von Produkten zur Verfügung stellen, um damit die Bedürfnisse aller zu befriedigen.« Die Klassentrennung werde damit ebenso überflüssig und aufgehoben wie die Arbeitsteilung: »Die Erziehung wird die jungen Leute das ganze System der Produktion rasch durchmachen lassen können, sie wird sie instand setzen, der Reihe nach von einem zum anderen Produktionszweig überzugehen, je nachdem die Bedürfnisse der Gesellschaft oder ihre eigenen Neigungen sie dazu veranlassen. Sie wird ihnen also den einseitigen Charakter nehmen, den die jetzige Teilung der Arbeit jedem einzelnen aufdrückt. Auf diese Weise wird die kommunistisch organisierte Gesellschaft ihren Mitgliedern Gelegenheit geben, ihre allseitig entwickelten Anlagen allseitig zu betätigen. Damit aber verschwinden notwendig auch die verschiedenen Klassen. So daß die kommunistisch organisierte Gesellschaft einerseits mit dem Bestand der Klassen unverträglich ist und andererseits die Herstellung dieser Gesellschaft selbst die Mittel bietet, diese Klassenunterschiede aufzuheben. Es geht hieraus hervor, daß der Gegensatz zwischen Stadt und Land ebenfalls verschwinden wird.«

Aus alledem zieht Engels den Schluß: »Die allgemeine Assoziation aller Gesellschaftsmitglieder zur gemeinsamen und planmäßigen Ausbeutung der Produktionskräfte, die Ausdehnung der Produktion in einem Grade, daß sie die Bedürfnisse aller befriedigen wird, das Aufhören des Zustandes, in dem die Bedürfnisse der einen auf Kosten der anderen befriedigt werden, die gänzliche Vernichtung der Klassen und ihrer Gegensätze, die allseitige Entwickelung der Fähigkeiten aller Gesellschaftsmitglieder durch die Beseitigung der bisherigen Teilung der Arbeit, durch die industrielle Erziehung, durch den Wechsel der Tätigkeit, durch die Teilnahme aller an den durch alle erzeugten Genüssen, durch die Verschmelzung von Stadt und Land – das sind die Hauptresultate der Abschaffung des Privateigentums.«

Diese Zukunftsvision ist zwar anschaulicher als die knappen Formeln des »Manifests«, dessenungeachtet ist sie doch so allgemein gehalten, daß konkrete Strukturen daraus kaum abzuleiten sind. Während in den »Grundsätzen« wie im »Manifest« die Übergangsforderungen (z. B. Progressivsteuern, Abschaffung des Erbrechtes, öffentliche und unentgeltliche Erziehung usw.) eindeutig sind, bleiben die Hinweise auf die Zukunftsgesellschaft recht vage, vor allem deswegen, weil der ganze Bereich der politischen Struktur ausgeklammert blieb. Die klar geforderte Abschaffung des Privateigentums könnte so als wesentliches Merkmal der neuen Gesellschaft erscheinen. Dies ganz besonders, weil Engels in den »Grundsätzen« schrieb: »Die Abschaffung des Privateigentums ist sogar die kürzeste und bezeichnendste Zusammenfassung der ... Umgestaltung der gesamten Gesellschaftsordnung und wird daher mit Recht von den Kommunisten als Hauptforderung hervorgehoben.« Im »Manifest« hieß es: »In diesem Sinne können die Kommunisten ihre Theorie in dem einen Ausdruck: Aufhebung des Privateigentums zusammenfassen.«

Unter Berufung auf solche Vorstellungen wurde und wird in der Sowjetunion ein »Sozialismus« gerechtfertigt, der sich lediglich auf das verstaatlichte Eigentum begründet. Eine Gesamteinschätzung, die über das »Kommunistische Manifest« hinausgeht und sowohl die Methode des Historischen Materialismus als auch den Begriff »klassenlose Gesellschaft« einbezieht, zeigt indessen, daß diese verkürzte Sicht des »realen Sozialismus« den Marxschen Vorstellungen der neuen Gesellschaft nicht gerecht wird.

Historischer Materialismus

Schlüssel zum Verständnis der Entwicklung und Kernstück ihrer Theorie war für Marx und Engels der Historische Materialismus, eine Methode der Geschichtsbetrachtung. Die Geschichte wird als Prozeß mit einer bestimmten Folge von unterschiedlichen Gesellschaftsordnungen gesehen. Die Geschichte ist der Werdegang der menschlichen Gemeinschaft, der vom Tierreich seinen Ausgang nimmt und zu immer höheren Daseinsformen führt. Dieser Prozeß vollzieht sich in zweifacher Weise: Erstens erringen die Menschen eine immer größere Macht über die Natur, ordnen sie sich zur Sicherung ihrer Existenz unter. Das gelingt durch ständige Verbesserung der »Produktivkräfte« (Arbeitswerkzeuge, wachsendes Wissen, Fertigkeiten der Arbeit usw.). Zweitens schreitet auch die gesellschaftliche Entwicklung auf der Grundlage der Produktivkräfte fort, d. h., es bilden sich bestimmte Beziehungen zwischen den Menschen, unterschiedliche Formen des Zusammenwirkens in der Produktion und im Zusammenleben, die von Marx als »Produktionsverhältnisse« bezeichnet wurden. Damit sind die in den verschiedenen Gesellschaftssystemen unterschiedlichen Formen der Arbeitsteilung, des Eigentums, der Verfügungsgewalt usw. gemeint, die zur sozialen Gliederung der Gesellschaft führen. Etwas vereinfacht hat man die Marxsche Ansicht über die verschiedenen Gesellschaftsordnungen so ausgelegt, daß Urkommunismus, Sklaverei, Feudalismus, Kapitalismus und Kommunismus die entscheidenden Epochen der Menschheit seien. Der Historische Materialismus versucht aber nicht nur zu erklären, wie die bisherige Geschichte ablief, sondern auch, warum sie diesen Verlauf nahm, vor allem aber, welches die Triebkräfte einer bestimmten Gesellschaft sind.

Marx ging davon aus, daß »die Produktion, und nächst der Produktion der Austausch ihrer Produkte, die Grundlage aller Gesellschaftsordnung ist«. Für seine Auffassung fand er später die klassische Formel, es sei nicht das Bewußtsein der Menschen, das ihr Sein, sondern umgekehrt ihr gesellschaftliches Sein, das ihr Bewußtsein bestimme (Vorwort zu: Kritik der Politischen Ökonomie, MEW 13:9). Im »Kommunistischen Manifest« ist erstmals das seither so umstrittene Prinzip des Historischen Materialismus in prägnanten Worten formuliert: »Die Geschichte aller bisherigen Gesellschaft ist die Geschichte von Klassenkämpfen.« Allerdings schränkte Engels 1890 in einer Anmerkung diesen Satz ein: Nur die schriftlich überlieferte Geschichte ist demnach Geschichte von Klassenkämpfen. Die Vorgeschichte wird als »urwüchsige kommunistische Gesellschaft mit gemeinsamem Bodenbesitz« definiert. »Mit der Auflösung dieser ursprünglichen Gemeinwesen beginnt die Spaltung der Gesellschaft in besondere und schließlich einander entgegengesetzte Klassen.«

Diesen Grundgedanken des Marxismus faßte Engels im Vorwort des »Manifests« von 1883 zusammen: Die Produktion und die sich auf ihr aufbauende Gliederung jeder Gesellschaftsformation bildet die Basis für die politische und geistige Entwicklung der jeweiligen Epoche; die Klassenkämpfe zwischen ausgebeuteten und ausbeutenden Klassen treiben die Geschichte vorwärts. Der Kampf hat eine Stufe erreicht, auf der die ausgebeutete und unterdrückte Klasse, das Proletariat, sich nicht mehr befreien kann, ohne zugleich die ganze Gesellschaft für immer von Ausbeutung, Unterdrückung und Klassenkämpfen zu befreien. »Es kann«, wie Marx schon früher gesagt hatte, »seine eigenen Lebensbedingungen nicht aufheben, ohne *alle* unmenschlichen Lebensbedingungen der heutigen Gesellschaft, die sich in seiner Situation zusammenfassen, aufzuheben« (MEW 2:38).

Der Marxismus, voller Anerkennung, ja, fast Bewunderung für die »Errungenschaften« des Kapitalismus, schildert zugleich drastisch dessen Widersprüche und Schwächen; er versucht, die Notwendigkeit und Möglichkeit seiner Ablösung durch die klassenlose Gesellschaft nachzuweisen.

Marx und Engels konzipierten ihre Vorstellungen vom Übergang zu dieser Ordnung folgendermaßen: Eine Revolution der Arbeiterklasse (ob gewaltsam oder friedlich, hängt von den konkreten Umständen ab) beendet die kapitalistische Herrschaft. Das »Proletariat ergreift die Staatsgewalt und verwandelt die Produktionsmittel zunächst in Staatseigentum« (Engels). Während im »Kommunistischen Manifest« noch die Meinung vertreten wird, die Arbeiter könnten die Staatsmaschine übernehmen, erklärte Marx nach den Erfahrungen der Pariser Kommune 1871, sie müßten ihren eigenen Staatsapparat aufbauen (Vorwort zum Kommunistischen Manifest). Hier spielt die Staatstheorie von Marx und Engels eine Rolle. Sie sahen im Staat weniger die Verwaltungsmaschinerie als vielmehr das Unterdrückungsinstrument mit Polizei, Heer, Justiz usw. Der Staat war danach in der Regel ein Instrument der ökonomisch herrschenden Klasse zur Niederhaltung der ausgebeuteten Klasse. Entsprechend glaubten sie auch, daß der Staat überflüssig wird und »abstirbt«, sobald die Klassen überwunden sind und die klassenlose Gesellschaft errichtet worden ist. Der Staat der Übergangszeit sollte ein »Arbeiterstaat« sein, er wird im »Manifest« noch mit der »Erkämpfung der Demokratie« gleichgesetzt, später manchmal auch als »Diktatur des Proletariats« bezeichnet. Mit der Änderung des Staates in der Übergangsgesellschaft wandelt sich nach Marx auch die ökonomische Struktur der Gesellschaft. Das Privateigentum an Produktionsmitteln soll durch Gemeineigentum ersetzt werden. Die Veränderung der Eigentumsverhältnisse, aber auch der Verfügungsgewalt, soll zur direkten Herrschaft der Arbeiter in der Wirtschaft und in der Politik führen.

Klassenlose Gesellschaft als Ziel

Wenn Marx und Engels sich auch gegen jede »Zukunftsutopie« wandten, so läßt sich aus ihren Werken doch ableiten, was sie ganz allgemein unter der anzustrebenden klassenlosen Gesellschaft verstanden. Ihr universeller Humanismus zielte nicht nur auf eine juristische, sondern auch auf eine soziale Gleichheit, ohne in Gleichmacherei zu verfallen. Immerhin haben die beiden Sozialisten schon 1845 in der »Deutschen Ideologie« (MEW 3: 528). Gedanken geäußert, die von manchen ihrer Epigonen später sorgsam übergangen wurden. Sie verwiesen darauf, »daß die Unterschiede des Kopfes und der intellektuellen Fähigkeiten überhaupt keine Unterschiede des Magens und der physischen Bedürfnisse bedingen... daß, mit andern Worten, die Verschiedenheit in der Tätigkeit, in den Arbeiten, keine Ungleichheit, kein Vorrecht des Besitzes und Genusses begründet.«
Allerdings war ihnen klar, daß nur eine sehr hohe Stufe der Produktion und der Produktivität der Arbeit eine solche Ordnung ermöglichen würde. Erst wenn »alle Springquellen des genossenschaftlichen Reichtums voller fließen«, hielten sie eine Gemeinwirtschaft und den Aufbau einer klassenlosen Gesellschaft für möglich, denn »... andererseits ist diese Entwicklung der Produktivkräfte... auch deswegen eine absolut notwendige praktische Voraussetzung, weil ohne sie nur der Mangel verallgemeinert, also mit der Notdurft auch der Streit um das Notwendigste wieder beginnen und die ganze alte Scheiße sich herstellen müßte...« (ebd.: 34 f.).
Diese Aussagen über die Zukunftsgesellschaft sind eindeutig, doch Strukturen einer solchen Gesellschaft werden bei Marx kaum entwickelt. Eng verbunden mit der Vorstellung von der besseren Gesellschaft der Zukunft war die These von der Naturnotwendigkeit des Unterganges der alten Gesellschaft und des Sieges der Arbeiterbewegung. Als Engels 1891 von der »mit der Ruhe und Unausweichlichkeit eines Naturprozesses fortschreitenden Entwicklung« des Sieges der Bewegung schrieb (MEW

38: 189), fand diese These in der Sozialdemokratie Widerhall; sie gewann einen bestimmenden Einfluß auf Theorie und Praxis und begünstigte die Inaktivität auf vielen gesellschaftspolitischen Gebieten.

Die Idee war entwickelt worden aus der marxistischen Grundthese, die politischen Machtverhältnisse seien aus den ökonomischen abzuleiten. Der richtige Kern wurde verabsolutiert (auch wenn Engels zu relativieren versuchte). Da die Entwicklung der Technik und der »Produktivkräfte« unaufhaltsam voranschritt, schien auch das Ende des Kapitalismus »naturnotwendig« und unausweichlich. Daraus folgerten Marx und Engels (schon im »Kommunistischen Manifest«), die Aufhebung des Privateigentums müsse zur Hauptforderung der sozialistischen Bewegung gemacht werden.

»Realer Sozialismus«

Insofern (allerdings nur insofern) konnten sich die Kommunisten in Rußland darauf berufen, daß mit der Umwandlung der Eigentumsverhältnisse bereits der Weg zum Sozialismus eingeschlagen sei. Aber nicht nur dort wurde Sozialismus in erster Linie als verstaatlichte Wirtschaft verstanden.

Die sehr allgemein gehaltenen Überlegungen von Marx zur sozialistischen Gesellschaft einerseits und die auf die Eigentumsfrage zugespitzten Erklärungen zur Übergangsgesellschaft andererseits ermöglichen es den heutigen kommunistisch regierten Staaten, ihre Systeme mit einem Anschein von Berechtigung in die Traditionslinie von Marx zu stellen. Typisch für diese Versuche sind etwa Ausführungen der SED, Marx und Engels hätten eben »kein Rezeptbuch für den Aufbau des Sozialismus geliefert«, vielmehr hätten sie »die objektiven Entwicklungsgesetze von Natur und Gesellschaft entdeckt und damit die erste wissenschaftlich begründete Weltanschauung geschaffen«, an der sich die SED orientiere. »Aber die Antworten auf diese neuen Fragen müssen wir selber finden. Dabei hängt der Erfolg unserer Bemühungen weitgehend davon ab, inwieweit wir es verstehen, die Klassiker produktiv zu befragen. Das ist gemeint, wenn wir von der schöpferischen Anwendung und Weiterentwicklung des Marxismus-Leninismus sprechen, eine Aufgabe, der sich die SED in der Einheit von Theorie und Praxis immer voll gestellt

hat« (Neues Deutschland, Nr. 178, v. 31.7./1.8. 1982, S.10).
Solche Thesen scheinen zunächst der Marxschen Vorstellung zu
entsprechen, scheinen identisch mit der Auffassung von Engels,
keine »vorgefaßte Meinung in bezug auf die Organisation der
zukünftigen Gesellschaft im einzelnen« zu entwickeln.
Doch der Widerspruch zwischen den Konzeptionen von Marx
und der Politik der SED zeigt sich freilich deutlich, wenn die
SED weiter behauptet, zu den »Gesetzmäßigkeiten«, die Marx
und Engels entwickelt hätten und die dem Sozialismus immanent
seien, gehörten »vor allem die führende Rolle der Arbeiterklasse
und ihrer Partei, die Diktatur des Proletariats, das gesellschaftliche Eigentum an den Produktionsmitteln und die bewußte
planmäßige Leitung der Wirtschaft und Gesellschaft, das Bünd-
nis der Arbeiter und Bauern, der proletarische Internationalismus u. a.« (ebd.).
So werden Marxsche Vorstellungen (gesellschaftliches Eigentum
an den Produktionsmitteln) mit typisch sowjetkommunistischen
Thesen wie »führende Rolle der Partei« und »proletarischer
Internationalismus« – was im Klartext »führende Rolle« der
Sowjetunion heißt – vermengt. Hier zeigt sich, daß schon in den
theoretischen Konzeptionen (ganz zu schweigen von der Praxis)
die Berufung der kommunistisch regierten Staaten auf Marx'
Ideologie nicht möglich ist. Erst recht ist gerade die praktische
Entwicklung des »realen Sozialismus« als durchaus im Gegen-
satz zu Marxschen Ideen befindlich zu erkennen. Die Gleichset-
zung der mit barbarischen Mitteln in der Sowjetunion prakti-
zierten Industrialisierung mit einem angeblichen »Aufbau des
Sozialismus« führte dazu, daß dort Rechtlosigkeit der Arbeiter,
Privilegien einer bürokratischen Oberschicht und selbst blutige
Säuberungen unter Stalin als »Sozialismus« deklariert wurden.
Während in Wirklichkeit der Stalinismus neben der Industrialisierung *zugleich* Aufhebung der Rechte der Arbeiter aus der
Oktoberrevolution, politische Gegenrevolution und damit immer weitere Entfernung vom Sozialismus bedeutete, setzte ihn
die stalinistische Ideologie so mit Sozialismus gleich. Damit
erweist sich die Ideologie des »realen Sozialismus« als Ver-
schleierung der Wirklichkeit, setzt Unterdrückung und Ausbeutung anstelle des Marxschen Ausgangspunktes: der Überwindung dieser Verhältnisse.

Tatsächlich betrachtete Marx die Zukunftsgesellschaft ja keineswegs als nur auf der Verstaatlichung der Produktionsmittel begründet. Sozialismus war für ihn eben doch weit mehr als Veränderung des Eigentumstitels. Engels hat später eine klarere Kurzfassung des Ziels gefunden, als »Abschaffung des Privateigentums«, nämlich »die Neuorganisation der Gesellschaft durch Vernichtung aller Klassenunterschiede« (Engels 1875, MEW 18: 556). Marx selbst erklärte in »Grundrisse der Kritik der politischen Ökonomie« (1953:75) zum Ziel: »Freie Individualität, gegründet auf die universelle Entwicklung der Individuen und die Unterordnung ihrer gemeinschaftlichen Produktivität als ihres gesellschaftlichen Vermögens.« Und 1877 ausführlicher: »... dann werden die Klassenunterschiede und Privilegien verschwinden, zusammen mit der ökonomischen Basis, der sie entspringen, und die Gesellschaft wird in eine Assoziation freier ›Produzenten‹ verwandelt werden. Von anderer Leute Arbeit zu leben wird eine Angelegenheit der Vergangenheit sein! Dann wird es weder eine Regierung noch einen Staat geben, die im Gegensatz zur Gesellschaft selbst stehen! – Landwirtschaft, Bergbau, Industrie, mit einem Wort alle Zweige der Produktion, werden allmählich auf die nutzbringendste Art organisiert werden. Die nationale Zentralisation der Produktionsmittel wird die natürliche Basis einer Gesellschaft werden, die sich aus Assoziationen freier und gleichgestellter, nach einem gemeinsamen und rationellen Plan bewußt tätiger Produzenten zusammensetzt. Das ist das (die Interessen der Menschheit umfassende) Ziel, welchem die große ökonomische Bewegung des 19. Jahrhunderts zustrebt« (MEW 18: 62).

Bei Berücksichtigung aller Aussagen wird erkenntlich, was Marx und Engels unter Sozialismus oder (wie sie die höherentwickelte Form nannten) Kommunismus verstanden: die Aufhebung jeder Form einer Herrschaft von Menschen über Menschen durch die Schaffung einer klassenlosen Gesellschaft, in der es keine Ausbeutung und keine Unterdrückung gibt; die Produktionsmittel sind in dieser neuen Ordnung Gemeineigentum, die Produktion wird zur Deckung der Bedürfnisse geplant; eine höhere Produktivität der Arbeit als in allen vorhergehenden Gesellschaftsformationen kann die menschlichen Bedürfnisse befriedigen und die Armut ausschließen. Damit sind die ökonomischen und sozialen Voraussetzungen für die Emanzipation, die Entfaltung aller Kräfte des Individuums in einer freien Gesellschaft, gegeben.

Sind die Vorstellungen von der Gesellschaft der Zukunft bei Marx auch sehr allgemein gehalten, so sind sie dennoch exakt genug, um im Anspruch des heutigen »realen Sozialismus«, nämlich Gesellschaften im Sinne von Marx zu errichten, vor allem eine Verschleierungs- und Rechtfertigungsideologie zu erkennen und kaum eine programmatische Richtschnur der Politik. Der bürokratische Kommunismus Moskauer Richtung ist weit entfernt von den humanistischen, den demokratischen und auch den revolutionären Ideen von Marx. Er ist nur insofern eine »legitime« Form des Marxismus in der Leninschen Auslegung, als seine Anhänger versuchen, bestimmte, einseitig ausgewählte Vorstellungen von Marx zu realisieren. Das gilt für die Überwindung des Privatkapitalismus durch Abschaffung des Privateigentums an Produktionsmitteln, für das Streben nach sozialer Sicherheit, die Ansätze bei der Abschaffung von Klassenprivilegien etwa im Bildungswesen usw. Als Anhänger der Fortschrittsidee versuchen diese Kommunisten reaktionäre Strukturen zu überwinden, sie richten im Sinne von Marx ihr Hauptaugenmerk auf die Arbeiterschaft.

Doch in erster Linie ist diese Strömung des Kommunismus von der russischen Revolution, der Rückständigkeit Rußlands geprägt und weniger von den programmatischen Theorien von Marx. Von dessen Ideen hat sie in dogmatischer Weise nur jene Forderungen übernommen, die auf die Abschaffung der alten Gesellschaft gerichtet sind, während die Perspektive der neuen, klassenlosen Gesellschaft immer mehr zurückgedrängt wurde.

Doch auch der sowjetisch geprägte Kommunismus stellt kein geschlossenes System dar, kein starres, statisches, nur von der Ideologie bestimmtes Regime, sondern auch eine soziale Bewegung. Gerade deswegen ist die Berufung auf Marx auch eine Gefahr für dieses System. Insofern darf die Bedeutung der humanistischen und demokratischen Inhalte und insbesondere der Zukunftsvorstellungen von Marx für die kommunistisch regierten Länder nicht unterschätzt werden. Die Marxschen Ideen bilden dort einen latent vorhandenen Sprengstoff, weil der Widerspruch zwischen den Zielen von Marx (der ja offiziell als unanfechtbare Autorität gilt) und der Praxis des »realen Sozialismus« immer wieder Opposition gegen die Wirklichkeit der Regime dieser Länder hervorruft.

Sozialismus war für Marx und die von ihm geprägte freie Arbeiterbewegung Emanzipation des Menschen, Selbstbestimmung der Arbeiter in einer solidarischen Gesellschaft. Dies beinhaltet auch politische Demokratie, Rechtssicherheit und Freiheitsrechte des einzelnen. Doch gerade diese Grundrechte fehlen im »realen Sozialismus«, einem Sozialismus, der sich faktisch auf die Allmacht der Partei – oder genauer: ihrer Führung – reduziert.

Diese Realität der kommunistischen Staaten wird insbesondere von der innerkommunistischen Opposition schon lange an der Marxschen Theorie gemessen, und aus dem Widerspruch zwischen Theorie und Praxis, dem Gegensatz von Anspruch und Wirklichkeit leitet sie die Forderung nach Überwindung der bürokratisch-diktatorischen Herrschaft ab. Freiheit der Information, der Diskussion und schließlich der Organisation zur Durchsetzung des Mehrheitswillens sind so die Ziele dieser immer wieder neu auftretenden Opposition, die eine Verbindung der kommunistischen sozialökonomischen Ordnung mit Elementen demokratischer Mitbestimmung, persönlicher Freiheiten und institutionalisierter Rechtssicherheit erstrebt. Die Wirkung der Marxschen Vorstellung von der Gesellschaft der Zukunft ist daher groß, sie kann Motor einer Veränderung der kommunistisch regierten Länder in Richtung eines demokratischen Kommunismus sein (vgl. Weber [2]1979).

Neben diesem wichtigen Aspekt für den »realen Sozialismus« gibt es auch eine generelle Bedeutung der Zukunftsideen in der Marxschen Theorie. Die historische Funktion ist nicht zu übersehen. Auch (und vielleicht gerade) das sehr allgemein gehaltene Sozialismusbild war Impuls für die Ausbreitung der Arbeiterbewegung, und zwar zu einer Zeit, in der solch radikale Ideen als reine Utopie erscheinen mußten. Die Zukunftsperspektive wurde zu einer ideologischen Waffe, sie trug Hoffnung und Selbstvertrauen in die Elite der Arbeiterschaft. Die Aussicht auf eine Macht der Arbeiter und die Zielsetzung einer klassenlosen Gesellschaft waren eine utopisch-dynamische Kraft, die Organisation um Organisation aus dem Boden stampfte. Die Ideen von Marx ließen eine Rebellion gegen das »Schicksal« notwendig und zugleich möglich erscheinen.

Otto Rühle (1928: 466) beschrieb es so: »Der Sozialismus, bis dahin ein Ziel religiöser Inbrunst, ein Wunderland phantastischer Hoffnung, ein Gebilde menschlicher Gestaltungskraft – jetzt war er wissenschaftlich bewiesen als reifende Frucht der Entwicklung, die denen in den Schoß fällt, die den Baum schütteln. Mit der Lehre von Marx trug das Proletariat die Gewißheit seiner Verwirklichung schwarz auf weiß in der Tasche.«

Die Zukunftsvision hat Bewegungen hervorgebracht, die unsere Welt radikal veränderten und noch verändern. Das historische Gewicht der Marxschen Zukunftsvorstellung ist also groß, auch wenn ihr Gehalt nicht mit der Methode des historischen Materialismus oder der Kritik der Politischen Ökonomie vergleichbar ist. Doch gibt es – über die historische Dimension oder die Probleme der kommunistisch regierten Gesellschaften hinaus – auch eine aktuelle Bedeutung?

Die Welt sieht heute völlig anders aus, als Marx prognostizierte (Sternberg/Grebing 1981: 425ff.). Die von ihm konzipierte sozialistische Gesellschaft scheint heute in Ost und West gleichermaßen in utopische Ferne gerückt, ihre Realisierungschancen so wenig möglich wie vor 150 oder vor 100 Jahren. Hinzu kommt, daß heutige Generationen neue Probleme in den Vordergrund rücken, die Marx bestenfalls am Rande berücksichtigte, etwa der Umweltschutz. Die Überflußgesellschaft, nach Marx Voraussetzung des Sozialismus, scheint vielen heute gar nicht erstrebenswert, weil sie nach ihrer Ansicht im Gegensatz zur Ökologie steht. Dennoch bleibt festzuhalten, daß für die große Mehrheit der Weltbevölkerung die Probleme, die Marx seinerzeit thematisierte, auch heute noch nicht annähernd gelöst sind, sei es die soziale Frage oder die Selbstbestimmung des Menschen in Politik und Wirtschaft. Die Kritik an den gesellschaftlichen Mißständen, die er in seiner Zeit tiefschürfend angeprangert hat, bleibt so aktuell, damit aber auch die Vision einer besseren Zukunftsgesellschaft. Der Marxsche Sozialismus ist eben – bei aller Begrenztheit seines jeweiligen historischen Horizonts – ein Teil des neuzeitlichen Humanismus, und so kann er generell auch als ein Wegweiser in eine mögliche Zukunft zeigen.

Anmerkungen

[1] Friedrich Engels, Herr Eugen Dührings Umwälzung der Wissenschaft (Anti-Dühring), Stuttgart 1953: 31.
Im folgenden werden nur die unbedingt wichtigen Literaturangaben und Anmerkungen gemacht, insbesondere wird bei den ausführlichen Hinweisen im »Kommunistischen Manifest« bzw. Engels' »Grundsätze des Kommunismus« auf Einzelbelege verzichtet. Vgl. dazu: »Das Kommunistische Manifest« von Karl Marx und Friedrich Engels. Faksimiledruck der Erstausgabe von 1848 mit sechs Vorreden von Marx und Engels, sowie Engels' »Grundsätze des Kommunismus«, neu eingeleitet von Hermann Weber. Hannover 1966.

[2] Abgedruckt in F. Engels, Grundsätze des Kommunismus, Berlin (-Ost) 1955: 52.

[3] Die Aussage spielte 75 Jahre später, bei der Diskussion zwischen Stalin und Trotzki um den »Sozialismus in einem Land«, eine große Rolle. Da Engels' These nicht in das Konzept Stalins paßte, wurde sie für »überholt« erklärt, einer der wenigen Fälle direkter Revision der »Klassiker« des Marxismus durch die stalinistischen Kommunisten.

[4] Vgl. z. B. die spätere Leninsche Definition der Klassen (Verhältnis zu den Produktionsmitteln, Stellung in der Produktion und Anteil am sozialen Reichtum) in: Lenin, Aus den Schriften 1895–1923, hrsg. v. Hermann Weber, München [2]1980: 115.

Svetozar Stojanović

Marxismus als Gesellschaftstheorie und Ideologie
Überlegungen zur Krise des Marxismus

Geschlossene und offene Dialektik

Karl Marx ist ein großer Denker, dessen Gedankengebäude voll innerer Spannungen und sogar Widersprüche ist, und zwar nicht nur *zwischen* den einzelnen Ebenen – der Metatheorie, der abstrakt formulierten Theorie sowie der in der Forschung angewandten und modifizierten Theorie –, sondern auch *innerhalb* dieser Ebenen. Meines Erachtens ergibt sich der gemeinsame Nenner der wichtigsten Spannungen und Widersprüche aus dem Gegensatz zwischen geschlossener und offener Dialektik. Das möchte ich am Beispiel der Marxschen Anthropologie, seines Kommunismusbildes und seines geschichtlichen Determinismus illustrieren (Stojanović 1970: Kap. 2 u. 7).

Marx hatte ein übertrieben optimistisches Bild vom *Wesen* des Menschen. Er hat der philosophischen Anthropologie einige wertvolle Bemerkungen über die wesenhaften Potenzen des Menschen angefügt. Und doch hat der zu eng gefaßte, wertselektive Begriff des Wesens verhindert, daß er auch die entgegengesetzte, gleich wesentliche Reihe menschlicher Potenzen umfaßte. Er wußte zwar, daß der Mensch nicht nur ein schöpferisches, gesellschaftliches und freies, sondern auch ein zerstörerisches, egoistisches und unfreies Geschöpf ist. Doch die Art seines *kategorialen* Apparats hinderte ihn daran, dieser zweiten Serie menschlicher Potenzen ebensoviel Wichtigkeit beizumessen wie der ersten. Die erste gehörte für ihn zum Wesen, die zweite nur zum Dasein des Menschen.

Die historische Erfahrung und die Wissenschaften zeigen jedoch, daß der Mensch gerade in seinem Wesen diese entgegengesetzten Dispositionen hat. Was für ein Wesen des Menschen wäre es, das nicht in der bisherigen Geschichte zum Ausdruck käme, die doch durch blutige Religions-, Klassen- und soziale Kämpfe und Kriege wesentlich charakterisiert wird? Ist eine konsequente Dialektik der Geschichte ohne eine Dialektik des menschlichen *Wesens* überhaupt möglich?

Zum Glück wuchs der Forscher Marx oft über den Rahmen hinaus, den er sich selbst als Theoretiker gesetzt hatte. Für die Untersuchung der Dispositonen und Motive der geschichtlichen und politischen Akteure ist zum Beispiel Marxens Analyse und Kritik am rohen und despotischen Kommunismus wichtiger als seine Beschreibung des Gattungswesens des Menschen. (In der Tiefe der primitiv-kommunistischen Nivellierungssucht ertappte Marx den Neid auf frischer Tat.)

Marx selbst hat zuweilen diesen Begriff vom Wesen des Menschen verlassen, z. B., wenn er in der 6. These über Feuerbach von einem Extrem ins andere fällt und schreibt: Das Wesen des Menschen sei das Ensemble der gesellschaftlichen Verhältnisse.

Zweifelsohne ist Marx einer der kompromißlosesten Dialektiker in der Geschichte des menschlichen Geistes. Richtet er aber den Blick von der Vergangenheit und Gegenwart zur Zukunft, verläßt er bisweilen trotzdem die Dialektik. In seiner Vision des Kommunismus fühlt man manchmal die Spannung zwischen der Vorliebe zur Dialektik und zur Utopie der endgültigen Aufhebung der Entfremdung. Der Dialektiker Marx betont ausdrücklich, der Kommunismus sei nicht Ende oder Ziel der Geschichte. Indessen hat er nicht nur in seinen frühen, sondern auch in seinen späten Arbeiten den Kommunismus zuweilen als Gesellschaft beschrieben, in der sich alle grundlegenden Gegensätze, sogar der Gegensatz zwischen Wesen und Dasein des Menschen, auflösen würden. Wenn man den Umbruch der Klassengesellschaft als einen *absoluten* Umbruch auffaßt, bringt die Dialektik sich selber zum Abschluß, weil sie eine Gesellschaft vorhersieht, in der ihr grundlegendes Prinzip, der Konflikt der Gegensätze, nicht mehr herrschen wird.

Marx vertritt einen naturalistischen Determinismus, demzufolge die gesellschaftlichen Gesetze als »Naturgesetze« mit »eherner Notwendigkeit« wirken, gleichzeitig aber auch einen viel milderen Determinismus, demzufolge diese Gesetze nur Tendenzen sind. Um sich von den Utopisten zu unterscheiden, bemühte sich

Marx, seinen Sozialismus auf Wissenschaft zu begründen. Unglücklicherweise glaubte er, dies verpflichte ihn zu dem Nachweis, daß der Untergang des Kapitalismus und die unmittelbare Nachfolge des Sozialismus nicht nur eine historische Möglichkeit und Tendenz, sondern auch eine »Naturnotwendigkeit« sei.

Nebenbei gefragt, wieso konnte Marx von der »Naturhaftigkeit« des gesellschaftlich-geschichtlichen Geschehens sprechen und gleichzeitig an die ausnahmslos (wenngleich nur in »letzter Instanz«) deterministische Übermacht der ökonomischen Basis, also an eine gewisse Rationalität der Geschichte, glauben? Ist das *Unvermögen* mancher Gesellschaften und Zivilisationen, die eigenen superstrukturellen Hindernisse für die Entwicklung der materiellen Produktion zu beseitigen, nicht ebenfalls eine Manifestation dieser »Naturhaftigkeit«?

Als Dialektik der menschlichen Praxis und nicht des Weltgeistes (Hegel) *sollte* die Marxsche Dialektik nicht nur für Fortschritt, sondern auch für Rückschritt vollkommen offen sein. Ich behaupte jedoch, daß es sich in der Tat um die Hegelsche Dialektik handelt, auf die die transformative Methode von Feuerbach nicht ganz folgerichtig und radikal angewandt wurde. Mit anderen Worten, Marx ist nicht über den *progressivistischen* Rahmen der Dialektik von Hegel hinausgegangen.

Die Aufhebung stellt eine der zentralsten Kategorien sowohl der Hegelschen als auch der Marxschen Dialektik dar. Es ist wohl bekannt, daß sie drei Dimensionen hat: Negierung, Bewahrung und Erhebung auf eine höhere Entwicklungsstufe. Die List der Vernunft bietet Hegel die metaphysische Gewähr des Fortschritts. Leider glaubt Hegel nicht daran, daß auch die List der Unvernunft besteht (vgl. Wolf 1971).

In einer vollkommen offenen Dialektik der menschlichen Praxis würden die Kategorien der Aufhebung und der Anti-Aufhebung einen in gleichem Maße zentralen Platz einnehmen. Dieses Antonym würde Negierung, Bewahrung und Sinken auf eine niedrigere Entwicklungsstufe (sozusagen eine Synthese auf niedrigerer Ebene, eine negative Synthese) bedeuten. Durch diese heuristische Kategorie könnte die Überprüfung der Idee der *innerlichen Schranke* angeregt werden: Es soll nie aus dem Gedächtnis verloren werden, daß das, was eine innerliche Schranke für die weitere progressive Entwicklung darstellt, zugleich auch einen eventuellen Rückschritt verhindern kann. Das Bewußtsein davon hat eine große Bedeutung für die Dialektik der menschlichen Befreiung. Hier sind zwei Beispiele der Anti-Aufhebung. Das erste: die primitiv-kommunistische Negierung des Widerspruchs zwischen dem gesellschaftlichen Charakter der Produktion und dem privaten Charakter der Aneignung. Das zweite: die Negierung der Trennung von Staat und bürgerlicher Gesellschaft durch Verstaatlichung des gesamten gesellschaftlichen Lebens (stalinistischer Etatismus).

Um Mißverständnissen vorzubeugen: Meine kritische Beurteilung der Dialektik von Marx (und von Hegel) bezieht sich auf den *Mangel an Kategorien* und nicht auf *Faktenwissen* vom Bestehen der Rückschritte in der Geschichte. Die Marxsche Dialektik kann nämlich *als Dialektik* nur Fortschritt, nicht aber auch Rückschritt einbeziehen. Oder mit anderen Worten: Rückschritt ist für Marx eine Dimension des geschichtlichen Prozesses, jedoch nicht auch dessen Dialektik.

Mein Vorschlag geht aus dem (im Vergleich mit der Zeit von Marx) realistischeren Geist unserer Zeit hervor, in der, angesichts der tragischen geschichtlichen Erfahrung, wichtige Kategorien immer mehr mit Gegenkategorien (Utopie und Anti-Utopie, Charisma und Anti-Charisma u. a.) ergänzt werden.

Im übrigen passen solche dialektische Antonyme wie die Anti-Aufhebung gut zu einer Theorie, in der Ideen mit axiologisch negativem kritischen Inhalt: Naturhaftigkeit des geschichtlichen Prozesses, Vor-Geschichte, Entfremdung, Verdinglichung, Fetischismus, Ideologie ... eine so wichtige Rolle spielen.

Marx und die bürgerliche Demokratie:
herrschende oder dominierende Klasse?

Ich gehe davon aus, daß die *objektiv*-kritische Bewertung der Demokratie in den höchstentwickelten kapitalistischen Gesellschaften einen der verläßlichsten Maßstäbe der demokratischen Beschaffenheit einer Konzeption des Sozialismus, welche immer es auch sei, in der Praxis darstellt. Der demokratische Typ des Kapitalismus wirft für den Marxismus große theoretische und praktische Probleme auf.

Den Widerspruch zwischen dem Bestehen der politischen Freiheit, Gleichheit und Demokratie einerseits und dem Bestehen der Bourgeoisie als herrschender Klasse anderseits brachte Marx begrifflich als Gegensatz zwischen Form und Inhalt, Erscheinung und Wesen – und sogar Schein und Wirklichkeit. Auf diese Weise regte er die Entwicklung kritischer Gesellschaftswissenschaften und die Kritik an der bürgerlichen empiristisch-phänomenalistischen Ideologie an; zugleich schuf er jedoch auch die *Möglichkeit* für das Entstehen einer anderen Ideologie: der kommunistisch-diktatorischen[1] (ihrem Charakter nach metaphysisch-essentialistischen).

Wenn Marx unter Form einen sehr abstrakten Inhalt (der z.B. die ökonomische Lage des Menschen nicht beachtet) und unter Erscheinung eine augenscheinliche und unvermittelte Wirklichkeit versteht, regt er uns an, nach verborgenen Arten und Mechanismen der Klassendomination zu suchen. Manchmal aber ist Form für ihn identisch mit äußerlicher, für inhaltliche Bestimmung irrelevanter Gestalt; »Erscheinung« bedeutet häufig für Marx nichts anderes als die ganz oberflächliche und völlig unwichtige Seite einer Entität. Die negativsten Folgen in der Geschichte des Marxismus hatte die Anwendung der sehr komplizierten Hegelschen Kategorie »Schein« auf Freiheit, Gleichheit und Demokratie: Der ideologisierte Marxismus hat immer diese Dimensionen der bürgerlichen Gesellschaft als Illusion dargestellt.

Damit haben wir das Ideologisierungs*potential* angedeutet, das durch die Anwendung der Begriffe von Form, Erscheinung und Schein auf die bürgerliche Demokratie entstanden ist. Marx hat uns jedoch Probleme aufgegeben, da er die *Herrschaft* der Bourgeoisie als Inhalt, Wesen und Wirklichkeit auffaßte, die sich hinter dieser Demokratie verbergen. Wenn nämlich eine Klasse auch im demokratischen Kapitalismus wirklich *herrscht*, so kann diese Demokratie nur formell und letzten Endes nur scheinbar sein (vgl. Stojanović 1981).

Seine geschichtstheoretischen Verallgemeinerungen leitete Marx aus der Analyse des Übergangs vom Feudalismus zum Kapitalismus ab. Während er sein Paradigma in der Geschichtstheorie auf das *kapitalistische* Modell der gesellschaftlichen Entwicklung gründete, übertrug er anderseits mit dem Begriff der *herrschenden* Klasse das *vorkapitalistische* Modell der Klassenmacht auf die Bourgeoisie.

Die geschichtliche Ablösung des Feudalismus durch den Kapitalismus ist durch zwei Revolutionen gekennzeichnet: die industrielle und die bürgerlich-demokratische. Sie haben den Weg zur Aufhebung der Ständehierarchie, zur Verwandlung der Untertanen in freie Bürger und zu einer mühseligen Entwicklung der Demokratie gebahnt. Marx beurteilte nicht mit gleichem Weitblick jede der beiden Revolutionen. Genauer gesagt: Er unterschätzte das *demokratische Entwicklungspotential* der bürgerlichen Revolution und Gesellschaft.

Keinesfalls dürfen wir jedoch übersehen, daß die bürgerliche Demokratie zu Marx' und Engels' Zeiten erst in der Entstehung begriffen war. In der Mitte des vorigen Jahrhunderts war die Arbeiterklasse wirklich entrechtet. Es bedurfte vieler Kämpfe, oft blutiger, bis die Eigentums- und andere Beschränkungen für die Erlangung des Wahlrechts und sonstiger politischer Rechte aufgehoben waren, die Arbeiter das Streikrecht durchgesetzt hatten und sich legal in Gewerkschaften und politischen Parteien organisieren konnten, die Frauen vollberechtigte Bürger wurden u.a.m. Jean Elleinstein hat ausgerechnet, daß nach dem Beginn der Französischen Revolution noch 80 Jahre vergehen mußten, bis das allgemeine Wahlrecht erreicht war, 95 Jahre bis zur Durchsetzung der Pressefreiheit und 112 Jahre, bis die Koalitionsfreiheit gesetzlich verankert war. Darum klang es im vergangenen und zu Beginn dieses Jahrhunderts viel überzeugender als in neuerer Zeit, wenn man von der Bourgeoisie einfach als von einer der *herrschenden* Klassen in der Geschichte sprach und die Demokratie als durch die Form verschleierte Herrschaft oder sogar Diktatur der Bourgeoisie charakterisierte.

Die totale Abhängigkeit der Politik von der Ökonomie im Marxismus leitet sich nicht nur von dem Basis-Überbau-Modell her, sondern meiner Meinung nach auch von der Übertragung des Modells der herrschenden Klasse auf die Bourgeoisie. Denn wenn eine ökonomische Klasse den Staat *beherrscht*, worin besteht dann die (wenn auch relative) Selbständigkeit des Staates als zentraler politischer Institution?

Tom Bottomore (1979: 9 f.) beschreibt die zwei großen, einander widersprechenden Orientierungen des gesellschaftlichen Denkens. Die Notwendigkeit ist gegeben, die Kluft zwischen Richtungen im gesellschaftlichen Denken zu überbrücken: der marxistischen, in der die Politik letzten Endes ökonomisch erklärt wird, und der anderen, in der die Autonomie der Politik betont wird. Zudem soll man die Kategorien *herrschende* und *dominierende* Klasse, die von heutigen Marxisten leider noch immer als Synonyme verwendet werden, unterscheiden.

Der allgemeine Begriff ist für mich die dominierende und nicht die herrschende Klasse. Jede Klassenherrschaft ist auch -domination, aber nicht jede Klassendomination ist zugleich -herrschaft. Daher soll zwischen der herrschenden und der nicht-herrschenden, aber dominierenden Klasse ein Unterschied gemacht werden. Es gibt Klassen, die herrschen müssen, um zu dominieren, aber auch diejenigen, die imstande sind zu dominieren, ohne dabei herrschen zu müssen. Selbstverständlich sind dies nur zwei ideal-typische Pole eines möglichen Kontinuums.

Die herrschende Klasse ist für mich nur diejenige, die den Staat unmittelbar regiert, die anderen Klassen aus diesem politischen Prozeß vollkommen ausschließt und dabei eine Monopolkontrolle über die Produktionsmittel ausübt. Beispiele für herrschende Klassen im strikten Sinne des Wortes sind die staatlichen Verwalter in der asiatischen Produktionsweise und die zeitgenössische etatistische Klasse (vgl. dazu Stojanović 1970). Hieraus ist ersichtlich, daß ich – im Unterschied zu anderen Marxisten – eine Gesellschaftsklasse nicht nur durch die Stellung in der *Produktionsweise*, sondern auch durch die Stellung in der durch den Staat durchgesetzten *Dominierungsweise* definiere.

Die Bourgeoisie ist eine ökonomische und nicht politisch-ökonomische Klasse. Daher kann sie nicht eine herrschende, sondern nur eine dominierende Klasse sein. Angesichts der Trennung der bürgerlichen Gesellschaft und des Staates können wir die Klassen im Kapitalismus bloß ökonomisch definieren. Die Bourgeoisie scheint die erste Klasse in der Geschichte zu sein, die dominieren kann, ohne daß sie herrscht (den Staat monopolisiert). Ein Vergleich: Die zeitgenössische etatistische Klasse ist außerstande zu dominieren, ohne gleichzeitig zu herrschen.

Interessanterweise schlägt Bottomore keine ähnliche Begriffsunterscheidung vor, obwohl er betont, daß die kapitalistische Transformation ihrer Tiefe nach ohnegleichen in der ganzen Geschichte ist: Sie kenne keine historische Parallele, es sei denn die neolithische Revolution im frühen Stadium der Geschichte (vgl. Bottomore 1979: 89).

Die von mir vorgeschlagene Transformation im Begriffsnetz

geht in dieselbe Richtung wie meine früheren kritischen Rekonstruktionen der marxistischen Geschichtstheorie: in die Richtung der Polylinearität und des Polymorphismus. Sie ist nicht das Resultat terminologischer Haarspalterei, sondern sie gründet sich auf ernstzunehmende theoretische und praktische Bedürfnisse, und ihre Akzeptierung würde gewichtige Folgen haben. Ihr liegt die Einsicht zugrunde, daß die bürgerlich-demokratischen Revolutionen nicht einfach zur Ablösung eines Typs der Klassenherrschaft durch einen anderen, wenn auch fortschrittlicheren geführt haben, sondern zu einem *wesentlich* neuen Typ der Klassengesellschaft und -domination, die die Entwicklung demokratischen politischen Lebens für alle Bürger ermöglicht.

Was würden wir mit der vorgeschlagenen Verschiebung im Begriffsnetz gewinnen? Welche Probleme könnten wir damit lösen? Worin bestünde ihr Vorzug gegenüber dem bestehenden marxistischen Begriffsapparat?

Es gibt nicht wenige ernstzunehmende Gesellschaftstheoretiker und -forscher, die zur demokratischen Fetischisierung des kapitalistischen Staates beitragen. Darum zielt mein Vorschlag nicht darauf ab, die Klassenmacht in der bürgerlichen Demokratie zu ignorieren. Der Begriff der herrschenden Klasse aber ist nicht ausreichend nuanciert, um die Macht der Bourgeoisie entsprechend zu kennzeichnen, und noch weniger kann er das Bestehen der Demokratie erklären. Das Nichtvorhandensein einer herrschenden Klasse ist eine notwendige, wenn auch nicht ausreichende Bedingung für die Demokratie. Ausgenommen sind auch nicht jene herrschenden Klassen, wie z. B. die Sklavenhalter, deren Angehörige die demokratischen Arrangements vorwiegend, wenn nicht sogar ausschließlich für die wechselseitigen Beziehungen untereinander geschaffen haben, weil sie eine oder mehrere Klassen entrechtet hatten – deshalb existierte doch auch keine Demokratie im wahren Sinne des Wortes.

1. Der Begriff der Klassendomination ist so elastisch, daß wir die bürgerliche Demokratie als Wirklichkeit und nicht als Schein behandeln und gleichzeitig ihre strukturell-klassenmäßige Begrenztheit aufzeigen können. Oder anders gesagt: Diese Revision ermöglicht, das Bestehen und die Wirksamkeit der Demokratie in den hochentwickelten kapitalistischen Ländern anzuerkennen und die bürgerliche Ideologie auf eine demokratisch-sozialistische Weise zu kritisieren.

2. »Die herrschende Klasse« eignet sich weniger für eine Abstufung als der Begriff der dominierenden Klasse. Von der Domination einer Klasse kann man leichter sagen, daß sie größer oder geringer ist, sowohl gemessen an anderen Klassen als auch in der zeitlichen Perspektive gesehen. Durch den Kampf um die Demokratisierung des kapitalistischen Staates und der kapitalistischen Gesellschaft wurde die Domination der Bourgeoisie eingeschränkt, und der Einfluß anderer Klassen, einschließlich der Arbeiterklasse, nahm in hohem Maße zu.

3. Außerdem bietet die Matrize der Klassenherrschaft, indem sie Homogenität suggeriert, nicht genügend Möglichkeiten für die Asymmetrie verschiedener Formen und Methoden der Domination: der politischen, wirtschaftlichen, ideologischen, kulturellen.

4. Die »Klassenherrschaft« lenkt die Aufmerksamkeit zu sehr auf die Gewalt. Die Theorie der bürgerlichen Domination hingegen ist völlig offen für alle Formen, Methoden und Grade: »Sozialisierung«, »Legitimität«, »kulturelle Reproduktion« u. ähnl. Gramsci bemühte sich, den erwähnten Mangel zu beheben und gleichzeitig die Auffassung von der Bourgeoisie als der herrschenden Klasse beizubehalten. Darum nahm er in die Analyse den Begriff der »Hegemonie« auf, womit gemeint ist, daß eine solche Klasse über die Ideologie und die Kultur die Loyalität der anderen Klassen gewinnt. Auf diese Weise kann eine Klasse die volle Kontrolle über die Zwangsinstrumente bewahren und dennoch die Hegemonie verlieren. Doch an die Kategorie »herrschende Klasse« gewöhnt, war Gramsci nicht imstande, die Möglichkeit einer echten Demokratisierung des kapitalistischen Staates zu sehen. Die bürgerliche Demokratie blieb für ihn eine verlogene Form der Herrschaft der Finanzoligarchie und letzten Endes jeder Staat eine Diktatur, weshalb es ohne gewaltsame Revolution keinen Übergang zum Sozialismus gibt.

5. Schwierigkeiten hat die heutige marxistische Theorie auch mit dem Verhältnis zwischen der Bourgeoisie als herrschender Klasse und den Machteliten: der politischen, wirtschaftlichen, militärischen, administrativen, intellektuellen ... Welchen Sinn hat es, ihre Angehörigen zur Bourgeoisie zu zählen, wenn sie aus anderen Klassen stammen und nicht Kapital-

eigentümer geworden sind? Vertreten sie wirklich immer die Interessen der Bourgeoisie? Manche Marxisten verzichten auf den Begriff der Elite, obgleich alles darauf hinweist, daß er in der soziologischen, geschichtlichen, wirtschaftlichen und politischen Forschung sehr fruchtbar ist. Die Bourgeoisie als dominante Klasse anzusehen, würde den Marxismus erst in vollem Maße zur Erforschung der Machtelite befähigen. Wir werden uns doch nicht dieses theoretisch-kritischen Instrumentes nur deshalb begeben, weil Marx nicht darum wissen konnte. In der Analyse sowohl der bürgerlichen Demokratie als auch des revolutionären Avantgardismus ist es sehr wirksam.

Die weitere Demokratisierung verhindert nicht nur die bürgerliche Domination, sondern auch die Teilung der kapitalistischen Gesellschaft in Eliten und Masse. Die Demokratie wurde als Ideal der Selbstverwaltung des Volkes geboren, im Leben wurde sie auf den Wettbewerb der Eliten um die Stimmen des Volkes beschränkt (vgl. die ausgezeichnete Schilderung und Kritik des sog. demokratischen Elitismus in Bachrach 1967). Joseph Schumpeter (1946: 397) beschreibt, was man von der demokratischen Methode erwartet hatte: »... jene institutionelle Ordnung zur Erzielung politischer Entscheidungen, die das Gemeinwohl dadurch verwirklicht, daß sie das Volk selbst die Streitfragen entscheiden läßt, und zwar durch die Wahl von Personen, die zusammenzutreten haben, um seinen Willen auszuführen.«

In der Praxis wurde aus der demokratischen Methode »... diejenige Ordnung der Institutionen zur Erreichung politischer Entscheidungen, bei welcher Einzelne die Entscheidungsbefugnis vermittels eines Konkurrenzkampfes um die Stimmen des Volkes erwerben« (Schumpeter 1946: 397). So gelangte man vom Ideal der Volksherrschaft zur Wirklichkeit der Herrschaft der Parteien oder zur »Demokratie ohne Volk« (M. Duverger).

Darum muß der demokratische Sozialismus die Auffassung der Demokratie als Volksherrschaft wiederherstellen. Die Selbstverwaltung des Volkes muß in allen Bereichen des gesellschaftlichen Lebens geschaffen und möglichst unmittelbar und inhaltsvoll gestaltet werden.

Das mit der Gesellschaft befaßte Denken wußte eine Menge

über die Eliten, als die Bolschewiki vorbehaltlose Avantgardisten wurden. Keine Umbenennung konnte da helfen, denn der Avantgardismus ist Elitismus, selbst wenn er revolutionär ist. Die Gefahr wird natürlich größer, wenn die Konkurrenz der Eliten vom Monopol einer einzigen von ihnen verdrängt wird.

6. Solange die bürgerliche Demokratie als durch die Form verschleierte Herrschaft der Bourgeoisie aufgefaßt wird, bleibt das Schicksal des Sozialismus untrennbar an die gewaltsame Revolution und die revolutionäre Diktatur gebunden. Marx räumte immerhin Ausnahmen ein: In Großbritannien, den USA und den Niederlanden bestand seiner Meinung nach die Chance für einen friedlichen und demokratischen Übergang zum Sozialismus; Engels nannte zusätzlich Frankreich und Deutschland. Dennoch blieb dies alles von untergeordneter Bedeutung und im Widerspruch zu Marx' theoretischem Schlüssel.

Jeder Zeitungsleser weiß, daß die sogenannten Eurokommunisten sich endgültig zum langen Marsch durch die Institutionen der bürgerlichen Demokratie zum Sozialismus entschlossen haben. Eine tiefere und konsistentere Ausarbeitung der demokratisch-kommunistischen Strategie erfordert dennoch, daß man in der Neufassung der Begriffe zur Analyse der Bourgeoisie bis zu Ende geht. Das tut auch Umberto Cerroni nicht, einer der wichtigsten Theoretiker des heutigen italienischen Kommunismus. Er analysiert zwei Widersprüche: »... der Widerspruch zwischen dem Privateigentum (dem Kapital) und der Lohnarbeit sowie der Widerspruch zwischen der Souveränität, die an die politische *Elite* delegiert wird, und der formalen Anerkennung der politischen Fähigkeit aller. Die Analyse des ersten Widerspruchs ist bekannt: Marx hat ihr den größeren Teil seines Lebens gewidmet. Doch die Analyse des zweiten Widerspruchs steckt noch in den Anfängen« (Cerroni 1976: 63). Daher plädiert Cerroni für eine Analyse, »die imstande ist, die Doppeldeutigkeit der Demokratie zu zeigen, ihre potentiell antibürgerliche und antikapitalistische Bedeutung, die daher deren Wichtigkeit für das politische System des Sozialismus selbst vor Augen führt« (Cerroni 1976: 82).

Der Komplex des Revisionismus und Reformismus hindert

die demokratischen Kommunisten daran zu »gestehen«, daß ihre Strategie nicht revolutionär ist. Wir haben schon festgestellt, daß die Einstufung der Bourgeoisie als herrschende Klasse die Aufmerksamkeit der meisten Marxisten von der nichtrevolutionären Form der radikalen gesellschaftlichen Veränderung abgelenkt hat, von kleineren Veränderungen ganz zu schweigen, und das trotz der Tatsache, daß Revolutionen selten sind und daß ihre wahre Geschichte erst mit der Zerstörung des Feudalismus begonnen hat. Auch mittels der bürgerlich-demokratischen Revolution hat der Kapitalismus eine viel grundlegendere Wendung gebracht, als es die progressive Ablösung eines Typs der Klassengesellschaft und der herrschenden Klasse durch einen andern Typ bzw. eine andere Klasse ist.

In der »eurokommunistischen« Sprache hat die Revolution oft ihre Bedeutung derart erweitert, daß sie die gewaltsame und die friedliche, die illegale und die legale, die sofortige wie auch die allmähliche Veränderung des gesellschaftlich-wirtschaftlichen *Systems* umfaßt. Ich will nicht suggerieren, daß alle diese Erweiterungen unberechtigt sind, sondern nur, daß sie übertrieben sind, da hierdurch ein Teil der vorteilhaften Unterscheidung zwischen Revolution und Evolution bzw. zwischen abrupter und allmählicher Systemveränderung verlorengeht. Die Evolution wäre so eine Veränderung lediglich *innerhalb* des Systems, obwohl bekannt ist, daß auch Systemtransformationen in der Geschichte häufiger die Folge von Evolution als von Revolution waren. Weiter würde man letzten Endes nur zurückblickend mit Gewißheit erkennen können, ob es sich um eine Revolution handelte; solange die Veränderung des gesellschaftlich-wirtschaftlichen *Systems* nicht beendet ist, könnte niemand mit Sicherheit die im Gange befindliche Revolution erkennen. Wenn hierauf nun geantwortet wird, es handle sich um eine soziale und nicht bloß um eine politische Revolution, wie kann man dann die soziale Revolution von der sozialen Evolution unterscheiden?

Alle bisher analysierten Schwierigkeiten entstanden deshalb, weil Marx die Kategorie der herrschenden Klasse auf die Bourgeoisie anwandte. Zwei neue Schwierigkeiten ergeben sich daraus, daß es sich bei ihm in allen Fällen um Klassen

von *Privateigentümern* an den Produktionsmitteln handelt.
7. Erste Schwierigkeit: Es existierte eine ganze Klassenformation (die sog. asiatische Produktionsweise), in der man, wenn man von einem solchen Klassenmodell ausgeht, keine herrschende Klasse finden kann. Diese Formation fügt sich überhaupt nicht in das uniforme und einlineare Schema der geschichtlichen Entwicklung. Aber wer sagt, daß die Angehörigen einer herrschenden Klasse *Eigentümer* an den Produktionsmitteln sein müssen? In diesem Fall waren das Land und die Bewässerungssysteme unter der vollen Kontrolle des despotischen Staates, was – wenn wir den Staat nicht verdinglichen – soviel bedeutet wie unter der völligen *Kontrolle* der Klasse von staatlichen Verwaltern, die an der Verteilung des Mehrwertes entsprechend ihrem Platz in der vollständig zentralisierten Hierarchie, gewöhnlich mit einem Monarchen an der Spitze, teilnahmen. Die Bauern lebten und arbeiteten in voneinander isolierten Gemeinschaften und zahlten dem Staat ihre Steuern in Form von Agrarprodukten und Arbeitskraft für öffentliche Arbeiten (vor allem beim Bau der Bewässerungsanlagen).

Es ist klar, daß die geographische Bezeichnung für diese Produktionsweise (»asiatische«) und diesen Despotismus (»orientalischer«) wissenschaftlich nicht aufrechterhalten werden kann, vor allem deshalb nicht, weil Forscher diese Formen auch auf anderen Kontinenten fanden. Ich schlage als Bezeichnung vor: *agrarisch-etatistische* Produktionsweise (Agrar-Etatismus und Agrar-Despotismus). Das Attribut »agrarisch« ist unabdingbar, damit keine Verwechslung mit dem *industrialisierenden und industriellen Etatismus* entsteht, dessen Archetyp der Stalinismus in der Sowjetunion darstellt.

8. Eben in diesem Zusammenhang taucht die zweite Schwierigkeit auf: Wenn ein Marxist nur unter den Eigentümern an Produktionsmitteln Angehörige einer eventuellen herrschenden Klasse sucht, wird er sie unter den staatlichen Verwaltern in dieser neuen, nachrevolutionären Gesellschaft nicht finden. Aber im heutigen Etatismus herrscht eine Klasse, die kollektive Monopolkontrolle über die Produktionsmittel übt und die den Mehrwert entsprechend der eigenen hierarchischen Struktur verteilt.

K. A. Wittfogel (1953) meint, daß Marx im orientalischen Despotismus die herrschende Klasse deshalb nicht erkannte, weil er sich unbewußt gegen die Idee wehrte, daß auch die staatlichen Verwalter im Sozialismus die herrschende Klasse werden könnten. Wittfogel hat meiner Meinung nach zwei Dinge nicht unterschieden. Tatsächlich war Marx, als er die herrschende Klasse gemäß den Privateigentümer-Klassen definierte, nicht imstande, in den staatlichen Verwaltern der »orientalischen Despotien« die herrschende Klasse zu erkennen. Und die Marxisten, die sich an diese Privateigentümer-Formel von der herrschenden Klasse halten, sind in der gleichen Situation, wenn sie über den heutigen Etatismus diskutieren.

Nebenbei bemerkt: In der Sowjetunion »bewahrheitete« sich wie durch eine Ironie der Geschichte in der Form der Kolchosen und Sowchosen die Erwartung mancher russischer Revolutionäre – die von Marx in ihrem Glauben bestärkt wurden –, daß in Rußland in Form der Dorfgemeinschaften der Kapitalismus übersprungen werden kann. Für die Stalinisierung des Bolschewismus war die Bauern- und nicht die Arbeiterfrage entscheidend. Von den heutigen Abhandlungen über diesen Prozeß ist für mich die von Stephen Cohen[2] vertretene Auffassung am überzeugendsten. Zum entscheidenden Umschwung kam es in der Sowjetunion in den Jahren 1928/29, da damals der Bürgerkrieg des Bolschewismus gegen die Bauernschaft begann, die die große Mehrheit der Bevölkerung bildete. Auf ihren Widerstand gegen die Etatisierung wurde mit noch größerer Gewalt und dann mit unbegrenztem Terror geantwortet. Alles endete mit einer allumfassenden Etatisierung des gesellschaftlichen Lebens in der Sowjetunion.

9. Zum Abschluß dieses Abschnitts möchte ich noch einen Vorzug der Theorie hervorheben, die einen Unterschied zwischen dominanter und herrschender Klasse macht. Dieser faßt in gewisser Weise alle vorher aufgezählten Vorzüge zusammen. Heute wird viel darüber diskutiert, warum die marxistische politische Theorie in keiner beneidenswerten Lage ist. Ralph Milliband führt in seinem Buch »Marxismus und Politik« einige Gründe dafür an. Man sollte ihnen noch diesen hinzufügen: Wenn der Staat als zentrale politische Institution der kapitalistischen Gesellschaft das Instrument

der *herrschenden* Klasse ist, dann werden die wesentlichen politischen Fragen verstellt, noch bevor sie ernsthaft gestellt werden.

Zwei Ideologien: die bürgerlich-demokratische und die kommunistisch-diktatorische

Für mich bedeutet Ideologie einen Inbegriff von Ideen, deren Funktion die Rechtfertigung beziehungsweise Diskreditierung einer sozialen Ordnung oder der Kräfte, die sich ihr entgegensetzen, ist und nicht darin besteht, ein wahrheitsgetreues Bild von dieser Ordnung oder diesen Kräften zu bieten. Ich *definiere* also Ideologie nicht als *verzerrtes* und noch weniger als *falsches* Bewußtsein. Jene, die das tun, beurteilen in der Tat ein Phänomen, noch bevor sie imstande sind, uns zu sagen, was es darstellt. Verzerrtes, falsches und sogar *betrügerisches* Bewußtsein – das sind die Phasen, die eine Ideologie durchmachen mag.

Als Rechtfertigung der neuen Klassengesellschaft – des diktatorischen Etatismus – hat die kommunistisch-diktatorische Ideologie in manchen Fällen, z. B. in Polen, die letzte, dritte Phase – verzerrtes, falsches und schließlich betrügerisches Bewußtsein – erreicht.

Im Prozeß der Ideologisierung des Marxismus wurde Marxens Ideologiekritik selbst ideologisiert. Marx versuchte in der Regel zuerst nachzuweisen, daß die Weltanschauung einer bestimmten Gruppe oder Klasse tatsächlich verzerrt oder falsch ist, und fand dann die Erklärung dafür in der besonderen Stellung und den Interessen der betreffenden Gruppe oder Klasse in der gesellschaftlichen Arbeitsteilung.

Es täuschen sich diejenigen, die glauben, daß die Stalinisten nur die Abfolge des Verfahrens ändern, so daß die gesellschaftliche Wurzel der Ideen an die erste Stelle tritt und die Frage nach ihrer Wahrheit an die zweite. Die Stalinisten, die daran interessiert sind, fremde Ideen um jeden Preis zu diskreditieren, untersuchen in Wirklichkeit gar nicht, ob diese wahr sind oder nicht. Sie halten sich an den Grundsatz, daß ein bestimmter sozialer Ursprung der Ideen von selbst ihre Wahrheit oder Unwahrheit impliziert – der sogenannte genetische Fehler. Doch es kommt noch schlimmer: Die gesellschaftlichen Wurzeln werden gar nicht erforscht, sondern *a priori* bestimmt. Ideen, die sich von den stalinistischen unterscheiden, haben *ihrer Definition nach* einen unerwünschten sozialen Ursprung. So wird aus der *transzendentalen Verbindung* einer bestimmten sozialen Gruppe oder Klasse mit ihrer Fortschrittlichkeit oder Rückschrittlichkeit die Wahrheit oder Unwahrheit ihrer Weltanschauung deduziert. Für einen nichtideologisierten Marxismus stellt sich die Frage umgekehrt: Der Grad des Interesses an Wahrheit als gesellschaftlichem Wert ist einer der besten Maßstäbe der Fortschrittlichkeit der gesellschaftlichen Gruppen oder Klassen.

Wegen seines »marxistischen« Stammbaums ist der Stalinismus eine Ideologie mit viel reflexivem Stoff und gewaltigen intellektuellen Ambitionen. Deshalb bestehen die Stalinisten so sehr auf der ideologischen *Bildung.* In seiner superideologischen Beschaffenheit hat der Stalinismus tatsächlich keinen Rivalen: Er stellt sich selbst als wissenschaftliche Ideologie und alle anderen als unwissenschaftlich dar. Manche Kritiker scheinen den stalinistischen Ideologen aufs Wort zu glauben und reden von ihrem »Szientismus« und »Positivismus«. Es stimmt, daß es im stalinistischen Selbstverständnis Elemente von Szientismus und Positivismus gibt, aber es stimmt nicht minder, daß die stalinistische »Wissenschaft« niemals auch nur den einfachsten positivistischen Analysen und Kriterien standhalten konnte. Nur so kann die große intellektuelle Wirkung eines »neopositivistischen Marxismus« in der Auseinandersetzung mit der stalinistischen Ideologie erklärt werden.

Die bürgerlich-demokratische Ideologie lenkt und *beschränkt* die Aufmerksamkeit darauf, was offensichtlich ist (politischer Pluralismus, freie Wahlen usw.). Da sie in der täglichen Erfahrung der Bürger wurzelt, hat diese Ideologie eine große Anziehungskraft. Schon durch ihre eigene Kraft, spontan, schafft das, was augenfällig ist, seine eigene Rechtfertigung. Indem die bürgerlich-demokratische Ideologie jedoch das alltägliche Bewußtsein auf die unmittelbare Wirklichkeit richtet, verbirgt sie zugleich die Mechanismen der Klassendomination. Niemand muß sich bemühen, diese Mechanismen zu verbergen: Sie sind *strukturell* verborgen. Die Trennung des Staates und der bürgerlichen Gesellschaft ermöglicht nämlich Demokratie und läßt zugleich die durch den Staat durchgesetzte Klassendomination unsichtbar werden. Daher ist es vollkommen verständlich, warum die Bourgeoisie (obwohl sie eine *nichtherrschende* dominierende Klasse ist) unvergleichlich weniger organisierter ideologischer Produktion und Indoktrinierung, als die zeitgenössische etatistische Klasse bedarf, obwohl wir auf den ersten Blick gerade die umgekehrte Situation erwarten würden, da die etatistische Klasse sowohl das ideologische Monopol als auch das Monopol der Repressionsmittel hat.

Daraus ergibt sich, daß Analyse und Kritik der bürgerlich-demokratischen Ideologie mittels der Kategorie »ideologische Staatsapparate« (L. Althusser) im Grunde genommen irreführend ist, da es sich um eine bereits fest im alltäglichen Erlebnis verankerte Ideologie handelt. Nebenbei gesagt, scheint es, daß L. Althusser, da er die Trennung der bürgerlichen Gesellschaft und deren Staat übersah, in diesen Staat die Rolle und die Funktion der Ideologie in einer herrschenden kommunistischen Partei projiziert hat (ideologische Parteistaatsapparate – würde ich sagen).

Die diktatorisch-kommunistische Ideologie hat – wie auch alle anderen – zwei Dimensionen: eine negative und eine positive. Ihre negative Seite besteht im Angriff auf die bürgerliche Demokratie als bloß formelle und scheinbare Demokratie.

Die leninistische politische Kultur spottet über die bürgerliche Demokratie. Im Stalinismus wurde dies zum *sine qua non* der ideologischen Legitimierung der etatistischen Diktatur. Lenin hat einige Thesen des klassischen Marxismus extrem verschärft und vereinfacht. Im ideologisierten Marxismus wird der Marxsche Begriff der *Herrschaft* einer Klasse ständig mit der *Diktatur* dieser Klasse verwechselt, und Marx selbst setzt manchmal beides gleich. Daraus haben viele Marxisten gefolgert, daß jede Herrschaft der Kapitalisten *mehr oder weniger* eine Diktatur der Kapitalisten sei. Die Leninisten haben die Betonung von »weniger« auf »mehr« verlegt, und die Stalinisten schließlich haben von jeder Einschränkung abgesehen. Kein Wunder, daß sie den demokratischen nicht vom diktatorischen Kapitalismus unterscheiden konnten. Das hatte in den dreißiger Jahren katastrophale Folgen für die ganze Welt. So kommt es, wenn sich die Anstrengungen nicht auf Verringerung und Eliminierung der Domination der Bourgeoisie im demokratischen Staat, sondern gegen die Demokratie richten.

Man kann freilich das, was offensichtlich ist, nicht leicht negieren: daß die Bürger im Wahlprozeß ihre Präferenzen frei zum

Ausdruck bringen. Was behauptet wird, ist jedoch, daß sie sich ihrer tatsächlichen, *objektiven* Interessen – infolge von Indoktrinierung, Manipulierung usw. – häufig nicht bewußt sind.

Die Unterscheidung des subjektiven Interesses vom objektiven Interesse spielte die Schlüsselrolle in der Ideologisierung des Marxismus. Dieser Unterschied gehört in die Gruppe der marxistischen Kategorien, die vom Anfang an der Transzendierung des Subjektivismus dienen sollten. Ich möchte hier nur auf den Kontrast zwischen der subjektiven und objektiven Bedeutung der menschlichen Handlungen und zwischen der subjektiven und objektiven Verantwortung für diese Handlungen hinweisen. In meinem letzten Buch (1978) habe ich die Verwandlung der »objektiven Bedeutung« und der »objektiven Verantwortung« aus nützlichen analytischen Instrumenten in typisch ideologische Begriffe durchgehend verfolgt.

Kommen wir jedoch auf die subjektiven und objektiven Interessen zurück. Meiner Meinung nach ist diese Unterscheidung nützlich. Es ist eine naive liberale Voraussetzung, daß jeder seine eigenen Interessen am besten kennt. Die Frage ist jedoch, was daraus abgeleitet wird: das Bedürfnis nach weniger oder nach mehr öffentlicher Diskussion, nach zugänglicheren oder unzugänglicheren Massenmedien, nach freieren oder unfreieren Wahlen usw.

Marx hat praktisch nichts über die Transformierung der objektiven Interessen der Arbeiterklasse in deren subjektive Interessen, das heißt über die Entwicklung von deren Klassenbewußtsein, gesagt. Er sagte auch nichts darüber, wie man der Gefahr eines selbsternannten Auslegers und Vertreters der objektiven Interessen der Arbeiterklasse entgehen könnte.

So sind wir nun zur positiven Dimension der kommunistisch-diktatorischen Ideologie gekommen. Dem Bolschewismus liegt die Voraussetzung zugrunde, daß die objektiven Interessen der Arbeiterklasse am besten durch deren politische Avantgarde – wenn unbedingt nötig, sogar gegen den von der ersteren geäußerten Willen – vertreten werden.

Sobald ein solcher Grad von arbiträrer Betrachtungsweise eingeführt ist, kann das *objektive Interesse* leicht in *geschichtliches Interesse* und sogar in eine *geschichtliche Mission* verwandelt werden. Auf diese Weise wird ein empirisch nützlicher Begriff in einen metaphysisch-ideologischen Begriff verwandelt und der angebliche Objektivismus in Subjektivismus (der kommunistischen Partei).

Diese Ideologie hat eine eingebaute tiefe Verteidigung. Sogar wenn zugegeben wird, daß die Arbeiterklasse auf empirischer Ebene keine Möglichkeit hat, ihre politischen Präferenzen zum Ausdruck zu bringen, so wird die Behauptung aufgestellt, daß sie *inhaltlich* und *im wesentlichen* – das heißt auf metaphysischer Ebene – von ihrer Avantgarde vertreten werde und sogar vorgebracht, daß die Arbeiterklasse die herrschende Klasse ist.

Der Prozeß der Ideologisierung des Marxismus kann nicht ohne die drei Kategorien: Diktatur des Proletariats, demokratischer Zentralismus und Übergangsperiode verstanden werden. Diese Begriffe zeigen, daß es schon in der Phase des Benennens zu ideologischen Verzerrungen kommt. Die Welt wird ideologisch von jenen dominiert, die die Macht haben, den gesellschaftlichen Entitäten Namen zu geben. In einer nicht durch die Ideologie deformierten Sprache wären die erwähnte Diktatur und der Zentralismus »revolutionär« genannt worden. Dann wäre die Frage ihres proletarischen und demokratischen Charakters empirisch und offen gewesen. Die bolschewistischen Ideologen stellten jedoch eine *apriorische* und *analytische* Verbindung zwischen Diktatur und Proletariat sowie zwischen Zentralismus und Demokratie her. So bemäntelte die Ideologie die Parteidiktatur und den undemokratischen Charakter des Parteizentralismus. Noch schlimmer: Die bolschewistische Ideologie hatte damit schon von Anfang an auch ein *konservatives* Potential. Wenn diese Diktatur *per definitionem* proletarisch und dieser Zentralismus ebenfalls *per definitionem* demokratisch ist, dann wird es sinnlos, die Forderung nach einer Proletarisierung der Diktatur und nach einer Demokratisierung des Zentralismus zu stellen.

Die »Übergangsperiode« zwischen dem Kapitalismus und der neuen Gesellschaft bildet den Zeitbezugsrahmen sowohl der »Diktatur des Proletariats« als auch des »demokratischen Zentralismus«. Charakteristisch für diese drei Stützen des ideologisierten Marxismus ist, daß *a priori, der Definition und dem Namen nach,* ein Zusammenhang hergestellt wird zwischen dem, was die Kommunistische Partei tut, und den revolutionär-humanistischen Idealen (Befreiung des Proletariats, klassenlose und staatslose Gesellschaft). So verwandeln sich die empirischen

Fragen in transzendentale. Wieviel Negatives auch immer von der Politik einer kommunistischen Partei gesagt werden kann und wie lange es auch dauern mag (hier haben wir das empirische Niveau) – es als die unvermeidlichen Mittel während der Übergangsperiode aufzufassen und zu rechtfertigen wird zur Pflicht gemacht (hier haben wir das transzendentale Niveau). Eine Gesellschaft und ihre führende politische Organisation werden also nicht als das gesehen, was sie eigentlich sind, sondern als die Momente eines superoptimistischen, -deterministischen und -teleologischen geschichtlichen Schemas. Über diesen fatalistischen Optimismus würde ein Satiriker sagen: »Die Vergangenheit ändert sich unaufhörlich, dafür ist die Zukunft völlig gewiß.« Die Idee von der Übergangsperiode sagt selbstverständlich an sich nichts Bestimmtes aus, denn jeder Zeitabschnitt in der Geschichte ist ein Übergang zwischen zwei Perioden, es fragt sich »nur«, in welches Stadium übergegangen wird.

Am Beispiel der drei analysierten ideologischen Kategorien kann man zeigen, daß der Begriff einer besonderen Phase, Dimension oder sogar Art der Ideologie eingeführt werden soll: die *Ideallogie*. Ich meine *einen Inbegriff der Ideale, wodurch eine Gesellschaftsgruppe, sogar um den Preis der Wahrheit, trachtet, die bestehende Gesellschaftsordnung zu diskreditieren und ihre eigene Aktivität gegen die bestehende und für eine neue Gesellschaftsordnung zu rechtfertigen.* Wie könnte man sonst die futuristischen Ideologien, besonders die revolutionären, vollkommen verstehen und analysieren.

Ideale können jedoch – im strikten, epistemologischen Sinne – nicht verzerrt und falsch sein. Anderseits ist es auch für diese Art von Ideologie von wesentlicher Bedeutung, die Wahrheit den Erfordernissen der Diskreditierung beziehungsweise Rechtfertigung unterzuordnen. Es soll daher hervorgehoben werden, daß in ihr partielle oder völlige Unwahrheit in der Auffassung der Mittel und deren Verhältnis zu den Zielen, besonders zu den Endzielen (Idealen), zum Ausdruck gelangt. Mit ihren Ideallogien täuschen Gesellschaftsgruppen sowohl sich selbst als auch andere nicht nur im Hinblick auf die Natur der angewandten Mittel, sondern auch im Hinblick darauf, daß sie glauben, mit solchen Mitteln die proklamierten Ziele und Ideale verwirklichen zu können. Sogar die glänzendsten Intellektuellen können lange die Opfer der ideal-logischen Betrachtungsweise der Realität sein – wofür es in der Geschichte der kommunistischen Parteien zahlreiche Beispiele gibt.

In den Ideal-logien werden die Mittel sogar durch die entferntesten Zwecke entschieden bestimmt, während in Wirklichkeit das Verhältnis zwischen Zweck und Mittel meistens umgekehrt ist. Während die Zwecke nur im Bewußtsein der Akteure bestehen, sind die Mittel außerhalb des Bewußtseins der Akteure bestehende Entitäten und daher, quasi-ontologisch, letzten Endes übermächtig. Kein Wunder, daß es in der politischen Aktivität so oft zur Umkehrung der Zwecke und der Mittel kommt: Die letzteren werden zu Selbstzwecken und die ersteren zu den Mitteln zu deren ideal-logischer Rechtfertigung.

Viele Kritiker von Marx weisen auf die Idee der Diktatur des Proletariats als die verhängnisvollste für die Ideologisierung des Marxismus hin. Meiner Meinung nach ist dieses Problem jedoch noch tiefer: Die Marxsche Erwartung, daß die Arbeiterklasse zur neuen *herrschenden* Klasse und nicht nur zur *diktatorischen* herrschenden Klasse werden könnte, war bereits unbegründet.

Marx erwartete, die Arbeiterklasse werde, analog zur Bourgeoisie, zur neuen herrschenden Klasse werden. Da das Proletariat eine ökonomische (und nicht politisch-ökonomische) Klasse ist, wurde es nicht nur nicht, sondern konnte auch nicht zur herrschenden Klasse werden. Wäre Marx vom Paradigma der *dominierenden* und nicht der herrschenden Klasse ausgegangen, so hätte er mehr dazu geneigt, die Frage der Grundlage der eventuellen *Dominierung* der Arbeiterklasse zu stellen. Da es sich um keine Klasse der Eigentümer der Produktionsmittel handelt, müßte sich ihre Domination über den neuen Staatsapparat auf besondere *organisatorisch-institutionelle* Arrangements gründen. Im Rahmen seines Klassen-Paradigmas ist Marx leider überhaupt nicht geneigt, über solche Arrangements Erwägungen anzustellen.

Die inadäquate Konzeptualisierung der neuen Gesellschaft (die Arbeiterklasse als herrschende Klasse und die Aufhebung der Trennung der bürgerlichen Gesellschaft und des Staates) hat die ernste Suche der Marxisten nach institutionellen Mitteln und Garantien gegen die Formierung einer neuen herrschenden Klasse entmutigt. So wurde mit der Stalinisierung des diktatorischen Kommunismus der neue Parteistaatsapparat zur herrschenden

Klasse. Marx fehlte jedoch der Begriff der politisch-ökonomischen Klasse, um eine solche Möglichkeit und Tendenz voraussehen zu können. Seit langem gibt es zumindest drei große Gruppierungen, die eine strategische Stellung einnehmen: die Bourgeoisie, die Arbeiterklasse und der Staatsapparat – und nicht nur zwei, wie Marx meinte.

In seiner »Legitimationskrise« ist es für den demokratischen Kapitalismus eine unermeßliche Hilfe, daß die etatistische Alternative zu ihm keine Demokratie zulassen darf – das ist die negative Legitimation des Kapitalismus. Der demokratische Kapitalismus legitimiert sich durch freie Wahlen, aber durch sie bewahrt er sich selber vor radikaleren Veränderungen, da solche Veränderungen viel längere Zeit und einen höheren Preis erfordern, als die Wähler zwischen zwei Wahlen zu tolerieren bereit sind. Außerdem kann Domination viel leichter verschleiert werden, während direkte Herrschaft sofort in die Augen fällt.

Keine herrschende Klasse ist in der Lage, wirklich demokratisch zu regieren, denn das würde bedeuten, daß das Volk sie abwählen kann. Die Etatisten wären nicht imstande, von der Ökonomie her in der Politik zu dominieren, in der sie – denken wir uns diesen Fall – die herrschende Stellung verloren haben, denn in dieser Gesellschaft gibt es keine echte Teilung zwischen Politik und Ökonomie, ihre ökonomische Vormachtstellung resultiert aus der politischen Macht. Demokratie würde das etatistische *System* als solches gefährden.

Anmerkungen

[1] Man soll zwischen einem diktatorischen und einem demokratischen Kommunismus unterscheiden.
[2] In seinem Buch über Bucharin und in seinem Beitrag: Bolshevism and Stalinism, in: Stalinism, hrsg. v. Robert C. Tucker, New York 1977.

Eduard März

Karl Marx und die Langlebigkeit des kapitalistischen Systems

Der Zeithorizont

In seinen Auseinandersetzungen mit der pseudo-revolutionären Fraktion der deutschen Emigration des Jahres 1848 hat Marx einmal die folgenden Worte gebraucht: »Während wir den Arbeitern sagen: Ihr habt 15, 20, 50 Jahre Bürgerkriege und Völkerkämpfe durchzumachen, nicht nur um die Verhältnisse zu ändern, sondern um Euch selbst zu ändern und zur politischen Herrschaft zu befähigen, sagt ihr im Gegenteil: ›Wir müssen gleich zur Herrschaft kommen, oder wir können uns schlafen legen.‹ Während wir speziell die deutschen Arbeiter auf die unentwickelte Gestalt des deutschen Proletariats hinweisen, schmeichelt ihr aufs plumpste dem Nationalgefühl und dem Standesvorurteil der deutschen Handwerker, was allerdings populärer ist. Wie von den Demokraten das Wort Volk zu einem heiligen Wesen gemacht wird, so von Euch das Wort Proletariat« (Enthüllungen über den Kommunisten-Prozeß zu Köln, MEW 8: 412).

Man muß indes auch Marx und Engels entgegenhalten, daß die meisten ihrer Schriften an dem Übel der Verkürzung des Zeithorizonts kranken, was zum Teil mit dem Umstand zusammenhängen mag, daß ihnen an der Veränderung ihrer kapitalistischen Umwelt mehr gelegen war als an deren pedantischer Interpretation. Oder anders ausgedrückt, bei ihrem Bemühen, ihre tagespolitische sowie wissenschaftliche Tätigkeit dem Kriterium von der »Einheit von Theorie und Praxis« zu unterwerfen, gingen die beiden großen Revolutionäre bewußt-unbewußt von der Priorität des politischen Handelns aus. So ist es kein Zufall, daß sie einmal die Quintessenz ihres revolutionären Credos in den (seither oft zitierten) Worten zusammenfaßten: »Jeder Schritt praktischer Bewegung ist wichtiger als ein Dutzend Programme.«

In der Tat, das, was man das revolutionäre Ungestüm der beiden Männer nennen könnte, zieht sich wie ein roter Faden durch das gesamte Marx-Engelssche Lebenswerk. Bereits in seinem Frühwerk »Die Lage der arbeitenden Klasse in England« (1845) kündigt Engels den nahe bevorstehenden Zusammenbruch des Kapitalismus in England an: »Aber bei alledem will die englische Mittelklasse und namentlich die fabrizierende, die aus der Not der Arbeiter sich direkt bereichert, nichts von dieser Not wissen. Sie, die sich als die mächtige, die Nation repräsentierende Klasse fühlt, schämt sich, den wunden Fleck Englands den Augen der Welt bloßzulegen: sie will es nicht gestehen, daß die Arbeiter elend sind, weil sie, die besitzende, industrielle Klasse, die moralische Verantwortlichkeit für dieses Elend tragen müßte. Daher ... die lächelnde Sorglosigkeit, in der sie auf einem Boden lebt, der unter ihren Füßen ausgehöhlt ist und jeden Tag einstürzen kann, und dessen baldiger Einsturz so sicher ist wie irgendein mathematisches oder mechanisches Gesetz ...« (MEW 2: 252).

Engels hat fast ein halbes Jahrhundert später gemeint, daß diese und andere Prophezeiungen in »jugendlicher Hitze« gemacht worden seien. Aber auch zu Zeiten, da sein Urteilsvermögen nicht mehr von »jugendlicher Hitze« beeinträchtigt gewesen sein dürfte – nämlich beim Eintritt der Wirtschaftskrisen von 1873 und 1883 –, hat er mit Prophezeiungen dieser Art nicht gekargt.

Vom Übel der Verkürzung des Zeithorizonts scheint das »Kommunistische Manifest« in besonderem Maße betroffen. Hier finden wir die folgende Prognose: »Auf Deutschland richten die Kommunisten ihre Hauptaufmerksamkeit, weil Deutschland am Vorabend einer bürgerlichen Revolution steht und weil es diese Umwälzung unter fortgeschritteneren Bedingungen der europäischen Zivilisation überhaupt, und mit einem viel weiter entwickelten Proletariat vollbringt als England im siebzehnten und Frankreich im achtzehnten Jahrhundert, die deutsche bürgerliche Revolution also nur das unmittelbare Vorspiel einer proletarischen Revolution sein kann.«

Engels selbst hat später dargelegt, warum sich auch diese Prophezeiung nicht bewahrheitete. Er meinte, daß das deutsche Bürgertum sich nach seiner Erhebung von der Arbeiterschaft tödlich bedroht sah: »Und im Falle des Sieges, waren sie nicht sicher, sogleich aus Amt und Würden gejagt zu werden und durch die siegreichen Proletarier, die die Hauptmasse ihrer Kampftruppe bildeten, ihre ganze Politik umgestoßen zu sehen?« (Revolution und Konterrevolution in Deutschland, MEW 18:100)

Es fragt sich indes, ob Engels dem Proletariat in der Revolution des Jahres 1848 den richtigen historischen Stellenwert zugeschrieben hat. Zu dieser Zeit bildete die Industriearbeiterschaft, die »revolutionäre Vorhut« im marxistischen Sinne, noch eine verschwindend kleine Minorität der deutschen Bevölkerung. Der Aufstieg der deutschen Industrie, der zu einer Umwälzung der sozialen Struktur des Landes führte, vollzog sich bekanntlich erst in den der Revolution von 1848 folgenden Jahrzehnten.

Wirtschaftskrise und Revolution

Es dürfte keine Übertreibung sein, zu sagen, daß Marx und Engels nach der verlorenen Revolution die Ursachen der Niederlage und die Bedingungen und Perspektiven kommender Erhebungen in den Mittelpunkt ihres umfangreichen Lebenswerkes gestellt haben. In den frühen Schriften sowie in dem reifsten Werk des klassischen Marxismus, dem »Kapital«, wird die periodisch wiederkehrende Handelskrise als Ausgangspunkt der mit Sicherheit zu erwartenden revolutionären Umwälzung angesehen. So heißt es in einer Untersuchung aus dem Jahre 1850: »Bei dieser allgemeinen Prosperität, worin die Produktivkräfte der bürgerlichen Gesellschaft sich so üppig entwickeln, wie dies innerhalb der bürgerlichen Verhältnisse überhaupt möglich ist, kann von einer wirklichen Revolution keine Rede sein. Eine solche Revolution ist nur in den Perioden möglich, wo diese beiden Faktoren, die modernen Produktivkräfte und die bürgerlichen Produktionsformen, miteinander in Widerspruch geraten. Die verschiedenen Zänkereien, in denen sich jetzt die Repräsentanten der einzelnen Fraktionen der kontinentalen Ordnungspartei ergehn und gegenseitig kompromittieren, weit entfernt zu neuen Revolutionen Anlaß zu geben, sind im Gegenteil nur möglich, weil die Grundlage der Verhältnisse momentan so sicher und, was die Reaktion nicht weiß, so bürgerlich ist. An ihr werden alle die bürgerliche Entwicklung aufhaltenden Reaktionsversuche ebensosehr abprallen wie alle sittliche Entrüstung und alle begeisterten Proklamationen der Demokraten. Eine neue Revolution ist nur möglich im Gefolge einer neuen Krisis. Sie ist aber auch ebenso sicher wie diese« (Revue, Mai bis Oktober 1850, MEW 7: 440).

Siebzehn Jahre nachdem die obigen Zeilen geschrieben wurden, machte Marx in seinem Hauptwerk die gleiche emphatische Feststellung, wobei er den Zusammenhang zwischen Wirtschaftskrise, Auflehnung der Massen und Zusammenbruch des Systems in besonders eindrucksvoller Weise beschrieb: »Mit der beständig abnehmenden Zahl der Kapitalmagnaten, welche alle Vorteile dieses Umwandlungsprozesses usurpieren und monopolisieren, wächst die Masse des Elends, des Drucks, der Knechtschaft, der Entartung, der Ausbeutung, aber auch die Empörung der stets anschwellenden und durch den Mechanismus des kapitalistischen Produktionsprozesses selbst geschulten, vereinten und organisierten Arbeiterklasse. Das Kapitalmonopol wird zur Fessel der Produktionsweise, die mit und unter ihm aufgeblüht ist. Die Zentralisation der Produktionsmittel und die Vergesellschaftung der Arbeit erreichen einen Punkt, wo sie unverträglich werden mit ihrer kapitalistischen Hülle. Sie wird gesprengt. Die Stunde des kapitalistischen Privateigentums schlägt. Die Expropriateurs werden expropriiert« (MEW 23: 790 f.).

In der soeben zitierten Stelle klingt eine wichtige These der Marxschen Krisentheorie an: Auf der einen Seite treibt die Logik der kapitalistischen Produktionsweise den Kapitalisten zur Organisation der Produktion auf stets höherer Stufenleiter. Auf der anderen Seite bleibt die Kaufkraft der Massen innerhalb enger Schranken gebannt. Der Widerspruch zwischen gesellschaftlicher Produktion und privater Aneignung offenbart sich in den periodisch auftretenden Produktions- und Absatzkrisen mit elementarer Stärke.

Die Marxsche Annahme, daß Revolutionen im Gefolge von Krisen eintreten, beruht auf zwei nicht immer explizite formulierten Voraussetzungen: Zum einen wird der Arbeiterklasse die Fähigkeit zu koordinierter politischer Aktion zugeschrieben – eine Erkenntnis, die man als den Niederschlag der Erfahrungen des Revolutionsjahres 1848 bezeichnen kann; und zum anderen wird der als »Klasse für sich« konstituierten Arbeiterschaft der Wunsch und Wille zur revolutionären Umgestaltung der kapitalistischen Gesellschaftsordnung imputiert. Für den letzteren Punkt hat uns Marx keine zwingende Erklärung an die Hand gegeben.

In seiner Analyse der »Bewußtseinslage« der Arbeiterschaft geht Marx nicht, wie ihm häufig unterstellt wird, von einer romantischen Prädisposition des Proletariats zur revolutionären Aktion aus: »Vielmehr umgekehrt! Weil die Abstraktion von aller Menschlichkeit, selbst von dem Schein der Menschlichkeit, im ausgebildeten Proletariat praktisch vollendet ist, weil in den Lebensbedingungen des Proletariats alle Lebensbedingungen der heutigen Gesellschaft in ihrer unmenschlichsten Spitze zusammengefaßt sind, weil der Mensch in ihm sich selbst verloren, aber zugleich nicht nur das theoretische Bewußtsein dieses Verlustes gewonnen hat, sondern auch unmittelbar durch die nicht mehr abzuweisende, absolut gebieterische Not – den praktischen Ausdruck der Notwendigkeit – zur Empörung gegen diese Unmenschlichkeit gezwungen ist, darum kann und muß das Proletariat sich selbst befreien« (Die heilige Familie oder Kritik der kritischen Kritik, MEW 2: 38). Im »Kommunistischen Manifest« wird von den Klassikern des Marxismus die in der »Heiligen Familie« beschworene »Notwendigkeit zur Empörung« in die lapidare Feststellung komprimiert: »Von allen Klassen, welche heutzutage der Bourgeoisie gegenüberstehen, ist nur das Proletariat eine wirklich revolutionäre Klasse.«

Die Krisentheorie, die dem »Manifest« zugrunde liegt, muß allerdings als die erste und primitivere Variante der Marxschen Auffassung von der Periodizität der kapitalistischen Handelskrisen betrachtet werden. Dies geht insbesondere aus der bekannten Stelle hervor, in welcher die beiden Autoren eine Tendenz der »absoluten« Verelendung im Kapitalismus orten. »Der moderne Arbeiter«, so heißt es darin, »statt sich mit dem Fortschritt der Industrie zu heben, sinkt immer tiefer unter die Bedingungen seiner eigenen Klasse herab.«

Marx hat in seinen späteren Werken die Möglichkeit der Hebung des Reallohnniveaus im Rahmen des kapitalistischen Systems wiederholt dargelegt. So heißt es in den »Theorien über den Mehrwert«, daß die Arbeiter zwar die aus der Steigerung der

Arbeitsproduktivität resultierende »Herabdrückung des Lohnes (dem Werte nach) nicht hindern können, aber ihn nicht absolut auf das Minimum herabdrücken lassen, vielmehr quantitativ einige Teilnahme am Fortschritt des allgemeinen Reichtums erzwingen« (MEW 26:306).

Integrierende Einflüsse

Einer Klasse, der es gelingt, »quantitativ einige Teilnahme am Fortschritt des allgemeinen Reichtums zu erzwingen«, kann aber kaum eine Bewußtseinslage zugeschrieben werden, die durch »absolut gebieterische Not... zur Empörung gegen die Unmenschlichkeit gezwungen ist«. Mit anderen Worten, die These vom Proletariat als der einzigen »wirklich revolutionären Klasse«, die im »Manifest« vertreten wird, läßt sich auf Grund dieser erhöhten Einsicht in die Bedingungen des kapitalistischen Reproduktionsprozesses nicht glaubhaft aufrechterhalten. Marx hat allerdings diese Schlußfolgerung niemals explizit vollzogen.

Anders einige seiner getreuesten Anhänger und Interpreten. Kautsky und im Anschluß an diesen Lenin haben später der Arbeiterklasse nur ein trade-unionistisches Bewußtsein zugebilligt: »Die Geschichte aller Länder zeugt davon, daß die Arbeiterklasse aus eigenen Kräften nur ein trade-unionistisches Bewußtsein herauszuarbeiten vermag...« (Lenin, Was Tun, Ausgewählte Werke, Moskau 1946, 1:199). Da man nicht annehmen kann, daß Lenin der Arbeiterklasse aus sozusagen konstitutiven Gründen die Fähigkeit zum theoretischen Denken abspricht, muß man aus dem obigen Zitat den Eindruck gewinnen, daß das Proletariat aus seiner Interessenlage heraus keine seine gesellschaftlichen Existenzbedingungen transzendierende Zielsetzung verfolgt. Auch seine Aufnahmefähigkeit für Ideen, die ihm – nach Ansicht Lenins – von der »revolutionär-sozialistischen Intelligenz« vermittelt werden, muß sich in dieser Sicht in eher engen Grenzen halten.

Im übrigen hatte Marx selbst genügend Gelegenheit, sich von der »trade-unionistischen« Gesinnung von Arbeitern sowie deren Führern ein entsprechendes Bild zu machen. Als bei einer Mandatsprüfung im Rahmen der »Internationale« gegen einen Delegierten der Einwand erhoben wurde, daß er kein anerkannter

Arbeiterführer sei, erwiderte Marx, »daß es eher eine Ehre als das Gegenteil sei, kein englischer Arbeiterführer zu sein, da die Mehrzahl dieser Führer an die Liberalen verkauft sei« (Mehring 1960: 496). Marx vermied es jedoch, aus seinen zweifellos ernüchternden Erfahrungen Konsequenzen zu ziehen, die seine These von der revolutionären Rolle des Proletariats zu erschüttern geeignet gewesen wären.

Marx hat niemals verkannt oder gar geleugnet, daß das Proletariat sehr starken »integrierenden« Einflüssen unterworfen sei, die seinen Drang zur sozialen Selbstbestimmung abzustumpfen vermögen. Interessanterweise hat er einem Aspekt dieses Phänomens, vielleicht dem wichtigsten, nur periphere Beachtung geschenkt: Wir meinen die systematische Indoktrination von nationalen Vorurteilen zum Zweck der stärkeren Bindung der Arbeiterschaft an den Status quo. Nur gelegentlich finden sich in seinen Schriften Stellen wie die folgende, aus denen die »integrierende« Potenz des Völker- und Rassenhasses erkenntlich wird: »In der Inauguraladresse unserer Assoziation vom November 1864 sagten wir: ›Wenn die Befreiung der Arbeiterklasse die brüderliche Vereinigung und Mitwirkung der Arbeiterklasse voraussetzt, wie kann sie diese große Mission erfüllen, solange eine auswärtige Politik, verbrecherische Pläne verfolgend, nationale Vorurteile gegeneinander aufhetzt und in räuberischen Kriegen Blut und Vermögen des Volkes vergeudet?‹« (Marx, Erste Adresse des Generalrats über den Deutsch-Französischen Krieg, Ausgew. Schr. 1: 458) Wie die Geschichte lehrt, ist diese große Mission immer wieder im Sumpf der nationalen Vorurteile untergegangen.

Es muß (nicht ohne Bedauern) hinzugefügt werden, daß Marx selbst gegen den Bazillus nationaler Vorurteile nicht immer immun gewesen ist. Dies gilt ganz besonders für seine gespannte und emotionsgeladene Beziehung zum Judentum, das er schon in seiner Frühschrift »Zur Judenfrage« als den eigentlichen Träger der kapitalistischen Produktionsweise identifzierte: »Der Jude, der als ein besonderes Glied in der bürgerlichen Gesellschaft steht, ist nur die besondere Erscheinung von dem Judentum der bürgerlichen Gesellschaft.« Um die Mitte des 19. Jahrhunderts, dem Zeitpunkt des Entstehens der oben zitierten Frühschrift, war diese Feststellung nur die akademische Paraphrasierung eines weithin geltenden bürgerlichen Vorurteils. In

Wahrheit war das Judentum zu dieser Zeit schon längst ein Spiegelbild der bürgerlichen Gesellschaft geworden und setzte sich aus einem breiten Spektrum verschiedener sozialer Schichten zusammen. Das Marxsche Vorurteil entsprang so aus seiner intimen Beziehung zu bestimmten – seinem eigenen Verwandten- und Freundeskreis zugehörigen – »Gliedern« der bürgerlichen Gesellschaft. Die Animosität Marxens gegenüber Menschen seiner eigenen Herkunft nahm mitunter Formen an, die man kaum anders denn als antisemitische Entgleisungen qualifizieren kann. Am bekanntesten sind seine oft zügellosen Ausfälle gegen Lassalle, denen manchmal jedes sachliche Substrat mangelte und die im übrigen auch nach dem Tode von Lassalle noch seltsame Blüten trieben.

Man könnte diese und ähnliche Entgleisungen auf sich beruhen lassen, wenn sie nicht kleineren Geistern der sozialistischen Bewegung einen willkommenen Anlaß geboten hätten, ihren eigenen dumpfen Vorurteilen offenen Ausdruck zu verleihen. Insbesondere die österreichische Sozialdemokratie hat sich in dieser Beziehung als besonders ansteckungsgefährdet erwiesen. Noch heute (anno 1982) darf eines ihrer Provinzblättchen offen erklären, daß Begins Krieg im Libanon vom »jüdischen Kapitalismus« inspiriert worden sei, ohne Sanktionen des Parteivorstandes gewärtigen zu müssen. Die Warnungen Friedrich Engels' vor der Infektion des Antisemitismus, die dieser wenige Jahre vor seinem Lebensende in der Wiener »Arbeiter-Zeitung« (9. Mai 1890) erscheinen ließ, haben so wenig gefruchtet.

Das »Identitätsproblem«

Das Problem der Herstellung der Identität zwischen Klassenlage und Klassenbewußtsein hat begreiflicherweise eine lange Reihe von sozialistischen Denkern beschäftigt. Wir können hier auf diese Diskussion, an der sich u. a. Korsch, Lukács und Rühle beteiligt haben, schon aus Raumgründen nicht eingehen. Wir möchten dazu nur die etwas resigniert klingenden Worte von Karl Liebknecht zitieren, die dieser im November 1916 im Gefängnis schrieb: »Die Erziehung der Massen und jedes Einzelnen zur geistigen und moralischen Selbständigkeit, zur Autoritäts-Ungläubigkeit, zur entschlossenen Eigeninitiative, zur freien Aktionsbereitschaft und -fähigkeit, bildet die einzige sichernde Grundlage für die Entwicklung einer ihren historischen Aufgaben gewachsenen Arbeiterbewegung überhaupt, so die wesentliche Voraussetzung für die Austilgung der bureaukratischen Gefahren.« Man ist in Versuchung, Karl Liebknecht mit Marx zu fragen: »Wer erzieht die Erzieher?«

Wir haben gesehen, daß die periodisch auftretenden Handelskrisen – im Gegensatz zur Marxschen Auffassung – nicht der Ausgangspunkt von revolutionären Erhebungen gewesen sind, vor allem deshalb, weil sich keine Tendenz zur »absoluten Verelendung« durchgesetzt hat. Man kann nun einwenden, daß es im Laufe der kapitalistischen Entwicklung gelegentlich zu einem Fallen des durchschnittlichen Arbeitereinkommens unter die Grenze des physischen Existenzminimums gekommen ist. Dies gilt, wenn wir bloß das 20. Jahrhundert betrachten, für die Depression der dreißiger Jahre sowie für die beiden Weltkriege. Bekanntlich ist aus diesen Erschütterungen bloß eine große europäische Erhebung hervorgegangen, die russische Oktoberrevolution.

Bereits im Jahre 1875 konnte Engels die wichtigsten Etappen der kommenden Russischen Revolution mit erstaunlicher Klarheit voraussagen: »Hier sind alle Bedingungen einer Revolution vereinigt, einer Revolution, die von den höheren Klassen der Hauptstadt, vielleicht gar von der Regierung selbst eingeleitet, durch die Bauern weiter und über die erste konstitutionelle Phase rasch hinausgetrieben werden muß: einer Revolution, die für ganz Europa schon deswegen von der höchsten Wichtigkeit sein wird, weil sie die letzte, bisher intakte Reserve der gesamteuropäischen Reaktion mit einem Schlag vernichtet. Diese Revolution ist im sichern Anzug« (Soziales aus Rußland, MEW 18: 567).

Man kann vereinfachend sagen, daß die im »Kommunistischen Manifest« dargelegte Revolutionsstrategie erst im Rußland des Jahres 1917 erfolgreich angewandt worden ist. Hier waren drei essentielle Voraussetzungen gegeben: 1. ein Proletariat, das durch »absolut gebieterische Not ... zur Empörung gegen diese Unmenschlichkeit gezwungen« war; 2. eine Bauernschaft, die angesichts der weitgehend ungelösten Landfrage, zum natürlichen Bündnispartner der Arbeiterschaft wurde; und 3. schließlich eine revolutionäre Partei, die von Lenin im streng konspirativen Sinne erzogen worden war. Aber entgegen der von Engels getroffenen Prognose, daß die Russische Revolution sich für ganz Europa von der höchsten Wichtigkeit erweisen werde, blieb die Oktoberrevolution isoliert, woraus fatale Konsequenzen für die weitere Entwicklung von Staat und Gesellschaft in Rußland erwuchsen. Wir werden auf diesen Punkt später zurückkommen.

Bekanntlich haben die russischen Bolschewiki auf das Ausbleiben der sozialen Umwälzung in Zentraleuropa mit dem an die Adresse der Sozialdemokratie gerichteten Vorwurf des »Verrats« an der Sache des Sozialismus reagiert. Und 60 Jahre später (Der Bahro-Kongreß, Berlin 1978) warf Ernest Mandel, ein führender Trotzkist, Otto Bauer vor, er hätte die Arbeiter im Jahre 1919 »in einer schändlichen Weise belogen«, da ihm von einem Vertreter der Alliierten in Wien versichert worden wäre: »Wir sind weder militärisch noch finanziell fähig, in Österreich zu intervenieren.« Die Versuchung, den Lauf der Weltgeschichte in möglichst simplen moralischen Kategorien zu erklären, scheint in der Tat unwiderstehlich zu sein.

Die tieferen Ursachen für die mangelnde revolutionäre Bereitschaft der deutschen und österreichischen Sozialdemokratie müssen jedoch schon in der Zeit vor 1914 gesucht werden. In beiden Arbeiterparteien hatte sich in der Periode der Hochkonjunktur vor dem Ersten Weltkrieg ein pragmatischer politischer Kurs durchgesetzt, der vielleicht am besten durch das Wort Eduard Bernsteins gekennzeichnet ist, daß die Bewegung alles und das Ziel nichts sei. Nicht nur das bürgerliche England hatte, nach dem bekannten Ausspruch von Engels, eine bürgerliche Arbeiterschaft hervorgebracht. Die gleiche Entwicklung hatte sich nun, mit einer entsprechenden zeitlichen Verzögerung, auch in Mitteleuropa durchgesetzt. Damit hatten sich auch die Perspektiven einer sozialistischen Transformation in dieser Region Europas drastisch verändert.

Kein sozialistischer Politiker – und im übrigen auch kein kommunistischer – hat sich mit den Ursachen der »versäumten« Revolution so gründlich und umfassend auseinandergesetzt wie Otto Bauer. In seinen häufigen persönlichen Diskussionen mit radikalisierten Vertretern der Arbeiterschaft hat er des öfteren auf die Gefahren hingewiesen, die der Revolution von seiten der Alliierten, in der Form der Blockade und der direkten militärischen Intervention, drohten (z. B. Otto Bauers Brief an Bela

Kun, hrsg.v. M. Szinai, Budapest 1972). Aber in Wahrheit vertrat er eine sozialistische Konzeption, die eine etappenweise, demokratische und friedliche Umwälzung der kapitalistischen Produktionsweise zum Ziele hatte und damit einen gewaltsamen Umsturz in den Jahren 1918/19 ausschloß.

In einer grundsätzlichen Polemik gegen die Auffassungen der russischen Bolschewiki meinte Bauer, daß sozialistische Machtausübung von einer Mehrheit der arbeitenden Bevölkerung getragen sein müsse: »Stoßen die geistigen Arbeiter und die landwirtschaftlichen Arbeiter zum industriellen Proletariat, dann ist das klassenbewußte Proletariat in jedem Industriestaat die Mehrheit des Volkes: dann kann es mit den Mitteln der Demokratie die Macht erobern und ausüben. Sind wir noch eine Minderheit, dann beweist dies, daß noch allzu breite Massen der geistigen und landwirtschaftlichen Arbeiter außerhalb unserer Reihen stehen. Dann sind die objektiven gesellschaftlichen Voraussetzungen des sozialistischen Aufbaues noch nicht erfüllt« (Bolschewismus oder Sozialdemokratie, Wien 1921, 87 f.). In ähnlichem Sinne hatte sich der am linken Flügel der Partei angesiedelte Max Adler schon früher geäußert: »Auch wir kennen das Wort von Marx, daß die Gewalt die Geburtshelferin jeder alten Gesellschaft ist, die mit einer neuen schwanger geht. Nur glauben wir, daß auch geschichtliche Prozesse ihre Reifezeit haben, vor deren Ablauf die Gewalt so wenig helfen kann als der sonderbare Geburtshelfer, der vor dem neunten Monat sich ans Werk machen würde« (Probleme der sozialen Revolution, in: Arbeiter-Zeitung v. 2. 4. 1919).

Es ist so klar, daß Bauers Weigerung, sich auf ein sowjetisches Experiment einzulassen, tiefe Wurzeln hatte – nämlich die dem demokratischen Sozialismus inhärente Überzeugung, daß ein despotischer, das heißt der Mehrheit des Volkes aufgezwungener Sozialismus, die Keime bonapartistischer Entartung in sich trage. Dementsprechend vertrat Bauer die Ansicht, daß die Übergangsperiode zwischen Kapitalismus und Sozialismus sich über einen langen Zeitraum erstrecken würde: »Jede Gesellschaftsordnung ist die Folge eines langen Entwicklungsprozesses... Zunächst werden kapitalistische und sozialistische Elemente nebeneinander stehen. Die weitere Entwicklung wird sich so vollziehen, daß Schritt für Schritt die sozialistischen Elemente an Raum gewinnen. Wir werden nie mit einem Sprung aus der kapitalistischen in die sozialistische Gesellschaft kommen. Dazwischen liegt notwendigerweise eine lange Übergangsperiode« (Werkausgabe, 4:852). Wir wollen hier noch in Parenthese vermerken, daß zwischen der von Bauer vertretenen These von der »langen Übergangsperiode« und der auf seinen Antrag vom Linzer Parteitag beschlossenen Strategie der »Diktatur des Proletariats« kein, wie manchmal irrtümlich angenommen wird, grundsätzlicher Gegensatz besteht. Die Diktatur des Proletariats war von Otto Bauer nur für den Fall in Betracht gezogen worden, daß das durch demokratische Methoden an die Macht gelangte Proletariat sich eines von bürgerlicher Seite inszenierten Putschversuches zu erwehren haben würde.

Krisenstrategien

In dem Wechselspiel zwischen Prosperität und Krise ist es bekanntlich in den frühen dreißiger Jahren zum schwersten konjunkturellen Einbruch in der 200jährigen Geschichte des Industriekapitalismus gekommen. Wir haben oben vermerkt, daß während der Depression der dreißiger Jahre das »durchschnittliche« Arbeitereinkommen unter die Grenze des physischen Existenzminimums, sofern man dieses als eine historisch gewachsene Größe begreift, gefallen ist. Es schien, insbesondere in der Sicht vieler kommunistischer Kommentatoren, als ob der moderne Arbeiter, statt sich mit dem Fortschritt der Industrie zu heben, immer tiefer unter die Bedingungen seiner eigenen Klasse herabsinken würde. Die Feststellung Marxens, daß das Proletariat eine »wirklich revolutionäre Klasse« sei, hatte, wie es schien, erneut eine eindrucksvolle wirtschaftshistorische Bestätigung erhalten.
Jene, die aus den statistischen Daten eine akut-revolutionäre Situation destillierten, wären gut beraten gewesen, wenn sie sich eine häufig ausgesprochene Mahnung Josef Schumpeters zu Herzen genommen hätten, daß statistische Durchschnittsgrößen irreführend seien. Hinter dem Fallen der »durchschnittlichen« Arbeitereinkommen verbarg sich das Faktum der Polarisierung der Industriearbeiterschaft in zwei Lager: in das größere der »privilegierten« beschäftigten Arbeiter und in das kleinere, von Land zu Land unterschiedliche, der ganz und gar nicht-privilegierten, arbeitslosen Arbeiter. Nur das zweite der beiden Lager

entwickelte ein Bewußtsein, das der im »Kommunistischen Manifest« prognostizierten Tendenz der absoluten Radikalisierung entsprach.

Es kann so kaum wundernehmen, daß unter der großen Masse der west- und zentraleuropäischen Arbeiterschaft und unter ihren sozialdemokratischen Exponenten keine Weltuntergangsstimmung aufgekommen ist. Allgemein war der Eindruck vorherrschend, daß die eingetretene Wirtschaftskrise zwar unerwartet tief sei, aber früher oder später von einer Erholungsphase abgelöst werden würde. Diese sei um so sicherer, je weniger der Staat mit Methoden der aktiven Krisenbekämpfung in den Marktmechanismus eingreife. In diesem Punkt waren sich interessanterweise bürgerliche sowie marxistische Krisentheoretiker zunächst völlig einig. Sie arbeiteten damit dem Faschismus in die Hände, der sodann nicht zögerte, mit einer aktiven Krisenbekämpfung besonderer Art der Massenarbeitslosigkeit ein Ende zu bereiten – nämlich mit der Aufrüstung und der systematischen Vorbereitung für den Völkermord.

Es ist in der Tat erstaunlich, mit welcher Hilflosigkeit die dem Marxismus verschriebenen Arbeiterparteien der Weltwirtschaftskrise begegnet sind. Aus Moskau kamen sterile Appelle zur revolutionären Erhebung sowie Denunziationen der »sozialfaschistischen« Verräter, bis Dimitroff auf dem 7. Weltkongreß diesem Unfug ein Ende bereitete. Und in Berlin wußte Hilferding, der Verfasser des 4. Bandes des »Kapital«, keinen besseren Rat, als der selbstmörderischen deflationistischen Wirtschaftspolitik Brünings bis zum bitteren Ende Beistand zu leisten. Es war so nur folgerichtig, daß er leidenschaftlich und leider auch erfolgreich den »WTB-Plan« (so genannt nach seinen drei Verfassern Woytinski, Tarnow und Baade) bekämpfte, das erste »keynesianische« Wirtschaftsprogramm, welches lange vor dem Erscheinen der »Allgemeinen Theorie der Beschäftigung« von John M. Keynes von Exponenten der deutschen Arbeiterbewegung erarbeitet worden ist.

Im Westen hat die Weltwirtschaftskrise zur langsamen Rezeption des Keynesschen Gedankengutes geführt. Wir verstehen hier unter »Keynesianismus« nicht die Theorien von Keynes im engeren Sinne, sondern das breite Spektrum von wirtschaftspolitischen Maßnahmen, die seit dem Eintritt der großen Depression zum Zwecke der Überwindung von Stagnation und Arbeitslosigkeit eingesetzt worden sind. Die westliche Welt hatte zur Zeit des konjunkturellen Einbruchs noch ganz im Banne der »klassischen« Lehre von den selbstheilenden Kräften des kapitalistischen Marktmechanismus gestanden. Sie vollzog unter dem Eindruck des erdbebenartigen wirtschaftlichen Zusammenbruchs eine entscheidende Hinwendung zum staatlichen Interventionismus, der für die Wirtschaftspolitik des letzten halben Jahrhunderts bestimmend geblieben ist.

Es mag scheinen, als ob nach der Machtübernahme durch Reagan und Thatcher (und der Dunkelmänner, von denen sie beraten werden) es zu einer neuerlichen kopernikanischen Wende in der Wirtschaftspolitik der kapitalistischen Welt gekommen ist. Aber zur Zeit der Abfassung dieser Zeilen läßt sich bereits deutlich erkennen, daß die Stunde der Dämmerung für Monetaristen, Supplyside-Ökonomen und sonstige Exponenten eines wirtschaftlichen Darwinismus eingesetzt hat. Mit dem nächsten politischen Pendelschlag, der in Bälde zu erwarten ist, wird auch dieser Spuk von der Weltbühne verschwunden sein.

Die jüngste Wirtschaftskrise des Westens, die um die Mitte der siebziger Jahre begonnen hat, hält zu Anfang dieses Jahrzehnts mit voller Stärke an. Dennoch dürfte auch der sanguinischste Anhänger Moskaus kaum Ansätze zu einer systemgefährdenden Radikalisierung der Arbeitermassen in Europa oder Amerika bisher ausgemacht haben. Selbst die großen kommunistischen Parteien Westeuropas, allen voran die KPI, suchen nach politischen Strategien, die von Otto Bauer und nicht von Lenin inspiriert sind. Das russische Modell der Revolution hat die letzten Spuren von Anziehungskraft auf die europäische Arbeiterschaft eingebüßt.

»Realer Sozialismus« und sozialistische Perspektiven

Das abschreckende Bild, das der »reale Sozialismus« in seinen verschiedenen Erscheinungsformen den europäischen Arbeitermassen darbietet, ist ein politischer Faktor von eminenter Bedeutung geworden. Er leistet einen nicht unwesentlichen Beitrag zur Stabilisierung und Langlebigkeit des kapitalistischen Systems.

Die Geschichte der Deformation der Russischen Revolution ist von kompetenter Seite (Isaak Deutscher, Charles Bettelheim

u. a. m.) so häufig beschrieben worden, daß hier nicht einmal eine geraffte Darstellung dieser Art versucht werden soll. Daß ihre Wurzel in der totalen Isolierung des revolutionären Rußland lag, ist bereits früher vermerkt worden. Der Versuch, eines der rückständigsten Länder Europas ohne wesentliche Hilfe von außen in kürzester Zeit zu industrialisieren, führte zur Herausbildung eines Orwellschen Zwangsapparats, dessen Existenz und Perpetuierung sehr bald zum Selbstzweck wurde. Auf diese Weise bewirkte die Kollektivierung der Produktionsmittel nicht die Befreiung der Arbeiterklasse, sondern ihre politische Entrechtung und dauernde Entfremdung.

Engels meinte einmal, daß es die Proletariermassen sein würden, »die schließlich der Produktionsanarchie ein Ende machen werden« (Die Entwicklung des Sozialismus von der Utopie zur Wissenschaft, Ausgew. Schriften 2: 133). Im Lande des »realen Sozialismus« ist wohl die Produktionsanarchie beendet worden, aber die Aufgabe der Planung der Produktion obliegt einer hierarchisch gegliederten Bürokratie, auf deren Entscheidungen die Proletariermassen so gut wie keinen Einfluß ausüben. Die tiefere Ursache des Versagens der Planwirtschaft sowjetischer Machart ist u. E. in dem Umstand begründet, daß die Arbeiterklasse, welche der offiziellen Theorie zufolge die oberste politische Instanz bildet, in der Praxis den untersten Rang in der gesellschaftlichen Stufenleiter einnimmt.

Marx hat seine vor dem Jahre 1848 entwickelte Revolutionsstrategie niemals ausdrücklich widerrufen. Dies blieb Engels vorbehalten, der knapp vor seinem Tode, in der berühmt gewordenen »Einleitung zu Marx' Klassenkämpfe in Frankreich« die Worte schrieb: »Die Geschichte hat aber auch uns unrecht gegeben, hat unsere damalige Ansicht als eine Illusion enthüllt. Sie ist noch weiter gegangen: Sie hat nicht nur unseren damaligen Irrtum zerstört, sie hat auch die Bedingungen total umgewälzt, unter denen das Proletariat heute kämpft. Die Kampfweise von 1848 ist heute in jeder Beziehung veraltet« (MEW 22: 513).

Engels hat im Anschluß an dieses freimütige Bekenntnis eines großen historischen Irrtums eine neue Linie des Klassenkampfes dargelegt, die zweifellos den Überlegungen Bauers (siehe: »Bolschewismus oder Sozialdemokratie«) zugrunde lagen: »Die Zeit der Überrumpelungen, der von kleinen bewußten Minoritäten an der Spitze bewußtloser Massen durchgeführten Revolutionen ist vorbei. Wo es sich um eine vollständige Umgestaltung der gesellschaftlichen Organisation handelt, da müssen die Massen selbst mit dabei sein, selbst schon begriffen haben, worum es sich handelt, für was sie mit Leib und Leben eintreten« (MEW 22: 523).

Die Massen sind auch heute noch nicht völlig »mit dabei«, sie haben noch nicht ganz »begriffen, worum es sich handelt«. Dies hängt nicht zuletzt damit zusammen, daß so manche der sozialdemokratischen (oder sozialistischen) Parteien das Ziel der »vollständigen Umgestaltung der gesellschaftlichen Organisation« im Sinne von mehr Freiheit, mehr Gleichheit und nicht zuletzt mehr Sicherheit längst aus den Augen verloren haben. Aber wenn auch die heutige Weltwirtschaftskrise, aus den oben dargelegten Gründen, noch nicht das Ende des kapitalistischen Systems einläutet, so wird sie, wie wir mit Gewißheit annehmen, eine Phase der stärkeren Besinnung der europäischen Arbeiterparteien auf das geistige Erbe von Marx und Engels und ihrer austromarxistischen Nachfahren einleiten.

Jiří Kosta

Marx und die sozialistische Wirtschaft

Zur Aktualität des Werkes von Marx für die sozialistische Wirtschaftstheorie

Kein Zweifel: Die Ideen von Karl Marx sind für das theoretische Leitbild einer sozialistischen Wirtschaft von fundamentaler Bedeutung. Ungeachtet aller jener Elemente der Marxschen Theorie, die sich als nicht lebensfähig erwiesen haben (und auf die im zweiten Teil dieses Beitrags eingegangen werden soll), ist die allgemeine Botschaft von Karl Marx für die ökonomische Theorie des Sozialismus immer noch aktuell. Davon zeugen sicherlich weniger die in den »realsozialistischen« Ländern erzielten Resultate der wirtschaftlichen Entwicklung – insbesondere wenn wir diese im Lichte der äußerst ungünstigen späten siebziger und frühen achtziger Jahre betrachten (Höhmann 1983) –, als vielmehr die trotz aller Vorbehalte nicht versiegende Anhängerschaft des marxistischen Gedankenguts in der modernen Sozialwissenschaft. Nicht zuletzt hängt dies freilich mit den zunehmenden Krisenerscheinungen zusammen, die in den Industrieländern des Westens auftauchen und nach Alternativen verlangen. Worauf stützt sich nun im einzelnen die Aktualität des Werkes von Marx in bezug auf die zeitgenössische Wirtschaftstheorie des Sozialismus? Nach meinem Dafürhalten sind es vor allem drei miteinander eng zusammenhängende Aspekte, die den Rekurs auf den Klassiker des Marxismus immer wieder wach werden lassen: *Erstens* ist es die *normative Zielsetzung*, derzufolge anstelle einer auf Unterdrückung basierenden Klassengesellschaft eine »Assoziation, worin die freie Entwicklung eines jeden die Bedingung für die freie Entwicklung aller ist«, treten soll (Kommunistisches Manifest).

Sicher: Das Ziel der *menschlichen Emanzipation* ist in der freiheitlichen Tradition des Abendlandes tief verankert. Wir finden diese Grundwerte nicht nur im Marxismus, sondern im christlichen Ideal der Nächstenliebe ebenso wie in der liberalen Aufklärung der Moderne. Marx will jedoch sowohl die klerikale Praxis des feudalen Mittelalters als auch die realen Produktionsverhältnisse des aufbrechenden Kapitalismus gegenüber deren emanzipatorischen Selbstdarstellungen bloßlegen. Man stelle sich, so Karl Marx, »zur Abwechslung einen Verein freier Menschen vor, die mit gemeinschaftlichen Produktionsmitteln arbeiten und ihre vielen individuellen Arbeitskräfte selbstbewußt als eine gesellschaftliche Arbeitskraft verausgaben« (Das Kapital, Bd. I).

Die Marxsche Kapitalismuskritik ist es, die auch heute noch – nicht so sehr i. S. der »Verelendung«, als vielmehr im Kontext der zunehmenden Fremdbestimmung im hochtechnisierten Wohlstandskapitalismus – eine für viele zeitgenössische Kritiker gedachte »Totalalternative« als verlockend erscheinen läßt.

Zweitens geht es um den »*wissenschaftlichen*« *Methodenansatz* von Marx, der insofern überzeugend wirkt, als hier die sozialistische Gesellschaft als Resultante immanenter sozialer Kräfte gedeutet wird. Es liege in der *Gesetzmäßigkeit der Geschichte*, die – ähnlich wie sie das Aufkommen des Feudalismus und die Entstehung des Kapitalismus bewirkt habe – zur Ablösung der kapitalistischen Gesellschaftsformation durch den Sozialismus-Kommunismus führen werde.

Hier kann der unter Marxisten viel diskutierten Frage nicht weiter nachgegangen werden, inwieweit bereits bei dem Begründer des Marxismus – und wohl noch mehr bei Engels – oder erst bei deren Epigonen eine eindeutig deterministische Geschichtsauffassung vorliegt: Fest steht jedenfalls, daß Karl Marx dem gesellschaftlichen Sein, dessen Grundlagen die materiellen Bedingungen der Produktion bilden, einen Primat gegenüber dem sozialen Bewußtsein einräumt, daß »die ökonomische Struktur der Gesellschaft die reale Basis« bilde, »worauf sich ein juristischer und politischer Überbau erhebt« (Zur Kritik der politischen Ökonomie, Vorwort). Es entspricht m. E. dem Sinn des Marxschen Werkes, wenn behauptet wird, daß bei aller Beachtung des »subjektiven« Faktors eine durch die sozialökonomische Basis hervorgerufene »objektive« Wirkung auf den Gang der historischen Entwicklung ausgeübt wird. Vielleicht ist es nicht immer die inhaltliche Aussagekraft dieser These, die auch heute noch viele Zeitgenossen anspricht, sondern der Reiz der »Wissenschaftlichkeit«, der auf diese Weise dem Bedürfnis der Kapitalismuskritiker nach einer fundierten Alternative entgegenkommt.

Drittens ist es das *ganzheitliche Bild der Gesellschaft*, in dem diese als Totalität gefaßt ist: Allerdings betrachtet der klassische Marxismus, wie bereits angedeutet, die sozialökonomischen Strukturen als grundlegend für das gesamtgesellschaftliche, also auch für das politisch-administrative und sozio-kulturelle System. Politische Ökonomie soll sich i. S. der Marxschen Tradition folgerichtig weniger – wenn überhaupt – mit den organisationstechnischen Funktionsmechanismen der wirtschaftlichen Abläufe befassen, sondern vielmehr die *sozialen Widersprüche und Triebkräfte* einschließlich der sie repräsentierenden Institutionen analysieren.

Was die zeitgenössischen Sozialkritiker wiederum ansprechen muß, ist mithin die Sensibilität von Marx für den Charakter von Herrschaftsverhältnissen, für Fragen sozialer Konflikte in der modernen Gesellschaft. Es ist daher kein Zufall, daß sich gerade die gefährlichsten Kritiker der »realsozialistischen« Systeme auf Marx berufen können: Man denke etwa an die Anhänger der Praxisgruppe in Jugoslawien oder an die tschechoslowakischen, polnischen und ungarischen Reformer in den Ländern des sowjetischen Machtbereichs (allerdings ist auch in Rechnung zu stellen, daß hier eine generelle Kritik am Marxismus von den jeweiligen Parteiführungen nie geduldet wurde).

Die drei hervorgehobenen Punkte der Konzeption – der normative, der methodische und der soziale Aspekt –, die für die Marxsche Lehre zentral sind und in der sozialwissenschaftlichen Diskussion der Gegenwart immer noch eine bedeutende Rolle spielen, betreffen freilich die ökonomische Theorie und Praxis des Sozialismus im engeren Sinne, wenn überhaupt, so nur sehr generell. Sie beziehen sich *nicht auf die Funktionsweise des Wirtschaftssystems*, das die privatkapitalistische Marktwirtschaft ablösen soll. Nun läßt sich berechtigterweise argumentieren, Marx habe ja nicht beabsichtigt, »eine Garküche der Zukunft« im Detail zu beschreiben. Dies würde schließlich seiner eigenen Methode zuwiderlaufen, die lediglich vergangene und bestehen-

de sozialökonomische Strukturen kritisch zu untersuchen inten-
diert. Man hätte ja, so wird in diesem Sinn weiterargumentiert,
zur Genüge gesehen, wie irreal die konkreten Vorstellungen
utopischer Sozialisten, die Phantasiebilder der Zukunft entworfen hätten, letzten Endes waren.

Stimmt es jedoch tatsächlich, daß dem einige Jahrzehnte später,
zunächst in Rußland, einsetzenden Aufbau einer sozialistischen
Wirtschaft kein Konzept vorlag, das sich auf Marx hätte berufen
können? Auf den ersten Blick scheint diese These zuzutreffen.
Eine genauere Betrachtung zeigt jedoch, daß im Marxschen
Werke gewisse konzeptionelle Grundzüge einer sozialistischen
Planwirtschaft enthalten sind. Zwar hat der Begründer des Marxismus in der Tat keinen detaillierten Entwurf eines ökonomischen Systems des Sozialismus ausgearbeitet; dennoch gehen aus
seinen Schriften – teils aus der impliziten Logik seines Werkes,
teils aus bruchstückartigen expliziten Äußerungen – gewisse
fundamentale Merkmale einer sozialistischen Planwirtschaft
hervor (was allerdings in noch weit stärkerem Maße für Engels –
man denke an den »Anti-Dühring« – gilt).

Wollen wir nun ein sozialistisches Wirtschaftssystem zunächst
grob kennzeichnen, das aus dem logischen Kontext und den
entsprechenden Aussagen von Karl Marx resultiert, dann lassen
sich zwei entscheidende Grundelemente zweifelsfrei be-
nennen:

1. Eine »sozialistische« bzw. »kommunistische« Wirtschaft (wobei die Bezeichnung Sozialismus und Kommunismus erst später
von Lenin für die »niedere« und »höhere« Phase der nachkapitalistischen Gesellschaft i. S. der Marxschen »Kritik des Gothaer
Programms« gewählt wurde) wird als *totale Negation* der vorangehenden kapitalistisch-warenproduzierenden Wirtschaftsweise
gefaßt.

2. Funktionsprobleme reduzieren sich bei Marx auf (leicht)
lösbare Organisationstechniken, nachdem sozialökonomische
Interessenwidersprüche qua Vergesellschaftung der Produktionsmittel überwunden worden sind.

Die im folgenden Abschnitt vorgenommene Konkretisierung
dieser beiden Merkmale zeigt, wie die Marxschen Vorstellungen
von einer sozialistischen Wirtschaft im einzelnen aussahen und
welche Elemente des von ihm – wenn auch nicht detailliert
entworfen, so doch in seinen Grundzügen – gedachten Systems

sich angesichts vielfacher praktischer Erfahrungen als nicht lebensfähig erwiesen haben.

Grundzüge einer der Logik des Marxschen Werkes entsprechenden sozialistischen Wirtschaft

Aus der *totalen Ablehnung* der kapitalistischen Produktionsweise ergibt sich nach Marx:

1. die *Abschaffung des Privateigentums an Produktionsmitteln* und deren Überführung in die Verfügungsgewalt der Gesellschaft;
2. eine Überwindung der Waren- und Geldwirtschaft, in der heutigen Terminologie also eine *Beseitigung des marktwirtschaftlichen Lenkungssystems*, und zwar in der Gestalt einer gesamtgesellschaftlichen Planung und Verteilung von Gütern und Leistungen in nicht-monetär berechneten »Gebrauchswerten«;
3. die *Beseitigung des Profit- und Erwerbsanreizes*, an dessen Stelle solidarische Bewußtseinsformen und Verhaltensweisen treten sollen (dieser dritte Punkt kann auch unter zweitens als ein Element des Marktmechanismus gefaßt werden).

Überlegungen zu *organisationstechnischen Aspekten* der Planwirtschaft werden von Marx nicht nur wegen des »Garküchenarguments«, sondern auch wegen deren angenommener relativer Problemlosigkeit kaum thematisiert.

Die völlige Negation der kapitalistischen Systemelemente in bezug auf (1) das Eigentum an Produktionsmitteln, (2) die marktwirtschaftliche Lenkung und (3) den Profitanreiz hat sich in der gesellschaftlichen Praxis als Irrweg erwiesen. Dies soll anhand der in allen »realsozialistischen« Ländern Osteuropas und Asiens sowie auch in Kuba gewonnenen Erfahrungen und aufgrund der diese Erfahrungen reflektierenden Diskussionen wie folgt begründet werden:

Weder unter dem Aspekt der Ausbeutung noch im Hinblick auf Funktionsprobleme ist eine totale *Enteignung der Produktionsmittelbesitzer* berechtigt bzw. zweckmäßig gewesen. Kleine Betriebe – so etwa in den Bereichen des Handwerks, des Handels, der kleingewerblichen Dienstleistungen und Produktionen (einschließlich der Landwirtschaft) – sind weder Gegenstand von Ausbeutung, noch können ihre Funktionen durch eine Integration in staatliche bzw. »quasi-genossenschaftliche« Großorganisationen sinnvoll ersetzt werden. Das Fehlen individueller Kleinbetriebe und echter Genossenschaften zog nicht zufälligerweise immer wieder Versorgungslücken, bürokratische Rigiditäten und Verschwendungseffekte in den jeweiligen Volkswirtschaften nach sich. Ganz zu schweigen von der völligen Zerschlagung der Motivationen der ehemaligen Kleineigentümer. Ein neuer Weg, welcher private, genuin genossenschaftliche und »gemischte« (privat-staatliche) Eigentumsformen im kleingewerblichen Sektor nunmehr ermöglicht, ohne daß dadurch »Ausbeutung« entsteht, wird vor allem in Ungarn und in China in der jüngeren Vergangenheit erfolgreich eingeschlagen (Höhmann 1983).

Die Fehler in der Praxis des Aufbaus des Sozialismus stalinistischer Prägung, derzufolge jegliches private Produktionsmitteleigentum zwangsverstaatlicht bzw. zwangskollektiviert wurde, sollten freilich nicht Marx selbst in die Schuhe geschoben werden. Jedoch kann der Begründer des Marxismus in dieser Beziehung nicht völlig »reingewaschen« werden. Hat er doch die Tendenzen der Vergesellschaftung der Produktivkräfte im Kapitalismus, die er mit dem Akkumulationsdrang des Kapitals begründete, allzu einseitig in die Zukunft fortgeschrieben. Man findet in seinen Schriften kaum einen Hinweis, daß auch unter den Bedingungen eines hohen Entwicklungsstandes der Produktivkräfte Formen der Kleinproduktion fortleben können, wie es die Praxis gezeigt hat. Nicht die Einzeläußerungen von Karl Marx, sondern seine Tendenzaussagen haben der späteren Dogmatisierung in dieser Frage Vorschub geleistet, die über Engels, Hilferding und Lenin bis zu den Aussagen der Stamokaptheorie reichen.

Die *naturalwirtschaftliche Planung* war aus mehreren Gründen in der Sowjetunion wie in den späteren planwirtschaftlich organisierten Ländern nie voll durchzuhalten. Die Nutzung der Geldrechnung blieb notwendig, denn (1) das Planen in naturalwirtschaftlichen Mengengrößen hat zur Vernachlässigung der Kosten geführt (Tonnenideologie) und mußte früh durch die Anwendung des monetären Kalküls zumindest ergänzt werden, (2) die Planzentralen und die jeweiligen dezentralen Planungsglieder wie Betriebe, Regionalbehörden etc. müssen notwendigerweise verschiedene Gebrauchswerte mit Hilfe von Meßeinheiten vergleichbar machen, verschiedene Produktarten aggregieren und desaggregieren, wenn Planaufgaben faßbar sein sollten: Auch hierfür ist die Bewertung in Geld zweckmäßig, (3) Preise als Geldausdruck von Kosten und Gebrauchswert sind notwendig, wenn Produktion und Bedarf in Einklang gebracht werden sollten (vgl. die ausführlicheren Begründungen in: Kosta 1974 und 1981).

Hinzu kommt ein weiteres, häufig übersehenes Argument, auf das der ansonsten orthodox-marxistisch argumentierende »Renegat« Kautsky hingewiesen hat (Kautsky 1902). Geld als »Tauschmittel ist unumgänglich, wenn freie Wahl des individuellen Konsums gewährleistet sein soll. Wie immer die Verteilungsprinzipien im einzelnen auch aussehen mögen..., die freie Wahl der Konsumgüter ist m. E. die notwendige Vorbedingung für die Entfaltung des einzelnen in einer freien Gesellschaft. Die Harichsche Alternative einer Zuteilungswirtschaft auf der Basis völliger Verteilungsgleichheit (Harich 1975) ist mit diesem Postulat unvereinbar. Unter derartigen Voraussetzungen ist ein flexibles Tauschmittel als Instrument der Einkommens- und Konsumgüterverteilung notwendig. Was anderes sollte dies sein als das liebe Geld? Wollten wir Stundenzettel an seiner Statt einführen, dann würden diese – ungeachtet der enorm schwierigen Handhabung – nur einen anderen Namen erhalten: ihre Funktion als Tauschmittel (wie das Geld) bliebe freilich dieselbe« (Kosta 1981).

Auch der Gebrauchswert, der den individuellen bzw. sozialen Nutzen eines Gutes darstellt, kann mit Hilfe des Geldes – über den Preis – besser ausgedrückt werden als etwa durch stoffliche Recheneinheiten. Unser Fazit: Das Abschaffen des Geldes, von Marx als Ziel einer sozialistischen Wirtschaft angenommen, ist weder sinnvoll noch durchführbar.

Umstritten bleibt jedoch der Anwendungsgrad von *Gewinn- und Erwerbsanreizen* in einer sozialistischen Wirtschaft. Im allgemeinen wird mit Rekurs auf die »Kritik des Gothaer Programms« ein gewisses Maß an leistungsbedingten Einkommensunterschieden befürwortet, nachdem alle Gleichheitsansätze – ob etwa im sowjetischen Kriegskommunismus, im nachrevolutionären Kuba oder in Maos China – fehlgeschlagen waren. Die Funktion des Gewinns als Akkumulationsmittel für die Finanzierung von Investitionen und von kollektiven Konsumausgaben wird ebenfalls als unumgänglich anerkannt. Ansonsten gibt es allerdings hinsichtlich der materiellen Stimulierung unter Marxisten in Ost und West erhebliche Meinungsunterschiede: so etwa in bezug auf die Höhe der Einkommensdifferenzen, auf die Anwendung von Stücklohn, Prämien, die Koppelung von betrieblichen Lohnfonds mit individuellen Anreizen etc.

Beschränkt man sich jedoch auf eine generelle Aussage, dann dürfte, wie z. B. die Erfahrungen in China und Kuba gezeigt haben, der Leistungsansporn als wichtiges Lenkungsinstrument solange bestehen bleiben, wie die Gesellschaft mit unterschiedlichen Güterknappheiten und divergierenden Arbeitsanforderungen konfrontiert sein wird.

In einem weiteren Punkt fällt die Kritik an den Vorstellungen von Marx differenzierter aus, nämlich bezüglich des *Zentralisierungsgrades ökonomischer Entscheidungen*. Zu dem gesamten Problembereich Zentralisierung–Dezentralisierung gibt es bei Karl Marx widersprüchliche Äußerungen.

Was den Kapitalismus betrifft, hat Marx den Konkurrenzkampf als wesentliches Element des Systems der privatkapitalistischen Warenwirtschaft betrachtet. Konkurrenz, Spontaneität und Anarchie – das waren für ihn die entscheidenden Merkmale dieser Produktionsweise. Ein derartiges marktwirtschaftliches System, das als Gegenstück zentraler Planung betrachtet wird, könnte dann als »*dezentral*« interpretiert werden. Andererseits beinhalten jedoch die Marxschen Aussagen über den Akkumulationsdrang des Kapitals, der sich in dessen »Konzentration und Zentralisation« äußert, bereits in Ansätzen die bei Engels und den späteren Marxisten stärker werdenden Deutungen über eine Tendenz zur *Zentralisierung* volkswirtschaftlicher Entscheidungen in den Händen der »Monopole« bzw. des »kapitalistischen Staates« im Schoße des Kapitalismus. Daraus ergibt sich bei den Klassikern des Marxismus eine Sozialismus-Programmatik, derzufolge »gesamtwirtschaftliche«, sprich: staatliche Volkswirtschaftsplanung neben der Vergesellschaftung der Produktionsmittel zu den entscheidenden Programmpunkten erhoben wird. Es stellt sich nun die Frage, wie die letzteren Vorstellungen mit der gleichzeitig betonten Idee eines »Vereins assoziierter Produzenten« zu vereinbaren sind (Manifest, Kapital etc.).

Mit anderen Worten: Faßt man die Marktwirtschaft modellhaft, d. h. unter Vernachlässigung der realen Konzentrationstendenzen, als ein dezentrales Steuerungssystem auf, dann müßte eine sozialistische Planwirtschaft als Negation des Kapitalismus eine totale Zentralisierung auf makroökonomischer Ebene involvieren. So klingt auch die Argumentation der osteuropäischen Planzentralisten. Betont man jedoch die real existierenden Monopolisierungstendenzen, die dem Akkumulationsdrang der kapitalistischen Unternehmer entsprechen, dann bestünde der Gegenpol der zeitgenössischen kapitalistischen Wirtschaftsordnung in einer sozialistischen Ökonomie, die als *dezentrales Entscheidungssystem* konzipiert ist; hier sollen die betrieblichen und die lokalen Entscheidungsträger, nicht zuletzt jedoch der einzelne in bezug auf seine Konsum-, Berufs- und Arbeitsplatzwahl, weitgehend selbst über die anfallenden ökonomischen Prozesse bestimmen.

Die Erfahrungen der realsozialistischen Länder zeigen deutlich, daß ein zentralistisch-direktives Wirtschaftssystem weder dem emanzipatorischen Ziel des Sozialismus gerecht wird, noch in der Lage ist, eine der Planintentionen entsprechende leistungsfähige Produktion zu gewährleisten. Es ist heute mehr als je zuvor klar geworden, daß Zentralismus unabdingbar den Nährboden für bürokratische Herrschaft einer Minderheit schafft und ein funktionsschwaches ökonomisches Lenkungssystem nach sich zieht. Dezentralisierung ist somit die Vorbedingung für eine funktionierende Wirtschaft, die einem demokratisch selbstregierten Gemeinwesen zu dienen hat.

In neueren Diskussionen der marxistischen Linken wird häufig behauptet, die Abweichungen in der Praxis der »realsozialistischen« Planwirtschaften seien darauf zurückzuführen, daß die Klassiker des Marxismus in ihrem Konzept davon ausgegangen seien, der Sozialismus würde auf der Basis hochentwickelter Produktivkräfte den Kapitalismus ablösen. Ware-Geld-Beziehungen seien dann nur deswegen notwendig, weil der Sozialismusaufbau entgegen diesen ursprünglichen Voraussagen zunächst in industriell rückständigen Ländern einsetzte. Dem ist jedoch entgegenzuhalten, daß gerade die Erfahrungen des »Realsozialismus« ein anderes Fazit nahelegen. Mit zunehmendem Reifegrad einer Volkswirtschaft wird die Notwendigkeit der Anwendung von dezentral-marktwirtschaftlichen Lenkungsinstrumenten im Rahmen der gesamtgesellschaftlichen Planung immer dringlicher. Es gilt also keineswegs die These, Warenbeziehungen seien ein notwendiges Übel minderentwickelter sozialistischer Volkswirtschaften, sondern gerade die Fortentwicklung der Produktivkräfte erfordert eine Reihe von zusätzlichen Lenkungselementen, die quasi-marktwirtschaftlichen Charakter haben (dezentrale Entscheidungsformen, monetäre Lenkungsinstrumente etc.).

Schlußbemerkung

Die Bedeutung von Karl Marx für die sozialistische Wirtschaft reduziert sich, wie gezeigt wurde, auf die *generellen Aspekte*, die auf normativer, methodischer und sozialer Ebene liegen. Die Marxschen Vorstellungen bezüglich der *Funktionsweise* enthalten hingegen nur wenige Elemente, die sich in der gesellschaftlichen Praxis bewährt haben. Letztere Aussage gilt unabhängig davon, um welches Land, welche historische Phase und welche Form des bisherigen »Realsozialismus« es geht.

Der Umstand, daß zentralistisch-administrative, vornehmlich naturalwirtschaftlich gelenkte Planwirtschaften funktionsschwach sind, hat über die im zweiten Abschnitt begründete Kritik hinaus weitere Einwände gegen die theoretischen Aussagen von Marx nach sich gezogen, deren Berechtigung m. E. äußerst fragwürdig ist. Häufig werden nämlich Mißerfolge sozialökonomischer Strategien und wirtschaftspolitischer Maßnahmen, die in den realsozialistischen Ländern unter Berufung auf Marx legitimiert werden, einzig und allein auf Fehleinschätzungen des Klassikers zurückgeführt. Dieser Sachverhalt läßt sich am folgenden Beispiel darstellen.

Bei den verschiedensten Überlegungen und Vorkehrungen auf dem Gebiet der *Preisbildung und Preisregulierung* versucht man in der »realsozialistischen« Selbstdarstellung zu »belegen«, daß jeweils Marx, dem Protagonisten der Arbeitswertlehre, gefolgt wurde. Diese These wird dann bürgerlicherseits sozusagen bereitwillig übernommen. Marx selbst hat aber doch, wie oben dargelegt wurde, gar nicht erwogen, dem Geld und mithin auch den Preisen eine Rolle als Planungsinstrument in einer sozialistischen Wirtschaft zuzuordnen. Wenn sich nun in der Praxis der sozialistischen Wirtschaft herausgestellt hat, daß dem monetären Kalkül vor der naturalwirtschaftlichen Rechnung unter gewissen Bedingungen in der Planung Vorrang einzuräumen ist, warum soll dann ein Preistyp gesucht werden, der einer der Marxschen Preis- bzw. Wertformeln (»Wertpreis«, »Produktionspreis«, etc.) entspricht? Haben nicht möglicherweise Reformökonomen in Osteuropa eher recht, wenn sie der Nutzung von Marktpreisen unter der Bedingung indirekter Lenkungsformen Vorrang einräumen wollen? Ihr Argument lautet: Auf diese Weise könnte die Produktion eher dem Bedarf angepaßt werden und daher ein Problem, das bisher in den osteuropäischen Volkswirtschaften offengeblieben ist, gelöst werden.

Dieses Beispiel, das als *pars pro toto* gilt, bezeugt zweierlei: erstens besteht kein Anlaß, Organisations- und Planungsformen einer sozialistischen Wirtschaft aufgrund theoretischer Sätze von Marx zu legitimieren, wie dies in den Ländern des sowjetischen Machtbereichs geschieht. Zweitens ist aber in diesem Zusammenhang keineswegs gerechtfertigt – wie dies häufig Gegner der marxistischen Theorie tun –, Marx für die Fehlplanung in Osteuropa verantwortlich zu machen.

Ein anderer Punkt der Kritik an den Auffassungen von Karl Marx, den ich ebenfalls nicht voll teilen kann, bezieht sich auf dessen Fortschrittsglauben. Zweifellos hat der Begründer einer besonderen Sozialismustradition, die sich in ihrem Selbstverständnis als »wissenschaftlich« bezeichnet, mit den bürgerlichen Sozialwissenschaftlern seiner Zeit den Glauben an die Wohltaten des wissenschaftlichen und technologischen Fortschritts geteilt. Ich möchte auch nicht bestreiten, daß weder er noch die anderen damaligen »Modernisierungsoptimisten« die negativen Auswirkungen der Industrialisierung vorausgesehen haben.

Es stellt sich allerdings die Frage, ob die zentralen Zielsetzungen und die entscheidenden methodischen Grundthesen von Karl Marx durch die ökologischen Probleme, denen sich die Menschheit heute gegenübersieht (und dies gilt in hohem Maße auch für die Friedensproblematik), überholt sind. Ich glaube nicht. Die Alternative liegt m. E. nicht, wie häufig argumentiert wird, in einer völligen Umkehr der gegenwärtigen Industriegesellschaft, nach deren Expansion Marx zweifellos gerufen hat.

Ich vertrete nach wie vor die in der tschechoslowakischen Reformbewegung der sechziger Jahre entwickelte These von der Möglichkeit, den wissenschaftlichen und technischen Fortschritt als Hebel der menschlichen Emanzipation anzusetzen. Wissenschaft und angewandte Technologie bergen nämlich zwei Optionen in sich: eine destruktive, inhumane, natur- und menschen-vernichtende einerseits und eine konstruktive, natur- und menschheitsfreundliche, emanzipatorische andererseits. Sicherlich, die Entwicklung der siebziger und der frühen achtziger Jahre hat uns die erste Option nur allzu deutlich vor Augen geführt. Gleichzeitig ist aber auch das Problembewußtsein von den zerstörerischen Kräften und der daraus entstehenden Gefahr gewachsen (Zivilisation am Scheideweg).

Diejenigen, die eine totale Negation der modernen Industriege-sellschaft als Lösungsmodell vorschlagen oder eine derartige Möglichkeit durch ihre radikale, oft gewaltsame Verweigerung suggerieren, erinnern an die Fehleinschätzung, die in der Ablö-sung des gegebenen sozialökonomischen Systems durch ein total anderes, womöglich auf einen Schlag zu verwirklichendes Wirt-schaftssystem besteht. Diese Haltung erinnert wiederum in einer gewissen Hinsicht an Marx, dem ebenfalls ein völlig anderes Modell der Zukunftsgesellschaft vorschwebte, wenngleich das Marxsche Erbe, undogmatisch gedeutet, m. E. realistischere Op-tionen für eine sozialistische Wirtschaft eröffnet als ein die moderne Industriewelt total ablehnendes Zukunftskonzept.

Die zentrale Schlußfolgerung, die sich aus den vorangehenden Überlegungen ergibt, kann auf zwei Punkte reduziert werden:

1. Es besteht kein Anlaß, das von Karl Marx ins Auge gefaßte *emanzipatorische Ziel*, dem eine sozialistische Wirtschaft zu dienen hat, aufzugeben; insofern sind freilich die »realsoziali-stischen« Gesellschaften von diesem Leitbild heute weiter entfernt als in den Anfangsphasen ihrer Entwicklung.

2. Die *Organisationsformen* einer derartigen Wirtschaft können keinem vorgefaßten Dogma folgen, sondern sie haben sich an den eigenen jeweiligen Erfahrungen zu orientieren, sie müs-sen sich neuen Bedingungen schrittweise anpassen und sind insofern für Korrekturen jeweils offenzuhalten.

Fritz Vilmar

Konservative Grundstrukturen und Wirkungen des Marxismus[1]

Dogmatismus und Immobilismus

Das verbalrevolutionäre Vokabular und Auftreten des Marxismus[2] hat allzu lange allzu vielen verdeckt, daß er auch stockkonservative Grundstrukturen besitzt und daß er – nicht zuletzt wegen eben dieser Denkstrukturen! – wirkungsgeschichtlich mindestens ebensosehr zur Aufrechterhaltung herrschender Verhältnisse beigetragen hat wie zu deren Veränderung. Die im folgenden Abschnitt zunächst kurz zu erläuternden objektiv konservativen *Strukturen* des Marxismus bestehen erstens in dessen spezieller *Sachzwangideologie*: seiner Auffassung, daß gesellschaftliche Prozesse sich mit der »Notwendigkeit eines Naturprozesses« (Das Kapital, 1/1959: 803) vollziehen und daß für autonomes politisches Handeln angesichts dieser Zwangsläufigkeit der »ökonomischen Bewegungsgesetze« (ebd.: 7 f.) keine Chance besteht. Der marxistische Konservatismus besteht infolge dieser Geschichtsauffassung dann zweitens in seinem *Dogmatismus*, d. h. der seiner Theorie immanenten Lernunfähigkeit, die aus dem Wahn folgt, jene objektiven politökonomischen Bewegungsgesetze der Gesellschaft erkannt zu haben, daher ein für allemal zu wissen, daß und wie der revolutionäre Prozeß sich vollzieht, und daher auch nichts im Wesen Neues aus möglichen qualitativ neuen soziopolitischen Erfahrungen oder Fakten lernen zu müssen.

Natürlich mußte es sich und wird es sich als »natur«-wissenschaftlicher Wahn erweisen, derart unter souveräner Nichtachtung des »subjektiven Faktors« und der Möglichkeit qualitativ neuer Fakten – wie etwa der Endlichkeit der Ressourcen und der Umwelt-Belastbarkeit! – den Entwicklungsprozeß der kapitali-

stischen Industriegesellschaft erkennen und voraussagen zu wollen. Aus diesem marxistischen Wissenschaftswahn aber sind für den Sozialismus dann auch äußerst hemmende, *de facto konservative politische Wirkungen* erwachsen: Das Festhalten marxistisch orientierter politischer Parteien und sonstiger linker Organisationen an einer mehr und mehr sich geschichtlich als falsch erweisenden katastrophisch-revolutionären Umschlagsvorstellung des Gesellschaftsprozesses hat ein Jahrhundert lang immense sozialistische Erwartungen, Kräfte, Politiken und Zielsetzungen in die Irre geleitet, verhängnisvolle Spaltungen in der Arbeiterbewegung mitverschuldet, in der leninistisch-stalinistischen diktatorischen Pervertierung *im Namen des Marxismus* ein Schreckensbild von Sozialismus verwirklicht und mit alldem *der Aufrechterhaltung der bestehenden Herrschaftsordnung ganz wesentlich Vorschub geleistet.* So hat Marxismus in der Tat durch schwerwiegende Irreleitung sozialistischer Politik im Kapitalismus, im »Realsozialismus« und in der Dritten Welt hochgradig konservativ gewirkt. Insbesondere aber in den anderthalb Jahrzehnten der Reformperiode der BRD hat marxistische bzw. sowjetmarxistische Theorie und Praxis, wie an exemplarischen Beispielen zu zeigen ist (s. S. 315 ff.), wesentlich dazu beigetragen, Reformkräfte zu schwächen, Reformpolitik zu destabilisieren oder durch »revolutionäre Symbolakte« (Habermas) als »Weg ins Chaos« in Mißkredit zu bringen, so daß zahllose verunsicherte Sympathisanten und Wähler der sozialliberalen Koalition sich enttäuscht und/oder erschreckt wieder dem politischen Konservatismus zuwandten. –
Beides: die konservativen *Denkstrukturen* des Marxismus und ihre die Herrschaftsgesellschaft erhaltenden *Auswirkungen*, insbesondere in den hinter uns liegenden fünfzehn Jahren, sollen in den folgenden Abschnitten verdeutlicht werden.

Progressive und konservative Denkstrukturen im Marxismus

Die erste, *theoretische* Erörterung muß ich im Rahmen dieser primär praxeologisch orientierten Kritik sehr knapp fassen, zumal ich die Form einer Gegenüberstellung wähle, um bei aller notwendigen Kritik die im Hegelschen Sinne »aufzuhebenden«, weil wesentliche Erkenntnisfortschritte bringenden Elemente des marxistischen Denkens nicht in Vergessenheit geraten zu lassen. Zunächst sind folgende für die politische Verwirklichung einer realdemokratischen, also sozialistischen Gesellschaft wesentliche theoretisch-praktische Leistungen des Marxismus hervorzuheben:

1. Der Marxismus hat das Denken, damit die emanzipatorischen, radikaldemokratischen Bewegungen von der bloß *moralisierenden* und *personalisierenden* Sozialkritik sowie der idealistischen Setzung und bloß appellierenden Verfechtung beliebiger wünschenswerter Ziele freigemacht und sie gelehrt, die gesellschaftliche Inhumanität in den *realen Interessengegensätzen* (Herrschaftsverhältnissen) sozialer Klassen zu suchen, innerhalb derer es Stellung zu nehmen, Front zu machen gilt. Dabei hat er die ökonomischen Besitz- und Produktionsverhältnisse als grundlegend für diese strukturellen gesellschaftlichen Inhumanitäten erkennen und anzugreifen gelehrt.

2. Der Marxismus hat auf der Basis dieser »materialistischen« Wende des politischen Denkens erkennen gelehrt, daß die Dialektik, d. h. die innere Widersprüchlichkeit der vorhandenen Herrschafts- und Produktionsverhältnisse selbst in der Geschichte immer wieder deren Stabilität erschüttert, gesellschaftliche Gegenkräfte gegen die Herrschenden ins Leben gerufen und diese schließlich überwunden hat. Er hat damit das niederdrückende, von Herrschaftsideologien noch vertiefte Bewußtsein unwandelbarer, gar »gottgewollter« Ordnungen beseitigt und das befreiende, aktivierende Bewußtsein von ihrer radikalen Wandlungsfähigkeit erzeugt.

3. Der Marxismus hat insbesondere für die industriekapitalistische Produktionsweise diese immanente Dialektik nachgewiesen und anstelle »begnadeter *Führer*« die immer größer werdende *Masse* der Nicht-Besitzenden, Ausgebeuteten, existentiell Bedrohten: das »Proletariat« als das Kollektiv-Subjekt zur Führung aufgerufen, *das als solches und nur so* – also durch kollektive Organisation und Gegenmachtbildung – die im kapitalistischen Prozeß angelegte Tendenz des Umschlags der Produktions- und Machtverhältnisse erfüllen kann.

Der Marxismus hat also den durch ihn aufgeklärten Massen und ihren Funktionären unverzichtbare Einsichten vermittelt: anstelle eines heilen, hinzunehmenden, ein konflikthaftes, sich revolutionierendes Gesellschaftsbild; eine auf den ökonomischen Kern von Konflikten statt auf Symptome bezogene Kampfrichtung; eine an den realen gesellschaftlichen Bewegungen und kollektiven Kräften statt an voluntaristischer Maschinenstürmerei orientierte Politik; eine starke Einsicht in die Bedeutung solidarischer Organisation und ein vorantreibendes, durch Niederlagen kaum beirrbares Bewußtsein ihrer dem gesellschaftlich-geschichtlichen Prozeß gemäßen demokratisierenden, befreienden politischen Mission. (Und er hat diese Wirkungen weit über die Grenzen offiziell marxistischer Parteien und Gewerkschaften hinaus, wenn auch in einer allgemeineren, verwässerten Form, auf große Teile der internationalen Arbeiterbewegung ausgeübt.)

Im Verlauf des 20. Jahrhunderts allerdings haben sich die marxistischen Elemente aufgrund der nichtrevolutionären sozioökonomischen Entwicklung in den linken Organisationen stark vermindert oder stark verformt: bis hin zum kaderelitären Aktivismus Lenins und zu neuen bürokratischen Herrschaftsideologien im Sowjetmarxismus.

Diese letzte Feststellung verweist auf *die negativen Faktoren* in der Bilanz des Marxismus. Die Kompliziertheit ihres Charakters erfordert eine etwas ausführlichere Darlegung der Thesen:

1. Der Marxismus war und blieb dem positivistisch-naturwissenschaftlichen Denken des 19. Jahrhunderts (sowie auch dem fatalen Objektiven Geist Hegels) verhaftet in dem Bestreben – zugleich in Kritik der liberalen ökonomischen Gleichgewichtsmechanik –, die objektiven sozioökonomischen Bewegungsgesetze mit quasi-naturwissenschaftlicher Gewißheit (s. o.) zu entwickeln. Dieser Anspruch, die Kenntnis der objektiven gesellschafts-geschichtlichen Abläufe zu besitzen, hat den Marxismus in Programmsätzen von Parteien (besonders von totalitären Staatsparteien) zu einem geistigen Herrschaftsinstrument entarten lassen, mit dem politisch-strategisch Andersdenkende als Leugner der objektiven Wahrheit abgeurteilt und verstoßen werden können. Die Kritik der marxistischen Voraussage der kapitalistischen Entwicklung wurde tabuiert, da auf der angenommenen objektiven Gewißheit dieser Entwicklung die objektive Gewißheit der kommenden Krise und Revolution beruht, deren Infragestellung infolgedessen die gesamte politische Hoffnung und Strategie zunichte macht.

2. Damit verführt der Marxismus zum starren Festhalten und Verteidigen einer bestimmten Interpretation der kapitalistischen Entwicklung (nämlich einer zunehmend krisenhaften, revolutionäre Situationen produzierenden) und macht viele Marxisten und marxistische Organisationen unfähig, neue, andersverlaufende kapitalistische Entwicklungen ernsthaft wahrzunehmen (»selektive Perzeption«) und ihr politisches Handeln darauf einzustellen; zugleich wird denjenigen Sozialisten und linken Organisationen, die unter *nicht* zunehmend krisenhaften, *nicht*-revolutionären kapitalistischen Bedingungen sozialistische Politik durch Reformen zu programmieren und verwirklichen versuchen, »Reformismus«, »Systemstabilisierung« etc. vorgeworfen. Die Spaltung der politischen und gewerkschaftlichen Arbeiterbewegung hat hier eine wesentliche Ursache (die andere liegt im sozialdemokratischen Verzicht auf konsequent systemverändernde Politik überhaupt).

3. Der Marxismus bewirkt durch seine Überbetonung der Eigengesetzlichkeit gesellschaftlicher Prozesse eine verhängnisvolle Unterschätzung und Unterbewertung des »subjektiven Faktors«. Der Satz, daß die ökonomische Basis den politisch-geistigen Überbau bestimme, degradiert politisches Bewußtsein und Politik zur abhängigen Variable der Produktionsverhältnisse. Das heißt, der Marxismus leugnet die Möglichkeit, daß Menschen durch bewußtes, *nicht* durch ökonomische Zwänge präformiertes politisches Handeln aktiv gestaltend in die gesellschaftlichen und besonders die ökonomischen Verhältnisse eingreifen können. (Auch der leninistische revolutionäre Aktivismus, der dem zu widersprechen scheint und der in der Tat eine weitgehende Umdeutung des Marxismus beinhaltet, steht unter der zwanghaften Annahme, daß man sich lediglich als Avantgarde der kommenden Krise zu betätigen habe – also in Antizipation des demnächst revoltierenden Unterbaus –, als Vollstrecker der unausweichlichen gesellschaftlichen Umwälzung, *nicht aber als [relativ] autonomer Gestalter eines offenen gesellschaftlichen Prozesses.*)

Diese Unterbewertung autonomer Politik folgt zwangsläufig aus der Herleitung der gesellschaftlichen Entwicklung aus »objektiven« sozioökonomischen Widersprüchen (»Bewegungsgesetzen«), einer »Realdialektik« von Produktivkräften und Produktionsverhältnissen, die zwar von den Menschen selbst »gemacht« wird, wie Engels (Marx/Engels, Ausgew. Schr., 1952: 459 f.) erläutert, aber so, daß sie, unter primär ökonomischen Bedingungen, nur blindlings agieren: »... unzählige einander durchkreuzende Kräfte, ... daraus das geschichtliche Ergebnis hervorgeht... als das Produkt einer, als ganzes, bewußtlos [!] und willenlos wirkenden Macht«. In diese – wesentlich ökonomisch bestimmte – »Realdialektik« sind also die Menschen im Grunde nur verstrickt, sie sind nicht selbst *im Sinne einer Subjekt-Objekt-Dialektik* bewußt handelnde aktive Gestalter. Zwischen dem gesellschaftlichen Prozeß und dem politischen Handeln der Menschen besteht *keine Dialektik, sondern einseitige Mechanik*: »Nicht das Bewußtsein bestimmt das Sein, sondern das gesellschaftliche Sein bestimmt das Bewußtsein«, wie Marx (nicht der »flache« Engels!) sagt. Zu Unrecht möchte Ernst Fischer die »monolineare Kausalität« dieses berühmten Grundsatzes als »undialektisch mißverstanden« deuten (Fischer 1971: 44), zu freundlich Habermas (1963: 313) das dazugehörige, für das gesamte marxistische Denken schlechterdings zur zentralen Denkfigur gewordene Schema vom Überbau und Unterbau als »unglückliches Bild« abtun. Ganz im Gegenteil: Diese im Wesen des Marxismus begründete, *nur objektive, nicht subjektiv-objektive Dialektik* des gesellschaftlichen Prozesses schlägt sich lähmend in sämtlichen politischen Analysen, Programmen und Diskussionen nieder. Sie alle laufen darauf hinaus, daß unsere Gesellschaft (»das System«) eben vom Unterbau: den Kapitalgesetzen und -interessen bestimmt, beherrscht wird, folglich der Überbau: Staat, politische Bildung, Bildungssystem, politische Organisationen etc. (mit Ausnahme der revolutionären Organisation des Proletariats, versteht sich) »nichts anderes« sein kann als »systemerhaltend«. Sozialistische Organisation kann folglich nichts anderes tun, als »Mobilisierung« des Proletariats, Bewußtmachung der Krise, der Verelendung, des Klassenkampfes, Durchführung von anti-kapitalistischen Aktionen, Streiks, Lohnkämpfen – und zwar nicht, weil man »das System« ändern könnte, sondern lediglich im Blick auf das Heranreifen einer »revolutionären Situation« – bestenfalls, schon etwas außerhalb marxistisch-theoretischer Legalität: indem man aktiv-agitatorisch durch »kämpferische« Massenbewegung aus begrenzten Krisen eine revolutionäre Situation macht.

Zusammenfassend: Der Marxismus blockiert aufgrund der nur reagierenden Rolle, die er politischem Handeln zuweist, die Einsicht in die *tatsächliche* Dialektik von Ökonomie, aktiver demokratischer Bewußtseinsbildung und Politik: die Tatsache, daß »das System« nicht aus dem herrschenden Unterbau »Kapital« und dem dienenden Überbau »Staat« besteht, sondern aus einer (zu Marx' Zeit freilich noch nicht sichtbaren) Dialektik miteinander ringender, kapitalistischer und demokratischer Kräfte *im* Staat, *im* Bildungssystem – ja, ansatzweise sogar *in* der Ökonomie[3] (in der Gewerkschaftsmacht, Arbeitsschutzrechte, Steuergesetze, Betriebsverfassung, staatliche Planung faktisch begonnen haben, *in* der Privatwirtschaft selbst die Alleinherrschaft der privaten Verfüger einzuschränken).

Das heißt nicht weniger, als daß die konstitutive marxistische Blindheit für autonome, bewußte politische Handlungen den gesamten dogmatisch-marxistisch indoktrinierten Teil der sozialistischen Bewegung blind macht für den faktisch erreichten und weiterhin erreichbaren Stand der Auseinandersetzungen zwischen Kapital und Arbeit: nämlich die erfolgreiche Zurückdrängung der – wenn auch immer noch vorherrschenden – Kapitalmacht im privatwirtschaftlichen und gesellschaftlichen System selbst. Erhebliche Teile der sozialistischen Bewegung werden damit desorientiert und bündnisunfähig.

Kontraproduktive politische Auswirkungen des Marxismus

Durch seinen Anspruch, die Entwicklung der kapitalistischen Wirtschaft zu immer schwereren Krisen und revolutionärer Transformation als objektives gesellschaftliches Bewegungsgesetz voraussagen zu können, hat der Marxismus viele Sozialisten und radikale Demokraten auf eine als falsch erwiesene Vorstellung des Geschichtsablaufs und einer unabänderlichen Alleinbestimmung des Gesellschaftssystems durch die ökonomischen Gesetze fixiert. Damit wurde ihr mögliches reformstrategisches Engagement im gesellschaftlichen System hier und jetzt verhindert oder gelähmt. Viele, besonders junge Marxisten sind, nach enttäuschter revolutionärer Erwartung, in Resignation oder blinden Aktivismus abgeglitten, große Teile der westeuropäischen KPs verharren in ideologischer Schizophrenie: revolutionär redend und reformistisch handelnd; andere marxistische (besonders trotzkistische) Gruppen nehmen eine Haltung ein, die man als Aufforderung zum »vorrevolutionären Dauertraining« bezeichnen könnte. Als offizielle sowjetische Weltanschauung ist der Marxismus zum repressiven ideologischen Disziplinierungsmittel der herrschenden Parteibürokratie entartet, die den im Marxismus angelegten objektiven gesellschaftlichen Wahrheitsanspruch für sich selbst monopolisiert und in ihren Ländern die nahezu totale geistige Unfreiheit etabliert hat.

Zu den destruktivsten politischen Wirkungen des Marxismus in der Bundesrepublik gehört dessen antireformistische Irreleitung eines beachtlichen Teils der westdeutschen Linken in den anderthalb Jahrzehnten der Reformperiode 1968–82, – eine Irreleitung, die wesentlich zur Destabilisierung des Reformpotentials in diesem Land und zur konservativen Trendwende beigetragen hat. Dies ist im folgenden zu zeigen, zunächst in einer knappen Zusammenfassung, anschließend in zwei »exemplarischen Fällen«.

Was in der Reformperiode 1968–82 historisch angesagt war, war – neben der dringend notwendigen Beendigung des Kalten Krieges in Deutschland – *ein sehr wichtiger, aber mit Vorsicht voranzutreibender Prozeß gesellschaftlicher Reformen auf der Basis einer knappen sozialliberalen Mehrheit*: Schul- und Hochschulreform, Liberalisierung und »Sozialisierung« des Rechts (§ 218; Mieterschutz, Betriebsverfassungsgesetz-Novellierung), Verbesserung sozialer Leistungen, »mehr Demokratie«: Mitbestimmung in (Hoch-)Schulen, Kommunalplanungen, Betrieben, Großunternehmen, mehr Umweltschutz.

Seit Herbst 1982 (diese Zeilen wurden wenige Tage nach dem von Genscher inszenierten konservativen Machtwechsel geschrieben) haben wir allen Anlaß zu fragen, welche Faktoren es waren, die seit Mitte der siebziger Jahre die Reformkräfte erlahmen und die Kräfte der Gegenreform erstarken ließen – bis hin zu jenem Frontwechsel der FDP-Mehrheit, die am 2. Oktober die CDU/CSU zurück an die Macht brachte.

Natürlich gab es die bekannten reformfeindlichen »Umstände«: die seit 1973 anhaltende Wirtschaftsstagnation, der Wechsel von Brandt zu dem »Macher« Schmidt, die Macht der konservativen Presse, die zunehmende Bremswirkung der FDP... Aber die Benennung dieser Gegenkräfte gerät im linken Spektrum leicht zur Selbstrechtfertigung; *als hätte nicht die Linke selbst in der*

Bundesrepublik Wesentliches dazu getan, jene zehn bis fünfzehn Prozent ins konservative oder grüne Lager zu treiben, die nicht links oder rechts festgelegt sind und daher die Wahlen entscheiden.

Die radikale (und eben meist marxistisch-radikale) Linke hält an dieser Stelle der Diskussion meist ihr SPD-Feindbild bereit: die »Erklärung«, daß es gerade die kapitalhörige (»sozialpartnerschaftliche« und super-pragmatische), perspektivenlose Politik der SPD gewesen sei, die zur Erosion der Wählerbasis wesentlich beigetragen habe. Nun scheint es mir evident zu sein, daß die Sozialdemokratie, einschließlich ihrer Freunde in den Gewerkschaftsführungen, außerordentliche Defizite in der Theorie wie in der Praxis der Reform offenbart haben – sei es durch die Halbherzigkeit und nicht-offensive öffentliche Vertretung ihrer Reformforderungen (vgl. Vilmar 1973: 230 ff.) – sei es aber auch durch die viele Wähler verunsichernde Hektik, Unverständlichkeit und Unhaltbarkeit mancher Reformkonzepte, insbesondere im sehr wahlrelevanten[4] Vorschul-, Schul- und Hochschulbereich. Genau hier aber *zeigte sich seit Mitte der sechziger Jahre das hochgradige Versagen und die kontraproduktive Wirksamkeit der marxistischen Linken* und der von ihr indoktrinierten studentischen, jungsozialistischen und innerparteilichen wie -gewerkschaftlichen Gruppen. In einem gesellschaftlich-politischen Klima, wo knappe Mehrheiten *in vier Wahlentscheidungen* 1969, 1972, 1976 und 1980 eine Legitimationsbasis für soziale und demokratische Reformen geschaffen hatten und daher in der SPD und den Gewerkschaften ein dringender Bedarf entstand nach realisierbaren Konkretisierungen ihrer Programme[5] wie auch nach öffentlicher Aufklärung und Meinungsbildung zugunsten praktikabler sozioökonomischer Demokratisierungskonzepte, leisteten sozialkritische Theoretiker, Publizisten und theoretisch arbeitende Gruppen, soweit sie sich als »marxistisch« verstanden, von wenigen Ausnahmen abgesehen (P. v. Oertzen, einige Juso-Gruppen, einige Mitverfasser der »alternativen« Wirtschaftsgutachten), keinerlei vorantreibenden, konstruktiven Beitrag. Man verspottete den »systemstabilisierenden« Reformismus Brandts, verteufelte das prinzipienlose »Krisenmanagement« Schmidts, diffamierte das gewerkschaftliche Mitbestimmungskonzept als »Herrschaftsinstrument« (Altvater) – aber *man lieferte weder innerhalb der Organisationen* noch von außen irgendwelche auch nur im linken Meinungsspektrum (außerhalb der marxistischen Seminare) vermittelbaren, diskutablen Alternativen. Ein Blick in die Publikationslisten der marxistischen Wortführer (um nur einige zu nennen: Abendroth, Agnoli, Altvater, Brückner, Dutschke, Hirsch, Negt, Schmiederer – oder Sowjetmarxisten wie Deppe, Huffschmidt, Kühnl) vermag diese fast totale Nichtbeteiligung an den brennenden inhaltlichen wie strategischen Problemen jener Reformperiode leicht zu verifizieren.

Angesichts dieser hochgradigen Sterilität und Kontraproduktivität der orthodox-marxistischen Theorieproduktion entschloß ich mich 1975, gemeinsam mit Helga Grebing, Greiffenhagen, Fetscher, Kosta, v. Krockow, Künzli, Steffen und Strasser, eine Vereinigung ins Leben zu rufen, die dem etwas Konstruktives entgegensetzen könnte: die »Hochschulinitiative Demokratischer Sozialismus« (HDS). Dieser Theorie-Arbeitskreis, dem über 300 Wissenschaftler, Pädagogen und Publizisten angehören, hat seitdem nicht ohne Erfolg versucht, für die politische Wissenschaft und Bildung reformsozialistische Grundlagen zu erarbeiten, die sich nicht im sozialliberalen Pragmatismus erschöpfen, vor allem aber eine Alternative darstellen zu jenem praxisfernen dogmatischen Marxismus, wie er in der akademischen Linken vorherrschend geworden war. Die Arbeit der Hochschulinitiative hat ihren Niederschlag in allgemeinverständlich geschriebenen »Studientexten« gefunden[6], die in entscheidenden Fragen

– der Überwindung des sozialistischen Dogmatismus durch einen pluralistischen Theoriebegriff,
– eines demokratischen Sozialismusbegriffs und eines sozialistischen Demokratieverständnisses,
– der Reform als Prinzip gewerkschaftlicher und sozialistischer Politik,
– einer realistischen (dem DGB-Programm entsprechenden) wirtschaftsdemokratischen Konzeption schrittweiser Überwindung des Kapitalismus und insbesondere einer wirksamen Vollbeschäftigungspolitik,
– des Eurosozialismus und -kommunismus in Westeuropa Beiträge erarbeitet hat, die für progressive gesellschaftspolitische Praxis hier und heute hilfreich sein können.

Die marxistische Linke dagegen »wirkte« nicht nur durch Disengagement, durch Nichtbeteiligung an den Reformaufgaben und Rückzug auf die Kritik[7] an dem »repressiven Staat« (Pfingstkongreß 1976 des »Sozialistischen Büros«!) – es gab auch genuine marxistische Aktionen und Wirkungen –, und diese »Wirkungen« arbeiteten freilich noch kräftiger den Konservativen in die Hände als jene »Nichtwirkung«:

– In sozialliberal regierten Ländern gelang es der akademischen marxistischen Linken im Bildungssystem, vor allem an Hochschulen, teilweise sehr erfolgreich, ein politökonomisches Gesellschaftsbild zu vermitteln, in dem die Verfassung und die demokratischen, besonders die reformpolitischen Institutionen und Kräfte lediglich als Fassade oder Instrumente kapitalistischer Herrschaft fungieren.

– Auf der Basis dieses anti-parlamentarischen und anti-reformistischen Gesellschaftsbildes mußte die marxistische Indoktrination notwendigerweise dahin wirken, nicht etwa den mühsamen Prozeß sozialliberaler Reformpolitik voranzutreiben, sondern – insbesondere im Bewußtsein vieler politisch Interessierter der jüngeren Generation – systematisch als »systemstabilisierend« oder illusionär zu diskreditieren.

– Infolgedessen predigte die marxistische Linke Tausende junger Linker aus der Kirche, d.h. der konkreten politischen Arbeit, hinaus: Statt den »Langen Marsch durch die Institutionen« und die große Bedeutung einer Politik der kleinen Schritte zu lernen – was einem Teil der Jungsozialisten zu Beginn der siebziger Jahre noch gelang[8] –, wurden die politischen Vorstellungen zahlloser idealistischer Schüler, Studenten und junger Gewerkschafter mit antireformistischen Phrasen, einem anti-sozialdemokratischen Feindbild und revolutionären Illusionen irregeleitet, mit dem Ergebnis, daß sie nach einigen folgenlosen revolutionären Symbolhandlungen der politischen Arbeit überhaupt den Rücken kehrten – oder aber, für viele sehr folgenschwer, in die Arme orthodoxkommunistischer Sekten getrieben wurden, deren fanatischer Anti-Parlamentarismus und Revoluzzer-Programme sie schließlich in die Messer des Radikalenerlasses und Berufsverbotes laufen ließen.

Entgegen einer verbreiteten linken Legendenbildung über die illiberale und »polizeistaatliche« Entwicklung der Bundesrepublik in den siebziger Jahren ist *insgesamt* festzuhalten, daß es nicht der »repressive bürgerliche Staat«, sondern eine die demokratische Verfassungsordnung verachtende »revolutionäre« Gewaltideologie und -praxis dogmatischer Marxisten war, die *primär* verantwortlich zu machen ist für eine Eskalation von Konfrontation und Repression, die zur Überprüfung der Verfassungstreue führte, zum Kampf gegen kommunistische Unterwanderung, zur Diskreditierung kritischer Wissenschaft und demokratischer Hochschulreform, zu immer brutaleren Polizeiausrüstungen und -maßnahmen gegen immer brutalere Demonstrationsformen und schließlich zu Hochsicherheitstrakten, Terroristenfurcht und -jagd, Verschärfung des politischen Strafrechts und Einengung der Rechte der Verteidiger. Sicher hat »der Staat« vielfach falsch oder überreagiert – jedenfalls hat er aber zunächst nur *reagiert* –, *agiert* haben die Ideologen und Aktivisten einer irrealen revolutionären Hoffnung!

Nur blinde linke Selbstgerechtigkeit – und dieses Laster ist freilich im linken Spektrum nicht weniger verbreitet als im rechten! – kann bestreiten, daß alle die hier genannten Auswirkungen des orthodoxen Marxismus und Sowjetmarxismus entweder, durch unablässige Diffamierung der Reformlinken, die sozialliberalen Organisationen und Politiken *direkt* schwächte oder aber, durch pseudo-revolutionäre Ideologien und Symbolakte, wichtige aktive Minderheiten in die Irre leiteten und in breiten Schichten verantwortungslos eine Angst vor »Systemveränderern« und chaotischen Zuständen erzeugte, damit *ein Bedürfnis nach Law and Order, das Millionen ins konservative Lager (zurück-)trieb.*

So stehen die massiv konservativen politischen Wirkungen des Marxismus bzw. der von ihm politisch irregeleiteten Gruppen m. E. zweifelsfrei fest; hätte es ihn nicht gegeben, so hätte die CSU ihn erfinden müssen.

Um es aber nicht bei diesen allgemeinen, notwendigerweise knappen, zusammenfassenden Hinweisen zu belassen, möchte ich auf zwei Beispiele marxistischer Kontraproduktivität in der Reformperiode genauer eingehen, die ich selbst aus meiner praktisch-politischen und theoretischen Arbeit der vergangenen fünfzehn Jahre genau bezeugen kann:

– das Scheitern studentischer Kooperation in der gewerkschaftlichen (Bildungs-)Arbeit, und
– den Anti-Reformismus des Sozialistischen Büros.

Angesichts der lähmenden Tendenz in der westdeutschen Gewerkschaftsarbeit, in Tagespolitik sich zu erschöpfen und die – im eigenen Grundsatzprogramm durchaus vorhandenen – mittel- und langfristigen Zielperspektiven aus den Augen zu verlieren, wäre eine kritisch-solidarische Mitarbeit theoretisch arbeitender Linker, insbesondere in der gewerkschaftlichen Bildungsarbeit, für die öffentliche Wirksamkeit wie die innere Bewußtseinsbildung von großer, zukunftsträchtiger Bedeutung.[10]

Die Schwierigkeiten einer Kooperation zwischen »Praktikern« und »Theoretikern«, auch in der Arbeiterbewegung, brauchen hier nicht allgemein analysiert zu werden; ich setze sie als bekannt voraus. Um so bedeutsamer war, daß sich Ende der sechziger Jahre vielerorts eine Annäherung zwischen Gewerkschaften und linken Intellektuellen, insbesondere Studenten, vollzogen hatte aufgrund des gemeinsamen Kampfes gegen die Notstandsgesetze. Auch nach dem Beginn der anti-autoritären Studentenbewegung 1967/68 gab es zunächst nach wie vor eine erhebliche Sympathie zwischen linken Gewerkschaftern und der Studentenbewegung. Diese entwickelte sich schnell aus einer bloß anti-autoritären in eine sozialistische. Wir haben sehr früh – das kann man an den Schriften des SDS und des Verlages »Neue Kritik« nachvollziehen – eine enorme Renaissance der marxistischen Theorie und einer sehr weitgehenden antikapitalistischen Kritik gehabt; die bloß anti-autoritäre, auf die Universität beschränkte Phase war sehr kurz.

Die marxistische Kritik traf aber bald auch die Gewerkschaften als das »linke Standbein des Kapitalismus«. Und da geschah folgendes: Ein erheblicher Teil der Gewerkschaftskollegen, auch in der IG Metall, betrachtete zunehmend diese studentische Kritik an den Gewerkschaften und der Sozialdemokratie als Angriff auf sich selbst; man sagte: Mit diesen linken Spinnern wollen wir nichts (mehr) zu tun haben. Die Linken innerhalb der IG Metall – Leute wie Dürrbeck, Georg Benz, Strothmann, auch z. T. Otto Brenner und seine Berater Thönnessen und Fritz Opel, außerdem viele Funktionäre auf Bezirksebene, etwa in München, Nürnberg, Stuttgart, Frankfurt sowie linke Betriebsräte – zeigten allerdings bis 1970, soweit wie möglich, durchaus noch eine gewisse Solidarität. Das heißt, wenn z. B. Studenten, studentische Gruppen kamen und Unterstützung oder Mittel haben wollten, dann bekamen sie die meistens.

Ich selbst war damals in der IGM-Bildungsabteilung offiziell mit der Wahrnehmung der Kontakte zu den studentischen Gruppen beauftragt, und ich habe damals in der Phase 1967/69 immer wieder eindringlich in der Vorstandsverwaltung der IG Metall darauf hingewiesen, wie ungeheuer wichtig diese Verbindung zwischen Studenten und Gewerkschaften ist, und daß es notwendig wäre, dafür auch Gelder lockerzumachen, Seminare einzurichten, Arbeitsmaterial zur Verfügung zu stellen. In einigen Fällen gelang es dann auch, Seminare, insbesondere mit dem SDS, durchzuführen. Aber die Kommunikation wurde zunehmend schwieriger. Ich erinnere mich insbesondere an ein Seminar im Vogelsberg. Ich glaube, das war 1968. Dieses Seminar verlief bereits hochgradig konflikthaft. Viele der dort hingekommenen Funktionäre des SDS argumentierten auf einer nicht nur gewerkschaftskritischen, sondern dogmatisch-anti-reformistischen und -anti-gewerkschaftlichen Linie. Sie benutzten diese Seminare nicht als Gelegenheit zum Erfahrungs- und Meinungsaustausch im Blick auf wünschenswerte bessere Kooperation, sondern als ein Forum, um mit den anwesenden Gewerkschaftern eine Art Abrechnung zu halten und sie als »Arbeiterverräter« zu »entlarven«. Dagegen stießen unsere Versuche, auf diesem Seminar, von einem linksgewerkschaftlichen Standpunkt aus die wirtschaftsdemokratischen Programmforderungen des DGB (ich hatte sie in der Zeitschrift des SDS »Neue Kritik«[11] zusammenfassend dargestellt!) den Studenten nahezubringen, auf Ablehnung. Man sagte: Das sind doch reformistische Vorstellungen – Rahmenplanung, Teilsozialisierung, wie wollt ihr das denn durchsetzen? Und *Mit*bestimmung! – damit gibt man dem Kapital ja noch eine Legitimation. *Selbst*bestimmung muß man fordern! Unsere Vorstellungen wurden entweder als zu reformistisch, zu gradualistisch oder als undurchführbar (»Systemgrenze«) abgetan. So scheiterte auch der Versuch auf diesem Seminar, Studenten für Mitarbeit in der wirtschaftsdemokratischen Bildungsarbeit zu gewinnen. Wir hatten ein IGM-Arbeitsheft und eine Tonbildschau produziert mit dem Titel »Demokratisierung der Wirtschaft«. Wir waren der Auffassung, daß hier zum ersten Mal, auf der Basis des DGB-Grundsatzprogramms, ein anspruchsvolles, realistisches Konzept der Transformation, der Überwindung kapitalistischer Alleinherrschaft, für eine sehr breit angelegte Bildungsarbeit entwickelt und für die Masse der aktiven Gewerkschafter und Funktionäre verständlich dargelegt worden war. Und die Studenten hätten eine ganz wichtige Rolle bei der öffentlichen Bewußtseinsbildung für ein solches wirtschaftsdemokratisches Transformationskonzept spielen können. Wir zeigten und diskutierten mit ihnen diese Bildungsmaterialien. Aber sie wischten das ganz kühl vom Tisch und sagten: Was soll das schon? Das ist ein reformistisches Konzept; damit kann man den Kapitalismus nicht überwinden.

In diesem gegenseitigen Sich-nicht-mehr-Verstehen aber zeigte sich etwas, was dann meines Erachtens das Verhältnis zwischen linker Studentenschaft und Gewerkschaft insgesamt in Deutschland gekennzeichnet hat. (Das war nicht überall so, es war teilweise in Frankreich anders, es war in Norditalien anders: In Turin war der Kommunikationsprozeß zwischen den Studenten und etwa den Fiat-Arbeitern und den Metall-Funktionären teilweise sehr viel besser, wie ich aus persönlichen Gesprächen weiß.) Man konnte nicht mehr kommunizieren, man war nicht mehr in der Lage, sich die gegenseitigen Standpunkte und Strategien zu vermitteln. Die Gewerkschaften, zumindest ihr »linkester« Flügel, den wir damals repräsentierten, nahm das DGB-Grundsatzprogramm ernst und verfolgte eine Strategie schrittweiser, auf Parlamentsmehrheiten beruhender Veränderung, während die Studenten mehr und mehr dazu tendierten, diesen ganzen Ansatz des Gradualismus, der parlamentarisch fundierten Arbeit als Sozialdemokratismus abzuweisen. Es wurde dann auch immer schwerer, mit diesen Genossen Bildungsveranstaltungen durchzuführen. Die Fälle häuften sich, in denen der DGB und die Gewerkschaften bestimmte studentische Referenten 'rauswarfen und sagten: Was die da vertreten, ist für unsere Kollegen nicht verdaulich, oder es treibt sie in einen Gegensatz hinein zur Gewerkschaft, zur SPD.

Wir versuchten damals, den Studenten klarzumachen, daß es wenig Sinn hat, ein noch so schönes marxistisches, revolutionäres Umgestaltungsprogramm in die Welt zu setzen, wenn dies weder in der Realität noch in den Gewerkschaftsbeschlüssen eine Basis hat; daß es strategisch sehr viel sinnvoller sei, sich an das zu halten, was in den Gewerkschaften immerhin *programmatisch* vorlag, was aber von der Mehrheit der Gewerkschafter und Gewerkschaftsfunktionäre nicht besonders ernst genommen wurde.

Die von mir geschilderten gegenseitigen Vorwürfe führten zu einer immer weitergehenden Entfremdung, insbesondere auch auf Grund der Tatsache, daß sich in den siebziger Jahren anstelle einer zuvor noch relativ offenen Diskussion in der linken Studentenschaft festgefügte, oft unerträglich katechismusartig »geschulte« kommunistische Weltanschauungsgruppen breitmachten, deren Sprache und Aktionen die Gewerkschafter immer weniger verstanden. (Etwas erfolgreicher waren die sich reformistisch gebenden und – im Gegensatz zu den anderen kommunistischen Sekten – sich geradezu devot in Gewerkschaften anpassenden, sowjetmarxistisch orientierten, der DKP nahestehenden Gruppen, die in einem sehr irreleitenden Sinn von »gewerkschaftlicher Orientierung«[12] sprechen, denn ihre tatsächliche »Orientierung« ist bekanntlich, den Einfluß der SPD in den Gewerkschaften zugunsten der DKP, d. h. des Sowjetkommunismus, zu schwächen.) Weder diesen Studentengruppen noch den um das »Sozialistische Büro« Organisierten wird es gelingen, relevante Teile der Gewerkschaften von ihrer sozialdemokratischen, d. h. parlamentarisch-reformpolitischen Orientierung abzubringen, obwohl eine doppelstrategische, *auch* außerparlamentarische Orientierung für die Gewerkschaften dringend erforderlich wäre. Aber es müßte ein für die Mehrheit der Gewerkschafter glaubwürdiges Konzept sein. Und die marxistischen Gruppen-Ideologien wirken weder glaubwürdig noch realistisch.

Welche Schlußfolgerungen ergeben sich aus dem Gesagten? Gewerkschaften und linke Studenten bzw. Wissenschaftler müssen ihre Standpunkte zueinander kritisch überprüfen und erneuern, wenn es zu einer sinnvollen Zusammenarbeit kommen soll. Nach wie vor gibt es bei den Gewerkschaften eine geradezu katastrophale Unterschätzung der theoretischen, programmatischen und Bildungsarbeit. Auf der anderen Seite ist ein qualitativ neuer Lernprozeß innerhalb der linken Studentenschaft in Gang zu bringen. Ich möchte die These aufstellen, daß 80 Prozent der linken Studenten heute den realen Arbeiter überhaupt nicht kennen bzw. nicht »wahrnehmen«. Die kleinbürgerlichen Verhaltens- und Denkstrukturen der meisten Arbeiter, aber auch die sehr realen Erfahrungen über die Entwicklung ihres Lebensstandards »hier« im Kapitalismus und »drüben« im »realen Sozialismus« kann man nicht mit markigen Plakaten und Aufrufen, mit einer marxistischen Terminologie und Utopie verändern. Hier muß man lernen, an den Bewußtseinsinhalten und Alltagserfahrungen der Arbeiter und der Gewerkschaftsfunktionäre anzuknüpfen und auch bei der Kritik eines falschen Pragmatismus eben anzuknüpfen an den programmatischen Grundsätzen der Gewerkschaften selbst und nicht an den revolutionären Utopien des Marxismus.

Selbstverständlich ist die eigenständige Entwicklung des »subjektiven Faktors«, also mobilisierende Bewußtseinsbildung, gerade in der Arbeiterschaft, in der Gewerkschaft, möglich und notwendig. Viele Gewerkschaften vernachlässigen diese mobilisierende »Aktions-Bildung«. Aber sie muß eben ganz eng, und das heißt auch, reformpolitisch und nicht »revolutionär«, an den gegebenen Realitäts- und Bewußtseinsgehalten anknüpfen. Die akademische Linke aber knüpft ja noch nicht einmal an den avanciertesten, offiziell verabschiedeten gewerkschaftlichen Programm-Grundsätzen zur Wirtschaftsdemokratie an, die ja weit mehr als Mitbestimmung fordern, z. B. Vergesellschaftung marktbeherrschender Unternehmen, Rahmenplanung, Investitionslenkung. Wenn man heute einen Test machen und linke Studenten fragen würde, was im gewerkschaftlichen Grundsatzprogramm an Forderungen zur Demokratisierung der Wirtschaft enthalten ist, dann bin ich sicher, daß von 100 Befragten 85 bis 90 auch nicht die elementarsten, geschweige denn detaillierte Kenntnisse hätten. Das heißt, weder die reale Lage noch die realen Interessen, noch die anerkannte (aber nicht politisch-didaktisch operationalisierte) Programmatik der Arbeiterschaft sind unseren Seminarmarxisten bekannt. Hier muß etwas grundsätzlich anders werden, falls Studenten wieder ernsthafte Partner für die gewerkschaftliche Linke werden wollen.

Die Unfähigkeit orthodoxer Marxisten zu parteipolitischer Organisation

Ein zweites großes Beispiel praktischen Versagens lieferten die Marxisten in der BRD bei den Versuchen einer sozialistischen Parteigründung.[13] Die Ursachen dieses Versagens habe ich 1977 in einer Diskussion mit Jochen Steffen und Rudi Dutschke benannt, auf die ich mich im Folgenden beziehe.

Beide Genossen plädierten damals – verzweifelt angesichts des Verfalls sozialdemokratischer Politik zu bloßem sozialkapitalistischen Krisenmanagement – in der sozialistischen Zeitschrift »Dasda« (12/76; 1/77) für die Schaffung einer neuen sozialistischen Partei.

Eingehende Analysen[14] des »Sozialistischen Büros« als der wichtigsten potentiellen »Aufbauorganisation« für eine sozialistische Partei wie auch anderer marxistischer und sowjetmarxistischer Konzepte und Strategien mußten zu einem total negativen Resultat führen. Dies habe ich wie folgt zusammengefaßt:

Ausgehend von der mangelhaften Reformpolitik der SPD, ruft Jochen Steffen den Linken zu: »Zeigt mal, wie praktisch heute Reformismus im konkreten Fall auszusehen hätte. Aber bitte ›konkret‹.« Jochen Steffens Aufruf an die unabhängigen Linken, fähig zu werden zu einer Partei links von der SPD, mit konkreter sozialistischer Reformstrategie, ist sehr verständlich und sehr erwägenswert. Warum sollte es nicht, wie in Italien, in Frankreich, aber auch in Norwegen und Schweden, in der BRD eine Sozialistische Partei geben, die auch in diesem Land wieder eine konsequent-sozialistische Alternative auf die politische Tagesordnung bringt und nicht zuletzt dadurch auch der SPD mehr »Feuer unterm Hintern« macht (denn die DKP leistet dies nicht).

Meine Antwort an Jochen Steffen lautet – leider: Dein Aufruf geht ins Leere, weil, von der DKP abgesehen, die linken Gruppen in der BRD *unfähig zu einer konkreten Reformstrategie* sind. Bereits im August 1976 habe ich mit einer Fülle von Belegen in »Dasda« nachgewiesen, daß der Weg des Sozialistischen Büros nicht etwa zu sozialistischer Reformpolitik hinführt, sondern in den Antiparlamentarismus, den Anti-Reformismus, in pauschale Polemik gegen die westdeutsche Gewerkschaftspolitik auf Grund marxistischer Illusionen.

Als Fazit dieser Analyse ergibt sich: Ob es uns gefällt oder nicht (mir gefällt es nicht!) – es gibt in diesem Land, unter den gegebenen wahlrechtlichen Bedingungen (Fünf-Prozent-Klausel) und angesichts des fast totalen altmarxistischen Anti-Reformismus der linken Gruppen, eindeutig nur *eine wählbare (!), weil zählende* linke Partei, die SPD.

Marxistische Sozialisten, solange sie sich nicht auch kritisch gegen den orthodoxen Marxismus selbst wenden (z. B. gegen dessen überwiegend abwertende, zumindest aber doppeldeutige, bestenfalls taktische Bewertung der parlamentarischen Demokratie), müssen ja tatsächlich mit Notwendigkeit genau jene verächtliche Einschätzung unserer politischen Demokratie immer neu wiederholen – jene Einschätzung, die Marx mit seiner Grundthese erzwungen hat: daß die Politik »letzten Endes« nichts anderes als der Überbau, das Verwaltungsinstrument ökonomischer Herrschaft sei. Und genau diese verächtliche, »polit-ökonomische« Einschätzung kommt ja auch in den in meiner SB-Analyse zitierten Texten (und in zahlreichen nicht-zitierten »Links«-Aufsätzen) überdeutlich zum Ausdruck, ebenso in der gesamten, eben rein außerparlamentarisch orientierten Politik des SB.

Aus diesem Grund wird in der nächsten Zeit aus Jochen Steffens »an sich« sehr erwägenswerter, aber hier und jetzt der »Basis« ermangelnder Idee einer sozialistischen Partei nichts werden: weil nämlich die einzige Chance einer solchen Partei, wie Steffen vollkommen zutreffend schreibt, die basisnähere, konkretere *Darstellung einer härteren, konsequenteren, rücksichtsloseren parlamentarischen und außerparlamentarischen Reformstrategie wäre.*

Genau dazu aber sind die »Sprecher« der linken Gruppen, und gerade die des SB, in der BRD unfähig. Befangen in doktrinärer Verneinung der Möglichkeit schrittweiser Gesellschaftsumgestaltung im Verfassungsrahmen parlamentarischer Demokratie, haben sie außer der – richtigen, aber isoliert verkündet sterilen – Devise von der notwendigen Gegenmachtbildung nichts auf der Pfanne. Sie erschöpfen sich in der Negation, statt »solidarischer Kritik« wird weithin lediglich demagogische Verächtlichmachung der bestehenden linken Großorganisationen betrieben. Im Gegensatz etwa zu Eurokommunisten, französischen Sozialisten oder der Worker's Control-Gruppe in England können sie nicht ein einziges für größere Gruppen einleuchtendes, radikaldemokratisches, alltagssozialistisches Reformkonzept anbieten. Jochen Steffens Herausforderung, der SPD nun mal zu zeigen, was wirkliche reformsozialistische Politik ist, wird daher nichts hervorrufen als peinliches Schweigen. Und die sehr weitschweifigen und etwas zusammenhanglosen Erwägungen Rudi Dutschkes im Januarheft 1977 von »Dasda« bestätigten für mich in fast bestürzender Weise mein negatives Urteil über die aktuellen Realisierungschancen einer solchen Organisation. Rudi behauptet zwar, es formiere sich eine sozialistische Linke in der Bundesrepublik (sogar in der DDR!), aber er vermag nicht ein einziges Faktum dafür anzuführen. Denn auch Rudi weiß, daß der von ihm genannte Pfingstkongreß des SB verschiedenartigste, in keiner Partei vereinbare, untereinander tief zerstrittene Gruppierungen und Individuen ganz punktuell und lediglich im Anti-Sozialdemokratismus »vereinte«. Dutschkes treffendster Satz war ganz gewiß dieser: »Handlungsfähig zu werden... handlungsfähig zu sein... daran mangelt es uns heutigen Sozialisten noch wesentlich... es mangelt uns... sehr an umsetzbaren Handlungsweisen politisch-sozialer Natur.« Dies ist exakt die Quintessenz meiner Argumentation, warum zur Zeit eine neue linke Partei bei uns nicht lebensfähig ist.

Im Rückblick auf diese Analysen von 1977 sind, aus der Sicht des Jahres 1982, einige Ergänzungen notwendig: Es muß erstens festgestellt werden, daß sich die damaligen Prognosen in vollem Umfang bestätigt haben – alle Parteigründungsversuche sind gescheitert, und auch der letzte, die der »Demokratischen Sozialisten« (Coppik/Hansen), ist zum Scheitern verurteilt. Zweitens aber hat sich inzwischen gezeigt, daß keineswegs neue linke Parteigründungen als solche scheitern *müssen*. Der Beweis ist der beachtliche Erfolg einer nicht-marxistischen, d. h. nicht in revolutionären Arbeiterpartei- und Klassenkampfillusionen befangenen, dafür aber an den Überlebenssorgen und den basisdemokratischen Bedürfnissen zahlloser – insbesondere junger – Menschen anknüpfenden Partei: der Grünen. Und es sei hinzugefügt: Sollte diese Partei ihre bedeutenden Anfangserfolge verspielen, weil ihre sehr sinnvolle inner- *und* außerparlamentarische Doppelstrategie in eine unsinnige *nur*-außerparlamentarische, ja antiparlamentarische »Fundamentalopposition« umfunktioniert wird, so wird auch dies wesentlich mitverschuldet sein von jenen marxistischen Kadern, die bekanntlich seit Jahren in den grünen und alternativen Listen Unterschlupf gefunden haben und ihre alten »Kampfbilder« auch dort durchzusetzen versuchen.[15]

Nun wird freilich mancher treue Sozialdemokrat kopfschüttelnd fragen, wieso das Unvermögen marxistischer Theoretiker und Gruppen, in der BRD eine sozialistische Parteiorganisation auf die Beine zu stellen, hier als Gewinn für den politischen Konservatismus interpretiert wird. Ist es nicht vielmehr ein Segen, daß uns mit Hilfe der Fünf-Prozent-Klausel eine erneute Zersplitterung im linken parteipolitischen Spektrum erspart bleibt? Ich halte diese Argumentation für kurzschlüssig. Linke Zersplitterung oder gar die primär vom Sowjetkommunismus seit 1918 verschuldete totale Feindschaft zwischen linken Parteien ist zweifellos *auch* eine Form, den Rechten in die Hände zu arbeiten. Was dagegen notwendig ist und die Linke stärkt, das ist eine fruchtbare linke *Parteienkonkurrenz*, wie sie beispielsweise in Italien, Frankreich – jetzt auch in England – besteht. Denn das Monopol *einer* linken Partei führt, wie man an der westdeutschen Sozialdemokratie nur allzu gut studieren kann, zu Selbstgefälligkeit, zu Lern- und Innovationsunfähigkeit, zur Entfremdung von der Basis – vor allem aber zu jener Profillosigkeit, zu der insbesondere eine linke Volkspartei tendiert, da sie versuchen muß, es möglichst vielen recht zu machen und von möglichst wenigen als »zu radikal« abgelehnt zu werden. So war seit Mitte der siebziger Jahre klar, daß eine SPD, deren Führung an den Superpragmatiker Schmidt übergegangen war, und eine vom Sozialliberalismus sich immer weiter entfernende F.D.P. *immer weniger in der Lage sein würden, die wachsenden Minderheiten ökologisch und/oder sozialkritisch orientierter Wähler zu integrieren.* (Aller Voraussicht nach wäre bereits 1980 die sozialliberale Koalition ohne Mehrheit geblieben, hätte die Alternative nicht Franz Josef Strauß gelautet.)

Mit einem Wort: Hätten wir in diesem Lande anstelle einer sowjetisch-marxistisch oder seminar-marxistisch »angeleiteten« Linken eine radikal-demokratisch, reformpolitisch, radikalökologisch und -friedenspolitisch orientierte linke Theorie und (partei-)politische Praxis (Organisation) gehabt, so hätte die Sozialdemokratie einen kritischen Partner besessen, der sie, ihre Parteitage und ihre regierenden Führungsgruppen zu einem erheblichen programmatisch-politischen Wettbewerb herausgefordert hätte und im Falle von Koalitionen ganz gewiß ein weitaus besserer, progressiverer »Mehrheitsbeschaffer« gewesen wäre als die F.D.P. Eine solche Partei, wie sie nun seit kurzem, mit lebensgefährlichen Geburtswehen, die »Grünen« zu entwickeln versuchen, hat weder die alte noch die »neue« marxistische Linke zu konzipieren und zu organisieren vermocht. Und da, wie Hamburg und Hessen zeigen, gegenwärtig weder SPD noch »Grüne« selbstkritisch und reif genug sind für eine rot-grüne Koalition, droht das außerparlamentarische, aber vor allem eben auch das parteipolitische Versagen, und speziell der Antiparlamentarismus der marxistischen Linken in der Tat wesentlich dazu beizutragen, daß in der Bundesrepublik eine neue konservative Epoche, auf der Basis einer schwarz-gelben Koalition, heraufzieht.

Fazit

Nach diesen Fallstudien, auf der Basis meiner theoretischen und praktisch-politischen Erfahrungen in den vergangenen anderthalb Jahrzehnten, will ich versuchen, in drei Punkten ein Fazit über die konservativen Wirkungen des Marxismus in der Bundesrepublik zu formulieren:

1. Marxistische Theorie und Praxis hat in der Reformperiode 1968–82 so gut wie nichts dazu beigetragen, durch eigene Problemlösungsansätze oder Reform vorantreibende Strategien progressive Politik zu stabilisieren und glaubwürdig zu machen. Weder in der Frage der Bildungsreform noch in der Frage einer über bloße Globalsteuerung hinausgehenden gemischtwirtschaftlichen ökonomischen Lenkung und Kontrolle, noch in der Frage bürgernaher Kommunalpolitik oder der Demokratisierung aller gesellschaftlicher Bereiche – weder in der Frage der zunehmenden ökologischen Notstände, der Energie- und Ressourcenkrise, noch in der Frage der Massenarbeitslosigkeit bzw. einer allein, bei ausbleibendem Wachstum, noch sinnvollen Politik zur Wiederherstellung der Vollbeschäftigung durch systematische Arbeitszeitverkürzung – weder bei der Aufgabe, eine glaubwürdige Alternative zur NATO-Strategie des atomaren Selbstmords zu entwickeln, noch in der Unterstützung der Ökologie-, der Frauen- oder der Hausbesetzerbewegung liegt irgendeine relevante theoretische Leistung oder praktische Initiative der marxistischen Linken vor.

2. Aufgrund ihrer anti-reformistischen Haltung war die marxistische Linke nicht in der Lage, zur Wiedergeburt oder Neuformulierung der sozialistischen Theorie und Praxis in der Bundesrepublik einen organisatorischen Beitrag zu lei-

sten: Sei es innerorganisatorisch (beispielsweise durch Unterstützung der Jungsozialisten oder der gewerkschaftlichen Bildungsarbeit) – noch von außen (sei es durch konstruktive Strategien der APO oder durch eine neue Partei). Wer heute, angesichts der Krise des Marxismus und Sozialismus, der Sozialdemokratie Theorielosigkeit vorwirft, muß sich fragen lassen, was er selbst in den vergangenen Jahrzehnten zur Erneuerung des Sozialismus beigetragen hat.

3. Weit über bloßes Versagen hinaus hat die marxistische Linke in der Bundesrepublik durch ihr *Handeln* Unzählige ins konservative Lager getrieben: In außerparlamentarischen und -organisatorischen Aktivitäten und Einflußstrategien (universitäre Revoluzzer-Schauspiele, Go-ins etc., sowjetmarxistische Eroberung von Fachbereichen und gewerkschaftlichen Organisationsbereichen – Militarisierung von Anti-KKW-Demos etc.) haben die verschiedensten marxistischen bzw. »kommunistischen« Gruppen weniger linke Politik als vielmehr Angst und Schrecken innerhalb der – ohnehin gezielt konservativ verunsicherten – Bevölkerung verbreitet. Wie kontraproduktiv solche »politische« Aktivität der Randale bzw. der Unterwanderung war, zeigt sich an Gegenbeispielen: Auch außerhalb der parlamentarischen, parteipolitischen und organisierten Politik hatten Bürgergruppen erhebliche Erfolge, wo sie, im wesentlichen stets ohne marxistischen Einfluß, Veränderungsstrategien in Gang brachten: Durch Bürgerinitiativen, durch eindrucksvolle, weil gewaltfreie Friedensdemonstrationen, durch die Frauenbewegung und durch die – im Ansatz durchaus gewaltfreie – Haus-Instandbesetzungsbewegung, um nur einige wenige Beispiele zu nennen.

Was aber bleibt, nach diesem katastrophalen politischen Fazit (bezöge man Osteuropa mit ein, würde es *noch* katastrophaler!) – nach dieser an die Substanz gehenden Kritik auch vieler theoretischer Prinzipien des Marxismus?

Es bleibt kein »Marxismus«. Aber es bleiben wesentliche *Analyse*elemente unaufgebbar, *wie oben gezeigt*: vor allem die Analyse der kapitalistischen Entwicklung, ihrer Mechanismen und vor allem ihrer immanenten Widersprüche (»Anarchie der Warenproduktion«) und objektiven Krisentendenzen. Der Marxismus, mit einem Wort, ist als polit-ökonomische *Analyse*methode nach wie vor unerläßlich – als politisches *Strategie*konzept irreleitend, ja, kontraproduktiv.

Anmerkungen

[1] Das hier vorgelegte kritische Fazit marxistischer Theorie- und Praxis»wirkungen« beruht auf einer fünfzehnjährigen theoretischen und gewerkschaftlich-politischen Arbeit (die selbst seit 1952 durch marxistische Kapitalismusanalyse wesentlich mit-bestimmt bzw. vorbereitet worden ist). Der Text integriert einige meiner Analysen marxistischer Denkstrukturen und politischer Wirkungen, im 1. Abschnitt insbesondere aus den »Strategien der Demokratisierung«.

[2] Unter Marxismus werden hier – strikt wirkungsgeschichtlich – diejenigen von Marx und marxistischen Theoretikern entwickelten sozioökonomischen Theorien verstanden, die in der sozialistischen Parteiprogrammatik, in der Diskussion und Politik wichtiger Gruppen *eine zentrale Rolle als verbindliche, unbezweifelbare Gesellschaftslehre* gespielt haben. Die tausendfältigen Nachweise der akademischen Marxologie, daß dieses oder jenes Theorem ja »gar nicht so« von Marx gedacht oder gemeint gewesen sei, kann zwar – soweit es nicht, wie meist, reine Rechtfertigungslehre ist – für *künftige* Theoriebildung wichtig sein, für die Beurteilung der politischen Bedeutung und Wirkungen der Theorie als verbindlicher Kanon sind sie vollkommen irrelevant. Übrigens ist es eine theoretische Frage von besonderer Delikatesse, inwieweit Theorien auch für ihre »Vulgarisierungen« verantwortlich sind!

[3] Insbesondere der britische sozialistische Theoretiker John Strachey (1956) hat das Verdienst, die vorhandene und tendenziell zunehmende Wirksamkeit der Eingriffe selbst formal-demokratischer Macht in die Ökonomie herausgearbeitet zu haben.

[4] Vgl. dazu die exemplarische Analyse der politisch verheerenden Wirkungen der Art, wie man in Hessen sozialkritische »Rahmenrichtlinien« für den Schulunterricht einführen wollte: v. Krockow 1976: insbes. 62–76.

[5] Es wird häufig übersehen, daß im Godesberger Programm der SPD von 1959 wie im DGB-Grundsatzprogramm von 1963 beachtliche Forderungen zur Demokratisierung von Wirtschaft und Gesellschaft vorliegen, die freilich mangels konkreter reformsozialistischer Theorieentwicklung und politischer Bildungsarbeit kaum in das allgemeine Bewußtsein und in praktische Strategien umgesetzt worden sind. Lediglich die »Hochschulinitiative Demokratischer Sozialismus« unternahm Anstrengungen in dieser Richtung.

[6] Hier seien nur einige der inzwischen 14 Studientexte (erschienen in der Europ. Verlagsanstalt, Frankfurt) genannt:

- Autorenteam der HDS: Zur Einführung in die Theorie des Demokratischen Sozialismus, 1977, [2]1979.
- Kiersch, G./Seidelmann, R. (Hrsg.): Sicherheit und Entspannung in Europa. Die Antwort des Demokratischen Sozialismus, 1977.
- Zinn, K. G. (Hrsg.): Strategien gegen die Arbeitslosigkeit, 1977.
- Vilmar, F./Sattler, K. O.: Wirtschaftsdemokratie und Humanisierung der Arbeit, 1978.
- Huber, J./Kosta, J. (Hrsg.): Wirtschaftsdemokratie in der Diskussion, 1978.
- Fenner, Ch./Heyder, U./Strasser, J. (Hrsg.): Unfähig zur Reform?, 1978.
- Heimann, H. (Hrsg.): Dialog und Dogmatismus, 1978.
- Kiersch, G./Seidelmann, R. (Hrsg.): Eurosozialismus, 1979.
- Strasser, J.: Grenzen des Sozialstaats?, 1980.
- Kremendahl, H./Meyer, Th. (Hrsg.): Menschliche Emanzipation. Rudolf Bahro und der Demokratische Sozialismus, 1981.

[7] Als Beispiel sei nur an J. Agnolis hochbegabte Total-Negation der parlamentarischen Demokratie in der Bundesrepublik erinnert (Transformation der Demokratie, mit P. Brückner, Frankfurt 1968) – eine »Bibel« der Außerparlamentarischen Opposition, die als Alternative jedoch nichts zu empfehlen weiß als »das organisierte Nein« (74 f.): eine rätedemokratische linke Partei, die außerparlamentarisch »im materialen Sinne eine oppositionelle Politik verficht«, frei von den »Fesseln staatsbürgerlich-parlamentarischer Gleichschaltung«.

[8] Exemplarische Zeugnisse solcher erfolgreichen Arbeit vor Ort sind gesammelt bei: Roth, W. (Hrsg.): Kommunalpolitik – für wen? Arbeitsprogramm der Jungsozialisten, Frankfurt 1971.

[9] Das Folgende enthält Passagen meines Erfahrungsberichts: Kooperation – Entfremdung – und was jetzt? Erfahrungen mit politischen Studentengruppen in der Bildungsarbeit der IG Metall, in: Küsel, G. (Hrsg.): Apo und Gewerkschaften, Von der Kooperation zum Bruch. Berlin 1978: 160 ff. Vgl. dazu auch: Vilmar, F.: Die Hochschule den K-Gruppen überlassen?, in: Vorwärts v. 25. 4. 74: 13.

[10] Grundlinien einer solchen solidarischen Kritik und Mitarbeit habe ich bereits vor einem Jahrzehnt in den Gewerkschaftlichen Monatsheften dargestellt: Basisdemokratische Gewerkschaftsreform, in: GM, 4/1971: 219 ff.

[11] Fritz Vilmar, Neuordnung der Wirtschaft – das Konzept des Deutschen Gewerkschaftsbundes, in: Neue Kritik 32, 1965: 33–42.

[12] Vgl. dazu die Analysen in Flechtheim/Rudzio/Vilmar/Wilke: Der Marsch der DKP durch die Institutionen. Sowjetmarxistische Einflußstrategien und Strategien. Frankfurt 1980, und darin insbesondere die Nachweise der konservativen Wirkung der DKP-nahen Marxisten im DGB: 82–120.

[13] Nur am Rande sei hier vermerkt, daß in Ländern mit freien Wahlen

Marxisten nur dort über eine parteipolitische Sektenexistenz sich hinausentwickeln konnten, wo sie die grundlegenden marxistischen Vorstellungen der Gesellschaftstransformation aufgegeben haben und sich – wie die Eurokommunisten – glaubwürdig auf den Boden des parlamentarisch-demokratischen Verfassungsstaates und der Reformpolitik stellten. Vgl. dazu M. Strübel/F. Vilmar, Eurosozialismus und Eurokommunismus. Chancen und Barrieren einer Integration der Westeuropäischen Linken, in: Kiersch/Seidelmann 1979 (vgl. Anm. 6): 145–160.

[14] Vgl. Vilmar 1973, insb. die Analyse der Stamokap-Strategien (216–230) und der akademisch-linken Krisen- und Revolutions-Illusionen (241–256); Ders.: Der Marsch ins politische Abseits: Wie das ›Sozialistische Büro‹ die Linke schwächt, in: Dasda 8, 76, u. Vorwärts v. 15. 9. 76; Ders.: Gesamteuropäische Koexistenz und innersozialistische Kritik, in: Dutschke/Wilke: Die Sowjetunion, Solschenizyn und die westliche Linke, Reinbek 1975: 29–63; ders. (mit Flechtheim/Rudzio/Wilke): Der Marsch der DKP . . . a.a.O.: insb. 135–148, 170–186, 219–231.

[15] Für Aufbau und Diskussionsprozesse der »Grünen« in Berlin, die »Alternative Liste« (AL), hat einer der – auch bundesweit – aktivsten grünen Funktionäre, E. Hoplitschek, diesen gravierenden Einfluß marxistischer Kader und Fraktionen präzise beschrieben: Partei-Avantgarde, Heimat – oder was?, in: J. R. Mettke (Hg), Die Grünen, Reinbek 1982: 83 ff., 95 ff.

Anhang

Bibliographie

1. Werkausgaben kommunistischer Klassiker

Lenin, W. I.: Werke (abg.: W), hrsg. v. Institut für Marxismus-Leninismus beim ZK der SED nach der 4. russ. Ausgabe, Berlin(-Ost) 1958 ff.

Luxemburg, R.: Gesammelte Werke (abg. GW), hrsg. v. Institut für Marxismus-Leninismus beim ZK der SED, Berlin(-Ost) 1970 ff.

Marx, K./Engels, F.: Werke (abg.: MEW), hrsg. v. Institut für Marxismus-Leninismus beim ZK der SED, Berlin(-Ost) 1958 ff.

–: Ausgewählte Schriften in 2 Bänden, Berlin 1952.

–: Gesamtausgabe (abg.: MEGA^2), hrsg. v. Institut für Marxismus-Leninismus beim ZK der KPdSU und vom Institut für Marxismus-Leninismus beim ZK der SED, 3. Abtlg., Bd. 1, Berlin(-Ost) 1975, 1. Abtlg., Bd. 22, ebd. 1975.

–: Historisch-kritische Gesamtausgabe. Werke, Schriften, Briefe. Im Auftrag des Marx-Engels-Instituts, Moskau (unveränd. Neudr. d. Ausg. v. 1927–35), Berlin(-Ost) 1970.

2. Aus den Klassikern zitierte Einzeltitel

Engels, F.: Anti-Dühring, MEW 20.

Kautsky, K.: Die soziale Revolution, Berlin 1902.

–: Terrorismus und Kommunismus, Berlin 1919.

–: Ethik und materialistische Geschichtsauffassung, Stuttgart 1906.

Lenin, W. I.: Karl Marx, in: Marx, Engels, Marxismus, Frankfurt 1970.

–: Zwölf Jahre, Vorwort, W 13.

–: Der »Linksradikalismus«, die Kinderkrankheit des Kommunismus, Berlin 1920.

–: Die proletarische Revolution, W 28.

Luxemburg, R.: Die Russische Revolution, GW 4.

–: Die Sozialisierung der Gesellschaft – Was will der Spartakusbund? GW 4.

Marx, K.: Zur Judenfrage, MEW 1.

–: Das Kapital, Bde I–III, MEW 23–25.

–: Kritik des Gothaer Programms, MEW 19.

–: Zur Kritik der politischen Ökonomie, Vorwort, MEW 13.

–: Grundrisse der Kritik der politischen Ökonomie (Rohentwurf, 1857–1858), Berlin(-Ost) 1953.

Marx, K./Engels, F.: Manifest der Kommunistischen Partei, MEW 4.

Trotzki, L.: Ihre Moral und die unsere, Berlin 1928.

3. Sekundärliteratur

(Werke, die in den Anmerkungen vollständig zitiert sind, werden hier nicht wiederholt.)

Abendroth, W.: Antagonistische Gesellschaft und politische Demokratie, Neuwied/Berlin 1967.

Adler, M.: Marx als Denker, Berlin ³1925.

–: Politische oder soziale Demokratie, Berlin 1926.

Ash, W.: Marxism and Moral Concepts, New York 1964.

Bachrach, P.: The Theory of Democratic Elitism. A Critique, Boston 1967.

Baran, P. A./Sweezy, P. M.: Monopoly Capital, New York 1966.

Bauer, O.: Bolschewismus oder Sozialdemokratie, Wien 1921.

Berlin, I.: Karl Marx. His Life and Environment, London 1959.

Bernstein, E.: Der Revisionismus in der Sozialdemokratie, Amsterdam 1909.

Bloch, E.: Naturrecht und menschliche Würde, Frankfurt 1961; (= stw. 49), Frankfurt 1972.

–: Über Karl Marx (= ed. Suhrk.), Frankfurt ²1968.

Blumenberg, W.: Karl Marx in Selbstzeugnissen und Bilddokumenten, Reinbek 1962, 1981.

Bölke, G.: Die Wandlung der Frauenemanzipationsbewegung von Marx bis zur Rätebewegung, Hamburg ³1975.

Borkenau, F. (Hrsg.): Karl Marx, Frankfurt 1956.

Bottomore, T.: Political Sociology, London 1979.

Brandler – Deutscher, Briefwechsel »Unabhängige Kommunisten«, Berlin 1981.

Calvez, J. Y.: Karl Marx. Darstellung und Kritik seines Denkens, Olten/Freiburg 1964.

Cerroni, U.: Politische Theorie und Sozialismus. (Nach der serbo-kroatischen Übersetzung), Zagreb 1976.

Cornu, A.: Karl Marx und Friedrich Engels. Leben und Werk, Bd. 1, Berlin (-Ost) 1954.

Diederich, F. (Hrsg.): Geschichtliche Tat – Blätter und Sätze aus den Schriften und Briefen von Karl Marx, Berlin 1918.

Ehrenberg, H.: Zwischen Markt und Marx, Frankfurt 1974.

Enzensberger, H. M.: Gespräche mit Marx und Engels, Frankfurt 1973.

Fetscher, I.: Karl Marx und der Marxismus, München 1967.

Fischer, E.: Was Marx wirklich sagte, Wien/München 1968.

–: Die Revolution ist anders, Reinbek 1971.

Flechtheim, O. K.: Von Marx bis Kolakowski. Sozialismus oder Untergang in der Barbarei?, Köln/Frankfurt 1978.

Fleischer, H.: Marx und Engels, Freiburg/München 1970.

Friedenthal, R.: Karl Marx, München 1981.

Gemkow, H.: Karl Marx. Eine Biographie, Berlin ²1968.

Gollwitzer, H.: Die marxistische Religionskritik und der christliche Glaube, Gütersloh 1962.

Groote, W. v./Gersdorff, U. v. (Hrsg.): Entscheidung 1866: Der Krieg zwischen Österreich und Preußen, Stuttgart 1966.

Gurland, A.: Marxismus und Diktatur, Leipzig 1930; Nachdruck hrsg. v. D. Emig, Frankfurt 1981.

Habermas, Theorie und Praxis, Neuwied 1963.

Harich, W.: Kommunismus ohne Wachstum, Reinbek 1975.

Hilferding, R.: Das Finanzkapital, Wien 1909.

Hillmann, G.: Marx und Hegel, Frankfurt 1966.

Hirsch, H.: Karl Friedrich Köppen: der intimste Berliner Freund Marxens, in: International Review for Social History, Bd. 1 (1936); Wiederabdr. in: Denker und Kämpfer. Gesammelte Beiträge zur Geschichte der Arbeiterbewegung, Frankfurt 1955.

–: Karl Marx als Publizist, in: Beiträge zur Zeitungswissenschaft, Münster 1952.

–: Marx und Moses: Karl Marx zur »Judenfrage« und zu Juden, Judentum und Umwelt, Bd. 2, Frankfurt/Bern/Cirencester 1980.

–: Sophie von Hatzfeldt in Selbstzeugnissen, Zeit- und Bilddokumenten, Düsseldorf 1981.

Höhmann, H.-H. (Hrsg.): Die Wirtschaft Osteuropas und Chinas zu Beginn der 80er Jahre, Stuttgart/Mainz 1983.

Kiersch, G./Seidelmann, R. (Hrsg.): Eurosozialismus, Frankfurt 1979.

Korsch, K.: Karl Marx, Frankfurt ²1967.

–: Marxismus und Philosophie, Leipzig ²1930; Frankfurt 1966.

Kosta, J.: Planung, Selbstbestimmung und Arbeitsteilung, in: H. Kremendahl/Th. Meyer (Hrsg.): Menschliche Emanzipation. Rudolf Bahro und der demokratische Sozialismus, Frankfurt 1981.

–: Sozialistische Planwirtschaft. Theorie und Praxis, Opladen 1974.

Künzli, A.: Karl Marx. Eine Psychographie, Wien 1965.

Lewis, J.: Karl Marx. Berlin(-Ost) 1968.

Liebknecht, W.: Karl Marx zum Gedächtnis. Ein Lebensabriß und Erinnerungen, Nürnberg 1896.

Lombardo Radice, L.: Staatssozialismus, in: U. Wolter (Hrsg.): Antworten auf Bahros Herausforderung des »realen Sozialismus«, Berlin 1978.

Lukács, G.: Der junge Marx, Pfullingen 1965.

–: Taktik und Ethik, Darmstadt/Neuwied 1971.

Maclellan, D.: Karl Marx. Leben und Werk, München 1974.

Maenchen-Helfen, O./Nicolajewsky, B.: Karl und Jenny Marx. Ein Lebensweg, Berlin 1933.

Mandel, E.: Der Spätkapitalismus, Frankfurt 1972.

–: La Crise 1974–1982, Paris 1982.

Karl Marx. Chronik seines Lebens in Einzeldaten. Zusammengestellt vom Marx-Engels-Lenin-Institut, Moskau 1934; Frankfurt 1971.

Karl Marx. Album, Berlin 1953.

Karl Marx. Eine Sammlung von Erinnerungen und Aufsätzen, Zürich 1934.

Karl Marx 1818–1968. Neue Studien zu Person und Lehre, Mainz 1968.

Karl Marx. Aus seinem Leben, Frankfurt 1969.

Karl Marx. Biographie. Autorenkollektiv. Übers. von Hans Zikmund. Inst. für Marxismus-Leninismus beim ZK der KPdSU, Berlin(-Ost) 1973.

Mehring, F.: Karl Marx. Geschichte seines Lebens, Berlin 1918, Berlin(-Ost) 1960; Frankfurt ³1964.

Meier, O. (Hrsg.): Die Töchter von Karl Marx: Unveröffentlichte Briefe, Köln 1979.

Mynarek, H.: Religion – Möglichkeit oder Grenze der Freiheit?, Köln 1977.

–: Zwischen Gott und Genossen, Berlin 1981.

Nikolaevskij, B.: Karl Marx. Eine Biographie, Berlin/Bonn ³1976.

Padover, S. K. (Hrsg.): Karl Marx in seinen Briefen, München 1981.

Perels, J.: Sozialistisches Erbe an Bürgerlichen Menschenrechten, in: D. Horster u. a.: Ernst Bloch zum 90. Geburtstag. Es muß nicht immer Marmor sein, Berlin 1975.

Popper, K.: The Open Society and its Enemies, London 1945; dt.: Die offene Gesellschaft und ihre Feinde, 2 Bde., Bern/München 1957/58.

Raddatz, F. J.: Karl Marx. Eine politische Biographie, Hamburg 1975.

Rjazanow, D.: Karl Marx als Denker, Mensch und Revolutionär, Wien 1928; Frankfurt 1971.

Roth, W. (Hrsg.): Kommunalpolitik – für wen?, Frankfurt 1971.

Rubel, M.: Karl Marx. Penseur, Paris 1957.

–: Féminisme et Androcratie, in: Cahiers de L'I.S.M.E.A., Serie S, No 18, Paris 1976.

–: (Hrsg.): Communisme et propriété, in: Karl Marx, Oeuvres, Économie, Bd. 2, Paris 1968.

–/Dünnwald, Fr. v.: Marx-Chronik. Daten zu Leben und Werk, München ³1975.

Rühle, O.: Karl Marx. Leben und Werk, Hellerau bei Dresden 1928.

Schumpeter, J.: Kapitalismus, Sozialismus und Demokratie, Bern 1946.

Schwarzschild, L.: Der rote Preuße. Leben und Legende von Karl Marx, Stuttgart 1954.

Schwerbrock, W.: Karl Marx privat – Unbekannte Briefe, München 1962.

Seifert, J.: Kampf um Verfassungspositionen, Köln/Frankfurt 1974.

–: Konterrevolution, Staat und Arbeiterbewegung, in: M. Buckmiller: Zur Aktualität von Karl Korsch, Frankfurt 1981.

Šik, O.: Plan und Markt im Sozialismus, Wien 1967.

Stadler, P.: Karl Marx, Göttingen/Berlin/Frankfurt 1965.

Stepanowa, J. A.: Karl Marx, Berlin(-Ost) 1956.

Sternberg, F.: Marx und die Gegenwart, Köln 1955.

–: Wußte Marx, wann er lebte, in: H. Grebing (Hrsg.): Fritz Sternberg und die Zukunft des Sozialismus, Köln 1981.

Stöhr, L., u. a.: Karl Marx. Zum 150. Geburtstag am 5. Mai 1968, Berlin 1968.

Stojanović, S.: Kritik und Zukunft des Sozialismus, München 1970.

–: Geschichte und Parteibewußtsein. Auf der Suche nach Demokratie im Sozialismus, München 1978.

–: Marxism and Democracy: the Ruling Class or the Dominant Class?, in: Praxis International, H. 2, 1981.

Strachey, J.: Contemporary Capitalism, dt.: Kapitalismus heute und morgen, Düsseldorf 1956.

Tucholsky, K.: Staatspathos, in: Ders.: Gesammelte Werke: 1929–1932, hrsg. v. M. v. Gerold-Tucholsky u. F. J. Raddatz, Bd. 3, Reinbek 1973.

Tucker, R.: Karl Marx. Die Entwicklung seines Denkens von der Philosophie zum Mythos, München 1963.

Victor, W.: Der Mann, der die Welt veränderte: Karl Marx, sein Leben und sein Werk, Berlin(-Ost) [7]1964.

–: Marx und Engels. Ihr Leben und ihr Werk, aufgeschrieben für junge Leser, Berlin(-Ost) 1976.

Vilmar, F.: Strategien der Demokratisierung, Bd. 1, Darmstadt 1973.

Vorländer, K.: Karl Marx. Sein Leben und sein Werk, Leipzig 1929.

Weber, H.: Demokratischer Kommunismus? Zur Theorie, Geschichte und Politik der kommunistischen Bewegung, Berlin [2]1979.

–: Das Kommunistische Manifest von Karl Marx/Friedrich Engels, Hannover 1966.

Wessel, H.: Sinnlich? – Übersinnlich!, in: Die Weltbühne, H. 44, 28. 10. 1980.

Wittfogel, K. A.: The Ruling Bureaucracy of Oriental Despotism: a Phenomenon that Paralysed Marx, in: The Review of Politics, July 1953.

Wolf, K. H.: On the Cunning of Reason in Our Time, in: Praxis, H. 1/2, 1971.

Zivilisation am Scheideweg, hrsg. v. Autorenkollektiv der Čs. Akademie der Wissenschaften, geleitet von R. Richta, Prag 1968.

Die Autoren

Pavel Apostol (geb. 1919 in Arad, Rumänien) studierte Philosophie und Soziologie; Dr. phil.; Professor an der Universität Bukarest (z. Z. beurlaubt); Mitglied der Akademie für Sozial- und Politische Wissenschaften und mehrerer internationaler Vereine; Gastprofessuren und Forschertätigkeit an zahlreichen Universitäten und Instituten; seit 1980 in der Bundesrepublik Deutschland; gegenwärtig assoziierter Studiendirektor an der École des hautes études en sciences sociales (Maison des sciences de l'homme), Paris.

Heinz Brandt (geb. 1909 in Posen), ab 1926 als Werkstudent in Berlin; 1930 als »Versöhnler« aus der KPD ausgeschlossen; nach antifaschistischer Tätigkeit Haft in den KZs Sachsenhausen, Auschwitz und Buchenwald; ab Herbst 1945 Agitationsfunktionär der KPD in Berlin; nach 1953 Maßregelung; 1958 Flucht nach West-Berlin; 1959–74 Redakteur bei »Metall«, Zeitung der IG Metall, unterbrochen durch dreijährige Haft nach Kidnapping 1961 aus West-Berlin; seit Pensionierung unabhängiger Publizist in Frankfurt/M.

Ossip K. Flechtheim (geb. 1909 in Nikolajew, Rußland) studierte Rechts- und Staatswissenschaften; 1931 Dr. jur. und Referendar; 1933 Entlassung; 1935 Verhaftung und Emigration; bis 1939 Studium in Genf, dann Dozent und Professor an verschiedenen amerikanischen Hochschulen; 1946/47 Sektionschef beim US-Hauptankläger für Kriegsverbrechen in Nürnberg; 1947 Dr. phil.; 1952–59 Professor an der Deutschen Hochschule für Politik in Berlin; 1959 ao., 1961 o. Professor für die Wissenschaft von der Politik an der Freien Universität Berlin (Otto Suhr-Institut); seit 1974 emeritiert.

Helmut Gollwitzer (geb. 1908 in Pappenheim/Mfr.) studierte Philosophie und Theologie; 1937 Promotion zum Dr. theol. bei Karl Barth in Basel; 1935–40 Bekennende Kirche Thüringen, dann Preußischer Bruderrat und Pfarrer in Berlin-Dahlem; 1940–50 Krieg und russische Gefangenschaft; 1950 Professor für systematische Theologie an der Universität Bonn, ab 1957 an der Freien Universität Berlin; seit 1974 emeritiert.

Helmut Hirsch (geb. 1907 in Barmen) studierte Zeitungskunde, Kunstgeschichte und Geschichte; 1933 Emigration; 1942–45 Abschluß des Studiums in Chicago; 1945–57 Mitbegründer, dann Associated Professor des Roosevelt College (Univ. Chicago); 1957 Rückkehr nach Deutschland; 1972 Lehrauftrag, dann Honorarprofessur an der Gesamthochschule-Universität Duisburg; 1974 Eduard v. d. Heydt-Preis; 1977 Bundesverdienstkreuz 1. Klasse, 1980 Saarländischer Verdienstorden; Mitglied des PEN-Zentrums.

Leo Kofler (geb. 1907 in Chocimierz, Polen); 1929 Referent der sozialistischen Wiener Bildungszentrale; Schüler Max Adlers, später unter dem Einfluß von G. Lukács; 1938 Emigration in die Schweiz und Veröffentlichung der vielbeachteten »Wissenschaft von der Gesellschaft« (Pseud. St. Warynski); Promotion summa cum laude in Halle/Saale; 1946 Lehrstuhl für Geschichtsphilosophie; 1970–80 Professor für Soziologie in Bochum; gegenw. Honorar-Professor; Ehrenbürger der Stadt Wien.

Jiří Kosta (geb. 1921 in Prag) studierte Soziologie und Ökonomie; Dr. rer. ök.; bis 1969 Mitarbeiter des Ökonomischen Instituts der Čs. Akademie der Wissenschaften; beteiligt an den Reformkonzepten des Prager Frühlings von 1968; seither Professor für Volkswirtschaft an der Universität Frankfurt/M.

Arnold Künzli (geb. 1919 in Zürich) verbrachte seine Jugend in Zagreb, studierte Philosophie, Germanistik und Romanistik; Promotion zum Dr. phil. mit einer Dissertation über Kierkegaard; von 1946 an Auslandskorrespondent Schweizer Zeitungen in Rom, London und Bonn; 1964 Habilitation an der Universität Basel für Philosophie der Politik; seit 1971 ao. Professor.

Lucio Lombardo Radice (geb. 1916 in Catania) studierte Mathematik und Naturwissenschaften; Dr. phil.; seit 1938 Mitglied der KPI, wurde er als Widerstandskämpfer 1940/41 dem faschistischen »tribunale speciale« vorgeführt und ins Gefängnis geworfen; nach dem Krieg o. Professor für Mathematik an der Universität Rom. Seit 1955 gibt er die von ihm begründete Zeitschrift »Riforma della scuola« heraus; seit 1969 Mitglied des ZK der KPI.

Richard Löwenthal (geb. 1908 in Berlin) studierte Nationalökonomie und Soziologie, 1931 Dr. phil.; obwohl aktiver Kommunist, wurde er 1929 aus der KPD ausgeschlossen; nach Widerstandstätigkeit in der Miles-Gruppe »Neu Beginnen« gegen Hitler 1935 Emigration; Journalist in Prag, Paris und London (u. a. Londoner Observer); 1961 o. Professor für Politische Wissenschaft an der Freien Universität Berlin; seit 1976 emeritiert; Stellvertretender Vorsitzender der Grundwertekommission der SPD.

Ernest Mandel (geb. 1923 in Frankfurt/M.) studierte Politik- und Wirtschaftswissenschaften; Dr. rer. ök.; Habilitation an der Freien Universität Berlin; Professor an der Freien Universität Brüssel (niederländische Abteilung); 1954–63 Mitglied des wirtschaftswissenschaftlichen Ausschusses des belgischen Gewerkschaftsbundes FGTB; führendes Mitglied der IV. Internationale; Herausgeber der Zeitschrift »La Gauche«.

Eduard März (geb. 1908 in Wien) studierte Nationalökonomie und Geschichte in Wien und an der Harvard University, Cambridge (USA); Dr. rer. ök.; Professor für Wirtschaftsgeschichte an der Universität Wien.

Hubertus Mynarek (geb. 1929 in Oberschlesien) studierte Theologie, Philosophie und Psychologie in Krakau, Lublin, Münster und Würzburg; Dr. theol., Lic. phil.; 1966 ao. Professor für Philosophie und kath. Fundamentaltheologie in Bamberg; 1968 o. Professor für Religionswissenschaft an der kath.theol. Fakultät der Universität Wien; 1971/72 Dekan dieser Fakultät; 1972 Kirchenaustritt und Offener Brief an den Papst; Verlust der kirchlichen Lehrbefugnis und Versetzung in den Ruhestand.

Peter von Oertzen (geb. 1924 in Frankfurt/M.) studierte Geschichte, Soziologie und Philosophie; Dr. phil; Habilitation für politische Wissenschaft; 1963–70 und 1974–82 o. Professor für Politische Wissenschaft an der Universität (früher TH) Hannover; seit 1946 Mitglied der SPD, seit 1970 Bezirksvorsitzender des SPD-Bezirks Hannover, seit 1973 Mitglied des Bundesparteivorstandes, 1973–75 Vorsitzender der Kommission zur Erarbeitung des »Orientierungsrahmens '85«; 1955–59 und 1967–82 Niedersächsischer Landtagsabgeordneter, 1970–74 Niedersächsischer Kultusminister.

Jürgen Seifert (geb. 1928 in Berlin) studierte Rechts- u. Staatswissensch.; Dr. jur.; Professor für Politische Wissenschaft an der Universität Hannover; seit 1973 stellvertretender Vorsitzender der Humanistischen Union.

Svetozar Stojanović (geb. 1931 in Jugoslawien) studierte Philosophie in Belgrad und Oxford; über ein Jahrzehnt Mitherausgeber der kritischen Zeitschrift »Praxis«; Professor für Sozialwissenschaften an der Universität Belgrad; Gastprofessor an der Freien Universität Berlin; 1982/83 Gastprofessor an der Universität Göttingen.

Fritz Vilmar (geb. 1929 in Insterburg) studierte Soziologie und Politikwissenschaft; 1959–70 Referent in der Bildungsabteilung der IG Metall; 1975 Professor für Politikwissenschaft an der Freien Universität Berlin (Otto-Suhr-Institut); wissenschaftliches Mitglied der Grundwertekommission der SPD.

Hermann Weber (geb. 1928 in Mannheim) studierte an der SED-Parteihochschule »Karl Marx«; ab 1949 journalistische Tätigkeit; anschließend Studium in Marburg und Mannheim; 1968 Promotion, 1970 Habilitation; seit 1973 Professor für Politische Wissenschaft und Zeitgeschichte (II) sowie Leiter des Arbeitsbereiches für Geschichte und Politik der DDR an der Universität Mannheim.